ŒUVRES

DE

WALTER SCOTT.

TOME VI.

IMPRIMERIE DE LACHEVARDIERE,
Rue du Colombier, n° 30.

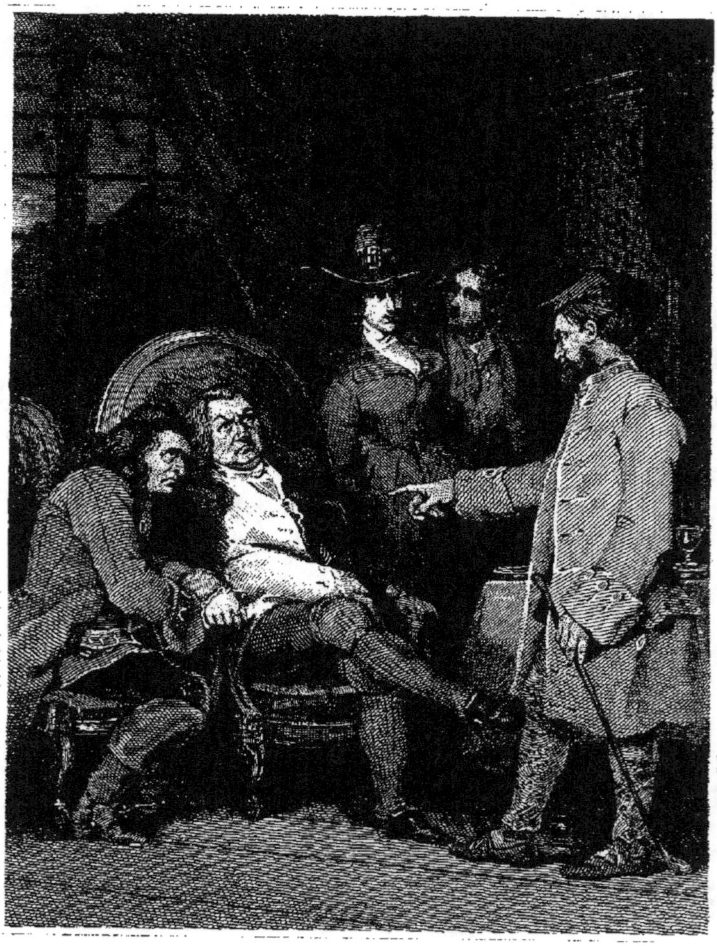

Alfred Johannot pinx. *Cousin sc.*

ROB-ROY.

CHAP. IX.

Publié par Furne à Paris.

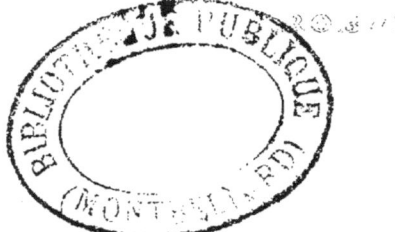

ROB-ROY.

(𝕽𝖔𝖇-𝕽𝖔𝖞.)

TRADUCTION
DE M. DEFAUCONPRET,

AVEC DES ÉCLAIRCISSEMENS ET DES NOTES HISTORIQUES.

« Du bon vieux temps la simple loi
« Règne alors seule sur la terre.
« Au faible déclarant la guerre,
« Le plus fort dit : Si tu peux, défends-toi. »
WORDSWORTH. *Le Tombeau de Rob-Roy.*

PARIS.
FURNE, LIBRAIRE-ÉDITEUR,
QUAI DES AUGUSTINS, N° 39.

M DCCC XXX.

AVERTISSEMENT
DE LA PREMIÈRE ÉDITION.

Quand l'éditeur des volumes suivans publia, il y a deux années environ, l'ouvrage intitulé L'Antiquaire, il annonça que c'était la dernière fois qu'il adressait au public des productions de ce genre. Il pourrait se prévaloir de l'excuse que tout auteur anonyme n'est qu'un fantôme, comme le fameux Junius; et qu'ainsi, quoiqu'il soit une apparition plus pacifique et d'un ordre moins élevé, il ne saurait être obligé de répondre à une accusation d'inconséquence. On peut trouver une meilleure apologie en imitant l'aveu du bon Benedict [1], qui prétend que, lorsqu'il disait qu'il mourrait célibataire, il ne pensait pas vivre jusqu'au jour où il serait marié. Ce qu'il y aurait de mieux, ce serait si, comme il est arrivé à quelques uns de mes illustres contemporains, le mérite du livre pouvait absoudre l'auteur de la violation de sa promesse; sans oser l'espérer, il est seulement nécessaire de dire que ma résolution, comme celle de Benedict, a succombé à une tentation, ou du moins à un stratagème [2].

Voici à peu près six mois que l'auteur reçut, par l'intermédiaire de ses honorables libraires-éditeurs, un manuscrit contenant l'esquisse de cette nouvelle histoire, avec la permission, ou plutôt la prière, en termes flatteurs, de la rendre propre à être publiée. Les corrections et les changemens qu'on le laissait libre de faire ont été si nom-

---

(1) Personnage de *Beaucoup de bruit pour rien*, comédie de Shakspeare. — Ed.

(2) C'est par un stratagème de comédie qu'on parvient à faire changer d'idée à Benedict sur le mariage. — Ed.

breux, qu'outre la suppression de certains noms et d'évènemens trop près de la réalité, l'ouvrage peut bien être regardé comme entièrement recomposé. Plusieurs anachronismes se seront glissés probablement dans le cours de ces changemens, et les épigraphes des chapitres ont été choisies sans aucun égard à la date supposée des évènemens. L'éditeur s'en rend donc responsable. D'autres erreurs appartenaient aux matériaux originaux, mais elles sont de peu d'importance. Si l'on voulait exiger une exactitude minutieuse, on pourrait objecter que le pont sur le Forth, ou plutôt sur l'Avondhu (*rivière noire*), près du hameau d'Aberfoïl, n'existait pas il y a trente ans. Ce n'est pas toutefois à l'éditeur d'être le premier à dénoncer ces fautes; il est bien aise de remercier ici publiquement le correspondant anonyme et inconnu auquel le lecteur devra la majeure partie de l'amusement que pourront lui procurer les pages suivantes.

1ᵉʳ Décembre 1817.

ROB-ROY.
(𝕽𝖔𝖇-𝕽𝖔𝖞.)

CHAPITRE PREMIER.

> « Quel est mon crime, hélas! pour être ainsi puni?
> « Non, je n'ai plus d'enfans, et quant à celui-ci,
> « Il ne l'est plus, ingrat! — Qu'il craigne ma colère
> « Celui qui sans remords affligea ton vieux père
> « En te changeant ainsi! — Voyager! — A son tour
> « J'enverrai voyager mon cheval quelque jour. »
>   MONSIEUR THOMAS.

Vous m'avez engagé, mon cher ami, à profiter du loisir que la Providence a daigné m'accorder au déclin de mes jours, pour tracer le tableau des vicissitudes qui en ont marqué le commencement. Ces aventures, comme vous voulez les appeler, ont laissé dans mon esprit un souvenir mélangé de plaisirs et de peines, auquel se joint un sentiment bien vif de reconnaissance et de respect pour le souverain arbitre des destinées humaines, dont la main bienfaisante a guidé ma jeunesse à travers tant de risques et de périls, de manière que le contraste me fait encore mieux goûter le prix de la tranquillité dont il a couronné ma vieillesse. Je suis même porté à croire, comme vous me l'avez dit si souvent, que le récit des évènemens qui me sont arrivés au milieu d'un peuple dont les mœurs et les habitudes sont encore voisines de l'état primitif des hommes, aura quelque chose d'intéressant pour quiconque aime à entendre un vieillard raconter une histoire d'un autre siècle.

Vous devez néanmoins vous rappeler que le récit fait

par un ami à son ami perd la moitié de ses charmes quand il est confié au papier, et que les évènemens que vous avez écoutés avec intérêt, parce qu'ils étaient racontés par celui qui y jouait un rôle, vous paraîtront peu dignes d'attention dans la retraite de votre cabinet; mais votre vieillesse plus verte que la mienne, et votre robuste constitution, vous promettent, selon toutes les probabilités humaines, une plus longue vie que la mienne. Reléguez donc ces feuilles dans quelque secret tiroir de votre bureau, jusqu'à ce que nous soyons séparés l'un de l'autre par un évènement qui peut arriver à toutes les heures, et qui arrivera immanquablement au bout d'un petit nombre d'années. Quand nous nous serons dit adieu dans ce monde, pour nous revoir, j'espère, dans un autre meilleur, vous chérirez, j'en suis sûr, plus qu'elle ne le méritera, la mémoire de votre ami; et, dans tous les détails que je vais transcrire, vous trouverez un sujet de réflexions mélancoliques, mais non désagréables.

Il en est d'autres qui lèguent leur portrait aux confidens de leurs cœurs. Je vous remets entre les mains une fidèle copie de mes pensées et de mes sentimens, de mes bonnes qualités et de mes défauts, et j'espère que les étourderies et les inconséquences de ma jeunesse éprouveront de votre part la même indulgence que vous avez souvent montrée pour les erreurs d'un âge plus mûr.

Un grand avantage que je trouve à vous adresser ces mémoires, si je puis donner un nom si imposant à ce manuscrit, c'est qu'il m'est inutile d'entrer pour vous dans bien des détails qui ne feraient que retarder des objets d'un plus grand intérêt. Parce que j'ai devant moi plume, encre et papier, et que vous êtes décidé à me lire, faut-il que j'abuse de cela pour vous ennuyer à loisir? Je n'ose pourtant vous promettre de ne pas profiter quelquefois de l'occasion si attrayante, qui m'est offerte, de vous parler de moi et de mes affaires, même en vous rappelant des circonstances qui vous sont parfaitement connues. Le goût des détails, quand nous sommes nous-même le héros de l'histoire que nous racontons, nous fait oublier souvent que nous devons prendre en considération le temps et la patience de ceux à qui nous nous adressons; c'est là un charme qui égare les auteurs les meilleurs et les plus sages. Je ne veux que vous citer l'exemple singulier que l'on en trouve dans la forme de cette édition rare et originale des Mémoires de Sully, qu'avec la petite vanité d'un amateur de livres vous persistez à préférer à celle qui est réduite à la forme utile et ordinaire des mémoires. Pour moi je les regarde comme une preuve curieuse du faible de l'auteur, plein de son importance. Si je m'en souviens bien, ce vénérable guerrier, ce grand politique avait choisi quatre gentilshommes de sa maison pour écrire les évènemens de sa vie, sous le titre de *Mémoires des royales transactions politiques, militaires et domestiques de Henry IV, etc., etc.* Ces sages annalistes ayant fait leur compilation, réduisirent les Mémoires contenant les évènemens remarquables de la vie de leur maître, en un récit adressé à lui-même *in propriâ personâ*. Ainsi, au lieu de raconter son histoire à la troisième personne, comme Jules César, ou à la première comme la plupart de ceux qui dans le palais ou dans le cabinet entreprennent d'être les héros de leurs récits, Sully jouit du plaisir raffiné, quoique bizarre, de se faire raconter sa vie par ses secrétaires, étant lui-même l'auditeur aussi bien que le héros et probablement l'auteur de tout le livre. C'était une chose à voir que l'ex-ministre, aussi raide qu'une fraise empesée et un pourpoint lacé pouvaient le rendre, assis gravement dans son grand fauteuil, et prêtant l'oreille à ses compilateurs, qui, la tête découverte, lui répétaient d'un air sérieux : Voilà ce que dit le duc; — Tels furent les sentimens de Votre Grâce sur ce point important; — Tels furent vos avis secrets donnés au roi dans cette occasion : — circonstances qui toutes devaient lui être mieux connues qu'à personne, et que, pour la plupart, les secrétaires ne pouvaient guère tenir que de lui.

Ma position n'est pas aussi plaisante que celle du grand Sully. Il serait assez ridicule que Frank Osbaldistone donnât gravement à William Tresham des détails sur sa naissance, son éducation et sa famille. Je tâcherai de ne vous rien dire de tout ce que vous savez aussi bien que moi. Cependant il est certaines choses que je serai obligé de rappeler à votre mémoire, parce que le cours des années a pu vous les faire oublier, et qu'elles ont été la pierre fondamentale de ma destinée.

Vous devez vous rappeler mon père : le vôtre étant associé à sa maison de banque, vous l'avez connu dans votre enfance. Mais déjà, l'âge et les infirmités l'avaient bien changé, et il ne pouvait plus se livrer avec la même ardeur à cet esprit de spéculation et d'entreprise qui formait la base de son caractère. Il eût été moins riche, sans doute; mais peut-être eût-il été aussi heureux, s'il eût consacré aux beaux-arts et à la littérature cette énergie active, cette délicatesse d'observation, cette imagination bouillante qu'il apporta dans le commerce. Cependant je conçois qu'indépendamment de l'espoir de s'enrichir, l'homme hardi et entreprenant doit aimer jusqu'aux chances et aux fluctuations des opérations commerciales. Celui qui s'embarque sur cette mer orageuse doit unir l'adresse du pilote à l'intrépidité du navigateur; encore est-il souvent en danger de faire naufrage, si le souffle de la fortune ne le conduit heureusement au port. Ce mélange de prévoyance nécessaire et de hasards inévitables, ce conflit entre les combinaisons des hommes et les décrets du destin, cette incertitude terrible et continuelle que l'évènement seul peut faire cesser, l'impossibilité de prévoir si la prudence triomphera de la fortune, ou si la fortune déjouera les projets de la prudence; toutes ces idées occupent l'âme en même temps qu'elles lui donnent de fréquentes occasions de déployer son énergie; et le commerce a tout l'attrait du jeu, sans être frappé de l'anathème moral qui en fait un crime.

Au commencement du dix-huitième siècle, lorsque j'avais à peu près vingt-deux ans, et que j'étais à Bordeaux, je fus tout-à-coup rappelé à Londres par mon père, qui avait, m'écrivait-il, des nouvelles importantes à me communiquer. Je n'oublierai jamais notre première entrevue. Vous vous rappelez le ton bref et sec avec lequel il prescrivait ses volontés à ceux qui l'entouraient. Je crois voir encore sa taille droite, sa démarche ferme et assurée, — cet œil qui lançait un regard si vif et si pénétrant, ses traits déjà sillonnés de rides, moins par l'âge que par les peines et les inquiétudes qu'il avait éprouvées; je crois entendre cette voix qui jamais ne prononçait un mot qui fût inutile, et dont le son même annonçait quelquefois une dureté qui était bien éloignée de son cœur.

A peine fus-je descendu de cheval que je courus dans le cabinet de mon père. Il était debout, et il avait un air calme et ferme en même temps, qu'il garda même en revoyant un fils unique séparé de lui depuis quatre ans. Je me précipitai dans ses bras. Sans pousser la tendresse jusqu'à l'idolâtrie, il était bon père. Une larme brilla dans ses yeux noirs; mais cette émotion ne fut que momentanée.

— Dubourg m'écrit qu'il est content de vous, Frank.

— J'en suis charmé, monsieur...

— Mais moi, je n'ai pas raison de l'être, ajouta-t-il en s'asseyant à son bureau.

— J'en suis fâché, monsieur.

— *Charmé! fâché!* tout cela, Frank, ne signifie rien. Voici votre dernière lettre.

Il tira une liasse énorme de papiers qui étaient réunis par un cordon rouge, et enfilés ensemble sans beaucoup d'ordre ni de symétrie. Là était ma pauvre épître, composée sur le sujet qui me tenait le plus au cœur, et conçue dans des termes que j'avais crus propres sinon à convaincre, du moins à toucher mon père. C'était là qu'elle était reléguée, au milieu d'un tas de lettres et de paperasses relatives aux affaires de commerce. Je ne puis m'empêcher de sourire lorsque je me rappelle combien ma vanité se trouva blessée de voir mes remontrances pathétiques, dans lesquelles j'avais déployé toute mon éloquence et que je regardais comme un chef-d'œuvre de sentiment, tirées du milieu d'un fatras de lettres d'avis, de crédit, enfin de tous les lieux communs de la correspondance d'un négociant. En vérité, pensais-je en moi-même, une lettre aussi importante (je n'osais pas me dire aussi bien écrite) méritait une place à part, et ne devait pas être confondue avec celles qui ne traitent que d'affaires de commerce.

Mais mon père ne remarqua point mon mécontentement; et, quand même il y eût fait attention, il ne s'en fût pas beaucoup plus inquiété. Il continua, tenant la lettre à la main : — Voici la lettre que vous m'avez écrite le 21 du mois dernier. Voyons, lisons-la ensemble. Vous m'y dites que dans une affaire aussi importante que celle de choisir un état, et lorsque de ce choix dépend le bonheur ou le malheur de toute la vie, vous espérez de la bonté d'un père qu'il vous accordera du moins une voix négative; que vous vous sentez une aversion insurmontable... oui, insurmontable est le mot : je voudrais bien que vous écrivissiez plus lisiblement, et que vous prissiez l'habitude de barrer vos *t*, et d'ouvrir davantage vos *s*... une aversion insurmontable pour les arrangemens que je vous ai proposés. Tout le reste de votre lettre ne fait que répéter la même chose, et vous avez délayé en quatre pages ce qu'avec un peu d'attention et de réflexion vous eussiez pu resserrer en quatre lignes; car après tout, Frank, elle se réduit à ceci, que vous ne voulez pas faire ce que je désire.

— Je le voudrais, monsieur, mais dans cette occasion je ne le puis pas.

— Les mots n'ont aucune influence sur moi, jeune homme, dit mon père dont l'inflexibilité se cachait toujours sous les dehors du calme et du sang-froid le plus parfait; *ne pouvoir pas* est peut-être un terme plus poli

que *ne pas vouloir* ; mais ces expressions sont synonymes quand il n'y a pas d'impossibilité morale. Je n'aime pas les mesures brusques, et il est juste que vous ayez le temps de réfléchir ; nous parlerons de cela après dîner.
— Owen !

Owen entra ; il n'avait pas ces cheveux blancs qui lui donnaient à vos yeux un air si vénérable, car il n'avait guère alors plus de cinquante ans. Mais il avait le même habit noisette qu'il portait lorsque vous l'avez connu, avec la culotte et le gilet pareils, les mêmes bas de soie gris de perle, les mêmes souliers avec les boucles d'argent, les mêmes manchettes de batiste soigneusement plissées, qui tombaient jusqu'au milieu de sa main, dans le salon, mais qu'il avait soin de cacher sous les manches de son habit dans le comptoir, afin qu'elles fussent à l'abri des injures de l'encre ; en un mot, cette même physionomie grave et sérieuse où la bonté perçait à travers un petit air d'importance, et qui a distingué pendant toute sa vie le premier commis de la maison Osbaldistone et Tresham.

— Owen, lui dit mon père après que le bon vieillard m'eut serré affectueusement la main, vous dînerez avec nous aujourd'hui, pour apprendre les nouvelles que Frank nous a apportées de nos amis de Bordeaux.

Owen fit un de ses saluts raides et guindés pour exprimer sa respectueuse reconnaissance ; car à cette époque, où la distance qui sépare les inférieurs de leurs supérieurs était observée avec une rigueur inconnue aujourd'hui, une semblable invitation était une grande faveur.

Je me rappellerai long-temps ce dîner. Inquiet sur le sort qui m'était réservé, craignant de devenir la victime de l'intérêt, et cherchant les moyens de conserver ma liberté, je ne pris pas à la conversation une part aussi active que mon père l'eût voulu, et je faisais trop souvent des réponses peu satisfaisantes aux questions dont il m'accablait. Partagé entre son respect pour le père et son attachement pour le fils, qu'il avait fait danser tant de fois sur ses genoux, Owen, semblable à l'allié craintif, mais bienveillant, d'une contrée envahie, s'efforçait de réparer mes fautes, de suppléer à mon inaction et de couvrir ma retraite : manœuvres qui ajoutaient au mécontentement de mon père, dont le regard sévère imposait aussitôt silence au bon vieillard. Pendant que j'habitais la maison de Dubourg, je ne m'étais pas absolument conduit comme ce commis

> Qui, de l'œil paternel trompant la vigilance,
> Griffonnait un couplet au lieu d'une quittance.

Mais, à dire vrai, je n'avais fréquenté le comptoir qu'autant que je l'avais cru absolument nécessaire pour mériter la bonne opinion du Français depuis long-temps correspondant de notre maison, et que mon père avait chargé de m'initier dans le secret du commerce. Dans le fond, ma principale étude avait été celle de la littérature et des beaux-arts. Mon père n'était pas l'ennemi des talens. Il avait trop de bon sens pour ne pas savoir qu'ils font l'ornement de l'homme, et donnent une nouvelle considération dans le monde ; mais à ses yeux c'étaient des accessoires qui ne devaient pas faire négliger les études utiles. Il voulait que j'héritasse non seulement de sa fortune, mais encore de cet esprit de spéculation qui la lui avait fait acquérir, et que je pusse par la suite développer les plans et les projets qu'il avait conçus, et qu'il croyait propres à doubler au moins son héritage.

Il aimait son état, et c'était le motif qu'il faisait valoir pour m'engager à suivre la même carrière ; mais il en avait encore d'autres que je ne connus que plus tard. Aussi habile qu'entreprenant, doué d'une imagination féconde et hardie, chaque nouvelle entreprise qui lui réussissait n'était pour lui qu'un aiguillon qui l'excitait à étendre ses spéculations, en même temps qu'elle lui en fournissait les moyens. Vainqueur ambitieux, il volait de conquêtes en conquêtes, sans s'arrêter pour se maintenir dans ses nouvelles positions, encore moins pour jouir du fruit de ses victoires. Accoutumé à voir toutes ses richesses suspendues dans la balance de la fortune, fécond en expédiens pour la faire pencher en sa faveur, son activité et son énergie semblaient augmenter avec les chances qui paraissaient quelquefois être contre lui ; il ressemblait au matelot accoutumé à braver les vagues et l'ennemi, et dont la confiance augmente la veille d'une tempête ou d'un combat. Il ne se dissimulait pas cependant que l'âge ou les infirmités pouvaient bientôt le mettre hors de service, et il était bien aise de former un bon pilote qui pût prendre en main le gouvernail lorsqu'il se verrait forcé de l'abandonner, et qui fût en état de le diriger à l'aide de ses conseils et de ses instructions. Quoique votre père fût son associé, et que toute sa fortune fût placée dans notre maison, vous savez qu'il ne voulut jamais prendre une part active dans le commerce ; Owen, qui, par sa probité et par sa connaissance approfondie de l'arithmétique, était excellent premier commis, n'avait ni assez de génie ni assez de talens pour qu'on pût lui confier le timon des affaires. Si mon père était tout-à-coup rappelé de ce monde, où s'en irait cette foule de projets qu'il avait conçus à moins que son fils, devenu par ses soins l'Hercule du commerce, ne fût en état de soutenir le poids des affaires, et de remplacer Atlas chancelant ? Et que deviendrait ce fils lui-même, si, étranger aux opérations commerciales, il se trouvait tout-à-coup engagé dans un labyrinthe de spéculations sans posséder le fil précieux, c'est-à-dire les connaissances nécessaires pour en sortir ? Décidé par toutes ces raisons, dont il me cacha une partie, mon père résolut de me faire entrer dans la carrière qu'il avait toujours parcourue avec honneur ; et quand une fois il s'était arrêté à une résolution, rien au monde n'eût été capable de la changer. Malheureusement j'avais pris aussi la mienne, et elle se trouvait absolument contraire à ses vues. J'avais quelque chose de la fermeté de mon père, et je n'étais pas disposé à lui céder sur un point qui intéressait le bonheur de ma vie.

Il me semble que, pour excuser la résistance que j'opposai dans cette occasion, je puis faire valoir que je ne voyais pas bien sur quel fondement les désirs de mon père reposaient, ni combien il importait à son honneur que je m'y soumisse. Me croyant sûr d'hériter, par la suite, d'une grande fortune qui ne me serait pas contestée, il ne m'était jamais venu dans l'esprit que, pour la recueillir, il serait nécessaire que je me soumisse à des travaux et que j'entrasse dans des détails qui ne convenaient ni à mon goût ni à mon caractère. Je n'apercevais dans la proposition de mon père qu'un désir de me voir ajouter encore à cet amas de richesses qu'il avait accumulées. Persuadé que personne ne pouvait savoir mieux que moi quelle route je devais suivre pour parvenir au bonheur, il me semblait que ce serait prendre une fausse direction que de chercher à augmenter une fortune que je croyais déjà plus que suffisante pour me procurer les jouissances de la vie.

D'après l'aversion que j'avais prise d'avance pour le commerce, il n'est pas étonnant, comme je l'ai déjà dit, que, pendant mon séjour à Bordeaux, je n'eusse pas tout-à-fait employé mon temps comme mon père l'eût désiré. Les occupations qu'il regardait comme les plus importantes n'étaient pour moi que très secondaires, et je les aurais même entièrement négligées, sans la crainte de mécontenter le correspondant de mon père, Dubourg, qui, retirant les plus grands avantages des affaires qu'il faisait avec notre maison, était trop fin politique pour faire à celui qui en était le chef des rapports défavorables sur son fils unique, et s'attirer par là les reproches de tous les deux. Peut-être d'ailleurs, comme vous le verrez tout à l'heure, avait-il des motifs d'intérêt personnel en me laissant négliger l'étude à laquelle mon père voulait que je me livrasse exclusivement. Sous le rapport des mœurs, ma conduite était irréprochable, et en rassurant mon père sur cet article, Dubourg ne faisait que me rendre justice : mais quand même il aurait eu d'autres défauts à me reprocher que mon indolence et mon aversion pour les affaires, j'ai lieu de croire que le rusé Français eût été tout aussi complaisant. Quoi qu'il en fût, comme j'employais une partie raisonnable de la journée à l'étude du commerce qu'il me recommandait, il ne me blâmait pas de consacrer quelques heures aux muses, et ne trouvait pas mauvais que je préférasse la lecture de Corneille et de Boileau à celle de Savary ou de Postlethwayte, supposé que le volumineux ouvrage du dernier eût été alors connu, et que M. Dubourg eût pu parvenir à prononcer son nom. Dubourg avait adopté une expression favorite par laquelle il terminait toutes ses lettres à son correspondant. — Son fils, disait-il, était tout ce qu'un père pouvait désirer.

Mon père ne critiquait jamais une phrase, quelque répétée qu'elle fût, pourvu qu'elle lui parût claire et précise. Addison lui-même n'aurait pu lui fournir des termes plus satisfaisans que : « — Au reçu de la vôtre, et ayant fait » honneur aux billets inclus, comme à la marge. »

Sachant donc très bien ce qu'il désirait que je fusse, M. Osbaldistone ne doutait pas, d'après la phrase favorite de Dubourg, que j'étais en effet tel qu'il désirait me voir, lorsque, dans une heure de malheur, il reçut la lettre où je traçais mes raisons éloquentes, et les détaillais pour refuser un intérêt dans la raison de commerce, avec un pupitre et un siége dans un coin de notre sombre maison de Crane-Alley, siége et pupitre qui surpassant en hauteur ceux d'Owen et des autres commis, ne le cédaient qu'au trépied de mon père lui-même. Dès ce moment tout alla mal. Les lettres de Dubourg perdirent autant de leur crédit que s'il avait refusé d'acquitter ses traites à l'échéance. Je fus rappelé à Londres en toute hâte, et je vous ai déjà raconté ma réception.

CHAPITRE II.

> « Je commence à soupçonner que ce jeune homme
> « est atteint d'une terrible contagion. — La poésie! S'il
> « est infecté de cette folle maladie, il n'y a plus rien à
> « espérer de lui pour l'avenir. *Actum est*[1] de lui comme
> « homme public, s'il se jette une fois dans la rime. »
> BEN JOHNSON. *La Foire de Saint-Barthélemy.*

Mon père, généralement parlant, savait maîtriser ses passions; il se possédait toujours, et il était rare que son mécontentement se manifestât par des paroles; seulement son ton avait alors quelque chose de plus sec et de plus dur qu'à l'ordinaire. Jamais il n'employait les menaces ni les expressions d'un profond ressentiment. Toutes ses actions étaient uniformes, toutes étaient dictées par un esprit de système, et sa maxime était d'aller toujours droit au but sans perdre le temps en de vains discours. C'était donc avec un sourire sardonique qu'il écoutait les réponses irréfléchies que je lui faisais sur l'état du commerce en France; et il me laissa impitoyablement m'enfoncer de plus en plus dans les mystères de l'agio, des droits et des tarifs; mais quand il vit que je n'étais pas en état de lui expliquer l'effet que le discrédit des louis d'or avait produit sur la négociation des lettres de change, il ne put y tenir. — L'évènement le plus remarquable arrivé de mon temps, s'écria mon père (il avait pourtant vu la Révolution[2]), et il n'en sait pas plus là-dessus qu'un poteau sur le quai!

— M. Francis, observa Owen avec son ton timide et conciliant, ne peut avoir oublié que, par un arrêt du roi de France, en date du 1er mai 1700, il est ordonné au

---

(1) C'en est fait de. — TR.
(2) Celle de 1688. — ED.

porteur de se présenter dans les dix jours qui suivront l'échéance...

— M. Francis, dit mon père en l'interrompant, se rappellera bientôt tout ce que vous aurez la bonté de lui souffler. Mais, sur mon âme! comment Dubourg a-t-il pu permettre... Dites-moi, Owen, êtes-vous content de Clément Dubourg, son neveu, qui travaille depuis long-temps dans mes bureaux?

— Monsieur, c'est l'un des commis les plus habiles de la maison, un jeune homme vraiment étonnant pour son âge, répondit Owen ; car la gaieté et la politesse du jeune Français l'avaient séduit.

— Oui, oui, je crois qu'il entend quelque chose, *lui*, aux changes. Dubourg s'est arrangé de manière que j'eusse du moins sous la main un jeune homme qui entendît mes affaires ; mais je le devine, et il s'en apercevra quand il regardera la balance de nos comptes. Owen, vous paierez à Clément ce trimestre, et vous lui direz de se tenir prêt à partir pour Bordeaux, sur le vaisseau de son père.

— Renvoyer à l'instant Clément Dubourg, monsieur! dit Owen d'une voix tremblante.

— Oui, monsieur, je le renvoie à l'instant. C'est bien assez d'avoir dans la maison un Anglais stupide pour faire à tout moment des erreurs, sans y garder encore un rusé Français qui en profite.

Quand-même l'amour de la liberté et de la justice n'eût pas été gravé dans mon cœur dès ma plus tendre enfance, j'avais vécu assez long-temps sur le territoire du *grand monarque,* pour contracter une franche aversion pour tous les actes d'autorité arbitraire ; et je ne pus m'empêcher d'intercéder en faveur du jeune homme qu'on voulait punir d'avoir acquis les connaissances que mon père regrettait de ne pas me voir posséder.

— Je vous demande pardon, monsieur, dis-je aussitôt que M. Osbaldistone eut cessé de parler ; mais il me semble que, si j'ai négligé mes études, je suis seul coupable, et qu'il n'est pas juste qu'un autre supporte une punition que j'ai méritée. Je n'ai pas à reprocher à M. Dubourg de ne m'avoir pas fourni toutes les occasions de m'instruire, quoique je n'aie pas su les mettre à profit; et quant à M. Clément Dubourg...

— Quant à lui et quant à vous, reprit mon père, je prendrai les mesures convenables. C'est bien, Frank, de rejeter tout le blâme sur vous-même; c'est très bien, je l'avoue. Mais je ne puis pardonner au vieux Dubourg, ajouta-t-il en regardant Owen, de s'être contenté de fournir à Frank les moyens de s'instruire, sans s'être aperçu et sans m'avoir averti qu'il n'en profitait pas. Vous voyez, Owen, que Frank a du moins ces principes naturels d'équité qui doivent caractériser un marchand anglais.

— M. Francis, dit le vieux commis en inclinant un peu la tête, et en élevant légèrement la main droite, habitude qu'il avait contractée par l'usage où il était de placer sa plume derrière son oreille avant de parler; M. Francis paraît connaître le principe fondamental de tout calcul moral, la grande règle de trois : que A fasse à B ce qu'il voudrait que B lui fît; le produit sera une conduite honorable.

Mon père ne put s'empêcher de sourire, en voyant réduire à des formes arithmétiques cette noble morale; mais il continua au bout d'un instant :

— Tout cela ne signifie rien, Frank, me dit-il; vous avez dissipé votre temps comme un enfant; à présent il faut apprendre à vivre comme un homme. Je chargerai Owen de vous mettre au fait des affaires, et j'espère que vous recouvrerez le temps perdu.

J'allais répondre; mais Owen me regarda d'un air si suppliant et si expressif, que je gardai involontairement le silence.

— A présent, dit mon père, nous allons reprendre le sujet de ma lettre du mois dernier, à laquelle vous m'avez fait une réponse qui était aussi irréfléchie que peu satisfaisante ; mais commencez par remplir votre verre, et passez la bouteille à Owen.

Le manque de courage, — d'audace, si vous voulez, ne fut jamais mon défaut. Je répondis fermement que j'étais fâché qu'il ne trouvât pas ma lettre satisfaisante, mais qu'elle était le fruit des réflexions les plus sérieuses ; que j'avais médité à plusieurs reprises et envisagé sous ses différens points de vue la proposition qu'il avait eu la bonté de me faire, et que ce n'était pas sans peine qu'il m'était impossible de l'accepter.

Mon père fixa les yeux sur moi, et les détourna au même instant. Comme il ne répondait pas, je me crus obligé de continuer, quoique avec un peu d'hésitation, et il ne m'interrompit que par des monosyllabes.

— Je sais, monsieur, qu'il n'est point d'état plus utile et plus respectable que celui de négociant, point de carrière plus honorable que celle du commerce.

— En vérité !

— Le commerce réunit les nations ; il entretient l'industrie ; il répand ses bienfaits sur tout l'univers ; il est au bien-être du monde civilisé ce que les relations journalières de la vie sont aux sociétés isolées, ou plutôt ce que l'air et la nourriture sont au corps.

— Eh bien, monsieur?

— Et cependant, monsieur, je me trouve forcé de persister dans mon refus d'embrasser une profession que je ne me sens pas capable d'exercer.

— J'aurai soin que vous le deveniez. Vous n'êtes plus l'hôte ni l'élève de Dubourg ; Owen sera votre précepteur à l'avenir.

— Mais, mon cher père, ce n'est pas du défaut d'instruction que je me plains ; c'est uniquement de mon incapacité. Jamais je ne pourrai profiter des leçons....

— Sottises ! Avez-vous tenu un journal, comme je vous l'avais recommandé ?

— Oui, monsieur.

— Montrez-le-moi, s'il vous plaît.

Le livre que mon père me demandait était une espèce d'agenda général que j'avais tenu par son ordre, et sur lequel il m'avait recommandé de prendre des notes de tout ce que j'apprendrais d'utile dans le cours de mes études. Prévoyant qu'à mon retour il demanderait à le voir, j'avais eu soin d'y insérer tout ce qui pourrait lui plaire; mais souvent la plume écrivait sans que la tête réfléchît; et, comme ce livre se trouvait toujours sous ma main, j'y inscrivais aussi quelquefois des notes bien étrangères au négoce. Il fallut pourtant le remettre à mon père, et je priai le ciel avec ferveur qu'il ne tombât pas sur quelque chapitre qui eût encore augmenté son mécontentement contre moi. La figure d'Owen, qui s'était un peu alongée quand mon père m'avait demandé mon journal, reprit sa rondeur ordinaire en voyant par ma réponse que j'étais en règle : elle exprima le sourire de l'espoir lorsque j'apportai un registre qui avait toutes les apparences d'un livre de commerce, plus large que long, agrafes de cuivre, reliure en veau, bords usés; c'était bien suffisant pour rassurer le bon commis sur le contenu, et bientôt son front rayonna de joie en entendant mon père en lire quelques pages, et faire en même temps ses remarques critiques.

— *Eaux-de-vie*, — *barils et barriques*, — *tonneaux*, — *A Nancy*, 29. — *A Cognac et à La Rochelle*, 27. — *A Bordeaux*, 32. — Fort bien, Frank! — *Droits de douanes et tonnage, voyez les tables de Saxby*. — Ce n'est pas cela; il fallait transcrire le passage en entier : cela aide à le fixer dans la mémoire — *Reports*, — *debentur;* — *plombs de la douane*, — *toiles*, — *Isingham*, — *Hollande*, — *stockfish*, — *titling-cropling*, — *lubfish* [1]. — Vous auriez dû mettre que tous ces poissons doivent être compris parmi les *titlings*. Combien un *titling* a-t-il de pouces de long?

Owen me voyant pris, se hasarda à me souffler :

---

(1) Ces divers noms indiquent sans doute des variétés de morue dont le nom français ne nous est pas connu. — Ed.

— Dix-huit pouces, mon père.

— Et un lubfish? — Vingt-quatre.

— Très bien! Il est important de s'en souvenir, à cause du commerce portugais. — Mais qu'est-ce que ceci ? — *Bordeaux, fondé en l'an... Château-Trompette, Palais de Galien.* — Ah! bien! très bien encore! Ce sont des notes historiques; vous n'avez pas eu tort de les prendre. C'est une espèce de répertoire général, Owen, l'abrégé sommaire de toutes les transactions du jour, achats, paiemens, quittances, commissions, lettres d'avis, *memento* de toute espèce.

— Afin qu'ensuite ils puissent être régulièrement transcrits sur le journal et sur le grand livre de compte, répondit M. Owen : je suis charmé que M. Francis soit aussi méthodique.

Ce n'était pas sans regret que je me voyais en faveur, car je craignais que mon père n'en persistât davantage dans sa résolution de me faire entrer dans le commerce; et, comme j'étais bien décidé à n'y jamais consentir, je commençais à regretter d'avoir été, pour me servir de l'expression de mon ami M. Owen, aussi méthodique. Mais je fus bientôt tiré d'inquiétude : une feuille de papier, couverte de ratures, tomba du livre. Mon père la ramassa, et Owen remarquait qu'il serait bon de l'attacher au registre avec un pain à cacheter, lorsque mon père l'interrompit en s'écriant : —*A la mémoire d'Edouard le prince Noir!* Qu'est-ce donc que tout ceci? Des vers, par le ciel! Frank, je ne vous croyais pas encore aussi fou!

Mon père, vous devez vous le rappeler, en vrai commerçant, regardait avec mépris les travaux des poètes. Comme homme pieux, et étant non-conformiste, il les trouvait aussi profanes que futiles. Avant de le condamner, rappelez-vous aussi combien de poètes, à la fin du dix-septième siècle, prostituaient leur plume, et ne scandalisaient pas moins les honnêtes gens par leur conduite que par leurs écrits. La secte dont était mon père éprouvait, ou du moins affectait l'aversion la plus prononcée pour les productions légères de la littérature ; de sorte que plusieurs causes se réunissaient pour augmenter l'impression défavorable que devait lui faire la funeste découverte de cette malheureuse pièce de vers. Quant au pauvre Owen, si la perruque courte qu'il portait alors avait pu se déboucler toute seule, et tous les cheveux qui la composaient se dresser d'horreur sur sa tête, je suis sûr que, malgré toutes les peines qu'il s'était données le matin pour la friser, la symétrie de sa coiffure eût été dérangée, seulement par l'effet de son étonnement. Un déficit dans la caisse, une rature sur son journal, une erreur d'addition dans ses comptes, ne l'eussent pas surpris plus désagréablement. Mon père lui lut les vers, tantôt en affectant de ne pas les comprendre, tantôt avec une emphase héroïque, toujours avec cette ironie amère qui attaque cruellement les nerfs d'un auteur.

Les échos de Fontarabie...

— *Les échos de Fontarabie !* dit mon père en s'interrompant ; parlez-nous de la foire de Fontarabie, plutôt que de ses échos.

Les échos de Fontarabie,
Quand près de Roncevaux Roland, perdant la vie,
Fit ouïr de son cor le signal déchirant,
Annoncèrent à Charlemagne
Que sous le fer cruel des mécréans d'Espagne
Son noble champion gémissait expirant.

Mécréans ! qu'est-ce que cela ? Pourquoi ne pas dire les païens ou les Maures. Écrivez du moins dans votre langue, s'il faut que vous écriviez des sottises.

Nobles coteaux de l'Angleterre,
Quelle voix, parcourant l'Océan et la terre,
Vous apprendra la mort d'un aussi grand guerrier ?
L'espoir brillant de sa patrie,
Le héros de Crécy, le vainqueur de Poitier,
Dans les murs de Bordeaux vient de perdre la vie.

Poitiers s'écrit toujours avec un *s*, et je ne vois pas pourquoi vous sacrifieriez l'orthographe à la rime.

> Ecuyers, dit le paladin,
> Ah! venez soutenir ma tête languissante;
> Venez la soulager de mon casque d'airain.
> Du soleil la splendeur mourante
> Trace sur la Garonne un dernier sillon d'or
> Une dernière fois je veux le voir encor.

Encor et *or!* Mauvaise rime! Comment donc, Frank, vous ne savez même pas ce misérable métier que vous avez choisi!

> Dans le sein brillant de la gloire,
> Roi des cieux, comme moi tu trouves le sommeil :
> Tu cèdes à la nuit une courte victoire;
> Mais la nature en deuil invoque ton réveil.
> De même sur mon mausolée,
> On verra l'Angleterre en pleurs et désolée.
>
> En vain l'astre de mes exploits
> Va s'éteindre aujourd'hui sur ce noble rivage;
> Les Français, que ce bras vainquit plus d'une fois,
> A ma valeur rendront hommage;
> Et souvent l'astre anglais, dans ce même climat,
> Dans la flamme et le sang reprendra son éclat.

Dans la flamme et le sang! Expression nouvelle! — Bonjour, mes maîtres, je vous souhaite une joyeuse fête de Noël[1]. Vraiment le sonneur de cloches fait de meilleurs vers. A ces mots, mon père chiffonna le papier dans ses doigts de l'air du plus profond mépris, et il conclut en disant : — Par mon crédit! Frank, je ne vous croyais pas encore aussi fou!

Que pouvais-je dire, mon cher Tresham? je restai immobile à ma place, dévorant ma mortification, tandis que mon père me lançait un regard de pitié, dans lequel perçait l'ironie la plus insultante, et que le pauvre Owen, les mains et les yeux levés vers le ciel, semblait aussi frappé d'horreur que s'il venait de lire le nom de son patron dans la liste des banqueroutes sur la gazette. A la fin

---

(1) Phrase proverbiale pour remercier les acteurs des *masques* de Noël. Les officiers inférieurs de l'Église venaient aussi demander l'aumône avec des rimes.
Éd.

je rassemblai tout mon courage, et rompis le silence, en ayant soin que le ton de ma voix ne trahît pas l'agitation que j'éprouvais.

— Je sais, monsieur, combien je suis peu propre à jouer dans le monde le rôle éminent que vous m'y destiniez ; heureusement je n'ambitionne pas la fortune que je pourrais acquérir. M. Owen serait un associé beaucoup plus utile, et plus en état de vous seconder. J'ajoutai ces mots avec une intention maligne ; car il me semblait qu'Owen avait déserté ma cause un peu trop vite.

— Owen, dit mon père, ce jeune homme est fou, décidément fou ! — Et me faisant froidement tourner du côté d'Owen : — Owen ! continua-t-il, il est sûr qu'il me rendrait plus de services que vous. Mais vous, monsieur, que ferez-vous, s'il vous plaît ? Quels sont vos sages projets ?

— Je désirerais, monsieur, répondis-je avec assurance, voyager deux ou trois ans, si vous aviez la bonté de me le permettre. Sinon, je n'aurais pas de répugnance à passer le même temps à l'université d'Oxford ou de Cambridge.

— Au nom du sens commun ! a-t-on jamais rien vu de semblable ? Vouloir aller au collége parmi des pédans et des jacobites, lorsqu'il pourrait faire fortune dans le monde ! Pourquoi n'iriez-vous pas même à Westminster ou à Eton, pour étudier la grammaire de Lilly et la syntaxe, vous soumettre même, si cela vous plaît, aux étrivières [1] ?

— Malgré le désir que j'aurais de perfectionner mon éducation, si vous désapprouvez la demande que je vous ai faite, je retournerai volontiers sur le continent.

— Vous n'y êtes déjà resté que trop long-temps, M. Francis.

— Eh bien ! monsieur, si vous désirez que je choisisse

---

(1) Westminster et Eton sont ce que nous appelons en France des pensions et des colléges ; les colléges des universités ne sont fréquentés que par des jeunes gens qui ont fini leurs classes à Eton et à Westminster. — Lilly, auteur d'un rudiment. — Ed.

un état, permettez-moi d'entrer dans l'état militaire ; j'irai.....

— Allez au diable! interrompit brusquement mon père ; puis, se reprenant tout-à-coup : — En vérité, dit-il, vous me feriez perdre la tête. N'y a-t-il pas de quoi devenir fou, Owen? Le pauvre Oven baissa la tête et ne répondit rien.

— Écoutez, Francis, ajouta mon père, je vais couper court à toute discussion. J'avais votre âge quand mon père me prit par les épaules et me chassa de chez lui en me déshéritant pour faire passer tous ses biens sur la tête de mon frère cadet. Je partis d'Osbaldistone-Hall sur le dos d'un mauvais bidet, avec dix guinées dans ma bourse. Depuis ce jour, je n'ai jamais mis les pieds sur le seuil du château, et jamais je ne les y mettrai. Je ne sais ni me soucie de savoir si mon frère est vivant, ou s'il s'est cassé le cou dans quelqu'une de ses chasses au renard ; mais il a des enfans, Francis, et j'en adopterai un, si vous me contrariez davantage.

— Vous êtes libre, monsieur, répondis-je avec plus d'indifférence peut-être que de respect ; vous êtes libre de disposer à votre gré de votre fortune.

— Oui, Francis, je suis libre de le faire, et je le ferai. Ma fortune, je ne la dois qu'à moi seul ; c'est à force de soins et de travaux que je l'ai acquise, et je ne souffrirai pas qu'un frélon se nourrisse du miel péniblement amassé par l'abeille. Pensez-y bien ; je vous ai dit mes intentions ; elles sont irrévocables.

— Mon cher monsieur, mon très honoré maître, s'écria Owen les larmes aux yeux, vous n'êtes pas dans l'usage de traiter avec tant de précipitation les affaires d'importance. N'arrêtez pas le compte avant que M. Francis ait eu le temps de comparer les produits. Il vous aime, il vous respecte ; et, quand il fera entrer l'obéissance filiale en ligne de compte, je suis sûr qu'il n'hésitera plus à vous satisfaire.

— Pensez-vous, dit mon père d'un ton sec, que je lui

propose deux fois d'être mon ami, mon associé, mon confident; de partager mes travaux et ma fortune? Owen, je croyais que vous me connaissiez mieux.

Il me regarda comme s'il avait l'intention d'ajouter quelque chose, mais, changeant tout-à-coup d'idée, il me tourna brusquement le dos, et sortit de la chambre. Les dernières phrases de mon père m'avaient vivement touché : je n'avais pas encore envisagé la question sous ce point de vue ; et, s'il eût employé cet argument dans le principe, il est probable qu'il n'eût pas eu à se plaindre de moi.

Mais il était trop tard. J'avais aussi un caractère décidé, et ma résolution était prise. Owen, quand nous fûmes seuls, tourna sur moi ses yeux baignés de larmes, comme pour découvrir, avant de se charger des délicates fonctions de médiateur, quel était le côté faible sur lequel il devait diriger principalement ses attaques. Enfin il commença d'une voix entrecoupée de sanglots, et en s'interrompant à chaque mot :—Oh ciel! M. Francis!... grands dieux, monsieur!... est-il possible, M. Osbaldistone! Qui jamais eût pu croire... un si bon jeune homme! au nom du ciel, regardez les deux parties du compte... Quel déficit!... Songez à ce que vous allez perdre! Une belle fortune, monsieur, l'une des premières maisons de la Cité, qui, déjà connue sous la raison Tresham et Trent, a prospéré bien plus encore sous celle Osbaldistone et Tresham... Vous rouleriez sur l'or, M. Francis... et, mon cher monsieur, s'il y avait quelque partie de l'ouvrage des bureaux qui vous déplût, soit la copie des lettres, ou les comptes à rédiger, je le ferais, ajouta-t-il en baissant la voix, je le ferais pour vous, tous les mois, toutes les semaines, tous les jours même, si vous le voulez. Allons, mon cher Francis, faites un effort pour obliger votre père, et Dieu vous bénira.

— Je vous remercie, M. Owen, je vous remercie vivement de vos bonnes intentions; mais mon père sait l'usage qu'il doit faire de sa fortune, il parle d'un de mes cousins; qu'il dispose à son gré de ses richesses : je ne vendrai jamais ma liberté au poids de l'or.

— Ah, monsieur! si vous aviez vu les comptes du dernier trimestre! quels brillans produits! six chiffres; oui, M. Francis, six chiffres [1] au total de l'actif de chaque associé! et tout cela deviendrait la proie d'un papiste, de quelque nigaud du Nord, ou d'un ennemi du gouvernement!... Qu'il serait dur pour moi, qui me suis toujours donné tant de peine pour la prospérité de la maison, de la voir entre les mains...... ah! cette idée seule me fend le cœur! Au lieu que, si vous restiez avec votre père, quelle belle raison de commerce nous aurions alors! Osbaldistone, Tresham et Osbaldistone, ou peut-être, qui sait (baissant encore la voix), Osbaldistone, Osbaldistone et Tresham; car le nom d'Obaldistone peut l'emporter encore sur celui de Tresham.

— Mais, M. Owen, mon cousin s'appelant aussi Osbaldistone, la raison de commerce sera tout aussi belle que vous pouvez le désirer.

— Oh! fi! M. Francis, quand vous savez à quel point je vous aime! votre cousin, en vérité! un papiste comme son père, un ennemi de la maison d'Hanovre; un autre *item*, sans doute!

— Il y a parmi les catholiques, M. Owen, de très braves gens.

Owen allait répondre avec une vivacité qui ne lui était pas ordinaire, lorsque mon père entra dans la chambre.

— Vous aviez raison, Owen, lui dit-il, et j'avais tort. Nous prendrons plus de temps pour faire nos réflexions. Jeune homme, vous vous préparerez à me donner une réponse d'aujourd'hui en un mois.

Je m'inclinai en silence, charmé de ce sursis inattendu qui me semblait d'un heureux augure, et ne doutant pas

---

[1] C'est-à-dire au moins 100,000 liv. sterling. — Ed.

que mon père ne fût décidé à se relâcher un peu de sa première rigueur.

Ce mois d'épreuve s'écoula sans qu'il arrivât rien de remarquable. J'allais, je venais, je disposais de mon temps comme bon me semblait, sans que mon père me fît la moindre question, le moindre reproche. Il est vrai que je ne le voyais guère qu'aux heures des repas ; alors il avait soin d'éviter une discussion que, comme vous pouvez le croire, je n'étais pas pressé d'entamer. Notre conversation roulait sur les nouvelles du jour, ou sur ces lieux communs ressource ordinaire des gens qui ne se sont jamais vus. Personne n'eût pu présumer en nous entendant, qu'il régnait entre nous autant de mésintelligence, et que nous étions à la veille d'entrer dans une discussion qui nous intéressait si vivement. Quand j'étais seul, je m'abandonnais souvent à mes réflexions. Était-il probable que mon père tînt strictement sa parole, et qu'il déshéritât son fils unique en faveur d'un neveu qu'il n'avait jamais vu, et de l'existence duquel il n'était même pas bien sûr? La conduite de mon grand-père, en pareille occasion, eût dû me faire prévoir celle que tiendrait son fils. Mais je m'étais formé une fausse idée du caractère de mon père. Je me rappelais la déférence qu'il avait pour toutes mes volontés et tous mes caprices, avant que je partisse pour la France ; mais j'ignorais qu'il y a des hommes qui, pleins d'indulgence et de bonté pour leurs enfans en bas âge, et se prêtant alors à toutes leurs fantaisies, n'en sont pas moins sévères par la suite, lorsque ces mêmes enfans, hommes à leur tour, et accoutumés à commander, ne veulent plus obéir et résistent à leurs volontés. Au contraire je me persuadais que tout ce que j'avais à craindre, c'était que mon père ne me retirât momentanément une partie de sa tendresse ; peut-être même me bannirait-il pour quelques semaines de sa présence. Mais cet exil viendrait d'autant plus à propos qu'il me fournirait l'occasion de corriger et de mettre au net les premiers chants de l'Orlando Furioso, que j'avais commencé à traduire en vers. Insensiblement je me pénétrai si fort de cette idée, que je rassemblai mes brouillons ; et j'étais en train de marquer les passages qui auraient besoin d'être retouchés, lorsque j'entendis frapper bien doucement à la porte de ma chambre. Je renfermai bien vite mon manuscrit dans mon secrétaire, et je courus ouvrir. C'était M. Owen. Tel était l'ordre, telle était la régularité que ce digne homme mettait dans toutes ses actions, telle était son habitude de ne jamais s'écarter du chemin qui conduisait de sa chambre au bureau, que, selon toute apparence, c'était la première fois qu'il paraissait au second étage de la maison ; et je suis encore à chercher comment il fit pour découvrir mon appartement.

— M. Francis, me dit-il lorsque je lui eus exprimé la surprise et le plaisir que me causait sa visite, je ne sais pas si je fais bien de venir vous répéter ce que je viens d'apprendre ; peut-être ne devrais-je pas parler hors du bureau de ce qui se passe en dedans. On ne doit pas, suivant le proverbe, dire aux murs du magasin combien il y a de lignes dans le livre-journal. Mais le jeune Twineall a fait une absence de plus de quinze jours, et il n'y a que vingt-quatre heures qu'il est de retour.

— Très bien, mon cher monsieur ; mais que me font, je vous prie, l'absence ou le retour du jeune Twineall ?

— Attendez, M. Francis : votre père l'a chargé d'un message secret. Il ne peut pas avoir été à Falmouth au sujet de la famille de Pilchard. La créance que nous avions sur Blackwell et compagnie, d'Exeter, vient enfin d'être liquidée ; les contestations qui s'étaient élevées entre notre maison et quelques entrepreneurs des mines de Cornouaille se sont, grâce au ciel, terminées à l'amiable de toute manière. D'ailleurs, il eût fallu consulter mes livres ; en un mot, je crois fermement que Twineall a été dans le nord, chez votre oncle...

— Est-il possible ? m'écriai-je un peu alarmé.

— Il n'a parlé, monsieur, depuis son retour, que de ses nouvelles bottes et de ses éperons, et d'un combat de coqs à York. C'est aussi vrai que la table de multiplication. Plaise à Dieu, mon cher enfant, que vous vous décidiez à contenter votre père, et à devenir comme lui un bon et brave négociant !

J'éprouvai dans ce moment une violente tentation de me soumettre, et de combler de joie le bon Owen en le priant de dire à mon père que j'étais prêt à me conformer à ses volontés. Mais l'orgueil, ce sentiment parfois louable, plus souvent répréhensible, l'orgueil m'en empêcha. Mon consentement expira sur mes lèvres, et pendant que je cherchais à vaincre une certaine honte, dont ma raison eût peut-être fini par triompher, Owen entendit la voix de mon père, qui l'appelait. Il sortit aussitôt de ma chambre, avec la même précipitation et la même terreur que s'il eût commis un crime en y entrant, et l'occasion fut perdue.

Mon père était méthodique en tout. Au même jour, à la même heure, dans le même appartement, du même ton et de la même manière qu'un mois auparavant, il renouvela la proposition qu'il m'avait faite de m'associer à sa maison de banque, et de me charger d'une branche de son commerce, en m'invitant à lui faire connaître ma résolution définitive. Je trouvai qu'il avait pris une route tout opposée à celle qu'il eût fallu suivre pour me convaincre ; et je crois encore aujourd'hui qu'il manqua de politique en me parlant durement. Un regard de bonté, une parole bienveillante, m'eussent fait tomber à ses pieds, et je me serais rendu à discrétion. Un ton sec, un regard sévère, ne firent que m'endurcir dans mon obstination, et je répondis avec respect qu'il m'était impossible d'accepter ses offres. Peut-être, car qui peut juger de son propre cœur ? — peut-être pensais-je que c'eût été montrer trop de faiblesse que de se rendre à la première sommation ; peut-être attendais-je que je fusse pressé plus vivement, afin du moins de ne pas être accusé d'inconséquence, et de pouvoir me faire honneur du sacrifice que je ferais à l'autorité paternelle. S'il en était ainsi, je fus trompé dans mon attente; car mon père se tourna froidement vers Owen, et ajouta d'un ton calme : — Je vous l'avais dit. Puis, s'adressant à moi : — Francis, me dit-il, à votre âge, vous devez être aussi en état que vous le serez probablement jamais de juger dans quelle carrière vous trouverez le bonheur; ainsi je ne vous presse pas davantage. Mais, quoique je ne sois pas forcé de me prêter à vos projets plus que vous ne l'êtes de vous conformer à mes vues, puis-je savoir si vous en avez formé pour lesquels vous ayez besoin de mon assistance?

Cette question me déconcerta, et je répondis avec un peu de confusion que, n'ayant appris aucun état et ne possédant rien, il m'était évidemment impossible de subsister si je ne recevais aucun secours de mon père; que mes désirs étaient très bornés, et que j'espérais que l'aversion invincible que j'éprouvais pour la profession qu'il m'avait destinée ne me priverait pas de sa protection et de sa tendresse.

— C'est-à-dire que vous voulez vous appuyer sur mon bras, et cependant aller où bon vous semble : cela est difficile à accorder, Frank. Je suppose néanmoins que votre intention est de m'obéir, pourvu que mes ordres ne contrarient pas vos projets.

J'allais parler. — Silence, s'il vous plaît, ajouta-t-il. Si telle est votre intention, vous pouvez bien partir immédiatement pour le nord de l'Angleterre; il est bon que vous fassiez une visite à votre oncle. J'ai choisi parmi ses fils (il en a sept, je pense) celui qu'on m'a dit être le plus digne de remplir la place que je vous destinais dans ma maison. Mais il reste encore quelques arrangemens à terminer là-bas, et pour cela votre présence ne sera pas inutile : vous recevrez des instructions plus détaillées à **Osbaldistone-Hall**, où vous voudrez bien rester jusqu'à ce que je vous rappelle. Demain matin tout sera prêt pour votre départ.

A ces mots mon père sortit de la chambre.

— Qu'est-ce que tout cela signifie, M. Owen? dis-je à mon pauvre ami, dont la physionomie portait l'empreinte du plus profond abattement.

— Tout est perdu, M. Francis!... Hélas! si vous aviez voulu me croire!... mais à présent il n'y a plus de ressource; quand votre père parle de ce ton calme et résolu, c'est comme un compte arrêté, il ne change plus.

Et l'évènement le prouva; car, le lendemain matin, à cinq heures, je me trouvai sur la route d'York, monté sur un assez bon cheval, et avec cinquante guinées dans ma poche, voyageant pour aider mon père à me choisir un successeur qui viendrait prendre ma place dans sa maison pour me dérober sa tendresse, et peut-être même sa fortune.

CHAPITRE III.

> « La barque flotte au gré du vent,
> « Et, sur le perfide élément,
> « De toute part est ballottée;
> « Elle fait eau, puis est jetée
> « Contre un écueil qui l'engloutit. »
> Gay.

J'ai fait précéder par des rimes et des vers blancs chaque subdivision de cette grande histoire, afin de captiver votre attention par des extraits d'ouvrages plus attrayans que le mien. Les vers que je viens de citer font allusion à un malheureux navigateur qui eut l'audace de démarrer une barque qu'il était incapable de diriger, et se confia aux flots d'un fleuve. Un écolier qui, par étourderie autant que par hardiesse, aurait risqué une semblable tentative, ne se trouverait pas, au milieu du courant, dans une situation plus embarrassante que la mienne quand je me

vis errant sans boussole sur l'océan de la vie. Mon père avait affecté tant de facilité à briser le nœud qu'on regarde comme le plus fort de tous ceux qui lient les membres de la société; c'était avec une indifférence si imprévue qu'il m'avait, pour ainsi dire, rejeté de sa famille, que tout contribuait à diminuer cette confiance dans mon mérite personnel qui m'avait jusqu'alors soutenu. Le prince Joli, tantôt prince et tantôt fils d'un pêcheur, quittant le sceptre pour la ligne, et son palais pour une chaumière, ne pouvait pas se croire plus dégradé que moi. Aveuglés par l'amour-propre, nous sommes tellement portés à regarder comme l'apanage nécessaire de notre mérite les accessoires dont nous entoure la prospérité, que lorsque nous nous trouvons livrés à nos seules ressources, et forcés de reconnaître que nous n'avions point de valeur par nous-mêmes, nous sommes tout étonnés de notre peu d'importance, et nous éprouvons une cruelle mortification. A mesure que je m'éloignais de Londres, la voix lointaine de ses clochers me fit entendre plus d'une fois l'avis de :
— *Retourne,* — qu'entendit autrefois son futur lord-maire [1]; et quand, des hauteurs d'Highgate, je me retournai pour contempler une dernière fois la sombre magnificence de cette métropole, sous son manteau de vapeurs, il me sembla que je laissais derrière moi le contentement, l'opulence, les charmes de la société et tous les plaisirs de la civilisation.

Mais le sort en était jeté. Il n'était pas probable que, par une soumission lâche et tardive, je rentrasse dans les bonnes grâces de mon père. Au contraire, ferme et invariable lui-même dans ses résolutions, loin de me pardonner, il n'aurait eu pour moi que du mépris, si dans ce moment je fusse retourné bassement lui dire que j'étais prêt à rentrer dans le commerce. Mon obstination naturelle vint aussi à mon aide, et l'orgueil me représentait

---

(1) Allusion à l'histoire du lord-maire Whittington. — Ed.

tout bas quelle pauvre figure je ferais, et à quelle humiliation, à quel assujettissement je me trouverais exposé par la suite, quand on verrait qu'un voyage de quatre milles avait suffi pour détruire des résolutions affermies par un mois de réflexion. L'espoir même, l'espoir qui n'abandonne jamais le jeune imprudent, prêtait son charmant prestige à mes nouveaux projets. Mon père ne pouvait songer sérieusement à faire passer tous ses biens dans une branche collatérale qu'il n'avait jamais aimée. C'était sans doute une épreuve qu'il voulait faire de mes sentimens, et la supporter avec autant de patience que de fermeté était le moyen de gagner son estime et d'arriver à une réconciliation. Je calculai même quelles concessions je pourrais lui faire, et sur quels articles de notre traité supposé je devrais continuer à rester inébranlable. Le résultat de mes combinaisons fut que je devais être d'abord rétabli dans tous les droits que me donnait ma naissance, et qu'alors j'expierais par quelques marques extérieures d'obéissance ma dernière rébellion.

En attendant, j'étais maître de ma personne, et j'éprouvais ce sentiment d'indépendance qui fait tressaillir un jeune cœur d'une joie mêlée de crainte. Ma bourse, sans être abondamment garnie, suffisait pour les besoins d'un modeste voyageur. Je m'étais habitué, pendant que j'étais à Bordeaux, à n'avoir point d'autre valet que moi ; mon cheval était jeune et vigoureux ; mon imagination ardente et la joie de me trouver momentanément libre, dissipèrent bientôt les tristes pensées qui m'avaient assailli au commencement de mon voyage.

Cependant je finis par regretter de ne pas voyager sur une route qui offrît du moins quelque aliment à la curiosité, ou dans une contrée qui pût fournir de temps en temps quelque observation intéressante. Car la route du nord était alors, et peut-être encore aujourd'hui, bien pauvre sous ce rapport ; je ne crois pas qu'il soit possible de trouver dans toute la Grande-Bretagne une route qui mérite moins de fixer l'attention. Insensiblement les réflexions revinrent, et elles n'étaient pas toujours sans amertume. Ma muse même, cette coquette qui m'avait conduit au milieu de ce pays sauvage, ma muse, aussi perfide, aussi volage que la plupart des belles, m'abandonna dans ma détresse ; et je n'aurais su comment dévorer mon ennui, si je n'avais rencontré de temps en temps des voyageurs dont la conversation, sans être fort amusante, m'offrait du moins quelques instans de distraction ; des ministres de campagne, qui, après avoir fait la visite de leur paroisse, regagnaient au petit trot leur presbytère ; des fermiers ou des nourrisseurs de bestiaux, revenant du marché voisin ; des commis marchands, parcourant les villes de province pour faire payer les débiteurs en retard ; enfin des officiers qui battaient le pays pour trouver des recrues. Telles étaient alors les personnes qui donnaient de l'occupation aux garde-barrières et aux cabaretiers. Notre conversation roulait sur la religion et sur les dîmes, sur les bœufs et sur le prix du grain, sur les denrées commerciales et sur la solvabilité des détaillans, le tout varié de temps en temps par la description d'un siége ou d'une bataille en Flandre, que me faisait le narrateur, peut-être de seconde main. Les voleurs, sujet vaste et fertile, remplissaient tous les vides, et chacun racontait toutes les histoires de brigands qu'il savait ; le Fermier d'or, l'Agile Voleur, Jack Needham, et autres héros de l'opéra du *Gueux* [1] étaient pour nous des noms familiers. A ces récits, comme ces enfans effrayés qui se pressent autour du foyer quand l'histoire du revenant touche à sa fin, les voyageurs se rapprochaient l'un de l'autre, regardaient devant et derrière eux, examinaient l'amorce de leurs pistolets, et juraient de s'accorder mutuellement secours et protection en cas de danger : engagement qui, comme la plupart des alliances offensives et défensives, sort de la

---

(1) Dans cet opéra, comme on sait, Gray a pris pour ses héros des *mauvai sujets* de toutes les écoles. — Ep.

mémoire quand il y a quelque apparence de péril.

De tous ceux que j'ai jamais vus poursuivis par des craintes de cette nature, un pauvre diable avec qui je fis route pendant près d'un jour et demi fut celui qui me divertit le plus. Il avait sur sa selle un porte-manteau très petit, mais qui semblait fort pesant, et dont la surveillance paraissait l'occuper uniquement. Jamais il ne le perdait de vue un seul instant, et lorsqu'il s'arrêtait, et qu'une fille d'auberge s'approchait pour le prendre pendant qu'il descendait de cheval, il la repoussait durement, et descendait son porte-manteau à la main. C'était avec la même précaution qu'il s'efforçait de cacher non seulement le but de son voyage et le lieu de sa destination, mais même la route qu'il devait prendre le jour suivant. Son embarras était sans égal quand quelqu'un venait à lui demander s'il comptait suivre long-temps la route du nord, ou à quelle auberge il comptait s'arrêter. Il apportait l'attention la plus minutieuse dans le choix de l'endroit où il passerait la nuit, évitant avec soin les auberges isolées et celles qui lui semblaient de mauvaise apparence. A Grantham il ne se coucha pas de toute la nuit, parce qu'il avait vu entrer dans la chambre qui touchait à la sienne un homme louche, qui avait une perruque noire et un vieux gilet brodé en or. Malgré ses transes et ses inquiétudes, mon compagnon de voyage, à en juger par son extérieur, était tout aussi en état de se défendre que personne au monde. Il était grand, bien bâti, et la cocarde de son chapeau galonné semblait indiquer qu'il avait servi dans l'armée, ou du moins qu'il appartenait de quelque manière à l'état militaire. Sa conversation, sans être du meilleur ton, était celle d'un homme de sens lorsque les terribles fantômes qu'il avait toujours devant les yeux cessaient un moment de l'occuper; mais la moindre circonstance suffisait pour lui rendre son tremblement convulsif. Une bruyère ouverte, un enclos, étaient autant de sujets de terreur; et le sifflet du berger qui rassemblait son troupeau était pour lui le signal du brigand qui appelait sa bande. La vue même d'un gibet, en lui apprenant qu'un voleur venait d'être pendu, ne manquait jamais de lui rappeler qu'il en restait encore beaucoup d'autres à pendre.

J'aurais été bientôt fatigué de la compagnie de cet homme, sans la diversion qu'elle faisait à la tristesse de mes pensées. D'ailleurs quelques unes des histoires effrayantes qu'il racontait avaient par elles-mêmes une sorte d'intérêt qu'augmentent encore la bonne foi et la crédulité du narrateur. Une nouvelle preuve de sa bizarrerie et de son excessive défiance me fournit l'occasion de m'amuser un peu à ses dépens. Dans ses récits, plusieurs des malheureux voyageurs qui venaient à tomber au milieu d'une bande de voleurs n'éprouvaient ce désastre que pour s'être laissé séduire par la mise élégante et la conversation agréable d'un étranger ; celui-ci leur avait proposé de faire route ensemble, et sa compagnie semblait leur promettre amusement et protection; il chantait et parlait tour à tour pour leur faire oublier l'ennui du voyage, avait soin qu'ils ne fussent pas écorchés dans les auberges, et leur faisait remarquer les erreurs qui s'étaient glissées dans les mémoires, jusqu'à ce qu'enfin, sous prétexte de leur montrer un chemin plus court, il attirait ses trop confiantes victimes dans quelque forêt, où, rassemblant tout-à-coup ses camarades par un coup de sifflet, il jetait son manteau et se montrait sous son véritable costume, celui de capitaine de la bande des voleurs; soudain ceux-ci sortaient en foule de leur repaire, et, le pistolet à la main, venaient demander aux imprudens la bourse ou la vie. Vers la conclusion d'une semblable histoire, dont le récit semblait augmenter encore les terreurs paniques du pauvre trembleur, qui sans doute l'avait déjà racontée cent fois, j'observais qu'il me regardait toujours avec un air de doute et de défiance, comme s'il réfléchissait tout-à-coup qu'il se pourrait qu'au moment même il se trouvât auprès d'un de ces hommes dangereux dont parlait son histoire: aussitôt que ces idées se glissaient dans son esprit, il s'éloignait précipitamment de moi, se retirait de l'autre côté de la grande route, regardait devant, derrière et autour de lui, examinait ses armes, et semblait se préparer à la fuite ou au combat, selon la circonstance.

La défiance qu'il manifestait dans ces occasions semblait n'être que momentanée, et me paraissait trop plaisante pour que je pensasse à m'en offenser. D'ailleurs dans ce temps-là on pouvait avoir l'apparence d'un homme comme il faut, et n'en être pas moins un voleur de grand chemin. La division des états n'étant pas aussi marquée alors qu'elle l'est depuis cette époque, la profession de l'aventurier poli qui vous escamotait votre argent chez White [1] à la bassette ou au jeu de boules, était souvent unie à celle du brigand avoué qui, dans la bruyère de Bagshot ou à la plaine de Finchley, demandait la bourse ou la vie à son confrère le dameret. Il y avait aussi une teinte de férocité dans les mœurs du temps, qui depuis a été bien adoucie ou s'est évanouie entièrement. Il me semble que ceux qui avaient perdu tout espoir embrassaient alors avec moins de répugnance toute espèce de moyen de réparer les torts de la fortune.

Nous n'étions plus au temps, il est vrai, où Anthony-a-Wood [2] déplorait l'exécution de deux beaux garçons pleins d'honneur et de courage qui furent pendus sans pitié à Oxford, parce que leur détresse les avait forcés de lever des contributions sur les chemins. Cependant les environs de la métropole étaient alors en grande partie couverts de bruyères, et les cantons de province moins peuplés étaient fréquentés par cette classe de bandits (dont l'existence sera un jour inconnue) qui faisaient leur métier avec une sorte de courtoisie. Semblables à Gibbet,

---

(1) Un de ces hôtels de Londres surnommés *enfers* (maisons de jeu *décentes*).
    Éd.
(2) Antoine Wood, auteur d'*Athenæ oxonienses*, antiquaire d'Oxford. Éd.

dans le *Stratagème des Petits-Maîtres* [1], ils se piquaient d'être les gens les mieux élevés de la route, et d'apporter une grande politesse dans l'exercice de leur vocation. Un jeune homme dans ma position ne pouvait donc s'indigner beaucoup d'une méprise qui le faisait comprendre dans la classe honorable de ces déprédateurs. Au contraire, je m'amusais à éveiller et à endormir tour à tour les craintes et les soupçons de mon brave; et je me plaisais à jeter encore plus de trouble et de dérangement dans une cervelle que la nature n'avait pas trop bien organisée. Lorsque, séduit par la franchise de mes manières, il me semblait dans une sécurité parfaite, je lui faisais une ou deux questions sur le but de son voyage ou sur la nature de l'affaire qui l'occasionait; c'en était assez pour lui faire prendre l'alarme, et il s'empressait aussitôt de gagner le large. Voici, par exemple, une conversation que nous eûmes ensemble sur la force et sur la vigueur comparative de nos chevaux.

— Oh! monsieur, dit mon compagnon, j'avoue que pour le galop mon cheval ne peut pas le disputer au vôtre. Mais permettez-moi de vous dire que le trot est le véritable pas du cheval de poste, et qu'au trot je pourrais vous défier si nous étions près d'une ville. Je parierais une bouteille de porto que je vous vaincrais à la course (caressant son bucéphale avec ses éperons).

— Contentez-vous, monsieur : voici une plaine qui me paraît favorable.

— Hem... hem... reprit mon ami en hésitant. Je n'aime pas à fatiguer inutilement mon cheval. On ne sait pas ce qui peut arriver en cas d'alarme... D'ailleurs, monsieur, quand j'ai dit que j'étais prêt à parier, j'entendais que nos chevaux seraient également chargés : je suis sûr que le vôtre porte environ trente livres de moins que le mien.

---

(1) *The Beaux's stratagem*, comédie de G. Farquhar. — Ed.

— Qu'à cela ne tienne, monsieur. Combien peut peser ce porte-manteau?

— Mon po... po... porte-manteau? reprit-il en tremblant; oh! très peu... rien... Ce ne sont que quelques chemises et quelques paires de bas.

— A le voir, je croirais qu'il pèse davantage; et je parie la bouteille de porto qu'il fait toute la différence de la charge de mon cheval à celle du vôtre.

— Vous vous trompez, monsieur, je vous assure. En vérité, vous vous trompez, reprit-il en se retirant de l'autre côté de la route, comme c'était son usage dans ces occasions alarmantes.

— Je suis prêt à risquer la bouteille, lui dis-je en le suivant; et qui plus est, je parie dix contre un qu'avec votre porte-manteau en croupe, je vous devance encore à la course.

A cette proposition, qui ne lui semblait que trop claire, mon homme trembla de tous ses membres. De rouge pourpre son nez devint pâle et jaunâtre, et la peur fit disparaître pour un instant les traces que le vin y avait laissées; ses dents claquaient fortement, et il semblait attendre, dans l'agonie de la terreur, que je donnasse le coup de sifflet pour rassembler toute ma bande. Comme je vis qu'il ne pouvait plus parler, et qu'il avait même peine à se tenir sur son cheval, je m'empressai de le rassurer en lui demandant quel était un clocher que je commençais à distinguer à quelque distance, et en lui faisant observer que nous étions si près d'un village, que nous n'avions plus à craindre de faire de mauvaises rencontres sur la route. Ces paroles lui rendirent un peu de courage : sa figure s'épanouit, son nez reprit sa couleur naturelle; mais je m'aperçus qu'il avait de la peine à oublier ma téméraire proposition, et que je lui paraissais encore un peu suspect. Je vous ennuie de tous ces détails; mais je vous parle aussi longuement du caractère de cet homme, et de la manière dont je m'amusai à ses dépens, parce que ces circonstances, quelque frivoles qu'elles fussent, eurent par la suite une grande influence sur des incidens que j'étais loin de prévoir, et que je vous raconterai lorsque j'en serai à cette époque de ma vie. Mais alors la conduite de cet homme ne m'inspira que du mépris, et me confirma dans l'opinion que, de tous les sentimens qui dégradent l'humanité et font souffrir cruellement celui qui les éprouve, il n'en est point de plus inquiétant, de plus pénible et de plus méprisable que la poltronnerie.

CHAPITRE IV.

« Tout le peuple écossais rampe dans l'indigence,
« Vous disent fièrement les dédaigneux Anglais.
« Quand nous voyons chez nous venir un Ecossais,
« Faut-il donc le blâmer de chercher plus d'aisance ? »
CHURCHILL.

Il existait à cette époque un ancien usage qui, je crois, n'est plus observé aujourd'hui. Les longs voyages se faisant à cheval, et par conséquent à petites journées, il était d'usage de passer le dimanche dans quelque ville où le voyageur pût entendre le service divin, et son cheval jouir du jour de repos, institution également louable par son double motif. Une autre coutume, qui rappelait l'ancienne hospitalité anglaise, était que le maître d'une auberge un peu considérable, pour célébrer aussi le septième jour, se dépouillant de son caractère de publicain, invitait ses hôtes à partager son dîner de famille et son pouding. Cette invitation était ordinairement acceptée avec plaisir. Les personnes du plus haut rang ne croyaient pas déroger en prenant place à la table de l'aubergiste; et la bouteille de vin qu'on demandait après dîner, pour boire à sa santé, était la seule récompense qu'on lui offrît, et le seul article qu'il fût permis de payer.

J'étais né citoyen du monde, et mon goût m'appelait toujours où je pouvais m'instruire dans la connaissance de l'homme ; je n'avais d'ailleurs aucune prétention de dignité, et je ne manquais jamais d'accepter l'hospitalité du dimanche, soit qu'elle me fût offerte à la Jarretière, au Lion-d'or ou au Grand-Cerf. L'honnête aubergiste, qui ce jour-là se croyait un grand personnage, tout fier de voir assis à sa table les hôtes qu'il servait les autres jours, donnait souvent carrière à sa bonne humeur, et ne négligeait rien pour égayer ses convives, les beaux esprits de l'endroit, planètes secondaires qui accomplissaient leur révolution autour de leur orbite supérieur. Le magister, l'apothicaire, le procureur et le ministre lui-même ne dédaignaient pas de prendre part à ce festin hebdomadaire. Les voyageurs, arrivant des différentes parties du royaume, et ne différant souvent pas moins par leurs manières que par leur langage, formaient presque toujours une réunion piquante qui ne pouvait manquer de plaire à l'observateur, en lui offrant une légère esquisse des mœurs et du caractère de plusieurs contrées différentes.

C'était un de ces jours solennels, et dans une semblable occasion, que je me trouvais avec mon craintif compagnon de voyage dans la ville de Darlington, dépendante de l'évêché de Durham, et nous allions prendre place à la table de l'aubergiste de l'Ours-Noir, dont la face rubiconde annonçait un bon vivant, lorsque notre hôte nous informa, d'un ton qui pouvait tenir lieu d'apologie, qu'un gentilhomme écossais devait dîner avec nous.

— Un gentilhomme !... Quelle sorte de gentilhomme ? dit précipitamment mon compagnon, dont l'imagination, toujours prête à s'alarmer, pensait sans doute alors aux gentilshommes de grand chemin.

— Parbleu ! une espèce écossaise de gentilhomme, reprit notre hôte. Ils sont tous nobles, comme vous savez, même sans une chemise sur le dos. Mais celui-ci a un air d'aisance ; je le crois un marchand de bestiaux, franc

Ecossais, autant qu'aucun de ceux qui ont jamais traversé le pont de Berwick.

— Qu'il vienne; j'y consens de tout mon cœur, répondit mon ami; et, se tournant vers moi, il me communiqua ses réflexions.

— Je respecte les Écossais, monsieur; j'aime et j'honore ce peuple à cause de ses excellens principes. On dit qu'il est pauvre et malpropre, mais parlez-moi de la probité éprouvée [1], quoique vêtue de haillons, comme dit le poète; des gens dignes de foi m'ont assuré qu'on ne connaissait pas en Ecosse le vol des grands chemins.

— C'est parce qu'ils n'ont rien à perdre, dit mon hôte avec le rire étouffé de l'amour-propre satisfait.

— Non, non, répondit une forte voix derrière lui, c'est parce que vos jaugeurs et vos inspecteurs anglais, que vous avez envoyés au-delà de la Tweed, se sont emparés du métier, et n'ont rien laissé à faire aux gens du pays.

— Bien dit, M. Campbell, reprit l'aubergiste; je ne vous croyais pas si près de nous, mais vous savez qu'il faut de temps en temps le petit mot pour rire... Et comment vont les marchés dans le midi?

— Comme à l'ordinaire, dit M. Campbell : les sages vendent et achètent, et les fous sont vendus et achetés.

— Oui, mais les sages et les fous dînent, reprit notre hôte jovial; et voici une pièce de bœuf que nous ferions bien d'attaquer.

En disant ces mots, il saisit son large couteau, s'attribua, suivant l'usage, la place d'honneur, s'assit sur sa grande chaise, d'où il pouvait dominer sur toute la table, et se mit à servir ses convives.

C'était la première fois que je voyais un Ecossais; et, dès mon enfance, j'avais été nourri de préjugés contre cette nation. Mon père, comme vous le savez, était d'une ancienne famille du Northumberland, qui avait toujours

---

(1) **La probité sterling**, dit le texte. — Ed.

résidé à Osbaldistone-Hall, dont je n'étais pas alors très éloigné. Déshérité par son père en faveur de son frère cadet, il en avait toujours conservé un ressentiment si vif qu'il ne parlait presque jamais de la famille dont il descendait, et qu'il ne trouvait rien de plus ridicule et de plus absurde que de s'enorgueillir de ses ancêtres. Toute son ambition était d'être appelé William Osbaldistone, le premier ou du moins l'un des premiers négocians de Londres; et il fût descendu en droite ligne de Guillaume-le-Conquérant, que sa vanité en eût été moins flattée que d'entendre le bruit et l'agitation que son arrivée causait parmi les taureaux, les ours et les agens de change de Stock-Alley[1]. Il désirait que je restasse dans l'ignorance de ma noble origine, dans la crainte que mes sentimens ne fussent pas d'accord avec les siens sur ce sujet. Mais ses desseins, comme il arrive aux projets les mieux combinés, furent renversés jusqu'à un certain point par un être que son orgueil n'eût jamais cru capable de les contrarier. Sa nourrice, vieille bonne femme de Northumberland, qui lui était attachée dès l'enfance, était la seule personne de son pays natal pour laquelle il eût conservé de l'affection ; et, quand la fortune lui avait souri, le premier usage qu'il avait fait de ses faveurs avait été d'assurer une honnête aisance à Mabel Rikets, et de la faire venir auprès de lui. A la mort de ma mère c'était elle qui avait été chargée d'avoir pour moi ces soins, ces tendres attentions que l'enfance exige de la tendresse maternelle. Ne pouvant parler à son maî-

---

(1) Stock-Alley ou Exchange-Alley est le quartier de la *Bourse*, et signifie la *Bourse* elle-même.

Bear et *bull*, ours et taureau, sont des termes de l'argot des agioteurs. On appelle l'Ours celui qui, sans rien posséder dans les fonds, s'engage à livrer une quantité de rentes à un taux convenu et à une époque fixée, comme la fin du mois par exemple. Le Taureau est celui qui achète ces mêmes rentes, quoiqu'il n'ait pas d'argent pour les payer. Au terme arrivé, l'un ou l'autre paie la différence, suivant la hausse ou la baisse. On dit de celui qui ne peut payer qu'il devient un canard boiteux, et qu'il sort en canard de la Bourse. Peut-être le mot d'ours fait-il allusion à la fable des chasseurs qui vendaient la peau de l'ours avant de l'avoir tué. — Ed.

tre, qui le lui avait défendu, des bruyères et des vallons de son cher Northumberland, elle s'en dédommageait avec moi, et me faisait le récit des histoires de sa jeunesse, et des traditions conservées dans le pays. Je l'écoutais avec l'avidité de l'enfance ; il me semble voir encore la vieille Mabel, la tête légèrement agitée par le tremblement de l'âge, avec sa coiffe aussi blanche que la neige, les traits un peu ridés, mais conservant encore cet air de santé qu'elle devait à l'habitude des travaux champêtres. Je crois la voir regarder en soupirant, par la fenêtre, les murs de brique et la rue étroite, lorsqu'elle finissait sa chanson favorite, que je préférais alors, et, pourquoi ne dirais-je pas la vérité ?... que je préfère encore à tous les grands airs sortis de la tête d'un docteur en musique[1] italien.

> Quand reverrai-je nos vieux chênes,
> Le lierre et ses rians festons
> Suspendus aux rameaux des frênes ?
> Leur verdure est cent fois plus belle sur nos monts.

Mabel, dans ses légendes, déclamait toujours contre la nation écossaise avec toute l'animosité dont elle était capable. Les habitans de la frontière opposée remplissaient, dans ses récits, le rôle que les ogres et les géans aux bottes de sept lieues jouent ordinairement dans les contes des nourrices. Fallait-il s'en étonner ? n'était-ce pas Douglas-le-Noir qui avait égorgé lui-même l'héritier de la famille d'Osbaldistone, le jour que cet infortuné venait de prendre possession du bien de ses pères, en le surprenant, lui et ses vassaux, au milieu d'une fête qu'il avait donnée à cette occasion ? N'était-ce pas Wat-le-Diable qui, du temps de mon bisaïeul, s'était emparé, dans les environs de Lanthorn, de tous les agneaux d'un an[2] de Lanthorn-Side ?

(1) C'est en Angleterre qu'on reçoit dans les universités le diplôme de docteur en musique. Les Italiens disent simplement *il maestro*. — Ed.

(2) Il y a dans le texte *year old hogs* ; ce que nous remarquons pour avertir ceux qui lisent l'anglais de sir Walter Scott que *hog*, dans le dialecte du nord, ne veut pas dire *pourceau*, mais *agneau*. D'où l'on a remarqué que le berger-

Et n'avions-nous pas mille trophées qui, suivant la version de la vieille Mabel, attestaient quelle vengeance éclatante nous en avions tirée? Sir Henry Osbaldistone, cinquième du nom, n'avait-il pas enlevé la belle Jessy de Fairnington? et, nouvel Achille, n'avait-il pas défendu sa Briséis contre les forces réunies des plus vaillans Chefs de l'Ecosse? Ne nous étions-nous pas toujours signalés dans les combats que l'Angleterre avait livrés à sa rivale? Les guerres du nord avaient été la source de tous nos malheurs et de toute notre gloire.

A force d'entendre répéter ces histoires pendant mon enfance, je finis par regarder l'Ecosse comme l'ennemie naturelle de l'Angleterre; et mes préventions furent encore augmentées par les discours que j'entendais quelquefois tenir à mon père. Il s'était engagé dans de vastes spéculations, et avait acheté des bois immenses qui appartenaient à de riches propriétaires du fond de l'Ecosse. Il répétait sans cesse qu'il les trouvait beaucoup plus empressés à conclure des marchés et à exiger des arrhes considérables, qu'à remplir eux-mêmes leurs engagemens. Il soupçonnait aussi les négocians écossais qu'il était obligé d'employer pour agens dans ces occasions, de s'être approprié dans les bénéfices une part beaucoup plus considérable que celle qui devait leur revenir. En un mot, si Mabel se plaignait des guerriers écossais des anciens temps, M. Osbaldistone ne se déchaînait pas avec moins de violence contre les artifices de ces modernes Sinons; tous deux m'inspirèrent, sans le savoir, une aversion sincère pour les habitans du nord de la Grande-Bretagne, et dès lors je les regardai comme un peuple cruel et sanguinaire en temps de guerre, perfide en temps de paix, avare, intéressé, fourbe et de mauvaise foi dans les affaires, et n'ayant point de bonnes qualités, à moins qu'on ne dût ce

---

poète *Hog* avait un nom qui lui allait à merveille. Nous avons déjà dit dans les notes de *Waverley* que les *pourceaux* avaient long-temps été rares en Ecosse.
Ed.

nom à une férocité qui ressemblait à du courage dans les combats, et à une duplicité qui leur tenait lieu de prudence dans les affaires. Pour justifier, ou du moins pour excuser ceux qui m'avaient donné de semblables préjugés, je dois faire remarquer que les Ecossais ne rendaient pas alors plus de justice aux Anglais. Les deux nations couvaient secrètement les étincelles d'une haine nationale, étincelles dont un démagogue a voulu former une flamme terrible qui manqua d'embraser les deux royaumes, et qui, j'espère, est à présent heureusement éteinte dans ses propres cendres[1].

C'était donc avec une impression défavorable que je regardai le premier Ecossais que je rencontrai. Son extérieur répondait beaucoup à l'idée que je m'étais formée des hommes de sa nation. Il avait les traits durs, ces formes athlétiques qui les caractérisent, avec ce ton national et cette manière lente et pédantesque qu'ils prennent en parlant, et qui provient du désir de déguiser la différence de leur idiome ou de leur dialecte. Je remarquais aussi la défiance et la brusquerie de ses compatriotes dans les réponses qu'il faisait aux questions qui lui étaient adressées; mais je ne m'attendais pas à trouver dans un Ecossais un air de supériorité qu'il ne paraissait pas affecter, mais qui semblait le mettre naturellement au-dessus de la société dans laquelle le hasard l'avait conduit. Son habillement était aussi grossier qu'il pouvait l'être, quoique cependant il fût propre et décent; et, dans un temps où le moindre gentilhomme faisait de grandes dépenses pour sa toilette, il annonçait la médiocrité, sinon l'indigence. Sa conversation prouvait qu'il s'occupait du commerce de bestiaux, métier peu distingué; cependant, malgré ces désavantages, il semblait traiter le reste de la compagnie avec cet air froid de politesse et de condescendance qui annonce

---

(1) Ce passage semble avoir été écrit du temps de *Wilkes et la liberté* *!

Cette note de l'auteur nous désigne l'époque de 1761, où le ministère de lord Bute mit en jeu toute l'antipathie des Anglais contre les Écossais. — Éd.

une supériorité réelle ou imaginaire dans celui qui le prend sans affectation. Quand il donnait son avis sur quelque point, c'était d'un ton tranchant, comme si ce qu'il disait ne pouvait être ni réfuté ni même révoqué en doute. Notre aubergiste et ses hôtes du dimanche, après avoir fait quelques efforts pour soutenir leur opini dans l'espérance de l'emporter, grâce à la force de leu.. poumons, finissaient par céder à l'autorité imposante de M. Campbell, qui s'emparait ainsi de la conversation, et la dirigeait à son gré. Je fus tenté, par curiosité, de lui disputer moi-même le terrain, me fiant à la connaissance que j'avais acquise du monde pendant mon séjour en France, et à l'éducation assez distinguée que j'avais reçue. Sous le rapport littéraire, je vis qu'il ne pouvait pas même entrer en lutte, et que les talens incultes, mais énergiques, qu'il avait reçus de la nature, n'avaient jamais été polis par l'éducation ; mais je le trouvais beaucoup plus au fait que je ne l'étais moi-même de l'état actuel de la France, du caractère du duc d'Orléans, qui venait d'être nommé régent du royaume, et de celui des ministres dont il était entouré ; ses remarques fines, malicieuses, et souvent même satiriques, étaient celles d'un homme qui avait étudié attentivement l'état politique de cettenation.

Quand la conversation venait à tomber sur la politique, Campbell observait un silence et exprimait une modération qui pouvaient être commandés par la prudence. Les divisions des Whigs et des Torys agitaient alors toute l'Angleterre et l'ébranlaient jusque dans ses fondemens. Un puissant parti, appuyant en secret les prétentions du roi Jacques, menaçait la dynastie de Hanovre, à peine établie sur le trône. Toutes les auberges retentissaient des cris des jacobites et de leurs adversaires ; et comme la politique de notre hôte était de ne jamais se quereller avec de bonnes pratiques, mais de les laisser se chamailler comme bon leur semblait, sa table était tous les dimanches le théâtre de discussions aussi violentes et aussi animées que s'il avait traité le conseil général de la ville. Le ministre et l'apothicaire, avec un petit homme qui ne parlait pas de son état, mais qu'à certains gestes assez expressifs je pris pour le barbier, embrassèrent la cause des épiscopaux et des Stuarts. Le collecteur des taxes, comme son devoir l'y obligeait, et le procureur, qui ambitionnait une place lucrative dépendante de la couronne, ainsi que mon compagnon de voyage, qui prenait le plus grand intérêt à la discussion, ne défendaient pas avec moins de chaleur la cause du roi Georges et de la succession protestante. Les argumens étant épuisés, on en vint aux cris, puis aux juremens, puis aux querelles : enfin, les deux partis en appelèrent à M. Campbell, dont chacun d'eux brûlait de s'assurer l'approbation.

— Vous êtes Écossais! monsieur, criait un parti; un gentilhomme de votre nation doit se déclarer pour les droits héréditaires.

— Vous êtes presbytérien! monsieur, disait le parti opposé; vous ne sauriez être partisan du pouvoir absolu.

— Messieurs, dit notre oracle lorsqu'il put obtenir un moment de silence, je ne doute pas que le roi Georges ne mérite la prédilection de ses amis, et s'il parvient à se maintenir sur le trône, eh bien, il pourra faire le cher collecteur intendant de la couronne, donner à notre ami M. Quitam la place de commissaire général ; il pourra aussi accorder quelque bonne récompense à ce brave monsieur qui est assis sur son porte-manteau, qu'il préfère à une chaise : mais sans contredit le roi Jacques est aussi une bienveillante personne; et si les cartes venaient à se mêler et que la chance tournât pour lui, il pourrait, s'il le voulait, appeler le révérend ministre à l'archevêché de Cantorbéry, nommer le docteur Mixit premier chirurgien de sa maison, et confier sa barbe royale aux soins de notre ami Latherum. Mais, comme je doute fort qu'aucun des deux souverains envoyât un verre de vin à Robert Campbell, quand même il le verrait mourir de soif, je donne ma voix à Jonatham Brown, notre hôte, et je le proclame roi des échansons, à condition qu'il ira nous chercher une autre bouteille aussi bonne que la dernière.

Cette saillie fut reçue avec des applaudissemens unanimes; et lorsque M. Brown eut rempli la condition qu'on avait mise à son élévation, il ne manqua pas d'apprendre à ses convives que, tout pacifique qu'était M. Campbell, il n'en était pas moins aussi vaillant qu'un lion. Croiriez-vous qu'à lui seul il a mis en fuite sept brigands qui l'attaquèrent sur la route de Wistom-Tryste?

— Vous vous trompez, mon cher, dit Campbell en l'interrompant; ils n'étaient que deux; encore étaient-ce deux poltrons qui ne se doutaient pas de leur métier.

— Comment, monsieur, dit mon compagnon de voyage en rapprochant de Campbell sa chaise, ou plutôt son porte-manteau, est-il réellement bien possible que seul vous ayez mis en fuite deux brigands?

— Très possible, monsieur, reprit Campbell, et je ne vois pas qu'il y ait rien là d'extraordinaire. Je n'en aurais pas craint quatre de cette sorte.

— En vérité, monsieur, reprit mon ami, je serais charmé d'avoir le plaisir de faire route avec vous. Je vais dans le nord, monsieur.

Cette information gratuite et volontaire sur la route qu'il comptait prendre, la première que j'eusse entendu donner par mon compagnon, ne parut pas faire beaucoup d'impression sur l'Ecossais, qui ne répondit pas à sa confiance.

— Nous ne pouvons pas voyager ensemble, reprit-il sèchement; vous êtes sans doute bien monté, monsieur, et moi je voyage maintenant à pied, ou sur un bidet montagnard qui fait à peine deux milles à l'heure.

En disant ces mots, il jeta sur la table le prix de la bouteille de vin qu'il avait demandée, et il s'apprêtait à sortir lorsque mon compagnon l'arrêta, et, le prenant par le bouton de son habit, le tira dans une embrasure de croisée. Je crus entendre qu'il lui réitérait sa demande de l'accompagner, ce que M. Campbell semblait refuser.

— Je vous défraierai de tout, monsieur, dit le voyageur, qui pour le coup croyait avoir trouvé un argument irrésistible.

— C'est impossible, dit Campbell d'un air de dédain ; j'ai affaire à Rothbury.

— Mais je ne suis pas très pressé ; je puis me détourner un peu, et je ne regarde pas à un jour pour m'assurer un bon compagnon de voyage.

— En vérité, monsieur, dit Campbell, je ne saurais vous rendre le service que vous semblez désirer. Je voyage, ajouta-t-il en levant fièrement la tête, je voyage pour mes affaires particulières ; si vous voulez suivre mon conseil, vous ne vous réunirez pas aux étrangers que vous rencontrerez sur la route, et vous ne direz à personne le chemin que vous comptez prendre. Alors, sans plus de cérémonie, il dégagea son bouton, malgré les efforts du voyageur pour le retenir ; et s'approchant de moi : — Votre ami, monsieur, me dit-il, est trop communicatif, attendu la nature du dépôt qui lui est confié.

— Monsieur, repris-je, n'est point mon ami, c'est un voyageur que j'ai rencontré sur la route. Je ne connais ni son nom ni ses affaires, et vous paraissez beaucoup plus avant que moi dans sa confiance.

— Je voulais seulement dire, reprit-il précipitamment, qu'il paraît être un peu trop empressé à offrir l'honneur de sa compagnie à ceux qui ne la désirent pas.

M. Campbell, sans faire d'autres observations, se contenta de me souhaiter un bon voyage, et la compagnie se retira.

Le lendemain je me séparai de mon timide compagnon de voyage ; car je quittai la grande route du nord pour suivre plus à l'ouest la direction du château d'Osbaldistone, résidence de mon oncle. Comme il semblait toujours conserver quelques soupçons sur mon compte, je ne saurais dire s'il fut content ou fâché de mon départ. Quant à moi, ses frayeurs avaient cessé de m'amuser, et, à dire le vrai, ce fut avec la plus grande joie que je me vis débarrassé de lui.

CHAPITRE V.

> « Que mon cœur bat, lorsque je voi
> « La nymphe sur son palefroi
> « Courir gaîment dans nos campagnes,
> « Gravir les rocs et les montagnes,
> « Et poursuivre le daim léger
> « Sans courir le moindre danger ! »
> SOMERVILLE. *La Chasse.*

En approchant de ces lieux, que je me représentais comme le berceau de ma famille, j'éprouvai cet enthousiasme que des sites sauvages et romantiques inspirent aux amans de la nature. Délivré du babil importun de mon compagnon, je pouvais remarquer la différence que présentait le pays avec celui que j'avais traversé jusqu'alors. Au lieu de dormir au milieu des saules et des roseaux, les rivières, qui méritaient enfin ce nom, roulaient leurs ondes sous l'ombrage d'un bois naturel, tantôt se précipitaient du haut d'une colline, tantôt serpentaient dans ces vallées solitaires qui s'ouvrent sur la route de distance en distance, et semblent inviter le voyageur à explorer leurs détours. Les monts Cheviots s'élevaient devant moi dans leur imposante majesté, non pas avec cette variété sublime de rocs et de vallées qui caractérise les montagnes du premier ordre, mais n'offrant qu'une masse immense de rochers aux sommets arrondis, dont le sombre aspect et l'étendue sans bornes avaient un caractère de grandeur propre à frapper l'imagination.

Au milieu de ces montagnes était le glen ou vallée étroite

au bout de laquelle s'élevait le château de ma famille. Une partie des propriétés immenses qui en dépendaient avait été depuis long-temps aliénée par la prodigalité ou par l'inconduite de mes ancêtres; mais il en restait encore assez pour que mon oncle fût regardé comme l'un des plus riches propriétaires du comté. J'avais appris, par quelques informations sur la route, qu'à l'exemple des autres seigneurs du pays, il employait la plus grande partie de sa fortune à remplir, avec le plus grand faste, les devoirs d'une hospitalité prodigue, ce qu'il regardait comme essentiel pour soutenir la dignité de sa famille.

J'avais déjà aperçu du haut d'une éminence le château d'Osbaldistone, antique et vaste édifice qui se détachait du milieu d'un bois de chênes druidiques; et je me dirigeais de ce côté avec toute la diligence que les sinuosités et le mauvais état de la route me permettaient de faire, lorsque mon cheval, tout fatigué qu'il était, dressa l'oreille aux aboiemens répétés d'une meute de chiens qui se faisaient entendre dans l'éloignement. Je ne doutai point que la meute ne fût celle de mon oncle, et je me rangeai de côté dans le dessein de laisser passer les chasseurs sans les interrompre, persuadé que ce serait fort mal choisir mon temps que de me présenter à mon oncle au milieu d'une partie de chasse, et résolu, quand ils seraient passés, d'aller attendre leur retour au château. Je m'arrêtai donc sur une éminence, et, éprouvant ce genre d'intérêt que cet amusement champêtre est si propre à inspirer, j'attendis avec impatience l'approche des chasseurs.

Le renard, lancé vivement et presque aux abois, déboucha d'un taillis qui fermait le côté droit de la vallée. Sa queue traînante, son poil sali, son pas qui ne s'alongeait plus qu'avec peine, tout annonçait qu'il succomberait bientôt, et le corbeau carnivore, suspendu sur sa tête, semblait déjà le regarder comme sa proie. Le pauvre Reynard[1]

---

(1) Surnom anglais du renard, dont le nom commun est *fox*. — Éd.

traversa la rivière qui coupe la petite vallée, et il se traînait le long d'une ravine de l'autre côté de ses bords sauvages, lorsque la meute s'élança hors du taillis avec le piqueur et trois ou quatre cavaliers. Les chiens se précipitèrent sur ses traces, et les chasseurs les suivirent au grand galop malgré l'inégalité du terrain. C'étaient des jeunes gens, grands et robustes, bien montés, et portant tous une veste verte, une culotte de peau et une casquette jaune, uniforme d'une association de chasse formée sous les auspices de sir Hildebrand Osbaldistone. Voilà mes cousins, sans doute, pensai-je en moi-même lorsqu'ils passèrent devant moi. A quelle réception dois-je m'attendre parmi ces dignes successeurs de Nemrod? Il est peu probable que moi, qui n'ai jamais chassé de ma vie, je me trouve heureux dans la famille de mon oncle! Une nouvelle apparition interrompit ces réflexions.

C'était une jeune personne dont la figure pleine de grâce et d'expression était animée par l'ardeur de la chasse. Elle montait un superbe cheval noir de jais, et tacheté par l'écume qui jaillissait du mors; elle portait un costume alors peu commun, semblable à celui de l'autre sexe, et qu'on a depuis appelé costume d'équitation ou d'amazone. Cette mode, qui s'était introduite pendant mon séjour en France, était entièrement nouvelle pour moi. Ses longs cheveux noirs flottaient au gré du vent, ayant, dans le feu de la chasse, brisé le lien qui les tenait prisonniers. Le terrain escarpé et inégal, à travers lequel elle dirigeait son cheval avec une adresse et une présence d'esprit admirables, la retarda dans sa course, et j'eus le temps de contempler ses traits brillans et animés, auxquels la singularité de son habillement semblait encore prêter un nouveau charme. En passant devant moi, son cheval fit un bond irrégulier, au moment où, arrivée sur un terrain uni, elle piquait des deux pour rejoindre la chasse. Je saisis cette occasion pour m'approcher d'elle, sous prétexte de la secourir; mais j'avais bien vu qu'elle ne courait pas le moindre danger; et la belle amazone ne témoigna pas même la plus légère frayeur. Elle me remercia néanmoins par un sourire de mes bonnes intentions, et je me sentis encouragé à mettre mon cheval au même pas que le sien, et à rester à côté d'elle. Les cris triomphans des chasseurs et le son bruyant du cor nous annoncèrent qu'il n'était plus nécessaire de nous presser, puisque la chasse était finie. L'un des jeunes gens que j'avais déjà vus s'approcha de nous, agitant dans l'air la queue du renard d'un air de triomphe, et semblant narguer ma belle compagne.

— Je vois, dit-elle, je vois fort bien; mais ne faites pas tant de bruit. Si Phébé n'avait pas été dans un sentier rocailleux, ajouta-t-elle en caressant le cou de son cheval, vous n'auriez pas lieu de chanter victoire.

Ce jeune chasseur était alors tout près d'elle, et je remarquai qu'ils me regardèrent tous les deux, et parlèrent entre eux à voix basse, la jeune personne paraissant le prier de faire quelque chose qui semblait lui déplaire, ce qu'il témoignait par un air de retenue et de circonspection qui tenait presque de la mauvaise humeur. Elle tourna aussitôt la tête de son cheval de mon côté, en disant : — C'est bon, c'est bon, Thorncliff; si vous ne le voulez pas, ce sera moi, voilà tout. Monsieur, ajouta-t-elle en me regardant, je cherchais à décider ce jeune homme, modèle de politesse et de galanterie, à s'informer auprès de vous si, dans le cours de vos voyages dans cette contrée, vous n'auriez pas entendu parler d'un de nos amis, M. Frank Osbaldistone, que nous attendons depuis quelques jours.

Je fus trop heureux de trouver une occasion aussi favorable pour me faire connaître, et j'exprimai ma reconnaissance d'une demande aussi obligeante.

— En ce cas, monsieur, reprit-elle, comme la politesse de mon cher cousin semble être encore endormie, vous voudrez bien me permettre, quoique cela ne soit pas trop convenable, de me constituer maîtresse des cérémonies, et de vous présenter le jeune squire Thorncliff Osbaldistone, et Diana Vernon qui a aussi l'honneur d'être la parente de votre charmant cousin.

Il y avait un mélange de finesse, de simplicité et d'ironie dans la manière dont miss Vernon prononça ces paroles. Je m'empressai de lui renouveler mes remerciemens, et de lui témoigner combien je me félicitais d'avoir eu le bonheur de les rencontrer. A parler vrai, le compliment était tourné de manière que miss Vernon pouvait aisément s'en approprier la plus grande partie; car Thorncliff semblait être une espèce de campagnard, et sans la moindre éducation. Il me secoua pourtant la main, et fit alors connaître son intention de me quitter pour aller aider ses frères à compter les chiens, et à rassembler la meute, intention qu'il eut l'air de communiquer à miss Vernon sans penser à s'en servir pour s'excuser auprès de moi.

— Le voilà, dit miss Vernon en le suivant des yeux, le voilà le prince des maquignons et des palefreniers ! Mais ils sont tous de même, et par cet aimable personnage vous pouvez juger de toute la famille.

Avez-vous lu Markham ?

— Markham ? Je ne me rappelle même pas avoir entendu parler d'un auteur de ce nom.

— N'avoir pas lu Markham ! Pauvre ignorant ! ne savez-vous donc pas que c'est l'Alcoran de la tribu sauvage dans laquelle vous venez résider ? Markham ! l'auteur le plus célèbre qui ait jamais écrit sur la fauconnerie ! Je commence à désespérer de vous; et je crains bien que vous ne connaissiez pas davantage les noms plus modernes de Gibson et de Bartlet.

— Non, en vérité, miss Vernon.

— Et vous ne rougissez pas ! Allons, je vois qu'il faudra vous renier pour notre cousin. Vous ne savez donc pas ferrer un cheval, le panser et l'étriller ?

— J'avoue que je laisse ce soin au maréchal ou au valet d'écurie.

— Incroyable insouciance ! Et savez-vous du moins

éverrer un chien, ou l'écourter, rappeler un faucon et le dresser au leurre; ou bien....

— De grâce, épargnez ma confusion; j'avoue que je ne possède aucun de ces rares talens.

— Au nom du ciel, M. Frank, que savez-vous faire?

— Presque rien, miss Vernon : quand mon cheval est sellé, je le monte, et voilà toute ma science.

— Encore est-ce quelque chose, dit miss Vernon en mettant le sien au galop.

Il y avait une espèce de palissade qui barrait le chemin, et je m'avançais pour l'ouvrir, lorsque miss Vernon la franchit en souriant; je me fis un point d'honneur de la suivre, et en un instant je fus à ses côtés.

— Allons, je vois qu'il ne faut pas encore perdre tout espoir, et qu'on pourra finir par faire quelque chose de vous. A dire le vrai, je craignais que vous ne fussiez un Osbaldistone très dégénéré. Mais qui peut vous amener dans le château aux ours? car c'est ainsi que les voisins ont baptisé notre manoir. Vous êtes libre de rester à Londres, je suppose.

Le ton amical que ma charmante compagne prenait avec moi m'encouragea à imiter sa familiarité, et, charmé de l'intimité qui s'établissait entre nous, je lui répondis à voix basse : — Il est possible, miss Vernon, que j'eusse regardé ma résidence à Osbaldistone-Hall comme une sévère pénitence d'après le portrait que vous m'avez fait de ses habitans, s'il n'y avait pas une exception dont vous ne m'avez point parlé.

— Ah! Rashleigh? dit miss Vernon.

— Non, en vérité; je pensais, excusez-moi, à une personne qui est beaucoup plus près de moi.

— Je suppose qu'il serait convenable de ne pas faire semblant de vous comprendre; mais à quoi bon ces simagrées? votre compliment mérite bien une révérence; comme je suis à cheval, vous voudrez bien m'en dispenser pour le moment, quitte plus tard à faire valoir vos droits. Mais sérieusement je mérite votre exception ; car, au milieu de vos ours de cousins, je vous assure que sans moi vous trouveriez à peine à qui parler dans le château, à l'exception pourtant du vieux prêtre et de Rashleigh.

— Et qu'est-ce donc que ce Rashleigh, au nom du ciel ?

— Rashleigh est un personnage qui voudrait que tout le monde fût comme lui ; car alors il serait comme tout le monde. C'est le plus jeune des fils de sir Hildebrand. Il est environ de votre âge ; mais il n'est pas si... Il n'est pas bien, en un mot. En revanche, la nature lui a donné quelques grains de bon sens, et l'éducation y a ajouté une assez bonne dose d'instruction. Il est ce que nous appelons un homme d'esprit dans ce pays, où les hommes d'esprit sont rares. Il se destine à l'église, mais il ne paraît nullement pressé d'entrer dans les ordres.

— De l'église catholique?

— L'église catholique! Et de quelle autre église? Mais j'oubliais, on m'a dit que vous étiez un hérétique. Est-ce vrai, M. Osbaldistone?

— Je ne dois pas nier l'accusation.

— Cependant vous avez habité hors de l'Angleterre, et dans des pays catholiques?

— Pendant près de quatre ans.

— Vous avez vu des couvens?

— Souvent ; mais je n'y ai pas vu grand' chose qui recommandât la religion catholique.

— Ceux qui habitent ces couvens ne sont-ils pas heureux?

— Quelques uns le sont sans doute, ce sont ceux qu'un sentiment profond de dévotion, les persécutions et les malheurs du monde, ou une apathie naturelle, ont conduits dans la retraite. Mais ceux-là sont très misérables qui ont adopté la solitude soit par un accès d'enthousiasme irréfléchi et outré, soit dans le premier ressentiment de quelque injustice. La vivacité de leurs sensations habituelles se réveille, et comme les animaux les plus sauvages d'une ménagerie, ils s'agitent sans cesse dans leur retraite, tandis que d'autres vivent ou s'engraissent dans des cellules pas plus grandes que des cages.

— Et que deviennent, continua miss Vernon, ces victimes qui sont condamnées au cloître par la volonté des autres? A quoi ressemblent-elles? A quoi ressemblent-elles surtout si elles étaient nées pour jouir de la vie et connaître ses douceurs?

— Elles sont comme des rossignols en cage, condamnées à vivre à jamais dans une captivité qu'elles cherchent à charmer par ces dons naturels qui, dans l'état de liberté, auraient embelli la société.

— Je serai..., dit miss Vernon : et tout-à-coup se reprenant, elle ajouta : Je préférerais être comme le faucon sauvage qui, privé de prendre son essor vers le ciel, se met en pièces contre les barreaux de sa cage. Mais pour revenir à Rashleigh, vous le trouverez l'homme le plus aimable que vous ayez vu, pendant une semaine au moins. S'il voulait prendre pour maîtresse une femme qui fût aveugle, il serait sûr d'en faire la conquête ; mais les yeux détruisent le charme qui enchante l'oreille. Bon Dieu ! nous voici déjà dans la cour du vieux château, qui paraît aussi sauvage et aussi gothique qu'aucun de ses habitans ! On ne fait pas grande toilette à Osbaldistone ; mais j'ai si chaud qu'il faut que je me débarrasse de tout cet attirail, et ce chapeau est si lourd et si incommode ! continua-t-elle en l'ôtant ; et ses beaux cheveux flottèrent en boucles d'ébène sur son charmant visage. Moitié riant, moitié rougissant, elle les rejeta des deux côtés de son front, avec sa main blanche et bien faite. S'il y avait de la coquetterie dans cette action, elle était bien déguisée par un air d'indifférence. Je ne pus m'empêcher de dire que, jugeant de la famille par ce que je voyais, je serais en effet tenté de croire la toilette fort inutile.

— Voilà qui est galant, reprit miss Vernon, quoique je n'eusse pas encore dû vous comprendre ; mais vous trouverez une meilleure excuse pour un peu de négligence, lorsque vous verrez les oursons parmi lesquels vous allez vivre. L'art aurait tant à faire pour corriger chez eux la nature, qu'ils ne l'emploient même pas, et ils ont du moins l'avantage de ne pas se donner de peine pour être hideux. Mais la vieille cloche va sonner le dîner dans un instant. Le son annonce qu'elle est tant soit peu fêlée; mais c'est une merveille que cette cloche. Savez-vous bien qu'elle a sonné d'elle-même le jour du débarquement du roi Guillaume? et mon oncle, respectant son talent prophétique, n'a jamais voulu qu'on la réparât. Allons, galant chevalier, commencez votre servage, et tenez mon palefroi, jusqu'à ce que je vous envoie un de mes écuyers.

Elle dit, me jeta sa bride comme si nous nous connaissions depuis l'enfance, sauta en bas de cheval, traversa la cour en courant, et entra par une petite porte latérale, me laissant dans l'admiration de sa beauté et dans l'étonnement de ses manières franches et ouvertes, qui semblaient d'autant plus extraordinaires à une époque où la cour du grand monarque Louis XIV donnait le ton à toute l'Europe, et où le beau sexe affichait à l'extérieur une réserve et une circonspection admirables. Je faisais une assez triste figure au milieu de la cour du vieux château, monté sur un cheval, et en tenant un autre par la bride. L'édifice n'était pas de nature à intéresser un étranger, si j'eusse été disposé à l'admirer attentivement. Les quatre façades étaient de différente architecture; et avec leurs grandes fenêtres grillées, leurs tourelles avancées et leurs massives architraves, elles ressemblaient assez à l'intérieur d'un couvent, ou à l'un des plus vieux et des plus gothiques colléges d'Oxford. J'appelai un valet, mais ce fut inutilement, et ma patience avait d'autant plus sujet de s'exercer, que je voyais tous les domestiques, tant mâles que femelles, passer la tête par les différentes fenêtres du château, puis la retirer aussitôt, comme des lapins dans une garenne, sans que j'eusse jamais le temps de faire un appel direct à l'attention d'aucun d'eux. Le retour des chiens et des chasseurs me tira enfin d'embarras, et je parvins non sans peine à remettre les brides entre les mains d'un lourdaud de valet, et à me faire conduire par un autre rustre devant sir Hildebrand. Ce manant me rendit ce service avec autant de grâce et de bonne volonté qu'un paysan qui est forcé de servir de guide à une patrouille ennemie, et je fus obligé de le serrer de près pour l'empêcher de déserter et de m'abandonner dans le labyrinthe de passages obscurs et étroits qui conduisaient dans le *Stun-Hall*[1], comme sir Hildebrand l'appelait, où je devais être admis en la gracieuse présence de mon oncle.

Nous arrivâmes à la fin dans une longue salle en voûte, pavée de grandes dalles, et où régnait une longue file de tables de chêne, trop lourdes et trop massives pour qu'il fût jamais possible de les remuer, et sur lesquelles le dîner était servi. Ce vénérable appartement, qui depuis des siècles était la salle de festin de la famille des Osbaldistone, offrait de tous côtés les preuves de leurs exploits. D'énormes bois de daims qui auraient pu être les trophées de la chasse de *Chevy-Chase*[2], étaient distribués le long des murs tapissés de peaux de blaireaux, de loutres, de fouines et autres animaux. Parmi quelques restes de vieilles armures qui avaient probablement servi jadis contre les Ecossais, on voyait suspendues des armes servant à une guerre moins dangereuse, des arbalètes, des fusils de différentes formes et de différentes grandeurs, des lances, des épieux de chasse, enfin tous les instrumens en usage, soit pour prendre, soit pour tuer le gibier. Quelques vieux tableaux enfumés étaient suspendus de distance en distance, représentant des dames et des chevaliers, honorés sans doute et renommés dans leur temps; les héros, avec leur longue barbe et leurs vastes perruques, paraissant de vrais foudres

---

(1) *La salle du bruit :* sans doute à cause du tumulte et des joyeuses orgies dont nous allons être témoins. — Ed.

(2) L'action du vieux poème-ballade de *Chevy-Chase* se passe sur cette partie des frontières anglaises (*English border*). — Ed.

de guerre; et les dames regardant avec un doux sourire le bouquet de roses qu'elles tenaient à la main, et que la bière de mars dont il avait été plusieurs fois arrosé avait couvert d'une teinte jaunâtre ajoutant singulièrement à l'effet qu'il produisait.

J'avais à peine eu le temps de jeter un coup d'œil rapide sur toutes ces merveilles, que douze domestiques en livrée entrèrent en tumulte dans la salle, et se donnèrent un grand mouvement, chacun d'eux s'occupant beaucoup plus de diriger ses camarades que d'agir lui-même; les uns jetaient des bûches dans le feu pétillant, qui s'élançait, moitié flammes, moitié fumée, le long d'un immense tuyau de cheminée caché par une pièce d'architecture massive, sur laquelle le ciseau de quelque artiste du Northumberland avait gravé les armes de la famille. Pour qu'elles ressortissent mieux, on les avait fait peindre ensuite en rouge; mais des couches successives de fumée, amoncelées pendant des siècles, en avaient un peu changé la couleur primitive. D'autres domestiques rangeaient les bouteilles, les verres et les carafes. Ils couraient, se coudoyaient, se renversaient l'un l'autre, faisant, suivant l'usage, peu de besogne et beaucoup de bruit. A la fin, quand après bien des peines tout fut à peu près disposé pour la réception des convives, les aboiemens des chiens, le claquement des fouets, le bruit des grosses bottes de chasse semblables à celles de la statue dans *le Festin de pierre*[1], annoncèrent leur arrivée. Le tumulte augmenta parmi les domestiques : les uns criaient de se ranger pour faire place à sir Hildebrand, les autres de fermer les portes battantes qui donnaient sur une espèce de galerie. Enfin la porte d'entrée s'ouvrit, et je vis se précipiter pêle-mêle dans la salle huit chiens, le chapelain du château, l'Esculape du village, mes six cousins et mon oncle.

(1) Pièce qu'on joue aujourd'hui sous le titre de *Don Juan**.

* Nous remarquerons qu'en citant le titre de la pièce française, Francis met *pierre* sans capitale, conformément à la vraie étymologie espagnole, le Convié de pierre, ou la Statue conviée (*Il conbidado de piedra*). — Éd.

CHAPITRE VI.

> « Du vieux château les voûtes ont frémi,
> « D'un bruit confus la salle a retenti;
> « Les voici tous, aucun ne se ressemble :
> « Avec orgueil ils s'avançaient ensemble. »
> PENROSE.

SIR Hildebrand Osbaldistone ne s'était pas pressé de venir embrasser son neveu, dont il devait avoir appris l'arrivée depuis quelque temps; mais il avait pour excuse des occupations importantes. — Je t'aurais vu plus tôt, mon neveu, s'écria-t-il : mais il fallait bien que je commençasse par faire rentrer mes meutes dans leur chenil. Sois le bienvenu, mon garçon. Tiens, voilà ton cousin Percy, ton cousin Thorncliff et ton cousin John; et puis par là ton cousin Dick, ton cousin Wilfred, et... Attends, où est Rashleigh? Ah! le voici... allons, Thorncliff, dérange-toi donc, et laisse-nous voir un peu ton frère... Ah! voici ton cousin Rashleigh... Ainsi donc ton père a enfin pensé au vieux château et au vieux sir Hildebrand?... Vaut mieux tard que jamais... Encore une fois, sois le bienvenu, mon garçon ; et en voilà assez... Où est ma petite Diana?... Ah! la voici qui entre... C'est ma nièce Diana, la fille du frère de ma femme, la plus jolie fille de nos vallées... n'importe laquelle vient après... Ah çà ! disons deux mots au dîner à présent.

Pour avoir quelque idée de la personne qui tenait ce langage, représentez-vous, mon cher Tresham, un homme d'environ soixante ans, dans un accoutrement de chasse qui jadis avait pu être richement brodé, mais considérablement terni par les pluies successives qu'il avait essuyées. Sir Hildebrand, malgré la rudesse ou plutôt la brusquerie de ses manières, avait vécu à la cour dans sa jeunesse; il avait servi dans l'armée rassemblée dans la bruyère de Hounslow[1], avant la révolution qui renversa du trône la maison des Stuarts ; et, grâce peut-être à sa religion, il avait été fait chevalier par le malheureux Jacques II ; mais s'il avait ambitionné d'autres faveurs, il fut forcé de renoncer à l'espoir de les obtenir lors de la crise terrible qui enleva la couronne à son protecteur ; et depuis cette époque il avait vécu retiré dans ses terres. Cependant, malgré son ton rustique et grossier, sir Hildebrand avait encore l'extérieur d'un homme bien né ; il était au milieu de ses fils comme les débris d'une colonne d'ordre corinthien, couvert d'herbe et de mousse, à côté des masses de pierres brutes et informes de Stone-Henge[2], ou de tout autre temple des druides. Les fils étaient bien ces blocs lourds et raboteux que l'art n'a jamais polis. Grands, forts, et d'une figure régulière, les cinq aînés paraissaient être privés du souffle de Prométhée et des grâces extérieures qui, dans le grand monde, font quelquefois excuser l'absence de l'intelligence. Ce qui dominait le plus en eux, c'était un air habituel de bonne humeur et de contentement, et ils n'avaient qu'une prétention, celle d'être les premiers chasseurs du comté. Le robuste Gyas et le robuste Cloanthe ne se ressemblaient pas plus dans Virgile que les robustes Percy, Thorncliff, John, Dick et Wilfred Osbaldistone ne se ressemblaient entre eux.

Mais, pour compenser une uniformité aussi extraordinaire dans ses productions, dame Nature semblait s'être étudiée à jeter un peu de variété dans l'extérieur et dans le caractère du dernier des fils de sir Hildebrand ; et Rashleigh formait, sous tous les rapports, tant au moral qu'au

---

(1) Hounslow est situé à environ dix milles de Londres. Il y a des traces d'un camp plus ancien que celui de 1686, auquel il est ici fait allusion. Le camp d'Hounslow avait pour objet de rassembler une armée contre le duc de Monmouth. — Ed.

(2) Le monument de Stone-Henge est dans la plaine de Salisbury (Wiltshire). Il consiste en quatre pierres énormes, placées les unes dans les autres : les deux extérieures sont circulaires, et les intérieures ovales. On n'a pas encore décidé si c'était un monument druidique. — Ed.

physique, un contraste frapant, non seulement avec ses frères, mais même avec la plupart des hommes que j'avais vus jusqu'alors. Quand Percy, Thorncliff et compagnie eurent tour à tour salué, grimacé, et présenté plutôt leur épaule que leur main, à mesure que leur père me les nommait, Rashleigh s'avança et m'exprima la joie de faire ma connaissance, avec l'aisance et la politesse d'un homme du monde. Son extérieur n'était pas très prévenant : il était petit, et tous ses frères semblaient descendre du géant Anak ; ils étaient assez bien faits, et Rashleigh était presque difforme. Par suite d'un accident qui lui était arrivé dans son enfance, il boitait au point que plusieurs personnes prétendaient que c'était l'obstacle qui s'opposait à ce qu'il entrât dans les ordres, l'Église de Rome, comme on sait, n'admettant dans la cléricature aucune personne mal conformée. D'autres disaient cependant que ce n'était qu'une mauvaise habitude qu'il avait contractée, et que le vice de sa démarche n'était pas suffisant pour l'empêcher de prendre les ordres.

Les traits de Rashleigh étaient tels qu'après les avoir vus une fois vous n'auriez jamais pu les bannir de votre mémoire, et que vous vous les rappeliez sans cesse avec un sentiment de curiosité pénible, mêlée de dégoût et de haine. Ce n'était pas sa figure en elle-même qui produisait cette impression profonde. Ses traits, quoique irréguliers, n'étaient pas communs ; ses yeux noirs et animés, et ses sourcils noirs et épais empêchaient qu'il ne fût d'une laideur insignifiante. Mais il y avait dans ses yeux une expression de malice et de dissimulation, ou, quand on le provoquait, de férocité tempérée par la prudence, qui ne pouvait échapper au physionomiste le moins pénétrant, et que la nature avait peut-être rendue si prononcée par la même raison qu'elle a donné à un serpent venimeux la sonnette qui le trahit. Comme en compensation de ces désavantages extérieurs, Rashleigh avait la voix la plus douce, la plus mélodieuse que j'aie jamais entendue, et la manière dont il s'exprimait servait encore à faire ressortir la beauté de son organe. A peine eut-il dit une phrase, que je reconnus la vérité du portrait que m'en avait fait miss Vernon, et je ne doutai point qu'il ne fût en effet sûr de faire la conquête d'une maîtresse dont les oreilles seules pourraient juger de son mérite. Il allait se placer auprès de moi à dîner; mais miss Vernon, qui était chargée de faire les honneurs de la table, trouva moyen de me faire asseoir entre elle et M. Thorncliff, et je n'ai pas besoin de dire que je favorisai cet arrangement de tout mon pouvoir.

— J'ai besoin de vous parler, me dit-elle, et j'ai placé exprès l'honnête Thorncliff entre Rashleigh et vous,

Tel que le matelas qu'on met sur la muraille
Pour amortir l'effet du canon à mitraille.

Vous n'oubliez pas sans doute que je suis votre plus ancienne connaissance dans cette spirituelle famille : puis-je vous demander, à ce titre, comment vous nous trouvez tous?

— Voilà une question bien étendue, miss Vernon, et comment oserai-je y répondre, lorsque j'arrive à peine dans le château?

— Oh! la philosophie de notre famille est superficielle. Il est bien des nuances délicates caractérisant les individus qui exigent l'attention d'un observateur : mais les espèces, — c'est le mot technique des naturalistes, je crois, — les espèces se distinguent au premier coup d'œil.

— S'il faut dire ce que je pense, il me semble qu'à l'exception de M. Rashleigh, tous mes cousins ont à peu près le même caractère.

— Oui, ils tiennent tous plus ou moins de l'ivrogne, du garde-chasse, du querelleur, du jockey et du sot; mais comme on dit qu'il est impossible de trouver sur le même arbre deux feuilles exactement semblables, de même ces heureux ingrédiens, n'étant pas également répartis sur chaque individu, forment une agréable variété pour ceux qui aiment à étudier les caractères.

— Et voudriez-vous bien me donner une esquisse de ces portraits?

— Oh! volontiers, et je vais vous les peindre tous dans un grand tableau de famille. Percy, le fils aîné, tient plus de l'ivrogne que du garde-chasse, du querelleur, du jockey et du sot. Thorncliff se rapproche plus du querelleur que du garde-chasse, du jockey, du sot et de l'ivrogne. John, qui dort pendant des semaines entières dans les bois, tient plutôt du garde-chasse. Le jockey par excellence est Dick, qui court jour et nuit à bride abattue, et fait plus de deux cents milles pour voir une course de chevaux. Et la sottise domine tellement sur toutes les autres qualités de Wilfred, qu'on peut l'appeler un sot positif.

— Voilà une collection précieuse miss Vernon, et les différences individuelles appartiennent à une classe fort intéressante; mais sir Hildebrand ne trouvera-t-il pas place dans le tableau?

— J'aime mon oncle, répondit-elle; il a voulu me rendre service : qu'il s'y soit mal pris ou non, je ne dois considérer que son intention. Ainsi je lui dois de la reconnaissance, et je vous laisse le soin de tracer vous-même son portrait lorsque vous le connaîtrez mieux.

— Allons, pensai-je en moi-même, je suis bien aise du moins qu'elle ménage quelqu'un. Qui se serait jamais attendu à une satire aussi amère de la part d'une jeune personne dont tous les traits respirent la douceur et la bonté?

—Vous pensez à moi! dit-elle en fixant sur moi ses yeux pénétrans comme si elle voulait percer jusqu'au fond de mon âme.

— Je l'avoue, repris-je un peu embarrassé et ne m'attendant pas à cette question. Puis, cherchant à donner un tour plus galant à la franchise de mon aveu : —Comment est-il possible que je pense à autre chose, placé comme j'ai le bonheur de l'être?

Miss Vernon sourit avec une expression de fierté concentrée qui n'appartenait qu'à elle : — Je dois vous informer une fois pout toutes, M. Osbaldistone, que m'adresser des complimens c'est faire de l'esprit en pure perte. Ne prodiguez pas inutilement vos jolies choses. Elles sont utiles aux beaux messieurs qui voyagent dans la province; c'est comme ces colifichets que les navigateurs emportent pour apprivoiser les habitans sauvages de pays nouvellement découverts. N'épuisez pas tout de suite votre précieuse marchandise; vous en trouverez un utile débit dans le Northumberland. Vos jolies phrases plairont beaucoup aux belles du pays; réservez-les; auprès de moi elles seraient inutiles, car je connais fort bien leur véritable valeur.

Je restai muet et confondu.

—Vous me rappelez dans ce moment, dit miss Vernon en reprenant sa gaieté et son enjouement, ce conte des fées dans lequel un marchand trouve tout l'argent qu'il avait apporté au marché changé tout-à-coup en pièces d'ardoise. J'ai décrédité par une malheureuse observation toute la denrée de vos beaux complimens. Mais allons, n'en parlons plus. Votre mine est bien trompeuse, M. Osbaldistone, si vous ne pouvez pas m'entretenir de choses beaucoup plus agréables que ces *fadeurs* que tout jeune homme se croit obligé de réciter à une pauvre fille. Et pourquoi? parce qu'elle porte une robe et de la gaze, tandis qu'il porte un bel habit brodé. Efforcez-vous d'oublier mon malheureux sexe; appelez-moi Tom Vernon, si vous voulez, mais parlez-moi comme à votre ami, à votre compagnon : vous ne pouvez croire combien je vous en saurai gré.

— Vous m'offrez un attrait bien puissant, répondis-je.

— Encore! reprit-elle en levant le doigt; je vous ai dit que je ne souffrirais pas l'ombre d'un compliment. Et maintenant, quand vous aurez fait raison à mon oncle qui vous menace de ce qu'il appelle un rouge-bord, je vous dirai ce que vous pensez de moi.

Lorsqu'en respectueux neveu j'eus vidé le verre que me présentait mon oncle, et que la conversation qui s'engagea sur la chasse du matin, le bruit continuel des verres et des fourchettes, et l'attention exclusive que le cousin Thorncliff, à ma droite, et le cousin Dick, à la gauche de miss Vernon, apportaient à la grande affaire qui les occupait alors, nous permirent de reprendre notre tête-à-tête :
— A présent, lui dis-je, permettez-moi de vous demander franchement, miss Vernon, ce que vous supposez que je pense de vous. Je pourrais vous dire ce que je pense réellement; mais vous m'avez interdit les éloges.

— Je n'ai pas besoin de votre assistance. Je suis assez magicienne pour vous dire vos pensées. Il n'est pas nécessaire que vous m'ouvriez votre cœur, je le connais. Vous me croyez une étrange fille, un peu coquette, très inconséquente, désirant attirer l'attention par la liberté de ses manières et par la bizarrerie de sa conversation, parce qu'elle est privée de ce que *le Spectateur*[1] appelle les grâces les plus douces du sexe. Peut-être même pensez-vous que j'ai le projet de vous pétrifier d'admiration. Si tels sont vos sentimens, et je n'en puis douter, je suis bien fâchée de vous dire que, pour cette fois, votre pénétration est en défaut, et que vous vous trompez étrangement. Toute la confiance que j'ai eue en vous, je l'aurais aussi aisément accordée à votre père, s'il eût pu m'entendre. En vérité, je me trouve aussi isolée au milieu de cette heureuse famille, je suis dans une aussi grande disette d'auditeurs intelligens que Sancho dans la Sierra Morena; aussi, quand l'occasion s'en présente, il faut que je parle ou que je meure. Je vous assure pourtant que je ne vous aurais pas dit un mot des renseignemens curieux que je

_____
(1) *Le Spectateur* d'Addison. — Ed.

vous ai donnés sur le caractère de vos aimables cousins, s'il ne m'avait pas été parfaitement indifférent qu'on sût ma façon de penser à leur égard.

— C'est bien cruel à vous, miss Vernon, de ne pas vouloir me laisser la moindre illusion, et de me rappeler que je n'ai encore aucun droit à votre confiance. Mais, puisque vous ne voulez pas que je puisse attribuer à votre amitié les communications que vous m'avez faites, je dois les recevoir au titre qu'il vous plaira. Vous n'avez pas compris M. Rashleigh Osbaldistone dans vos portraits de famille.

Il me sembla que cette remarque la faisait trembler, et elle se hâta de répondre en baissant la voix : — Pas un mot sur Rashleigh! il a l'oreille si fine, quand son amour-propre est intéressé, qu'il nous entendrait même à travers la massive personne de Thorncliff, toute bourrée qu'elle est de bœuf et de jambon.

— Oui, repris-je ; mais, avant de faire la question, j'ai regardé derrière la cloison vivante qui me séparait de lui, et je me suis aperçu que la chaise de M. Rashleigh était vide. Il a quitté la table.

— Ne vous y fiez pas, reprit miss Vernon. Croyez-moi : lorsque vous voulez parler de Rashleigh, commencez par monter sur le sommet d'Otterscope-Hill, d'où vous pouvez voir à vingt milles à la ronde. Placez-vous sur la pointe même du rocher, parlez bien bas ; et après tout cela ne soyez pas encore trop certain que l'oiseau indiscret qui vole sur votre tête ne lui aura pas rapporté vos discours. Rashleigh a entrepris mon éducation ; il a été mon maître pendant quatre ans ; je suis aussi fatiguée de lui qu'il l'est de moi, et nous ne sommes fâchés ni l'un ni l'autre de voir arriver l'instant de notre séparation.

— M. Rashleigh doit donc bientôt partir?

— Oui, dans quelques jours ; ne le saviez-vous pas? Il paraît que votre père est beaucoup plus discret que sir Hildebrand. Voici toute l'histoire. Lorsque mon oncle apprit que vous alliez venir demeurer chez lui pendant quelque temps, et que votre père désirait que l'un de ses neveux, qui donne de si belles espérances, vînt remplir la place lucrative vacante chez lui, grâce à votre obstination, M. Francis, le bon chevalier tint une cour plénière de toute sa maison, y compris le sommelier, le maître-d'hôtel et le garde-chasse. Cette vénérable assemblée, composée des pairs et des officiers de *service* d'Osbaldistone-Hall, ne fut pas convoquée, comme bien vous pouvez croire, pour élire votre remplaçant; car toute l'arithmétique de cinq des concurrens se bornant à savoir calculer les chances pour ou contre dans un combat de coqs, Rashleigh était le seul qui réunît les qualités nécessaires pour la place en question. Mais il fallait une sanction solennelle pour transformer Rashleigh de pauvre prêtre qu'il devait être en opulent banquier, et pour lui permettre de s'engraisser à la Bourse au lieu de mourir de faim dans l'église : ce ne fut pas sans peine que l'assemblée donna son consentement à une dégradation aussi manifeste.

— Je conçois les scrupules. Mais comment furent-ils surmontés?

— Par le désir général de se débarrasser de Rashleigh. Quoique le plus jeune de la famille, il a pris, je ne sais comment, un ascendant irrésistible sur tous les autres; il les conduit tous à son gré, et chacun sent sa dépendance sans pouvoir s'en affranchir. Si quelqu'un veut lui résister, il est sûr d'avoir sujet de s'en repentir avant la fin de l'année; et, si vous lui rendez un important service, vous vous en repentirez souvent encore davantage.

— S'il en est ainsi, repris-je en riant, je dois prendre garde à moi; car je suis la cause involontaire du changement de sa situation.

— Oui, et qu'il en soit content ou fâché, gare à vous! Mais voici les radis et les fromages qui arrivent [1]. On va

(1) C'est un troisième service, qui, avec la salade, précède immédiatement le dessert en Angleterre. — Ed.

porter la santé du roi et de l'église; c'est le signal de la retraite pour les chapelains et les dames, et moi, seul représentant de mon sexe au château, je dois me retirer, suivant l'usage.

Elle disparut à ces mots, me laissant dans l'étonnement de la finesse, de la causticité et de la franchise qu'elle déployait dans la conversation. Je désespère de pouvoir vous donner la moindre idée de son caractère, quoique j'aie, autant que possible, imité son langage. C'était un mélange de simplicité naïve, de finesse naturelle et de hardiesse incroyable; toutes ces teintes différentes, fondues heureusement ensemble, et animées encore par le jeu d'une physionomie charmante, formaient l'ensemble le plus parfait. Il ne faut pas croire que, quelque étranges, quelque singulières que me parussent ses manières libres et familières, un jeune homme de vingt-deux ans sût mauvais gré à une jeune fille de dix-huit de n'avoir pas avec lui toute la réserve convenable. Au contraire, j'étais flatté de la confiance de miss Vernon; et, quoiqu'elle m'eût bien déclaré que, si elle me l'avait accordée, c'était uniquement parce que j'étais le premier à qui elle eût trouvé assez d'intelligence pour la comprendre, je n'en persistais pas moins à attribuer cette préférence à quelque autre motif. Avec la présomption de mon âge, présomption que mon séjour en France n'avait certainement pas diminuée, je m'imaginais qu'une figure régulière et un extérieur prévenant, avantages que j'avais la générosité de m'accorder, étaient des titres assez puissans à la confiance d'une jeune beauté. Ma vanité plaidant avec autant de chaleur pour justifier le choix de miss Vernon, le juge ne pouvait pas être sévère, ni lui faire un reproche d'une franchise qui me semblait suffisamment justifiée par mon propre mérite; et, déjà charmé de sa figure et de son esprit, je le fus encore plus du jugement et de la pénétration dont elle avait fait preuve dans le choix d'un ami.

Lorsque miss Vernon eut quitté l'appartement, la bouteille circula ou plutôt vola autour de la table avec une rapidité incroyable. Élevé chez une nation étrangère, j'avais conçu la plus grande aversion pour l'intempérance, vice trop commun alors, et même encore à présent, parmi mes compatriotes. Les propos qui assaisonnaient ces orgies étaient tout aussi peu de mon goût; et, si quelque chose pouvait me les faire paraître encore plus révoltans, c'était de les entendre proférer par des personnes de ma famille. Je saisis donc cette occasion favorable, et voyant derrière moi une petite porte entr'ouverte, conduisant je ne savais où, je m'esquivai adroitement, ne pouvant souffrir plus long-temps de voir un père donner lui-même à ses enfans l'exemple d'un excès honteux, et tenir avec eux les discours les plus grossiers. Je fus poursuivi, comme je m'y attendais, et traité comme déserteur des drapeaux de Bacchus. Quand j'entendis les cris de ohé! ohé! et le bruit des bottes pesantes de mes cousins qui semblaient vouloir me lancer comme un cerf, je vis clairement que je serais pris si je ne gagnais pas le large. J'ouvris donc aussitôt une fenêtre que j'aperçus sur l'escalier, et qui donnait sur un jardin aussi gothique que le château; et, comme la hauteur n'excédait pas six pieds, je sautai sans hésiter sur une plate-bande, et j'entendis derrière moi les cris de ohé! ohé! Il est sauvé! il est sauvé! J'enfilai une allée, puis une autre, puis une troisième, toujours courant à toutes jambes, jusqu'à ce que, me voyant à l'abri de toute poursuite, je ralentis un peu le pas pour jouir de la fraîcheur de l'air que les fumées du vin que j'avais été obligé de prendre, ainsi que la précipitation de ma retraite, contribuaient à me rendre doublement agréable.

Comme je me promenais de côté et d'autre, je rencontrai le jardinier qui labourait une plate-bande avec une bêche, et je m'arrêtai pour le regarder travailler : — Bonsoir, mon ami.

— Bonsoir, bonsoir, répondit l'homme sans lever la

tête, et avec un accent qui indiquait en même temps son extraction écossaise.

— Voilà un bien beau temps pour vous, mon ami.

— Il n'y a pas beaucoup à s'en plaindre, répondit-il avec cette circonspection que les jardiniers mettent d'ordinaire à louer même le temps le plus beau. Alors, levant la tête, comme pour voir qui lui parlait, il porta la main à son bonnet[1] écossais d'un air de respect, et ajouta : — Eh! Dieu me préserve! c'est rare de voir dans le jardin, à l'heure qu'il est, un beau *jistocorps* brodé!

— Un beau...?

— *Jistocorps*[2]! C'est une jaquette comme la vôtre, donc. Ils ont autre chose à faire là-bas en haut. C'est de la déboutonner pour faire place au bœuf et au vin rouge. Car, Dieu merci! ils ne font que manger et boire pendant toute la soirée.

— On ne fait pas assez bonne chère dans votre pays, mon ami, pour être tenté de tenir table aussi long-temps, n'est-ce pas?

— Allons donc, monsieur, on voit bien que vous ne connaissez pas l'Ecosse! Ce n'est pas la bonne chère qui nous manque. Est-ce que nous n'avons pas les meilleurs poissons, la meilleure viande, les meilleures volailles, sans parler de nos navets et de nos autres légumes? Mais c'est que nous sommes réservés sur notre bouche, tandis qu'ici sur les vingt-quatre heures ils en passent plus de douze à table. Il n'y a pas jusqu'à leurs jours de jeûne et d'abstinence... Tiens, est-ce qu'ils n'appellent pas cela jeûner, quand ils ont les poissons qu'ils font venir d'Hartlepool et de Sunderland, et puis encore des truites, du saumon, est-ce que je sais? Enfin, je jeûnerais bien tous les jours comme cela, moi. Je vous dis que c'est une abomination que leur jeûne, et puis les messes et les matines

(1) *Scotch bonnet*, le berret ou toque bleue, avec bordure ou bandes bariolées. — Ed.

(2) Sans doute du français *justaucorps*. — Ed.

de ces pauvres dupes... Mais chut! car Votre Honneur est sans doute un *romain* tout comme les autres.

— Non, mon ami; j'ai été élevé dans la religion réformée; je suis presbytérien.

— Presbytérien! s'écria-t-il en même temps que ses traits grossiers prenaient l'expression du plus grand contentement; et, pour témoigner plus efficacement sa joie, et me faire voir que son amitié ne se bornait pas à des paroles, il tira de sa poche une grande tabatière de corne, et m'offrit une prise avec la grimace la plus fraternelle.

Je ne voulus pas le refuser, et lui demandai ensuite s'il y avait long-temps qu'il était au château.

— Voilà près de vingt ans que j'y suis comme les martyrs à Éphèse, exposé aux bêtes sauvages, dit-il en regardant le vieux manoir. Oh! mon Dieu oui! tout autant, comme je m'appelle André Fairservice.

— Mais, André, si votre religion et votre tempérance souffrent tant d'être témoin des rites de l'Église romaine et des excès de vos maîtres, il me semble que vous n'auriez pas dû rester aussi long-temps à leur service; il vous eût été facile de trouver des maîtres qui mangeassent moins et qui fussent plus orthodoxes dans leur culte. Je présume que ce n'est pas faute de talent si vous n'êtes pas placé d'une manière plus satisfaisante pour vous.

— Il ne me sied pas de parler de moi-même, dit André en regardant autour de lui avec beaucoup de complaisance; mais c'est que, voyez-vous, je suis de la paroisse de Dreepdayly, où l'on fait venir les choux sous cloche, et c'est vous dire qu'on entend un peu son métier... Et, à vous dire le vrai, voilà vingt ans que je remets de terme en terme à tirer ma révérence; mais, quand le jour arrive, il y a toujours quelque chose à fleurir que je voudrais voir en fleur, ou quelque chose à mûrir que je voudrais voir mûr, et puis le temps se passe, et puis me voilà. Je vous dirais bien que je m'en irai pour sûr à la Chandeleur prochaine; mais c'est qu'il y a vingt ans que je dis la même chose, et je veux que le diable m'emporte, Dieu me préserve! si je ne me crois pas ensorcelé dans cette maison. S'il faut dire le fin mot à Votre Honneur, c'est qu'André n'a pas pu trouver de meilleure place. Mais, si Votre Honneur pouvait me trouver quelque condition où je pusse entendre la saine doctrine, puis avoir une petite maison, un bon fricot, et dix livres par an pour mes gages, et où il n'y eût pas de femmes pour compter les pommes, je serais bien obligé à Votre Honneur.

— Bravo, André! je vois que vous êtes fort modéré dans vos prétentions; mais on dirait que vous n'aimez pas les femmes.

— Non, non, Dieu me préserve!... C'est la peste de tous les jardiniers, depuis le père Adam. Il leur faut des pommes, des pêches, des abricots; été ou hiver, ça leur est égal, elles sont toujours à nos trousses. Mais, Dieu soit loué! nous n'avons pas ici de cette chienne d'engeance, sauf votre respect, à l'exception de la vieille Marthe; mais elle est toujours contente quand je donne quelques grappes de groseilles aux marmots de sa sœur, qui viennent prendre le thé avec elle les dimanches, et quand je lui passe de temps en temps dans la semaine une bonne poire pour son dessert.

— Vous oubliez votre jeune maîtresse.

— Quelle maîtresse que j'oublie donc?

— Votre jeune maîtresse, miss Vernon.

— Quoi! miss Vernon? Elle n'est pas ma maîtresse, monsieur. Je voudrais qu'elle fût sa maîtresse; et je souhaite qu'elle ne soit pas la maîtresse d'une certaine personne avant qu'il soit long-temps. Oh! c'est une fine matoise celle-là.

— En vérité! lui dis-je en cherchant à lui cacher l'intérêt que j'éprouvais. Vous paraissez connaître tous les secrets de cette famille, André?

— Si je les connais, je sais les garder. Ils ne travailleront pas dans ma bouche comme de la bière en bouteille, je vous en réponds. Miss Diana est... Mais qu'elle soit ce qu'elle voudra, ça ne me fait ni froid ni chaud.

Et il se remit à bêcher avec la plus grande ardeur.

— Qu'est miss Vernon, André? Je suis un ami de la famille, et j'aimerais à le savoir.

— Tout autre que ce qu'elle devrait être, à ce que je crains, dit André en fermant un œil et en branlant la tête d'un air grave et mytérieux... Quelque chose de louche : Votre Honneur me comprend.

— Non, en vérité, mon cher André, et je voudrais que vous vous expliquassiez plus clairement. En disant ces mots, je lui glissai une demi-couronne dans la main ; elle fit son effet : André me remercia par un sourire ou plutôt par une grimace, et commença par mettre la pièce dans la poche de sa veste : alors, en homme qui savait n'avoir point de monnaie à rendre, il me regarda en appuyant les deux bras sur sa bêche ; et, donnant à ses traits l'air de la plus importante gravité, il me dit avec un sérieux qui dans toute autre occasion m'eût paru comique :

— Il faut donc que vous sachiez, monsieur, puisque cela vous importe à savoir, que miss Vernon est...

Il s'arrêta tout court, alongeant ses joues jusqu'à ce que sa mâchoire et son menton prissent à peu près la figure d'un casse-noisette ; il fit craquer fortement ses dents, ferma encore un œil, fronça le sourcil, branla la tête, et parut croire que sa physionomie avait achevé l'explication que sa langue n'avait pas encore commencée.

— Grands dieux ! m'écriai-je, est-il possible? Si jeune, si belle, et déjà perdue !

— Oui, vous pouvez le dire, perdue corps et âme : vous savez qu'elle est papiste ! eh bien, elle est encore... Elle... Il garda le silence, comme effrayé de ce qu'il allait dire.

— Parlez, monsieur, lui dis-je vivement ; je veux absolument savoir ce que tout cela veut dire.

— Eh bien ! elle est... André regarda autour de lui, s'approcha de moi, et ajouta du ton du plus grand mystère : — La plus grande jacobite de tout le comté !

— Quoi ! est-ce là tout ?

André me regarda d'un air étonné en m'entendant traiter aussi légèrement une information aussi importante ; puis, marmottant entre ses dents : — Dieu me préserve ! c'est pourtant tout ce que je sais de pire sur son compte, — il reprit sa bêche, comme le roi des Vandales dans le dernier conte que Marmontel vient de publier [1].

CHAPITRE VII.

« BARDOLPH. — Le shériff est à la porte avec une grosse escorte. »
SHAKSPEARE. *Henry IV*, part. I.

JE découvris, non sans peine, l'appartement qui m'était destiné ; et, m'étant concilié les bonnes grâces des domestiques de mon oncle, en employant des moyens qu'ils étaient le plus capables d'apprécier, je m'y renfermai pour le reste de la soirée, ne me souciant pas d'aller rejoindre mes aimables parens, qui, à ce que j'en jugeai par les cris et par le tapage qui continuaient à se faire entendre dans la salle du banquet, n'étaient guère d'agréables compagnons pour un homme sobre.

Quelle pouvait être l'intention de mon père, en m'envoyant demeurer au milieu d'une famille aussi singulière ? C'était dans ma position la réflexion la plus naturelle, et ce fut la première à laquelle je me livrai. D'après la réception que m'avait faite mon oncle, je ne pouvais douter que je dusse faire un assez long séjour près de lui ; son hospitalité fastueuse, mais mal entendue, le rendait assez indifférent sur le nombre de ceux qui mangeaient à sa table ; mais il était clair que ma présence ou mon absence

(1) Le *Bélisaire* venait en effet de paraître à l'époque supposée. — ÉD.

ne lui causait pas plus d'émotion que celle du dernier de ses gens, et beaucoup moins que la maladie ou la guérison d'un de ses chiens. Mes cousins étaient de véritables oursons dans la compagnie desquels je pouvais perdre, si je voulais, l'amour de la tempérance et de la sobriété, sans en retirer d'autre avantage que d'apprendre à éverrer les chiens, à panser les chevaux et à poursuivre les renards. Je ne pouvais trouver qu'une raison qui expliquât la conduite de mon père, et c'était probablement la véritable. Il regardait la vie que l'on menait à Osbaldistone-Hall comme la conséquence naturelle et inévitable de l'oisiveté et de l'indolence ; et il voulait, en me faisant voir un spectacle dont il savait que je serais révolté, me décider, s'il était possible, à prendre une part active dans son commerce. En attendant, il recevait chez lui Rashleigh Osbaldistone ; mais il avait cent moyens de lui faire avoir une place avantageuse, dès qu'il voudrait s'en débarrasser. En un mot, quoique j'éprouvasse un certain remords de conscience de voir, par suite de mon obstination, Rashleigh, dont miss Vernon m'avait fait un portrait si défavorable, sur le point de travailler dans la maison de mon père, et peut-être même de s'insinuer dans sa confiance, je le faisais taire en réfléchissant que mon père n'entendait pas que personne se mêlât de ses affaires ; qu'il était difficile de le tromper ou de l'éblouir, et que d'ailleurs je n'avais que des préventions, peut-être injustes, contre ce jeune homme, préventions qui m'avaient été inspirées par une jeune fille étourdie et bizarre, qui parlait sans réfléchir, et qui sans doute ne s'était pas donné la peine d'approfondir le caractère de celui qu'elle prétendait condamner. Alors mes réflexions se tournaient sur miss Vernon, sur son extrême beauté, sur sa situation critique, livrée ainsi à elle-même au milieu d'une espèce de bande de sauvages, à l'âge où il semblait qu'elle devait avoir le plus besoin de conseils ; enfin, sur son caractère, offrant cette variété attrayante qui pique notre curiosité et excite notre attention en dépit de nous-même. Demeurer avec une jeune personne si singulière, la voir tous les jours, à tous les momens, vivre avec elle dans la plus grande intimité, c'était une diversion bien agréable à l'ennui que ne pouvaient manquer d'inspirer les somnifères habitans d'Osbaldistone-Hall ; mais combien aussi cette situation serait dangereuse ! Cependant, malgré tous les efforts de ma prudence, je ne pus me décider à me plaindre beaucoup des nouveaux périls que j'allais courir. Je fis taire d'ailleurs mes scrupules en formant intérieurement des projets admirables : — Je me tiendrais toujours sur mes gardes, toujours plein de réserve ; je m'observerais quand je serais avec miss Vernon, et tout irait assez bien. Je m'endormis dans ces réflexions, miss Vernon ayant naturellement ma dernière pensée.

Je ne puis vous dire si son image me poursuivit pendant la nuit ; car j'étais fatigué, et je dormis profondément. Mais ce fut la première personne à qui je pensai le lendemain, lorsqu'à la pointe du jour je fus réveillé en sursaut par les sons bruyans du cor de chasse. En un instant je fus sur pied, je fis seller mon cheval, et je courus dans la cour où les hommes, les chiens et les chevaux étaient déjà prêts. Mon oncle, peut-être, ne s'attendait pas à trouver un chasseur très adroit dans la personne de son neveu, qui avait pendant toute sa jeunesse végété dans les écoles ou dans un bureau ; il parut surpris de me voir, et il me sembla qu'il ne m'accueillait pas avec la même cordialité que la veille. — Te voilà, garçon ? La jeunesse est téméraire. Mais prends garde à toi. Rappelle-toi la vieille chanson :

> Qui galope comme un fou
> Sur le bord d'un précipice
> Peut bien s'y casser le cou.

Je crois qu'il y a peu de jeunes gens, et ce sont de très austères moralistes, qui n'aimeraient pas mieux se voir reprocher une légère peccadille que d'entendre mettre en doute leur habileté à monter à cheval. Comme je ne manquais ni d'adresse ni de courage dans cet exercice, je fus piqué de la remarque de mon oncle, et je le priai de suspendre son jugement jusqu'après la chasse.

— Ce n'est pas cela, garçon ; tu es bon cavalier, je n'en doute pas ; mais prends garde. Ton père t'a envoyé ici en me chargeant de te dompter, et je crois qu'il faut que je te mène par la bride, si je ne veux pas que quelqu'un te mène par le licou.

Comme cette pièce d'éloquence était inintelligible pour moi ; que d'ailleurs il ne semblait pas que l'intention de l'orateur fût que j'en fisse mon profit, puisqu'il l'avait débitée à demi-voix, et que ces paroles mystérieuses paraissaient simplement exprimer quelque réflexion qui passait par la tête de mon très honoré oncle, je conclus ou qu'elles avaient rapport à ma désertion de la veille, ou que les hautes régions de mon oncle n'étaient pas encore parfaitement remises de la longue séance qu'il avait faite la veille. Je me contentai de bien me promettre que, s'il remplissait mal les devoirs de l'hospitalité, je ne serais pas long-temps son hôte, et je m'empressai de saluer miss Vernon, qui s'avançait de mon côté. Mes cousins approchèrent aussi de moi ; mais, comme je les vis occupés à critiquer mon ajustement, depuis la ganse de mon chapeau jusqu'aux éperons de mes bottes, ne pouvant souffrir, dans leur ridicule patriotisme, tout ce qui avait une apparence étrangère, je me gardai bien de les distraire ; et, sans paraître remarquer leurs grimaces et leurs chuchotemens, sans même les honorer d'un regard de mépris, je m'attachai à miss Vernon, comme à la seule personne avec qui il fût possible de causer. A cheval, à ses côtés, je partis avec toute la troupe pour le théâtre futur de nos exploits. C'était un taillis épais, situé sur le côté d'une immense vallée entourée de montagnes. Pendant le chemin, je fis observer à Diana que mon cousin Rashleigh n'était pas avec nous.

— Oh ! me répondit-elle, c'est un grand chasseur ; mais

c'est comme Nemrod qu'il chasse, et son gibier est l'homme.

Les chiens furent alors lancés dans le taillis, et encouragés par les cris des chasseurs. Tout fut bientôt en mouvement dans la plaine. Mes cousins, trop occupés de l'affaire importante qui allait se décider, ne firent bientôt plus attention à moi. Seulement j'entendis Dick, le jockey, dire tout bas à Wilfred, le sot : — Regardons si notre cousin français ne va pas tomber.

— Français? répondit Wilfred en ricanant, oh! oui, car il a une drôle de ganse à son chapeau.

Cependant Thorncliff, qui, malgré sa grossièreté, ne semblait pas entièrement insensible à la beauté de sa parente, parut décidé à nous tenir compagnie de beaucoup plus près que ses frères, peut-être pour épier ce qui se passait entre miss Vernon et moi, peut-être aussi pour avoir le plaisir d'être témoin de ma chute. Si c'était là son motif, il fut trompé dans son attente. Un renard étant parti à quelque distance, malgré le mauvais présage de la ganse française de mon chapeau, je fus toujours le premier à sa poursuite, et j'excitai l'admiration de mon oncle et de miss Vernon, et le dépit de ceux qui s'étaient bien promis de rire à mes dépens. Cependant Reynard, après nous avoir fait courir pendant plusieurs milles, parvint à nous échapper, et les chiens furent en défaut. Il m'était facile de remarquer l'impatience que miss Vernon éprouvait d'être suivie d'aussi près par Thorncliff Osbaldistone; et comme, aussi active que résolue, elle n'hésitait jamais à prendre les moyens les plus prompts pour satisfaire un désir ou un caprice, elle lui dit d'un ton de reproche : — Je suis étonnée, Thorncliff, que vous restiez pendu toute la matinée à la croupe de mon cheval, quand vous savez que les terriers ne sont pas bouchés du côté du moulin de Woolverton.

— Je n'en sais rien, en vérité, miss Diana; car hier même le meunier m'a juré qu'il les avait bouchés à midi.

— Oh! fi, Thorncliff, devriez-vous vous en rapporter à

la parole d'un meunier? Voilà trois fois en huit jours que nous manquons le renard à cause de ces maudits terriers; voulez-vous que ce soit encore la même chose aujourd'hui, lorsque avec votre jument grise vous pourriez y aller en cinq minutes?

— Eh bien, miss Diana, je vais aller à Woolverton; si les terriers ne sont pas bouchés, je vous promets que je punirai le meunier de son imprudence, et que je lui frotterai bien les épaules.

— Allez, mon cher Thorncliff, frottez-le d'importance. Allez, partez vite. Thorncliff partit au galop. — On va te frotter toi-même, ce qui remplira tout aussi bien mon but... Je dois vous apprendre à tous la discipline et l'obéissance... Savez-vous, M. Francis, que je vais lever un régiment? Oh! mon Dieu, oui. Thorncliff sera mon sergent-major; Dick, mon maître d'équitation, et Wilfred, avec son bredouillement, qui dit trois syllabes à la fois sans en prononcer une, sera mon tambour.

— Et Rashleigh!

— Rashleigh sera mon espion en chef.

— Et ne trouverez-vous pas aussi quelque moyen de m'employer, charmant colonel?

— Vous serez, si vous voulez, quartier-maître du régiment. Mais vous voyez que les chiens ont perdu la voie aujourd'hui. Allons, M. Francis, la chasse n'est pas digne de vous. Suivez-moi, je veux vous montrer une très belle vue.

Et en effet elle me conduisit sur le sommet d'une colline d'où la perspective était très étendue. Elle commença par jeter les yeux autour d'elle pour s'assurer qu'il n'y avait personne près de nous; et faisant avancer son cheval derrière un bouquet d'arbres qui nous masquait la partie de la vallée où nos chasseurs poursuivaient leur proie: — Voyez-vous là-bas une montagne qui s'élève en pointe à une hauteur prodigieuse?

—Au bout de cette longue chaîne de collines? Je la vois parfaitement.

— Et voyez-vous un peu sur la droite comme une espèce de tache blanche?

— Très bien, je vous assure.

— Cette tache blanche est un roc appelé Hawkesmore-Crag, et Hawkesmore-Crag est en Ecosse.

— En vérité, je n'aurais jamais cru que nous fussions si près de l'Ecosse.

— On ne peut pas plus près, et votre cheval vous y conduira en deux heures.

— Je ne lui en donnerai pas la peine. Mais la distance me semble bien être de dix-huit milles à vol d'oiseau.

— Vous prendrez ma jument, si vous la croyez moins fatiguée. Je vous dis qu'en deux heures vous pouvez être en Ecosse.

— Et moi, je vous dis que j'ai si peu d'envie d'y être, que si la tête de mon cheval passait de l'autre côté des limites, je ne donnerais pas à la queue la peine de la suivre. Qu'irais-je faire en Ecosse?

— Pourvoir à votre sûreté, s'il faut parler net. M'entendez-vous à présent, M. Francis?

— Point du tout. Vos paroles sont pour moi des oracles, car je n'y comprends rien.

— Alors, en vérité, il faut ou que vous me fassiez l'injustice de vous défier de moi, et que vous soyez un fieffé hypocrite, le pendant de Rashleigh en un mot, ou que vous ne sachiez rien de ce qu'on vous impute. Mais non, à votre air sérieux, je vois que vous êtes de bonne foi. Bon Dieu, quelle gravité! j'ai peine à ne pas rire en vous regardant.

— D'honneur, miss Vernon, lui dis-je impatienté de sa gaieté enfantine, je n'ai pas la moindre idée de ce que vous voulez dire. Je suis heureux de vous procurer quelque sujet d'amusement; mais j'ignore absolument en quoi il consiste.

— La chose est loin d'être risible, après tout, dit miss Vernon en reprenant son sang-froid; mais c'est qu'il y a des personnes qui ont la figure si plaisante quand la curiosité les travaille! Parlons sérieusement : connaissez-vous un nommé Moray, Morris, ou quelque nom semblable?

— Non pas que je me rappelle.

— Réfléchissez un moment. N'avez-vous pas voyagé dernièrement avec quelqu'un de ce nom?

— Le seul voyageur qui m'ait accompagné quelque temps sur la route est un homme dont l'âme semblait être dans son porte-manteau.

— C'était donc comme l'âme du licencié Pedro Garcias, qui était parmi les ducats que contenait la bourse de cuir [1]. Quoi qu'il en soit, cet homme a été volé, et il a porté une accusation contre vous, qu'il suppose auteur ou complice de la violence qui lui a été faite.

— Vous plaisantez, miss Vernon!

— Non, je vous assure. La chose est comme je vous le dis.

— Et me croyez-vous capable, m'écriai-je dans un transport d'indignation que je ne cherchai pas à dissimuler; me croyez-vous capable de mériter une pareille accusation?

— Oh! mon Dieu, quelle horreur! vous m'en demanderiez raison, je crois, si j'avais l'avantage d'être homme. Mais qu'à cela ne tienne : provoquez-moi, si vous le voulez. Je suis en état de me battre aussi bien que de franchir une barrière.

— Dieu me préserve de manquer de respect au colonel d'un régiment de cavalerie, lui répondis-je honteux de mon emportement, et cherchant à tourner la chose en plaisanterie....... Mais, de grâce, expliquez-moi ce nouveau badinage.

— Ce n'est pas un badinage; vous êtes accusé d'avoir

---

[1] Prologue de Gil Blas. — Ed.

volé cet homme, et mon oncle et moi nous avions cru l'accusation fondée.

— En vérité, je suis fort obligé à mes amis de la bonne opinion qu'ils ont de moi !

— Allons, cessez, s'il est possible, de tant vous agiter, et de humer l'air comme un cheval ombrageux... Avant de prendre le mors aux dents, écoutez au moins jusqu'au bout...... Vous n'êtes pas accusé d'un vol honteux..... bien loin de là. Cet homme est un agent du gouvernement. Il portait tant en numéraire qu'en billets l'argent destiné à la solde des troupes en garnison dans le nord; et le bruit court qu'on lui a pris aussi des dépêches d'une grande importance.

— Ainsi donc c'est d'un crime de haute trahison, et non pas d'un vol, que je suis accusé?

— Oui, sans doute, et c'est un crime qui, comme vous le savez, couvre souvent de gloire, aux yeux de bien des gens, celui qui a le courage de l'exécuter. Vous trouverez une foule de personnes de ce pays, et cela sans aller bien loin, qui regardent comme un mérite de nuire, par tous les moyens possibles, au gouvernement de la maison de Hanovre.

— Mes principes de morale et de politique, miss Vernon, ne sont pas d'une nature aussi accommodante.

— En vérité je commence à croire que vous êtes tout de bon un presbytérien, et qui pis est un hanovrien. Mais que comptez-vous faire?

— Réfuter à l'instant même cette atroce calomnie. Devant qui a-t-on porté cette singulière accusation?

— Devant le vieux Squire Inglewood, qui ne voulait pas trop la recevoir. Il a envoyé un exprès à mon oncle, sans doute pour lui conseiller de vous faire au plus tôt passer en Ecosse et de vous mettre hors de la portée de la loi. Mais mon oncle sait fort bien que sa religion et son ancien attachement au roi Jacques le rendent suspect au gouvernement actuel, et que, si l'on venait à savoir qu'il eût favorisé la fuite d'un criminel de lèse-majesté, il serait désarmé, et, ce qui lui serait beaucoup plus sensible, probablement démonté, comme papiste, comme jacobite, et comme personne suspecte.

— Je conçois en effet que plutôt que de perdre ses chevaux il abandonnerait son neveu.

— Son neveu, ses nièces, ses fils, ses filles, s'il en avait, et toute la génération, reprit Diana ; ainsi ne vous fiez pas à lui, et même une seule minute ; mais poussez votre cheval à toute bride, et fuyez avant qu'on exécute la prise de corps.

— Oui, je vais partir, mais c'est pour aller droit à la maison de ce Squire Inglewood. Où demeure-t-il ?

— A environ trois milles d'ici ; là-bas, derrière ces plantations ; vous pouvez voir la tourelle du château.

— J'y serai dans quelques minutes, dis-je en mettant mon cheval au galop.

— J'irai avec vous pour vous montrer le chemin, dit miss Vernon en me suivant.

— Y pensez-vous, miss Vernon ? il n'est pas.. excusez la franchise d'un ami, il n'est pas convenable que vous m'accompagniez dans une pareille circonstance.

— Je vous comprends, dit miss Vernon en rougissant un peu, c'est parler clairement ; et après un moment de réflexion, elle ajouta : — Et je crois qu'en effet votre objection prouve de l'amitié.

— Ah ! miss Vernon, pouvez-vous me croire insensible à l'intérêt que vous me témoignez? répondis-je avec chaleur. Votre offre obligeante me pénètre de reconnaissance ; mais je ne dois pas vous laisser écouter la voix de votre générosité. C'est une occasion trop publique. C'est presque la même chose que de se présenter devant une cour de justice.

— Et quand ce serait une cour de justice, croyez-vous que je ne m'y présenterais pas pour protéger un ami? Vous n'avez personne pour vous défendre. Vous êtes étranger ;

et dans ce pays, sur les frontières du royaume, les juges rendent quelquefois de singulières décisions. Mon oncle n'a pas le moindre désir de se mêler de cette affaire. Rashleigh est absent, et quand même il serait ici, on ne peut pas savoir quel parti il prendrait; les autres sont trop stupides pour pouvoir vous être d'aucun secours, quand ils en auraient la volonté. Bref, je suis la seule personne qui puisse vous servir, et, toute réflexion faite, j'irai avec vous. Je ne suis pas une belle dame, pour avoir peur des termes barbares de la chicane, et des perruques à trois marteaux.

— Mais, ma chère miss Vernon.....

— Mais, mon cher M. Francis, restez tranquille, et laissez-moi faire; car, lorsque je prends le mors aux dents, il n'y a plus de frein qui puisse m'arrêter.

— Flatté de l'intérêt qu'une aussi charmante personne semblait prendre à mon sort, mais sentant quel ridicule ce serait jeter sur nous deux que d'amener avec moi une fille de dix-huit ans pour me servir d'avocat, et ne voulant pas l'exposer aux traits mordans de la médisance, je m'efforçai de combattre encore sa résolution. Elle me répondit d'un ton décidé que mes efforts étaient absolument inutiles; qu'elle était une Vernon, c'est-à-dire d'une famille qui, pour rien au monde, ne voudrait abandonner un ami malheureux, et que tous mes beaux discours à ce sujet pouvaient être fort bons pour des *miss* bien jolies, bien prudentes, bien réservées, telles qu'il en fourmillait à Londres, mais qu'ils ne s'adressaient pas à une obstinée provinciale, accoutumée à faire toutes ses volontés et à n'écouter jamais que sa tête.

Tout en parlant, nous approchions toujours du lieu d'Inglewood-Place, et miss Vernon, pour m'empêcher de continuer mes remontrances, se mit à me faire le portrait du magistrat et de son clerc. Inglewood était, suivant sa description, un jacobite blanchi, c'est-à-dire un homme qui, après avoir long-temps refusé de prêter le serment à la

nouvelle dynastie, comme la plupart des autres gentilshommes du comté, avait fini par s'y soumettre pour obtenir la permission d'exercer les fonctions de juge de paix.
— Il l'a fait, me dit-elle, à la prière de tous les Squires des environs, qui voyaient à regret le palladium de leurs plaisirs, les lois sur la chasse, près de tomber en désuétude, faute d'un magistrat pour les faire exécuter, le tribunal de justice le plus voisin étant celui du maire de Newcastle, qui, aimant beaucoup mieux manger le gibier sur sa table que de le poursuivre dans les bois, protégeait le braconnier au détriment du chasseur. Voyant donc qu'il était urgent que l'un d'eux sacrifiât ses scrupules au bien général, les gentilshommes du comté de Northumberland jetèrent les yeux sur Inglewood, qui, d'un caractère naturellement apathique et indolent, paraissait devoir se prêter sans beaucoup de répugnance à tous les *credo* politiques. Après avoir trouvé Inglewood pour porter le nom de juge, il fallut chercher quelqu'un pour en remplir les fonctions : c'était bien le corps du tribunal, mais il fallait lui trouver une âme à présent pour diriger et animer ses mouvemens. Un malin procureur de Newcastle, nommé Jobson, parut fort en état de conduire la machine. Ce Jobson, qui, pour varier mes métaphores, trouve que c'est un fort bon métier que de vendre la justice à l'enseigne du Squire Inglewood, et dont les émolumens dépendent de la quantité d'affaires qui passent par ses mains, soutire tant qu'il peut l'argent des pauvres plaideurs, et met tant de zèle à faire venir pour les moindres causes les parties devant le tribunal, que l'honnête juge ne sait où donner de la tête. Enfin il n'y a pas une marchande de pommes, à dix milles à la ronde, qui puisse régler son compte avec la fruitière sans une audience, que le juge lui accorde à contre-cœur, mais que son malin clerc, M. Joseph Jobson, sait le forcer de donner. La scène la plus risible, c'est lorsque les affaires qu'ils ont à juger, telle que la vôtre par exemple, ont quelque rapport à la politique. M. Joseph Jobson (et sans

doute il a des raisons pour cela) est un zélé défenseur de la religion protestante et un chaud partisan de la nouvelle dynastie. D'un autre côté, le juge, qui conserve une espèce d'attachement d'instinct pour les opinions qu'il professait avant le jour où il se relâcha quelque peu de ses principes, dans la vue patriotique de faire exécuter la loi contre les destructeurs sans patente des lièvres et des perdrix, se trouve assez embarrassé quand le zèle de son clerc l'entraîne dans des procédures judiciaires qui lui rappellent son ancienne croyance; et, au lieu de seconder les efforts de Jobson, il ne manque jamais de lui opposer l'inactivité et l'indolence. Ce n'est pas qu'il manque entièrement d'énergie : au contraire, pour quelqu'un dont le principal plaisir est de boire et de manger, il est assez gai et assez alerte; mais c'est ce qui rend sa nonchalance factice encore plus comique. Dans ces sortes d'occasions, Jobson, comme un vieux cheval poussif qui se voit condamné à traîner une lourde charrette, s'essouffle et se démène pour mettre le juge en mouvement, tandis que le poids de la voiture résiste aux efforts réitérées de l'impuissant quadrupède qui ne peut réussir à l'ébranler : mais ce qui désespère le pauvre bidet, c'est que cette même machine qu'il trouve si difficile à mettre en mouvement, roule quelquefois toute seule, malgré les ruades du limonier, lorsqu'il s'agit de rendre service à quelques uns des *anciens* amis de Squire Inglewood. M. Jobson s'emporte beaucoup alors, et répète partout qu'il dénoncerait le juge au conseil d'état près le département de l'intérieur, sans l'amitié particulière qu'il porte à M. Inglewood et à sa famille.

Comme miss Vernon terminait cette singulière description, nous nous trouvâmes devant Inglewood-Place, vieil et gothique édifice dont l'extérieur avait quelque chose d'imposant.

CHAPITRE VIII.

« Ma foi, monsieur, dit l'avocat,
» Je trouve que votre cuisine
« Exhale un parfum délicat;
« Et, quand vers elle on s'achemine,
« On se croirait chez un seigneur. »
BUTLER.

Nous trouvâmes dans la cour un domestique à la livrée de sir Hildebrand, qui tint nos chevaux, et nous entrâmes dans la maison. Je fus très étonné, et ma belle compagne parut l'être encore davantage, de rencontrer sous le péristyle Rashleigh Osbaldistone, qui de son côté semblait ne pas éprouver moins de surprise de nous voir.

— Rashleigh, dit miss Vernon sans lui donner le temps de faire aucune question, vous avez entendu parler de l'affaire de M. Francis Osbaldistone, et vous venez sans doute d'en entretenir le juge de paix.

— Oui, dit Rashleigh avec son flegme ordinaire, c'est ce qui m'avait fait venir. Je me suis efforcé, ajouta-t-il en me saluant, de rendre à mon cousin tous les services qui dépendaient de moi ; mais je suis fâché de le rencontrer ici.

— En qualité de parent et d'ami, M. Osbaldistone, vous devriez être plutôt charmé de m'y voir lorsque l'atteinte qu'on veut porter à ma réputation exige ma présence en ces lieux.

— Il est vrai ; mais d'après ce que disait mon père, j'aurais cru qu'en vous retirant momentanément en Ecosse jusqu'à ce que l'affaire fût assoupie...

Je répondis avec chaleur que je n'avais pas de ménagement à garder, et que, loin de vouloir assoupir cette affaire, je venais pour dévoiler une insigne calomnie, et que j'étais résolu d'en approfondir la cause.

— M. Francis est innocent, Rashleigh; il brûle de se disculper, je viens le défendre.

—Vous, ma jolie cousine? Il me semble que je pourrais être plutôt l'avocat de M. Francis, avocat sinon aussi éloquent, du moins aussi zélé et peut-être plus convenable.

— Oui, mais deux têtes valent mieux qu'une, comme vous savez.

— Surtout une tête telle que la vôtre, ma charmante Diana, répondit Rashleigh en s'avançant et en lui prenant la main avec une tendre familiarité qui me le fit paraître encore mille fois plus hideux que la nature ne l'avait fait. Miss Vernon le tira à l'écart, et ils s'entretinrent à demi-voix : elle paraissait lui faire une demande à laquelle il ne voulait ou ne pouvait point accéder. Je n'ai jamais vu de contraste aussi frappant entre l'expression de deux figures. La colère se peignit bientôt dans tous les traits de miss Vernon : ses yeux s'animèrent, le rouge lui monta au visage; elle raidit ses bras, et frappant du pied, elle semblait écouter avec autant de mépris que d'indignation les excuses qu'à l'air de déférence de Rashleigh, à son sourire respectueux et composé, je jugeai qu'il lui faisait. A la fin elle s'éloigna de lui en disant d'un ton d'autorité :
— Je le veux absolument.

— Cela m'est impossible, entièrement impossible. Le croiriez-vous, M. Osbaldistone? dit-il en s'adressant à moi.

— Êtes-vous fou ? s'écria-t-elle en l'interrompant.

— Le croiriez-vous? répéta Rashleigh sans l'écouter; miss Vernon prétend non seulement que je connais votre innocence, dont en effet personne ne peut être plus convaincu que je ne le suis, mais que je dois même connaître les véritables auteurs du vol fait à ce Morris. Est-ce raisonnable, M. Osbaldistone?

— Ce n'est pas à M. Osbaldistone qu'il faut en appeler, Rashleigh, dit miss Vernon; il ne connaît pas comme moi toute l'étendue des renseignemens qu'il vous est facile d'obtenir.

— En vérité vous me faites plus d'honneur que je ne mérite.

— De la justice, Rashleigh ; de la justice, c'est tout ce que je demande.

—Vous agissez en tyran, Diana, répondit-il avec une sorte de soupir, en tyran capricieux, et vous gouvernez vos sujets avec une verge de fer. Il faudra bien faire ce que vous désirez. Mais vous ne devez pas être ici ; vous savez que vous ne le devez pas. Il faut que vous retourniez avec moi.

Alors, quittant Diana, qui semblait indécise, et se tournant de mon côté, il me dit du ton le plus affectueux :
— Ne doutez pas de l'intérêt que je prends à tout ce qui vous concerne, M. Osbaldistone. Si je vous quitte dans ce moment, c'est pour aller agir efficacement pour vous. Mais il faut que vous employiez votre influence sur ma cousine pour l'engager à retourner au château ; sa présence ne peut vous être utile, et nuirait sans doute à sa réputation.

— J'en suis convaincu comme vous, monsieur, répondis-je ; j'ai prié plusieurs fois miss Vernon de retourner sur ses pas, mais c'est inutilement que je l'en ai pressée.

—J'ai fait mes réflexions, dit miss Vernon après un moment de silence, et je ne m'en irai pas que je ne vous aie vu hors des griffes des Philistins. Rashleigh a ses raisons pour parler de la sorte ; mais nous nous connaissons bien tous les deux. Rashleigh, je ne m'en irai pas... Je sais, ajouta-t-elle d'un ton plus doux, qu'en restant ici ce sera un motif de plus pour vous de faire diligence.

— Restez donc, fille obstinée, dit Rashleigh ; vous ne connaissez que trop bien votre pouvoir sur moi. Il sortit à ces mots, monta à cheval, et partit au même instant.

— Grâce au ciel ! le voilà parti, dit Diana. A présent, allons chercher le juge de paix.

— Ne ferions-nous pas mieux d'appeler un domestique?

— Non, non, je connais le chemin. Il faut tomber sur lui à l'improviste. Suivez-moi.

Elle me prit par la main, monta quelques marches, traversa un petit passage, et entra dans une espèce d'antichambre tapissée de vieilles mappemondes, de plans d'architecture et d'arbres généalogiques. Une grande porte battante conduisait de cette salle dans la salle à manger de M. Inglewood, d'où nous entendîmes ce refrain d'une vieille chanson, entonné par une voix dont le timbre convenait parfaitement aux chansons de table :

> Mais qui dit non à gentille fillette,
> Doit voir son vin se changer en poison.

— Grand Dieu! dit miss Vernon, est-ce que le cher juge a déjà dîné? Je ne croyais pas qu'il fût si tard.

Il avait en effet dîné? Son appétit s'était éveillé ce jour-là plus tôt qu'à l'ordinaire, et il avait avancé son dîner d'une heure, de sorte qu'il s'était mis à table à midi, l'usage étant alors de dîner à une heure en Angleterre. — Nous sommes en retard, dit Diana, mais restez ici; je connais la maison, et je vais appeler un domestique; votre brusque apparition pourrait déplaire à présent au vieux Inglewood, qui n'aime pas qu'on le dérange quand il cause avec sa bouteille; et elle s'échappa à ces mots, me laissant incertain si je devais avancer ou me retirer. Il m'était impossible de ne pas entendre une partie de ce qui se disait dans l'appartement voisin, et entre autres, diverses excuses pour ne pas chanter, prononcées par une voix qui ne m'était pas entièrement inconnue. — Ne pas chanter, monsieur? Par Notre-Dame! vous chanterez. Comment! vous avez avalé de l'eau-de-vie plein ma noix de coco montée en argent, et vous me dites que vous ne pouvez pas chanter!... Monsieur, l'eau-de-vie ferait parler et chanter même un chat. Ainsi vite une chanson, ou videz ma maison à l'instant même... Croyez-vous que vous viendrez m'ennuyer de vos chiennes de déclarations, et me dire ensuite que vous ne pouvez pas chanter?

— La décision est parfaitement juste, dit une autre voix qu'à son ton flûté et méthodique je présumai être celle du clerc, et la partie doit s'y conformer. La loi a prononcé *canet* [1], il chantera.

— Qu'il l'exécute donc, dit le juge, ou par saint Christophe, je lui fais avaler plein ma noix de coco d'eau salée, conformément aux statuts établis ou à établir à cet égard.

La crainte de l'eau salée fit ce que les prières n'auraient pu faire ; et mon ancien compagnon de voyage, car je ne pouvais plus douter que ce ne fût lui, d'une voix assez semblable à celle d'un criminel qui chante son dernier psaume, entonna cette lamentable complainte :

> Ecoutez, gens de bien,
> Ma malheureuse histoire ;
> Il s'agit d'un vaurien :
> Mais voudrez-vous le croire ?
>
> Armé d'un pistolet,
> Ce gibier de potence,
> Sur la route arrêtait
> Piéton et diligence.
>
> C'était à bout portant
> Que sans cérémonie
> Il allait demandant
> Ou la bourse ou la vie.

Je doute que le pauvre diable dont la mésaventure est célébrée dans ce chant pathétique, ait été plus effrayé à la vue de l'audacieux voleur que le chanteur le fut à la mienne ; car, fatigué d'attendre qu'un domestique vînt m'annoncer, et ne voulant pas, s'il survenait quelqu'un, avoir l'air d'écouter aux portes, j'entrai dans la salle au moment où mon ami M. Morris, puisque c'est ainsi qu'on avait dit qu'il se nommait, commençait le quatrième couplet de sa triste ballade. La note sonore qu'il allait attaquer se changea en un sourd murmure de consterna-

---

(1) Qu'il chante. — Tr.

tion lorsqu'il se vit aussi près d'un homme dont le caractère ne lui semblait guère moins suspect que celui du héros de son cantique ; et à le voir les yeux fixes, les joues tirées, et la bouche béante, on eût dit que je tenais à la main la tête de la Gorgone.

Le juge, dont les yeux s'étaient fermés par l'influence somnifère de la chanson, se réveilla en sursaut lorsqu'elle cessa tout-à-coup, et sauta sur sa chaise d'étonnement en voyant que la compagnie s'était augmentée d'une personne pendant son recueillement momentané. Le clerc, que je reconnus à sa tournure, n'était pas moins agité ; car, assis en face de M. Morris, le tremblement convulsif de ce pauvre homme avait passé dans tous ses membres, quoiqu'il n'en connût pas la cause.

Voyant qu'aucun d'eux n'avait la force de parler, je rompis le silence : — Je m'appelle Francis Osbaldistone, M. Inglewood : j'apprends qu'un niais est venu porter plainte devant vous contre moi, et ose m'accuser d'avoir pris part à un vol qui lui a été fait.

— Monsieur, dit le juge un peu plus sèchement, ce sont des affaires dont je ne parle pas à dîner. Il y a temps pour tout, et il faut bien qu'un juge de paix dîne tout comme un autre.

Soit dit en passant, la rotondité de M. Inglewood semblait prouver que l'amour du bien public ne lui avait pas souvent fait négliger ce soin.

— Veuillez, monsieur, excuser mon importunité ; mais comme ma réputation est compromise et que le dîner paraît être terminé...

— Il n'est pas terminé, monsieur, reprit le magistrat ; la digestion est aussi nécessaire à l'homme que la nourriture ; et je vous proteste qu'il est impossible que mon dîner me profite si l'on ne m'accorde pas deux heures de tranquillité parfaite pour me livrer à une gaieté innocente, et faire circuler modérément la bouteille.

— Votre Honneur m'excusera, dit M. Jobson, qui,

pendant que nous parlions, avait tiré sa plume et son écritoire ; mais comme ce monsieur paraît un peu pressé, et que c'est un cas de félonie... car le susdit attentat est *contra pacem domini regis...*

— Eh ! au diable *domini regis!* dit le juge impatienté. J'espère que ce n'est pas un crime de lèse-majesté de parler ainsi, mais c'est qu'en vérité il y a de quoi devenir fou de se voir persécuter de la sorte ?... Avec vos assignations et vos enquêtes, et vos contraintes et vos prises de corps, vous ne me laissez pas un moment de repos. Je vous déclare, M. Jobson, que vous, et les huissiers, et la justice de paix, je vous enverrai tous au diable un de ces jours.

— Votre Honneur voudra bien considérer la dignité de la charge qu'elle exerce. Un des juges du *Quorum* et des *Custos Rotulorum* [1] ! Une charge dont sir Édouard Coke [2] disait avec raison : Toute la chrétienté n'a rien de pareil, pourvu qu'elle soit bien remplie.

— Allons, dit le juge flatté de cet éloge sur l'importance de sa charge, et noyant le reste de sa mauvaise humeur dans un verre de vin d'Espagne, qu'il vida d'un seul trait, terminons vite cette affaire, et qu'il n'en soit plus question. Approchez, monsieur. Vous, Morris, chevalier de la triste figure, est-ce là la personne que vous accusez d'être complice du vol qui vous a été fait?

— Moi, monsieur ? reprit Morris, qui n'avait pas encore pu parvenir à recueillir ses esprits. — Je n'accuse point... Je ne dis rien contre monsieur...

— Alors nous annulons votre plainte, monsieur, voilà tout, et un embarras de moins. Faites passer la bouteille. Servez-vous, M. Osbaldistone.

---

(1) Nous avons donné dans les notes de *Guy Mannering* une note détaillée sur les juges de paix du *Quorum*, c'est-à-dire ceux qu'une ordonnance spéciale investit de certains pouvoirs plus étendus. *Custos Rotulorum*, garde des archives, est le titre du chef de la commission des juges de paix. — Éd.

(2) Jurisconsulte qui a laissé des commentaires estimés. — Éd.

Jobson entendait trop bien ses intérêts pour souffrir que l'affaire se terminât ainsi : — Que voulez-vous dire, M. Morris?... Voilà votre propre déclaration... L'encre n'est pas encore sèche, et vous voudriez la rétracter d'une manière aussi scandaleuse?

— Et sais-je, moi, bégaya mon poltron tout tremblant, combien il y a de brigands cachés dans la maison pour le soutenir? J'ai lu tant de choses là-dessus dans *les Vies des voleurs*, par Johnson. Et, tenez... la por... la porte s'ouvre.

Elle s'ouvrit en effet, et miss Vernon entra :

— En vérité, magistrat, il règne un bel ordre dans votre maison ! pas un domestique à qui parler.

— Ah! s'écria le juge dans un transport de joie qui prouvait que ni Thémis ni Comus ne lui faisaient oublier ce qu'il devait à la beauté, ah! la charmante miss Vernon, la fleur du Cheviot et des frontières, vient voir comment le vieux garçon conduit son ménage. Soyez la bienvenue, ma chère, comme les fleurs au mois de mai.

— Il est bien tenu, votre ménage! pas une âme pour vous introduire.

— Ah ! les pendards, ils profitent de ce que je suis en affaire.... Mais pourquoi n'êtes-vous pas venue plus tôt? Votre Rashleigh a dîné avec nous, et il s'est enfui comme un poltron; nous n'avions pas encore fini de vider la première bouteille. Mais vous n'avez pas dîné. Je vais vous faire servir quelque chose de bon, de délicat, comme toute votre petite personne, et ce sera bientôt fait.

— Je ne puis rester, M. Inglewood. Je suis venue avec mon cousin Francis Osbaldistone, que voici, et il faut que je lui montre le chemin pour retourner au château, ou il se perdra infailliblement dans les montagnes.

— Hum ! est-ce que c'est de là que vient le vent, répondit le juge?

> Elle lui montra le chemin,
> Le chemin,
> Le joli chemin d'amourette.

Et n'y a-t-il donc pas aussi quelque bonne fortune pour les vieux garçons, ma charmante rose du désert?

— Pas aujourd'hui; mais si vous voulez être un bon juge, et arranger bien vite l'affaire de Frank, j'amènerai mon oncle pour dîner avec vous la semaine prochaine, et nous rirons de bon cœur.

— Je serai prêt, ma perle de la Tyne. Mais, puisque vous me promettez de revenir, je ne veux pas vous retenir plus long-temps. Je suis entièrement satisfait de l'explication de M. Frank. Il y a eu quelque méprise que nous éclaircirons dans un autre moment.

— Excusez-moi, monsieur, lui dis-je, mais je ne connais pas encore la nature de l'accusation qu'on m'a intentée.

— Oui, monsieur, dit le clerc, que l'arrivée de Diana avait jeté dans la consternation, mais qui reprit courage en se voyant soutenu par la personne dont il devait le moins attendre de secours; oui, monsieur, et Dulton dit que quiconque est accusé d'un crime capital ne pourra être acquitté qu'après un jugement en forme, et que préalablement il devra fournir caution ou être mis en prison, payant au clerc du juge de paix les honoraires d'usage pour l'acte de cautionnement ou pour le mandat d'arrêt.

Le juge se voyant aussi vivement pressé, me donna enfin quelques mots d'explication.

Il paraît que les différentes plaisanteries que j'avais imaginées pour exciter les terreurs paniques de Morris avaient fait une vive impression sur son imagination; c'était la base sur laquelle son accusation reposait; c'était ce qui avait fait travailler sa tête, et il avait cru voir dans un simple badinage un complot prémédité. Il paraît aussi que le jour même que je le quittai, il avait été arrêté dans un endroit solitaire par deux hommes masqués, bien montés, et armés jusqu'aux dents, qui lui avaient enlevé son cher compagnon de voyage, le porte-manteau.

L'un d'eux, à ce qu'il lui sembla, avait beaucoup de mon air et de ma tournure, et pendant qu'ils se consultaient entre eux, il crut entendre l'autre lui donner le nom d'Osbaldistone. La déclaration portait encore qu'ayant pris des informations sur les principes de la famille qui portait ce nom, ledit déclarant avait appris qu'ils étaient des plus équivoques, le ministre presbytérien chez qui il s'était arrêté après sa funeste rencontre lui ayant fait entendre que tous les membres de cette famille n'avaient jamais cessé d'être papistes et jacobites depuis le temps de Guillaume-le-Conquérant.

D'après toutes ces puissantes raisons, il m'accusait d'être complice de l'attentat commis sur sa personne, ajoutant qu'il voyageait alors pour le gouvernement, qu'il était chargé de papiers importans et d'une somme considérable, dont la majeure partie consistait en billets de banque qu'il devait remettre, suivant ses instructions, à certaines personnes en place, et possédant la confiance du ministère en Ecosse.

Ayant entendu cette accusation extraordinaire, je répondis que les circonstances sur lesquelles elle était fondée n'étaient pas de nature à pouvoir autoriser aucun magistrat à attenter à ma liberté. Je convins que je m'étais un peu amusé des terreurs de M. Morris, mais que, s'il avait eu le moindre bon sens, il eût vu dans ce badinage plutôt un motif de sécurité que de crainte. J'ajoutai que je ne l'avais pas retrouvé depuis l'instant de notre séparation, et que si le malheur dont il se plaignait lui était réellement arrivé, je n'avais pris aucune part à une action aussi indigne de mon caractère et du rang que je tenais dans la société : que l'un des voleurs s'appelât Osbaldistone, ou que ce nom eût été prononcé dans le cours de la conversation qu'ils tinrent ensemble, c'était une circonstance sans aucun poids. Quant à la défaveur qu'on voulait jeter sur mes principes, j'étais prêt à prouver à la satisfaction du juge, du clerc, et du témoin lui-même, que j'étais de la même religion que son ami le ministre presbytérien, que j'avais été élevé en sujet fidèle dans les principes de la révolution, et que, comme tel, je demandais la protection des lois, protection qui avait été assurée par ce grand évènement.

Le juge s'agitait sur sa chaise, ouvrait sa tabatière, et semblait fort embarrassé, lorsque l'ancien procureur Jobson, avec toute la volubilité de sa profession, lut le règlement rendu dans la trente-quatrième année du règne d'Édouard III, par lequel les juges de paix sont autorisés à arrêter toutes personnes suspectes, et à les mettre en prison. Le drôle tourna même mes propres aveux contre moi, disant que, puisque je convenais que j'avais pris le caractère d'un voleur ou d'un malfaiteur, je m'étais volontairement soumis aux soupçons dont je me plaignais, et que je m'étais exposé à la susdite accusation en revêtant ma conduite des couleurs et de la livrée du crime.

Je combattis son jargon et ses argumens avec autant d'indignation que de mépris, et je finis par dire que si ma parole ne suffisait pas, j'étais prêt à fournir caution, et que le juge ne pouvait pas rejeter ma demande sans encourir une grande responsabilité.

— Pardonnez-moi, mon bon monsieur, pardonnez-moi, dit l'insatiable clerc ; c'est un cas où l'accusé ne peut pas être admis à fournir caution ; car l'arrêté rendu dans la troisième année du règne d'Édouard III dit positivement...

M. Jobson allait encore nous fatiguer de ses citations judiciaires lorsqu'un domestique entra, et lui remit une lettre. Il ne l'eut pas plus tôt parcourue qu'il s'écria avec ce ton d'importance d'un homme accablé d'affaires :

— Bon Dieu ! mais je n'aurai donc pas un instant de repos?... Il faut que je sois de tous les côtés en même temps?... En vérité, je n'y puis suffire... Je voudrais bien qu'on pût trouver quelque personne intègre pour m'aider dans l'exercice de mes fonctions.

— Dieu m'en préserve, dit le juge entre ses dents, c'est déjà bien assez d'un...

— La lettre que je reçois est pour une affaire pressante...

— Encore des affaires! s'écria le juge alarmé.

— Celle-ci m'est personnelle, reprit gravement M. Jobson : le vieux Gaffer Rutledge de Grimes-Hill est cité à comparaître dans l'autre monde, et il m'envoie prier de mettre ordre à ses affaires dans celui-ci.

— Partez, partez vite, s'écria M. Inglewood, charmé du répit que l'absence de son clerc lui donnerait.

— Mais cependant, dit Jobson en revenant sur ses pas, si ma présence est nécessaire ici, j'aurai expédié le mandat d'arrêt en une minute, et le constable est en bas. Vous avez entendu, ajouta-t-il en baissant la voix, l'opinion de M. Rashleigh... Il parlait si bas que je n'entendis pas la fin de la phrase.

— Je vous dis que non, non, et mille fois non, s'écria le juge : nous ne ferons rien jusqu'à votre retour... Allons, passez la bouteille, M. Morris. Ne vous laissez pas abattre M. Osbaldistone...; et vous, ma rose du désert, un petit verre de vin pour ranimer les couleurs de vos jolies petites joues.

Diana sortit de la rêverie dans laquelle elle avait paru plongée pendant cette discussion. — Non, juge, répondit-elle en affectant une gaieté folâtre que son ton démentait, je craindrais de faire passer mes couleurs sur un endroit de ma figure où elles ne paraîtraient pas avec beaucoup d'avantage. Mais je ne vous en ferai pas moins raison ; et elle remplit un verre d'eau, qu'elle but précipitamment.

Quoique son agitation fût visible et qu'elle donnât de fréquens signes d'impatience, à peine y fis-je attention, car j'étais contrarié au dernier point des nouveaux obstacles qui empêchaient d'examiner sur-le-champ l'impertinente accusation qu'on m'avait intentée. Mais le juge ne voulait pas entendre parler d'affaires en l'absence de son

clerc, incident qui paraissait lui causer autant de joie qu'un jour de congé à un écolier. Il continua à faire tous ses efforts pour égayer ses hôtes, qui, chacun par des raisons différentes, n'étaient pas fort disposés à partager sa bonne humeur. — Allons, maître Morris, vous n'êtes pas le premier homme qui ait été volé, je crois... Vos soupirs ne vous rendront pas ce que vous avez perdu... Et vous, M. Frank Osbaldistone, vous n'êtes pas le premier étourdi qui ait crié halte-là à un honnête homme. Il y avait Jack Winterfield, dans mon jeune temps, qui voyait la meilleure compagnie du comté. On ne rencontrait que lui aux courses de chevaux et aux combats de coqs. J'étais compère et compagnon avec Jack... Passez la bouteille, M. Morris : on s'altère à force de parler... Il n'y avait pas de jour que je ne vidasse une bouteille avec lui ; bonne famille, bon cœur, bon et honnête garçon, à l'exception de la peccadille qui causa sa mort... Nous boirons à sa mémoire, monsieur ; pauvre Jack Winterfield ! Et puisque nous parlons de lui et de ces sortes de choses, et puisque mon damné clerc nous a débarrassés de sa présence, et que nous pouvons causer librement entre nous, M. Osbaldistone, si vous m'en croyez, à votre place j'arrangerais cette affaire à l'amiable ; la loi est sévère, très sévère... Malgré toutes ses protections, le pauvre Jack a été pendu ; et pourquoi ? simplement pour avoir soulagé un gros fermier des environs, qui revenait d'un marché voisin, du prix de la vente de quelques bestiaux... Eh bien ! voilà M. Morris qui est un bon diable ; rendez-lui son porte-manteau, et qu'il n'en soit plus question.

Les yeux de Morris s'animèrent à cette proposition, et il commençait à bégayer l'assurance qu'il ne désirait la mort de personne, lorsque je coupai court à tout accommodement, en me plaignant amèrement de l'insulte que me faisait le juge en paraissant me soupçonner coupable du crime que j'étais venu dans l'intention expresse de désavouer. Le juge ne savait trop que répondre, lorsqu'un

domestique vint annoncer qu'un étranger demandait à parler à Son Honneur ; et la personne qu'il avait ainsi désignée entra dans la chambre sans plus de cérémonie.

CHAPITRE IX.

« L'un des voleurs revient ! tenons-nous sur nos gardes...
« Mais pourquoi me troubler ? Si près de la maison,
« Sans peine je pourrai le mettre à la raison. »

La Veuve.

Un étranger ! répéta le juge : que ce ne soit pas pour affaire, ou... !

L'étranger lui-même coupa court à ses protestations.

— L'affaire qui m'amène est d'une nature importante, répondit M. Campbell, car c'était lui, ce même Ecossais que j'avais vu à Northallerton. — Je prie Votre Honneur d'y donner sans tarder toute l'attention qu'elle mérite. — Je crois, monsieur Morris, ajouta-t-il en lançant sur lui un regard ferme et presque menaçant, je crois que vous savez bien qui je suis ; vous n'avez sans doute pas oublié ce qui s'est passé lors de notre dernière rencontre sur la route.

Morris était retombé dans la stupeur ; il éprouva un violent frisson, ses dents claquèrent, et il donna tous les signes de la plus grande consternation.

— Allons, prenez courage, dit M. Campbell, et ne faites pas claquer vos dents comme des castagnettes. Je ne vois pas ce qui pourrait vous empêcher de dire à M. le juge que vous me connaissez, et que vous savez que je suis un homme d'honneur ; vous devez venir dans mon pays, et j'aurai peut-être alors occasion de vous rendre service à mon tour.

— Monsieur, — Monsieur, — je vous crois homme d'honneur, et de plus, comme vous dites, bien partagé du côté de la fortune. Oui, M. Inglewood, ajouta-t-il en s'efforçant vainement de donner un peu de fermeté à sa voix, je crois réellement que cet homme est tel que je viens de dire.

— Et que me veut-il? demanda le juge un peu sèchement. Un homme en amène un autre, comme les rimes dans « *la maison que Jack a bâtie*, » et je ne puis avoir ni repos ni entretien paisibles.

— Au contraire, monsieur, reprit Campbell, je viens pour abréger une procédure qui vous tourmente.

— Par mon âme! alors soyez le bienvenu autant que jamais Écossais le fut en Angleterre : mais continuez, et dites-nous sans plus de retard tout ce que vous avez à nous apprendre.

— Je présume que cet homme vous a dit qu'il y avait avec lui une personne du nom de Campbell, lorsqu'il eut le malheur de perdre sa valise?

— Non, dit le juge, il n'a jamais prononcé ce nom.

— Ah! je conçois, je conçois, M. Morris, reprit M. Campbell; vous avez craint de compromettre un étranger qui n'entend rien aux formes judiciaires de ce pays; je vous sais gré de votre attention; mais, comme j'apprends que mon témoignage est nécessaire pour la justification de M. Francis Osbaldistone, injustement soupçonné, je vous dispense de cette précaution; vous voudrez donc bien dire à M. Inglewood s'il n'est pas vrai que nous avons voyagé ensemble pendant plusieurs milles, par suite des prières réitérées que vous m'en aviez faites à Northallerton, et que d'abord je n'avais pas voulu écouter; mais ces prières furent renouvelées avec tant d'instances lorsque je vous rencontrai sur la route près de Cloberry-Allers, que je me décidai, pour mon malheur, à faire un long détour afin de vous accompagner sur la route.

— C'est l'exacte et triste vérité, répondit Morris en baissant la tête pour donner son assentiment à cette longue déclaration, à laquelle il se soumit avec une triste docilité.

— Comme je présume encore, vous déclarerez à Sa Seigneurie que personne ne peut mieux que moi porter témoignage, puisque j'étais près de vous pendant toute l'affaire?

— Personne mieux que vous, assurément, reprit Morris avec un profond soupir étouffé.

— Et pourquoi diable ne l'avez-vous donc pas secouru, dit le juge, puisque, d'après la déposition de M. Morris, il n'y avait que deux voleurs? Vous étiez deux contre deux, et vous paraissez l'un et l'autre de vigoureux gaillards.

— Veuillez observer, monsieur, dit Campbell, que j'ai aimé toute ma vie la paix et la tranquillité. M. Morris, qui, à ce qu'on m'a dit, sert ou a servi dans les armées de Sa Majesté, et porteur, à ce qu'il paraît, d'une somme très considérable, eût pu s'amuser à se défendre, s'il eût voulu; mais moi qui n'avais qu'un très petit bagage, et qui suis d'un naturel pacifique, je ne me souciais pas de risquer ma vie en voulant opposer quelque résistance.

Je regardai Campbell pendant qu'il prononçait ces paroles, et je ne me rappelle pas avoir jamais vu de contraste plus frappant que celui qu'offrait l'expression de hardiesse et d'intrépidité qui animait son regard, et l'air de simplicité et de douceur qui respirait dans son langage. Je crus même remarquer sur ses lèvres un léger sourire ironique par lequel il semblait témoigner involontairement son dédain pour le caractère pacifique qu'il jugeait à propos de prendre, et je ne pus m'empêcher de croire que s'il avait été témoin de la violence faite à Morris, ce n'avait pas été comme compagnon de souffrance, ni même comme simple spectateur.

Peut-être le juge conçut-il aussi de semblables soupçons, car il s'écria au même instant : — Sur mon âme, voilà une étrange histoire!

L'Ecossais parut deviner ce qui se passait dans son esprit, car il changea de ton et de manière, et, bannissant cette affectation hypocrite d'humilité qui lui avait si mal réussi, il dit avec plus de franchise et de naturel : — A dire le vrai, je suis du nombre de ces bonnes gens qui ne se soucient point de se battre, à moins qu'ils n'aient quelque chose à défendre; et mon bagage était fort léger lorsque nous rencontrâmes ces misérables. Mais afin que Votre Honneur ajoute plus de foi à ma déclaration, en connaissant mieux mon caractère, veuillez, je vous prie, jeter les yeux sur cette pièce.

M. Inglewood prit le papier, et lut à demi-voix : — Je certifie par ces présentes que le porteur de cet écrit, Robert Campbell de — (de quelque endroit que je ne puis pas prononcer, dit le juge en s'interrompant....) est une personne de bonne famille, et d'une réputation irréprochable, allant en Angleterre pour ses affaires, etc. Donné et scellé de notre main, à notre château d'Inver... Invera...rara...

— Argyle.

— C'est un certificat, monsieur, que j'ai cru devoir demander à ce digne seigneur (il porta la main à la tête comme pour toucher son chapeau), Mac-Callum-More.

— Mac-Callum qui, monsieur? demanda le juge.

— Mac-Callum-More, qu'on appelle en Angleterre le duc d'Argyle.

— Je sais très bien que le duc d'Argyle est un seigneur du plus grand mérite, aimant véritablement son pays. Je fus un de ceux qui se rangèrent de son côté en 1714, lorsqu'il débusqua le duc de Marlborough de son commandement. Je voudrais qu'il y eût plus de seigneurs qui lui ressemblassent. C'était alors un honnête tory qui professait les mêmes principes qu'Ormond; et il s'est soumis au gouvernement actuel, comme je l'ai fait moi-même, pour la tranquillité publique; car je ne saurais penser que ce grand homme n'ait eu d'autre motif, comme ses ennemis le prétendent, que la crainte de perdre sa place et son régiment. Son attestation, monsieur Campbell, est parfaitement satisfaisante; et maintenant qu'avez-vous à nous dire au sujet du vol?

— Deux mots seulement, M. Inglewood; c'est que

M. Morris pourrait en accuser l'enfant nouveau-né, ou m'en accuser moi-même, avec autant de raison qu'il en accuse ce jeune gentilhomme. Je viens librement vous faire ma déposition, et je jure qu'elle est sincère. Je déclare donc que non seulement la personne qu'il prit pour M. Osbaldistone était un homme plus petit et plus gros que monsieur, mais qu'encore, car le hasard me fit apercevoir sa figure dans un moment où son masque se détacha, il avait des traits tout différens. Et je crois, ajouta-t-il en regardant fixement M. Morris avec une expression qui fit trembler le pauvre accusateur, je crois que M. Morris conviendra que j'étais plus en état que lui d'examiner ceux qui nous attaquaient, ayant, j'ose le croire, mieux conservé mon sang-froid.

— J'en conviens, monsieur, j'en conviens parfaitement, dit M. Morris en se rejetant en arrière dès qu'il vit M. Campbell s'approcher de lui pour appuyer son appel. Je suis prêt, monsieur, ajouta-t-il en s'adressant à Inglewood, à rétracter ma déposition contre M. Osbaldistone, et je vous prie, monsieur, de lui permettre d'aller vaquer à ses affaires, et à moi, monsieur, d'aller vaquer aux miennes. M. Campbell désire peut-être vous parler en particulier, je suis très pressé de partir.

— Dieu soit loué! voilà toujours une affaire de moins, dit le juge en jetant au feu les déclarations. A présent, vous êtes entièrement libre, M. Osbaldistone; et vous, M. Morris, vous voilà tranquille.

— Oui, dit Campbell en regardant Morris, qui approuvait les observations du juge par une piteuse grimace, tranquille comme un crapaud sous le soc de la charrue. Mais ne craignez rien, M. Morris, nous allons partir ensemble, je vous escorterai jusqu'à la grande route, où nous nous séparerons; et, si nous ne nous revoyons pas bons amis en Ecosse, ce sera votre faute.

Avec ce même regard de consternation et de détresse que jette le criminel condamné à mort, lorsqu'on vient lui annoncer que la charrette l'attend, M. Morris se leva ; mais, quand il fut sur ses jambes, il parut hésiter. — Je vous dis de ne rien craindre, répéta Campbell ; je vous tiendrai parole. Que savez-vous si nous ne pourrions pas apprendre quelque part des nouvelles de votre valise, si, au lieu de rester là planté comme un terme, vous voulez suivre de bons conseils? Nos chevaux sont prêts ; dites adieu à M. Inglewood, et partons.

Morris nous fit ses adieux, sous l'escorte de M. Campbell, mais il paraît que ses craintes revinrent l'assaillir dans l'antichambre ; car j'entendis Campbell lui réitérer ses assurances de protection. — Par l'âme de mon corps, vous êtes aussi en sûreté que l'enfant dans le sein de sa mère.... Comment diable! avec cette barbe noire, vous n'avez pas plus de courage qu'une perdrix! Allons, venez avec moi, et soyez homme une fois pour toutes.

La voix se perdit dans l'éloignement, et l'instant d'après nous entendîmes les pas des chevaux qui sortaient de la cour.

La joie que M. Inglewood éprouva de voir se terminer si facilement une affaire qui lui eût donné beaucoup de trouble et d'embarras fut un peu tempérée par la réflexion que son clerc pourrait bien n'être pas trop content à son retour. Je vais avoir Jobson sur les épaules pour ces papiers. Peut-être n'aurais-je pas dû les brûler, après tout. Mais, bah! j'en serai quitte pour lui payer ce qu'un procès eût pu lui valoir, et tout sera fini. A présent, miss Vernon, quoique je sois dans mon jour d'indulgence, et que je n'aie voulu faire arrêter personne, j'ai bien envie de décerner une prise de corps contre vous, et de vous confier à la garde de la mère Blakes, ma vieille femme de charge ; nous enverrions chercher ma voisine mistress Musgrave, les miss Dawkins, et vos voisins ; et, pendant que le violon s'accorderait, Frank Osbaldistone et moi nous viderions ensemble quelques bouteilles pour nous mettre en train.

— Grand merci, très honorable juge, reprit miss Vernon; mais il faut que nous retournions sur-le-champ à Osbaldistone-Hall, où l'on ne sait pas ce que nous sommes devenus, pour tirer mon oncle de l'inquiétude qu'il éprouve sur le sort de mon cousin, ce qui est absolument la même chose que s'il s'agissait d'un de ses fils.

— Je le crois sans peine, dit le juge, car lorsque Archie, son fils aîné, finit si déplorablement dans cette malheureuse affaire de John Fenwich, le vieux Hildebrand confondait toujours son nom avec ceux de ses autres enfans, et il se plaignait de ne pouvoir jamais se rappeler lequel de ses fils avait été pendu. Ainsi, hâtez-vous d'aller consoler sa sollicitude paternelle. Mais écoutez, charmante fleur du printemps, dit-il en prenant Diana par la main, et en l'attirant vers lui, une autre fois laissez la justice avoir son tour, sans venir mettre votre joli doigt dans son vieux pâté tout plein de fragmens de latin de chicane et de tous les latins possibles. Diana, ma belle, en montrant le chemin aux autres dans ce marais, prenez garde de vous perdre, mon joli feu follet.

Le juge se tourna alors de mon côté, et me secouant la main avec beaucoup de cordialité :

— Vous paraissez être un bon garçon, M. Frank, me dit-il, et je me rappelle très bien votre père. Nous avons été ensemble au collége. Écoutez, mon garçon, à l'avenir ne bavardez pas tant avec les voyageurs que vous rencontrerez sur la grande route. Que diable! tous les sujets du roi ne sont pas forcés d'entendre la plaisanterie, et il ne faut pas badiner avec la justice... Ah çà, monsieur, je vous recommande Diana. Cette pauvre enfant, elle se trouve presque isolée sur cette boule du monde, libre de chevaucher et de courir partout où bon lui semble. Ayez-en bien soin, ou morbleu je me battrai avec vous; quoique j'avoue que ce ne serait pas peu d'embarras pour moi. Et maintenant adieu, allez-vous-en, et laissez-moi avec ma pipe de tabac et mes méditations. Que dit la chanson?

De l'Inde la feuille légère
Est consumée en peu d'instans
Et réduite en blanche poussière :
Notre ardeur, comme elle éphémère,
S'éteindra sous nos cheveux blancs.
. . . .
Du fumeur voilà la morale.

Je fus charmé des étincelles de bon sens et de sentiment qui échappaient au juge au milieu de son indolence sensuelle ; je l'assurai que je profiterais de ses avis, et pris congé de l'honnête magistrat et de son toit hospitalier.

Nous trouvâmes dans la cour le domestique de sir Hildebrand que nous avions rencontré en arrivant, et à qui Rashleigh avait dit de nous attendre. Nous partîmes aussitôt, et gardâmes le silence ; car, à dire le vrai, j'étais encore si étourdi des évènemens extraordinaires qui s'étaient succédé dans le cours de la matinée, que je n'étais pas en état de le rompre. A la fin miss Vernon s'écria, comme si elle ne pouvait plus contenir les réflexions qui l'agitaient :

— Rashleigh est un homme étonnant, inconcevable, et surtout bien à craindre ! Il fait tout ce qu'il veut ; tous ceux qui l'entourent ne sont que des marionnettes qu'il fait agir à son gré : il a un acteur prêt à jouer tous les rôles qu'il imagine, et son esprit inventif lui fournit des expédiens qui ne manquent jamais de lui réussir.

— Vous croyez donc, lui dis-je, répondant plutôt à ce qu'elle voulait dire qu'à ce qu'elle disait réellement, vous croyez donc que M. Campbell, qui, arrivé si à propos, a enlevé mon brave accusateur comme un faucon enlève une perdrix, était un agent de M. Osbaldistone ?

— Je le soupçonne, reprit Diana, et je doute fort qu'il fût venu à point nommé, si le hasard ne m'eût pas fait rencontrer Rashleigh dans la cour de M. Inglewood.

— En ce cas, c'est à vous que je dois tous mes remerciemens, ma belle libératrice.

— Oui, mais supposons que vous les ayez payés et que je les aie reçus, ajouta-t-elle avec un gracieux sourire, car je n'ai nulle envie de les entendre; ou bien, si vous le voulez, réservez-les pour ma première insomnie, je réponds de leur effet. En un mot, M. Frank, je désirais trouver l'occasion de vous être utile, je suis charmée qu'elle se soit offerte, et je n'ai qu'une grâce à vous demander en retour, c'est de n'en plus parler. — Mais quel est cet homme qui vient au grand galop à votre rencontre, monté sur son petit bidet? Eh! Dieu me pardonne, c'est l'homme subalterne de la loi, l'honnête M. Joseph Jobson.

En effet c'était M. Jobson lui-même, qui venait en toute hâte, et, comme nous le vîmes bientôt, de très mauvaise humeur; il s'approcha de nous, et arrêta son cheval pour nous parler.

— Ainsi, monsieur... ainsi, miss Vernon... Oui... je vois ce que c'est. La caution a été acceptée pendant mon absence... Je voudrais bien savoir qui a dressé l'acte, voilà tout. Si M. le juge emploie souvent cette forme de procédure, je lui conseille de chercher un autre clerc, voilà tout; car bien certainement je donnerai ma démission.

— Oh! ne lui faites pas une semblable menace, M. Jobson, reprit Diana, car il est homme à vous prendre au mot. Mais comment se porte le fermier Rutledge? J'espère que vous l'avez trouvé en état de vous dicter son testament.

Cette question sembla augmenter la rage de l'homme de loi. Il regarda miss Vernon avec un air de dépit et de ressentiment si prononcé, que je fus violemment tenté de lui appliquer mon fouet sur les épaules; mais heureusement je sus me contenir en songeant au peu d'importance d'un semblable individu.

— Le fermier Rutledge, madame, dit le clerc à qui l'indignation ôtait presque l'usage de la parole, le fermier Rutledge se porte aussi bien que vous. Il n'a jamais été malade, et c'est un horrible tour qu'on a voulu me jouer.

Si vous ne le saviez pas déjà, vous le savez maintenant.

— Est-il possible? reprit miss Vernon en affectant le plus grand étonnement.

— Oui, miss, reprit le scribe en fureur; et ce brutal de fermier m'a appelé chicaneur... — Chicaneur, madame!... Et il m'a dit que je ne cherchais qu'à soutirer de l'argent! et je ne vois pas pourquoi ce reproche s'adresserait plutôt à moi qu'à tout autre de mes confrères, madame... à moi qui suis greffier de la justice de paix, en vertu des lois rendues dans la trente-troisième année du règne de Henry VII, et dans la première de celui de Guillaume... du roi Guillaume, madame, de glorieuse et éternelle mémoire, de ce grand roi qui nous a délivrés des papistes et des prétendans, des sabots et des bassinoires d'Ecosse [1], miss Vernon.

— Tristes choses que ces sabots et ces bassinoires, reprit la jeune dame qui se plaisait à augmenter sa rage. Mais ce qui doit du moins vous dédommager, c'est que vous semblez n'avoir pas besoin de bassinoire en ce moment, M. Jobson. J'ai peur que Gaffer Rutledge ne s'en soit pas tenu à de dures paroles. Êtes-vous bien sûr qu'il ne vous a pas battu?

— Me battre, madame! reprit-il avec vivacité; non, non, jamais homme vivant ne me battra, je vous promets, madame.

— C'est selon comme vous le mériterez, monsieur; car vous vous permettez de parler d'une manière si inconvenante à miss Vernon, lui dis-je en l'interrompant, que si vous ne changez pas de ton, je pourrai bien vous châtier moi-même.

---

(1) C'est-à-dire des partisans écossais des Stuarts, indigens et avides. On appelle vulgairement une bassinoire d'Ecosse une femme d'Ecosse, parce qu'on prétend que dans les maisons où un hôte avait besoin de faire chauffer son lit, la servante ou même la maîtresse de la maison allait s'y coucher pendant le temps nécessaire pour suppléer au manque de bassinoire, ustensile inconnu en Ecosse. — Ed.

— Me châtier, monsieur!... Moi, monsieur! savez-vous bien à qui vous parlez?

— Oui, monsieur, fort bien. Vous dites que vous êtes clerc de la justice de paix ; Gaffer Rutledge dit que vous êtes un chicaneur, et je ne vois rien dans tout cela qui vous autorise à être impertinent à l'égard d'une dame.

Miss Vernon mit la main sur mon bras, et s'écria : — Non, M. Frank, je ne souffrirai pas que vous maltraitiez M. Jobson. Il ne m'inspire pas assez de charité pour vous permettre de le toucher seulement du bout de votre fouet. Comment! je suis sûre qu'il vivrait là-dessus au moins pendant trois mois. D'ailleurs vous avez déjà blessé suffisamment sa sensibilité ; vous l'avez appelé impertinent.

— Je m'inquiète peu de ce qu'il dit, miss, reprit le clerc d'un ton un peu moins insolent ; impertinent n'est pas un mot qui puisse donner matière à procès ; mais chicaneur est un terme hautement injurieux, Gaffer Rutledge l'apprendra à ses dépens, lui et tous ceux qui le répèteront malheureusement pour troubler la paix publique et m'enlever ma bonne réputation.

— Que dites-vous donc là, M. Jobson? reprit Diana ; ne savez-vous pas qu'où il n'y a rien, le roi lui-même perd ses droits? Et quant à votre réputation, si quelqu'un veut vous l'enlever, laissez-le faire : ce sera une triste acquisition pour lui ; je vous féliciterai d'en être débarrassé.

— Très bien, madame... Bonsoir, madame... Il y a des lois contre les papistes, voilà tout, et tout irait bien mieux si elles étaient strictement exécutées. Par le trente-quatrième statut d'Edouard VI, il y a des peines décrétées contre toute personne qui posséderait des antiphoniels, des missels, des graduels, des manuels, des légendes, des livres de messe et autres objets défendus ; il y a des peines contre les papistes qui refusent de prêter serment... Il y en a contre ceux qui entendent la messe. Voyez le trente-troisième statut de la reine Elisabeth, et le troisième du roi Jacques. Tout catholique doit, en payant double taxe, faire enregistrer...

— Voyez la nouvelle édition des statuts, revus, corrigés et augmentés par Joseph Jobson, greffier de la justice de paix, dit miss Vernon.

— Ainsi donc, continua Jobson, — car je parle pour vous, Diana Vernon, fille non mariée et papiste, vous êtes tenue de vous rendre à votre demeure, par le plus court chemin, sous peine d'être dégradée comme coupable de félonie envers le roi. Vous êtes tenue de demander passage aux bacs publics, et de n'y pas rester plus d'un flux et reflux, et à moins de le trouver dans de tels lieux, vous devez marcher chaque jour dans l'eau jusqu'aux genoux, en essayant d'atteindre la rive opposée.

— C'est, je suppose, dit miss Vernon, une sorte de pénitence protestante pour mes erreurs de catholique. Eh bien, je vous remercie de l'information, M. Jobson, et m'en vais au plus vite, bien résolue de garder dorénavant le logis. Adieu, mon bon M. Jobson, miroir de courtoisie judiciaire!

— Bonsoir, bonsoir, madame; et rappelez-vous qu'il ne faut pas plaisanter avec la loi.

Et nous continuâmes notre chemin.

Le voilà donc parti cet agent de trouble et de malheur; et en lui adressant un dernier coup d'œil comme il s'en allait:

— N'est-il pas cruel, dit miss Vernon, pour des personnes honnêtes et bien nées, de se voir exposées à l'impertinence officielle d'un méchant flagorneur? Et pourquoi? parce que notre croyance est celle que tout le monde professait il n'y a pas beaucoup plus de cent ans... Car assurément notre religion a du moins l'avantage de l'ancienneté.

— J'étais violemment tenté de lui casser la tête, répondis-je.

— Vous auriez agi en franc étourdi; et cependant si

8

mon poing avait été un peu plus lourd, je crois que je lui en aurais fait sentir la pesanteur. Ah! il y a trois choses pour lesquelles je suis à plaindre.

— Et quelles sont ces trois choses, miss Vernon?

— Me promettez-vous toute votre compassion, si je vous le dis?

— En pouvez-vous douter? m'écriai-je en rapprochant mon cheval du sien, et éprouvant un intérêt que je ne cherchai pas à déguiser.

— Eh bien, voici mes trois sujets de plainte; car, après tout, il est doux d'inspirer la compassion. D'abord je suis fille et ne suis pas garçon, et l'on me croirait folle si je faisais la moitié des choses qui me passent par la tête; tandis qu'avec votre heureuse prérogative de faire tout ce que vous voulez, je pourrais me livrer à mes caprices, et exciter encore des transports d'admiration.

— Voilà un point sur lequel je ne saurais vous plaindre autant que vous le désirez; car le malheur est si général, qu'il vous est commun avec la moitié du genre humain, et l'autre moitié...

— Est si bien partagée qu'elle est jalouse de ses prérogatives, interrompit miss Vernon; j'oubliais que vous êtes partie intéressée. Chut! ajouta-t-elle, voyant que j'allais parler. Je me doute que ce doux sourire est la préface d'un joli compliment que vous préparez sur les avantages que retirent les amis et les parens de Diana Vernon de ce qu'elle est née une de leurs ilotes; mais épargnez-vous la peine de le prononcer, mon cher cousin, et voyons si nous nous entendrons mieux sur le second point de la plainte que je porte contre la fortune. Comme dirait ce vilain procureur que nous quittons, je suis d'une secte opprimée et d'une religion proscrite, et loin que ma dévotion me fasse honneur, parce que j'adore Dieu comme l'adoraient mes ancêtres, mon cher ami le juge Inglewood peut m'envoyer à la maison de correction, et me dire ce que le vieux Pembroke dit à l'abbesse de Wilton lorsqu'il s'empara de son couvent : — Allez filer, vieille commère, allez filer. —

— Ce n'est pas un mal sans remède, dis-je gravement. Consultez quelques uns de nos ministres les plus éclairés, ou plutôt consultez votre jugement, miss Vernon, et vous verrez que les points sur lesquels notre religion diffère de celle dans laquelle vous avez été élevée...

— Chut! dit miss Vernon en mettant un doigt sur sa bouche, chut! pas un mot de cela. Abandonner la foi de mes pères!... Me conseilleriez-vous, si j'étais homme, d'abandonner leurs bannières, lorsque le sort des combats se déclarerait contre eux, pour aller, comme un lâche, me joindre à l'ennemi triomphant?

— J'honore votre fermeté, miss Vernon, et quant aux inconvéniens auxquels elle vous expose, tout ce que je puis vous dire, c'est que les blessures que nous recevons pour ne pas commettre une lâcheté portent leur baume avec elles.

— Allons, je vois que je n'ai pas beaucoup de pitié à attendre de vous, insensible que vous êtes. Le caprice d'un magistrat peut m'envoyer au premier jour battre le chanvre et filer le lin, et vous voyez cela avec la plus belle indifférence!... Je me plains d'être condamnée à porter une coiffe et des dentelles, au lieu d'un chapeau et d'une cocarde, et vous riez au lieu de prendre part à mes peines. En vérité, il est fort inutile que je vous apprenne la troisième cause de mes regrets.

— Non, ma chère miss Vernon; ne me retirez pas votre confiance, et je vous promets que le triple tribut de sympathie dont je vous suis redevable sera payable fidèlement et en totalité au récit de votre troisième grief, pourvu que ce ne soit pas un malheur qui vous soit commun avec toutes les femmes, ni même avec tous les catholiques d'Angleterre, qui sont encore plus nombreux que, par zèle pour l'Église et l'État, nous ne serions tentés de le désirer, nous autres protestans.

— C'est un malheur, dit miss Vernon d'une voix altérée, et avec un sérieux que je ne lui avais pas encore vu; c'est un malheur qui mérite bien la compassion. Je suis, comme vous l'avez déjà pu observer, naturellement franche et sans réserve; une bonne fille, sans prétention, sans défiance, qui voudrais n'avoir de secret pour personne, et causer librement avec ses amis; cependant telle est la singulière position dans laquelle il a plu au destin de me placer, que j'ose à peine dire un mot, dans la crainte des conséquences qu'il peut avoir, non pas pour moi, mais pour d'autres.

— C'est en effet un malheur auquel je prends bien sincèrement part, miss Vernon, mais que je n'aurais jamais soupçonné.

— Oh! M. Osbaldistone, si vous saviez, si quelqu'un savait combien il est quelquefois difficile de cacher sous un front riant un cœur au désespoir, vous auriez pitié de moi... Je fais mal peut-être de vous parler avec autant de franchise sur ma situation... Mais vous avez de l'esprit, de la pénétration. Vous ne manquerez pas de me faire mille questions sur les évènemens qui sont arrivés aujourd'hui, sur la part que Rashleigh a eue à votre délivrance, sur mille autres points qui fixeront nécessairement votre attention. Moi je n'aurais pas le courage de vous répondre avec la finesse et la fausseté nécessaires; vous verriez aisément que je vous trompe; vous me croiriez fausse et dissimulée, et je perdrais votre estime et la mienne. Il vaut mieux vous dire d'avance : Ne me faites pas de questions, il n'est pas en mon pouvoir d'y répondre.

Miss Vernon prononça ces mots d'un ton pénétré qui ne pouvait manquer de faire sur moi l'impression la plus vive. Je l'assurai qu'elle n'avait à craindre ni que je l'accablasse de questions impertinentes, ni que je prisse en mauvaise part son refus de répondre à celles qui pourraient me paraître raisonnables, ou du moins naturelles.

— J'étais trop redevable, ajoutai-je, à l'intérêt qu'elle

avait pris à mes affaires, pour abuser de l'occasion que sa bonté m'avait offerte de pénétrer les siennes. J'espérais seulement que, si mes services pouvaient lui être utiles, elle n'hésiterait pas à les employer.

— Je vous remercie, reprit-elle, et je vous crois sincère. Votre voix n'a pas le son du carillon monotone appelé compliment ; c'est celle d'une personne qui sait à quoi elle s'engage. Si..., mais c'est impossible. Cependant, si l'occasion s'en présente, je vous demanderai si vous vous rappelez cette promesse. Quand même vous l'auriez oubliée, je ne vous en serais pas moins obligée; car il suffit que vous soyez sincère à présent. Il peut arriver bien des circonstances qui changent vos sentimens avant que je vous prie, si c'est une prière que je dois vous faire, de secourir Diana comme si vous étiez son frère.

— Fussé-je son frère, m'écriai-je, je n'aurais pas plus d'empressement à la servir ! Et à présent je ne dois sans doute pas demander si c'est volontairement et par amitié que Rashleigh a travaillé à ma justification.

— Non pas à moi, mais vous pouvez le demander à lui-même ; soyez sûr qu'il vous répondra *oui*, car toutes les fois qu'il peut se faire un mérite d'une bonne action, il ne manque jamais de se l'approprier.

— Et je ne dois pas demander non plus si ce Campbell n'est pas lui-même la personne qui a enlevé à M. Morris son porte-manteau, ou si la lettre que mon ami M. Jobson a reçue pendant que nous étions chez M. Inglewood n'était pas une ruse pour l'entraîner loin du lieu de l'action, et l'empêcher de mettre obstacle à ma délivrance? Et je ne dois pas demander...!

— Vous ne devez rien me demander à moi, dit miss Vernon; ainsi il est inutile de chercher à poser les limites que votre curiosité ne doit pas franchir. Vous devez penser de moi tout aussi favorablement que si j'avais répondu à toutes ces questions et à vingt autres encore avec ce ton libre et dégagé qu'il est facile à Rashleigh de prendre, mais que, pour moi, il m'est impossible de contrefaire. Ecoutez : toutes les fois que je porterai la main au menton, de cette manière, ce sera signe que je ne pourrai point m'expliquer sur le sujet qui occupait alors votre attention. Il faut que j'établisse des signaux de correspondance avec vous ; car vous allez être mon confident et mon conseiller, à la seule exception que vous ne saurez rien de mes affaires.

— Rien de plus raisonnable, repris-je en riant ; et vous pouvez compter que la sagacité de mes conseils répondra à l'étendue de votre confiance.

Telle fut à peu près la conversation qui nous occupa pendant la route, et nous arrivâmes à Osbaldistone-Hall au moment où la famille était déjà livrée à ses orgies.

— Qu'on nous serve à dîner dans la bibliothèque, dit miss Vernon à un domestique. Il faut bien que j'aie pitié de vous, ajouta-t-elle en se tournant vers moi, et que je pourvoie à ce que vous ne mouriez pas de faim dans cette maison brutalement hospitalière ; autrement je ne sais pas trop si je devrais vous montrer ma retraite. Cette bibliothèque est mon antre favori. C'est le seul coin dans la maison où je sois à l'abri des orangs-outangs, mes cousins. Ils n'y mettent jamais les pieds, dans la crainte, je crois, que les in-folio ne viennent à tomber et ne leur fracassent le crâne ; car c'est la seule impression qu'ils puissent faire sur leur cervelle. Suivez-moi.

Je la suivis par un long détour de corridors et de passages, de galeries et d'escaliers, et je finis par entrer avec elle dans la bibliothèque.

CHAPITRE X.

« Dans ce vaste édifice, il est un lieu secret
« Où jamais ne pénètre un témoin indiscret:
« C'est là qu'elle pouvait charmer sa solitude
« Et nourrir son esprit des doux fruits de l'étude. »
Anonyme.

La bibliothèque d'Osbaldistone-Hall était un appartement obscur, où d'antiques tablettes de bois de chêne pliaient sous le poids des lourds in-folio, si chers au dix-septième siècle, et desquels, s'il est permis de le dire, nous avons distillé la matière de nos in-quarto et in-octavo, qui, passés encore une fois par l'alambic, pourront, si nos enfans sont encore plus frivoles que nous, être réduits en in-douze et en brochures. La collection se composait principalement d'auteurs classiques, de livres d'histoire et surtout de théologie. Elle était dans un grand désordre. Les prêtres qui avaient rempli successivement les fonctions de chapelain au château avaient été, pendant nombre d'années, les seules personnes qui fussent entrées dans la bibliothèque, jusqu'à ce que l'amour de Rashleigh pour la lecture l'eût porté à troubler les vénérables insectes qui avaient tendu leurs tapisseries sur le devant des tablettes. Comme il se destinait à l'état ecclésiastique, sa conduite paraissait moins absurde à son père que si c'eût été tout autre de ses enfans qui eût montré un penchant aussi étrange; et sir Hildebrand consentit à ce qu'on fît quelques réparations à cet appartement, afin du moins qu'il fût possible de l'habiter. Cependant il y régnait encore un air de désordre et de vétusté, et les trésors de la science étaient enfouis dans une poussière épaisse qui les dérobait aux regards. La tapisserie en lambeaux, les tablettes et les livres vermoulus, le mauvais état des chaises, des pupitres et des tables ébranlés sur leur point d'appui, l'âtre du foyer rongé de rouille et rarement animé par le feu des charbons ou la flamme d'un fagot, tout indiquait le mépris des seigneurs du château pour la science et pour les volumes qui renferment ses trésors.

— Cet endroit vous semble un peu triste, dit miss Vernon en me voyant promener un regard de surprise dans l'appartement ; mais pour moi c'est un petit paradis, car j'y suis tranquille, et je ne crains pas que personne vienne m'y déranger. Rashleigh en était le propriétaire avec moi lorsque nous étions amis.

— Et ne l'êtes-vous plus ? fut ma question naturelle.

Son doigt se porta aussitôt sur la charmante fossette de son menton, pour me faire sentir l'indiscrétion de ma demande.

— Nous sommes encore *alliés*, me répondit-elle ; nous restons enchaînés, comme toutes puissances confédérées, par des circonstances d'intérêt mutuel. Mais je crains que, suivant l'usage, le traité d'alliance n'ait survécu aux dispositions amicales qui l'avaient fait naître. Quoi qu'il en soit, nous sommes moins souvent ensemble ; et, quand il entre par cette porte, je m'enfuis par celle-ci : aussi, voyant que deux personnes dans cette chambre, quelque grande qu'elle paraisse, étaient trop de moitié, il a eu la générosité de se démettre de ses droits en ma faveur, et je m'efforce de continuer à présent toute seule les études dans lesquelles il me dirigeait autrefois.

— Et puis-je vous demander quelles sont ces études ?

— Oh ! vous le pouvez en toute sûreté. Vous n'avez pas à craindre de me voir lever mon petit doigt pour cette question. L'histoire et la littérature m'occupent principalement ; mais j'étudie aussi la poésie et les auteurs classiques.

— Les auteurs classiques ? Et les lisez-vous dans l'original ?

— Tant bien que mal ; Rashleigh, qui n'est pas sans instruction, m'a donné quelque teinture des langues anciennes et de celles qui sont à présent répandues en Europe. Je vous assure que mon éducation n'a pas été entièrement négligée, quoique je ne sache ni bâtir une collerette, ni broder, ni faire un pouding, ni enfin, comme la femme du vicaire se fait un plaisir de le dire de moi, avec autant d'élégance, de bonne grâce et de politesse que de vérité, quoique je ne sache rien faire d'utile dans ce bas monde.

— Et le cours d'études est-il de votre choix, miss Vernon, ou de celui de Rashleigh?

— Hum! dit-elle, comme si elle hésitait de répondre à ma question. Après tout, ce n'est pas la peine de lever le doigt pour si peu de chose. Ainsi donc, je vous dirai que, un peu par goût, un peu par son avis, tout en apprenant à monter un cheval, et même à le seller au besoin, à franchir une barrière, à tirer un coup de fusil sans sourciller, enfin à acquérir tous les talens que possèdent mes brutes de cousins, j'aimais, après ces pénibles exercices, à lire les auteurs anciens avec Rashleigh, et à m'approcher de l'arbre de la science, dont vous autres savans vous voudriez cueillir seuls les fruits, pour vous venger, je crois, de la part que notre mère commune a prise dans la grande transgression originelle.

— Et Rashleigh a pris plaisir à cultiver votre goût pour l'étude?

— Oui, je suis devenue son écolière; mais, comme il ne pouvait m'apprendre que ce qu'il savait lui-même, il s'ensuit que je ne suis pas initiée dans la science de blanchir les dentelles ou d'ourler les mouchoirs.

— Je suppose que l'envie d'avoir une semblable écolière dut être une puissante considération pour le maître.

— Oh! si vous vous mettez à vouloir pénétrer les motifs de Rashleigh, mon doigt se lèvera, je vous en préviens. Ce n'est que sur ce qui me concerne que je puis vous répondre avec franchise. Au résumé, Rashleigh m'a cédé la jouissance exclusive de la bibliothèque, et il n'y entre jamais sans en avoir demandé et obtenu la permission : aussi ai-je pris la liberté de déposer dans cette salle quelques uns des objets qui m'appartiennent, et que vous pouvez voir en regardant autour de vous.

— Je vous demande pardon, miss Vernon, mais j'ai beau regarder, je ne vois rien dont il soit probable que vous soyez la maîtresse.

— C'est sans doute parce que vous ne voyez pas de bergers et de bergères bien encadrés, un perroquet empaillé, ou une cage pleine d'oiseaux de Canarie, ou une boîte à ouvrage montée en or, ou une jolie toilette avec un nécessaire, une épinette, ou un luth à trois cordes, ou un petit épagneul; je ne possède aucun de ces trésors, ajouta-t-elle en reprenant haleine après une si longue énumération; mais voilà l'épée de mon ancêtre, sir Richard Vernon, tué à Shrewsbury, et cruellement calomnié par un nommé Shakspeare, qui n'était pas sans esprit, et qui, partisan du duc de Lancastre et de ses adhérens, a dénaturé l'histoire en leur faveur. Près de cette redoutable épée est suspendue la cotte d'armes d'un autre Vernon, écuyer du Prince Noir, dont le sort a été bien différent de celui de sir Richard, puisque le poète qui prit la peine de le chanter fit plutôt preuve de bonne volonté que de talens :

> Voyez dans la mêlée un autre paladin
> Couvert de son écu tel qu'un foudre de guerre,
> Et ne s'amusant pas à songer au butin !
> Dans les rangs ennemis sa vaillante colère
> Va porter la terreur. Honneur à son beau nom !
> Honneur à sa vaillance ! il s'appelle Vernon.

Voici une martingale que j'ai inventée moi-même. — C'est un perfectionnement sur celle du duc de Newcastle. —Voici le chaperon et les grelots de mon faucon Cheviot, qui se jeta lui-même sur le bec d'un héron à Horsely-Moss. — Pauvre Cheviot, il n'y a pas un faucon sur le perchoir qui ne soit un milan mal dressé, comparé à lui ; —

et voici mon fusil de chasse avec une platine et un chien de nouvelle invention; enfin voilà d'autres choses précieuses. Mais voilà qui parle de soi-même.

Et en parlant ainsi elle me fit remarquer un portrait en pied, peint par van Dyck, sur lequel était écrit en lettres gothiques : *Vernon semper viret.*

Je la regardais d'un air qui demandait une explication.

— Ne connaissez-vous donc pas, dit-elle avec quelque surprise, notre devise, la devise des Vernon, où

> Comme l'hypocrisie aux discours imposans,
> Nous savons réunir dans un seul mot deux sens [1]?

Et ne connaissez-vous pas nos armoiries, les flûtes? ajouta-t-elle en me montrant les emblèmes sculptés sur l'écusson de chêne autour duquel était gravée la légende.

— Des flûtes! je les aurais prises pour des sifflets d'un sou; mais ne me sachez pas mauvais gré de mon ignorance, ajoutai-je en la voyant rougir; il ne me siérait pas de déprécier vos armes, car je ne connais pas même les miennes.

— Vous! un Osbaldistone!... et l'avouer! s'écria-t-elle. Eh bien, Percy, Thorncliff, John, Dick, Wilfred lui-même, pourront être vos maîtres : l'ignorance elle-même en sait plus que vous.

— Je l'avoue à ma honte, ma chère miss Vernon : les hiéroglyphes du blason sont des mystères tout aussi inintelligibles pour moi que ceux des pyramides d'Égypte.

— Comment! est-il possible? Mon oncle, mon oncle lui-même, qui a toute espèce de livre en horreur, se fait lire quelquefois Gwillim pendant les longues nuits d'hi-

---

(1) Sans doute à cause des deux sens que présente cette devise latine :

Vernon semper viret,
Vernon est toujours vert (ou toujours fort);

et

Ver non semper viret,
Le printemps n'est pas toujours vert.

On aimait dans le blason les jeux de mots de ce genre. — Ed.

ver... Ne pas connaître les figures du blason! à quoi pensait donc votre père?

— Aux figures [1] d'arithmétique, dont la plus simple lui paraît beaucoup plus importante que tout le blason de la chevalerie; mais, si j'ai été assez maladroit pour ne pas reconnaître les armoiries, j'ai du moins assez de goût pour admirer ce beau portrait dans lequel je crois découvrir une ressemblance de famille avec vous. Quelle aisance, quelle dignité dans cette attitude! — quelle richesse de couleur! — quelle heureuse distribution d'ombres et de lumière! —

— Est-ce réellement un beau tableau? ajouta-t-elle.

— J'ai vu plusieurs ouvrages de ce fameux artiste, répondis-je, et aucun qui me plût davantage.

— Je me connais aussi peu en peinture que vous en blason, reprit miss Vernon; mais cependant j'ai l'avantage sur vous; car j'ai toujours admiré ce portrait sans en connaître le mérite.

— Quoique j'aie négligé les flûtes, les tambourins et toutes les bizarres images de la chevalerie, je sais du moins qu'elles étaient déployées sur les étendards qui anciennement flottaient dans les champs de la gloire. — Mais vous avouerez que la représentation de ces armoiries n'est pas aussi intéressante pour un spectateur non instruit, que peut l'être un beau tableau. — Quel est le personnage que celui-ci représente?

— Mon grand-père, qui partagea les malheurs de Charles Ier, et, je rougis de le dire, les excès de son fils. Sa prodigalité avait déjà entamé notre domaine patrimonial, qui fut perdu totalement par son héritier; mon malheureux père vendit l'autre part à ceux qui le possèdent aujourd'hui, il fut perdu pour la cause de la loyauté.

— Votre père, je présume, a souffert pendant les dissensions publiques?

---

(1) Le mot *figure* seul en anglais signifie chiffre. — Ed.

— S'il a souffert! il a tout perdu. Sa fille, malheureuse orpheline, mange le pain des autres, soumise à leurs caprices et forcée d'étudier leurs goûts... Mais je suis plus fière d'avoir un tel père, que si, sacrifiant ses principes aux circonstances, plus prudent mais moins loyal, il m'eût laissée héritière de toutes les belles baronnies que sa famille possédait autrefois.

L'arrivée des domestiques qui apportaient le dîner nous força de changer de conversation. Notre repas ne fut pas long. Lorsqu'on eut desservi, et que les vins eurent été placés sur la table, un domestique nous informa que M. Rashleigh avait demandé qu'on l'avertît lorsque notre dîner serait terminé.

— Dites-lui, répondit miss Vernon, que s'il veut descendre ici, nous serons charmés de le voir; mettez un autre verre, une autre chaise, et laissez-nous. Il faudra que vous vous retiriez avec lui lorsqu'il s'en ira, ajouta-t-elle en s'adressant à moi. Malgré toute ma libéralité, je ne puis pas accorder à un jeune homme plus de huit heures de mon temps sur les vingt-quatre; et je crois que les huit heures sont bien révolues.

— Le vieillard à la faux a couru si rapidement aujourd'hui, lui répondis-je, qu'il m'a été impossible de compter ses pas.

— Chut! dit miss Vernon, voici Rashleigh; et elle recula sa chaise, qui touchait presque à la mienne, de manière à laisser un assez grand intervalle entre nous.

Un coup modeste frappé à la porte, une attention délicate d'ouvrir doucement lorsqu'on le pria d'entrer, une démarche en même temps humble et gracieuse, annonçaient que l'éducation que Rashleigh avait reçue au collège de Saint-Omer répondait bien à l'idée que je m'étais faite des manières d'un jésuite accompli. Je n'ai pas besoin de dire qu'en ma qualité de bon protestant ces idées n'étaient pas très favorables.

— Pourquoi, dit miss Vernon, cette cérémonie de

frapper à la porte, lorsque vous saviez que je n'étais pas seule?

Ces mots furent prononcés d'un ton d'impatience, comme si elle croyait voir que l'air de réserve et de discrétion de Rashleigh couvrait quelque soupçon impertinent.

— Vous m'avez appris si parfaitement la manière de frapper à cette porte, ma belle cousine, répondit Rashleigh avec le même calme et la même douceur, que l'habitude est devenue une seconde nature.

— Monsieur, reprit miss Vernon, je fais plus de cas de la sincérité que de la courtoisie.

— Courtoisie, répondit Rashleigh, en style d'Amadis, est un chevalier brave, aimable, courtisan par son nom et sa profession, et très propre à être le confident d'une dame.

— Mais Sincérité est le vrai chevalier, répliqua miss Vernon, et à ce titre il est le bienvenu, mon cousin. Finissons ce débat, qui n'est pas fort amusant pour votre cousin Francis; asseyez-vous, et remplissez votre verre pour lui donner l'exemple. J'ai fait les honneurs du dîner pour soutenir la réputation d'hospitalité d'Osbaldistone-Hall.

Rashleigh s'assit et remplit son verre, portant ses regards de Diana sur moi, et de moi sur elle, avec un embarras que tous ses efforts ne pouvaient entièrement déguiser. Je crus qu'il cherchait à deviner jusqu'où était allée la confiance qu'elle avait pu m'accorder, et je me hâtai de faire prendre à la conversation un tour qui le rassura, en lui faisant voir que Diana n'avait point trahi ses secrets.

— M. Rashleigh, lui dis-je, miss Vernon m'a commandé de vous adresser mes remerciemens pour l'heureuse conclusion de la ridicule affaire que ce Morris m'avait suscitée; et me faisant l'injustice de craindre que ma reconnaissance ne fût pas assez vive pour me rappeler ce devoir, elle a intéressé en même temps ma curiosité, en me renvoyant à vous pour avoir l'explication du mystère auquel je parais devoir ma délivrance.

— En vérité, répondit Rashleigh (en jetant un coup d'œil perçant sur Diana), j'aurais cru que miss Vernon me servirait d'interprète ; et son regard, se fixant alors sur moi, semblait chercher à reconnaître dans l'expression de ma figure si les communications qui m'avaient été faites étaient aussi limitées que je le prétendais. Miss Vernon répondit à sa question muette par un regard décidé de mépris, tandis que, incertain si je devais repousser ses soupçons ou m'en offenser, je répondais : — Si c'est votre plaisir, M. Rashleigh, de me laisser dans l'ignorance, je dois me soumettre ; mais ne me refusez pas vos éclaircissemens sous prétexte que j'en ai déjà obtenu, car je vous jure que je ne sais rien de relatif aux évènemens dont j'ai été témoin ce matin ; et tout ce que j'ai pu savoir de miss Vernon, c'est que vous vous êtes employé vivement en ma faveur.

— Miss Vernon a trop fait valoir mes humbles efforts, reprit Rashleigh, quoique je n'aie rien négligé pour vous être utile. Je revenais précipitamment au château pour engager quelqu'un de notre famille à se constituer avec moi votre caution, ce qui me semblait le moyen le plus efficace de vous servir, lorsque je rencontrai Cawmil.... Colville.... Campbell, peu importe son nom, enfin. J'avais appris de Morris que cet homme était présent lorsque le vol eut lieu ; j'eus le bonheur de le décider, avec quelque peine, je l'avoue, à venir faire sa déposition pour vous disculper, et vous tirer sur-le-champ de la situation embarrassante où vous vous trouviez.

— Je vous ai une grande obligation d'avoir décidé cet homme à venir rendre témoignage en ma faveur ; mais si, comme il le dit, il a été témoin du vol, je ne vois pas pourquoi il a fait tant de difficultés pour venir en dénoncer le véritable auteur, ou disculper du moins un innocent.

— Vous ne connaissez pas, monsieur, le caractère des Ecossais, répondit Rashleigh ; la discrétion, la prudence et la prévoyance sont leurs qualités dominantes ; elles ne sont modifiées que par un patriotisme mal entendu, mais ardent, qui forme comme l'extérieur du boulevart moral dont l'Écossais s'entoure et se fortifie contre les attaques du principe sublime de la philanthropie. Surmontez cet obstacle, vous trouverez une barrière encore plus difficile à franchir : l'amour de sa province, de son village, ou plutôt de son clan. Emportez ce second retranchement, un troisième vous arrête : son attachement pour sa propre famille, pour son père, sa mère, ses fils, ses filles, ses oncles, ses tantes, et ses cousins jusqu'au neuvième degré. C'est dans ces limites que s'épanche l'affection sociale de l'Ecossais, sans que jamais elle s'étende au-delà. C'est dans ces limites qu'il concentre les plus doux sentimens de la nature, sentimens qui s'affaiblissent et s'éteignent à mesure qu'ils approchent des extrémités du cercle dans lequel ils sont comme renfermés. Et vous seriez parvenu à franchir toutes ces barrières fortifiées encore par l'inclination et l'habitude, que vous vous trouveriez arrêté par une citadelle plus forte et plus élevée, que je regarde comme imprenable : l'égoïsme de l'Ecossais.

— Tout cela est fort éloquent, et surtout très métaphorique, Rashleigh, dit miss Vernon, qui ne pouvait plus contenir son impatience ; je n'ai que deux objections à faire à cette belle dissertation ; d'abord elle est fausse, et, quand même elle ne le serait pas, elle n'a aucun rapport au sujet qui nous occupe.

— Cette description est exacte, ma charmante Diana, reprit Rashleigh, et, qui plus est, elle a un rapport direct au sujet. Elle est exacte, parce qu'elle n'est que le résultat d'observations profondes et réitérées faites sur le caractère d'un peuple que je puis, vous le savez vous-même, juger mieux que personne ; et elle a un rapport direct au sujet, puisqu'elle répond à la question de M. Frank, et démontre pourquoi cet Ecossais circonspect, considérant que notre parent n'est ni son compatriote, ni un Campbell, ni même un de ses cousins dans aucun des degrés par lesquels ils distinguent leur généalogie; et, par-dessus tout, ne voyant aucun avantage personnel à retirer, mais beaucoup de temps à perdre, et de peines à se donner...

— Avec beaucoup d'inconvéniens, tout aussi formidables sans doute, interrompit miss Vernon avec une ironie concentrée qui déguisait mal son impatience.

— Oui, beaucoup d'autres encore, dit Rashleigh avec un sang-froid imperturbable. En un mot, ma théorie démontre pourquoi cet homme, n'espérant aucun profit, et craignant quelques désagrémens, ne céda qu'avec peine à mes instances, et se fit long-temps prier avant de consentir à venir faire sa déposition en faveur de M. Frank.

— Il me semble étonnant, observai-je, que M. Morris n'ait jamais dit au juge que Campbell était avec lui quand il fut attaqué par les voleurs.

— Campbell m'a dit qu'il lui avait fait solennellement promettre de ne point parler de cette circonstance; d'après ce que je vous ai dit, vous devinez aisément ses raisons. Il désirait retourner sur-le-champ dans son pays, sans être retardé par des procédures judiciaires qu'il eût été obligé de suivre. D'ailleurs, Campbell fait le commerce des bestiaux, et comme ses affaires sont fort étendues, et qu'il a souvent besoin de faire passer de grands troupeaux par notre comté, il ne se soucie pas d'avoir rien à démêler avec les voleurs du Northumberland, qui sont les plus vindicatifs des hommes.

— Je suis prête à en convenir, dit miss Vernon d'un ton qui semblait marquer plus qu'un simple assentiment.

— Je conviens, dis-je en résumant la question, de la force des raisons qui peuvent avoir fait désirer à Campbell que Morris gardât le silence; mais je ne vois pas comment il a pu obtenir assez d'influence sur l'esprit de cet homme pour l'engager à taire une circonstance aussi importante, au risque manifeste de faire suspecter la vérité de son histoire, si on venait plus tard à la découvrir.

Rashleigh convint avec moi que cela était fort extraordinaire, parut regretter de n'avoir pas fait plus de questions à Campbell sur ce sujet, qui lui semblait très mystérieux.

— Mais, ajouta-t-il après cette concession, êtes-vous bien sûr que Morris n'ait point dit dans sa déclaration que M. Campbell était alors avec lui?

— Je l'ai lue très précipitamment, repris-je; mais, étant convaincu que cette circonstance n'y était point mentionnée, ou du moins qu'elle l'était légèrement, je n'y ai point fait attention.

— C'est cela même cela même, répondit Rashleigh saisissant l'ouverture que je lui offrais; cette circonstance y était mentionnée, mais, comme vous dites, fort légèrement : au reste, il n'a pas été difficile à Campbell d'intimider Morris. Ce poltron va, m'a-t-on dit, remplir en Ecosse une petite place dépendante du gouvernement; et, ayant le courage de la belliqueuse colombe, ou de la souris guerrière, il peut avoir craint de mécontenter un homme tel que Campbell, dont la vue seule suffirait pour l'effrayer au point de lui faire perdre la petite dose de bon sens que lui a donnée la nature. Vous avez dû remarquer que M. Campbell a quelque chose de martial et de guerrier dans son ton et ses manières.

— J'avoue que je lui ai trouvé un air de rudesse et de fierté qui semble contraster avec sa profession. A-t-il servi dans l'armée ?

— Oui... non... non pas absolument servi; mais il a, je pense, comme tous ses compatriotes, appris à manier un mousquet. Chaque Ecossais est soldat, et il porte les armes depuis l'enfance jusqu'au tombeau. Pour peu que vous connaissiez votre compagnon de voyage, vous jugerez aisément qu'allant dans un pays où les habitans se font souvent justice eux-mêmes, il a dû avoir grand soin d'éviter d'offenser un Ecossais. Mais votre verre est encore plein, et je vois qu'en ce qui concerne la bouteille vous ne faites pas plus d'honneur que moi au nom que nous portons. Si vous voulez venir dans ma chambre, nous ferons ensemble une partie de piquet.

Nous nous levâmes pour prendre congé de miss Vernon, qui, pendant que Rashleigh parlait, avait paru plusieurs fois violemment tentée de l'interrompre. Au moment où nous allions sortir, le feu qui avait couvé sourdement éclata tout-à-coup.

— M. Osbaldistone, me dit-elle, vous pourrez vérifier vous-même si les insinuations de Rashleigh au sujet de MM. Campbell et Morris sont justes et fondées. Mais ce qu'il dit des Ecossais est une atroce imposture ; il calomnie indignement l'Ecosse, et je vous prie de ne pas ajouter foi à son témoignage.

— Peut-être me sera-t-il assez difficile de vous obéir, miss Vernon ; car je dois avouer que je n'ai pas été élevé dans des sentimens très favorables pour nos voisins du nord.

— Oubliez donc, monsieur, cette partie de votre éducation, reprit-elle avec chaleur, et souffrez que la fille d'une Ecossaise vous conjure de respecter le pays qui donna naissance à sa mère, jusqu'à ce que vous puissiez motiver vos préventions. Gardez votre haine et votre mépris pour l'hypocrisie, la duplicité et la bassesse ; voilà ce qu'il faut haïr et mépriser, et voilà ce que vous pouvez trouver sans quitter l'Angleterre. Adieu, messieurs ; je vous souhaite le bonsoir.

Et elle fit un geste pour nous montrer la porte, de l'air d'une princesse qui congédie sa suite.

Nous nous retirâmes dans la chambre de Rashleigh, où un domestique nous apporta du café et des cartes. Voyant que Rashleigh voulait ne me donner que de vagues éclaircissemens, je résolus de ne pas le questionner davantage. Sa conduite paraissait enveloppée d'un mystère que je voulais approfondir; mais l'instant n'était pas favorable, et il fallait attendre qu'il ne fût pas aussi bien sur ses gardes. Nous commençâmes notre partie; et, quoique nous l'eussions à peine intéressée, le caractère fier et ambitieux de mon adversaire perçait jusque dans ce futile amusement. Il paraissait connaître parfaitement les règles du jeu; mais, au lieu de les suivre et de jouer *sagement*, il visait toujours aux grands coups, et hasardait tout dans l'espoir de faire son adversaire pic, repic ou capot. Dès qu'une ou deux parties de piquet, comme la musique des entr'actes au théâtre, eurent interrompu le cours que la conversation avait pris, Rashleigh parut se lasser d'un jeu qu'il ne m'avait peut-être proposé que par politique, et nous nous mîmes à causer ensemble de choses indifférentes.

Quoiqu'il eût plus d'instruction que de véritable savoir, et qu'il connût mieux l'esprit des hommes que les principes de morale qui doivent les diriger, jamais conversation ne m'avait paru plus agréable et plus séduisante. Un choix d'expressions variées ajoutait encore au prestige d'une voix pure et mélodieuse. Il ne parlait jamais avec emphase ni avec jactance, et il avait l'art de ne jamais lasser la patience ni fatiguer l'attention de ceux qui l'écoutaient. J'avais vu tous ceux qui voulaient briller en société accumuler péniblement leurs idées, et comme ces nuages qui s'amoncèlent sur nos têtes et crèvent ensuite avec fracas, vous inonder d'un torrent scientifique qui s'épuise d'autant plus vite qu'il est d'abord plus rapide et plus majestueux. Mais les idées de Rashleigh se succédaient l'une à l'autre, et s'insinuaient dans l'âme de l'auditeur comme ces eaux pures et fécondes qui, jaillissant d'une source intarissable, viennent baigner la prairie en suivant une pente douce et naturelle. Retenu auprès de lui par un charme irrésistible, ce ne fut qu'à près de minuit que je pus me décider à le quitter; et lorsque je fus dans ma chambre, il m'en coûta de me rappeler le caractère de

Rashleigh, tel que je me l'étais représenté avant ce tête-à-tête.

Tel est, mon cher Tresham, l'effet du plaisir, qui émousse notre pénétration et endort notre jugement, que je ne puis le comparer qu'au goût de certains fruits, en même temps doux et acides, qui nous mettent hors d'état d'apprécier les mets qui nous sont ensuite présentés.

CHAPITRE XI.

« Eh, bon Dieu, je vous prie,
« Pourquoi cet air triste et rêveur?
« Engendre-t-on mélancolie
« Dans le château de Balwearie,
« Dans le manoir d'un bon buveur? »
Vieille ballade écossaise.

Le lendemain se trouvait être un dimanche, jour qui paraissait bien long aux habitans d'Osbaldistone-Hall ; car après la célébration de l'office divin, auquel toute la famille ne manquait jamais d'assister, chaque individu, à l'exception de Rashleigh et de miss Vernon, semblait possédé du démon de l'ennui. Le récit de l'embarras dans lequel je m'étais trouvé la veille amusa sir Hildebrand pendant quelques minutes, et il me félicita de n'avoir pas couché au donjon de Morpeth, de la même manière qu'il m'aurait félicité de ne m'être pas cassé une jambe en tombant de cheval.

— L'affaire a bien tourné, mon garçon ; mais ne te hasarde pas tant une autre fois. Que diable, la route du roi doit être sûre pour tous les voyageurs, qu'ils soient Whigs, qu'ils soient Torys.

— Et croyez-vous, monsieur, que j'aie jamais pensé à détruire cette sécurité? En vérité, c'est la chose du monde la plus provoquante que tout chacun s'accorde à me regarder comme coupable d'un crime que je méprise, que je déteste, et qui d'ailleurs m'eût exposé à perdre justement la vie pour avoir voulu violer les lois de mon pays!

— C'est bon, c'est bon, garçon; qu'il n'en soit plus question : personne n'est forcé de s'accuser soi-même. Pardieu, tu fais bien de t'en tirer le mieux possible : du diable si je n'en ferais pas autant à ta place!

Rashleigh vint à mon secours; mais il me sembla que ses argumens tendaient plutôt à conseiller à son père de feindre d'être persuadé par mes protestations d'innocence, qu'à me justifier complètement.

— Dans votre maison, mon cher monsieur...... et votre propre neveu! vous ne continuerez pas plus long-temps, j'en suis sûr, à blesser ses sentimens en paraissant révoquer en doute ce qu'il a tant d'intérêt à affirmer. Vous méritez assurément toute sa confiance, et soyez certain que, si vous pouviez lui rendre quelque service dans cette étrange affaire, il aurait recours à votre bonté. Mais mon cousin Frank a été déclaré innocent, et personne n'a droit de le supposer coupable. Pour moi, je n'ai pas le moindre doute de son innocence, et l'honneur de notre famille exige que nous la défendions envers et contre tous.

— Rashleigh, dit son père en le regardant fixement, tu es une fine mouche....., tu as toujours été trop fin pour moi.....; prends garde que toutes tes finesses ne tournent mal : deux têtes sous un même bonnet ne sont pas conformes aux règles du blason.....; et, à propos de blason, je vais aller lire Gwillim.

Il annonça cette résolution avec un long bâillement aussi irrésistible que celui de la déesse dans la Dunciade; ce bâillement fut répété à plusieurs reprises par ses géans de fils, à mesure qu'ils se disposaient pour aller chercher des passe-temps analogues à leur caractère : — Percy, pour percer un tonneau de bière avec l'intendant; — Thorncliff, pour couper deux bâtons et les fixer dans leurs gardes d'osier; — John, pour amorcer des lignes; —

Dick, pour jouer tout seul à *Pitch and toss* [1] sa main droite contre sa main gauche ; — et Wilfred, pour se mordre les pouces et tâcher de s'endormir en fredonnant à demi-voix jusqu'au dîner. Miss Vernon s'était retirée dans la bibliothèque.

Je restai seul avec Rashleigh dans la vieille salle à manger, d'où les domestiques, en faisant autant de bruit et aussi peu d'ouvrage qu'à l'ordinaire, étaient parvenus à emporter les restes de notre déjeuner substantiel. Je saisis cette occasion pour lui reprocher la manière dont il avait pris ma défense auprès de son père, et lui témoigner franchement que je trouvais fort étrange qu'il engageât sir Hildebrand à cacher ses soupçons plutôt que de chercher à les déraciner.

— Que voulez-vous, mon cher ami! reprit Rashleigh. Quand mon père s'est une fois mis quelque chose dans la tête, il est impossible de l'en faire sortir, et j'ai reconnu qu'au lieu de l'aigrir encore davantage en discutant avec lui, il valait mieux chercher à le détourner de ses idées. Ainsi, ne pouvant extirper les profondes racines que la prévention a jetées dans son esprit, je les coupe du moins toutes les fois qu'elles reparaissent, persuadé qu'elles finiront par mourir d'elles-mêmes. Il n'y a ni sagesse ni profit à vouloir entrer en discussion avec un esprit de la trempe de celui de sir Hildebrand, qui s'endurcit contre la conviction, et qui croit aussi fermement à ses inspirations que nous autres, bons catholiques, nous croyons à celles du saint père de Rome.

— Il n'est pas moins cruel pour moi de vivre dans la maison d'un homme qui persiste à me croire un voleur de grand chemin.

— L'opinion ridicule de sir Hildebrand, s'il est permis

(1) C'est notre jeu du *bouchon*. On place des pièces de monnaie sur un liége ou une espèce de quille, que l'on vise avec des palets ou des sous, et qu'on renverse. Chacun gagne les pièces qui sont le plus près de son palet ou de son sou.
ED.

de donner cette épithète à l'opinion d'un père; quelque fausse qu'elle soit, son opinion ne fait rien au fond contre votre innocence; et, quant à la crainte qui vous tourmente que l'idée de ce prétendu crime vous dégrade à ses yeux, bannissez-la complètement, et soyez persuadé que, sous le rapport moral et politique, sir Hildebrand regarde intérieurement ce crime comme une action méritoire : c'est affaiblir l'ennemi, c'est dépouiller les Amalécites; et la part qu'il suppose que vous y avez prise vous a fait beaucoup gagner dans son estime.

— Je ne désire l'estime de personne, M. Rashleigh, si pour l'acquérir il faut perdre la mienne; et ces soupçons injurieux me fourniront une excellente raison pour quitter Osbaldistone-Hall, dès que je pourrai écrire à mon père à ce sujet.

Il était rare que la figure de Rashleigh trahît ses sentimens; cependant je crus voir un léger sourire se dessiner sur ses lèvres, tandis qu'il affectait de pousser un profond soupir.

— Que vous êtes heureux, M. Frank! vous allez, vous venez comme il vous plaît; vous êtes libre comme l'air; avec votre habileté, votre goût et vos talens, vous trouverez bientôt des sociétés où ils seront mieux appréciés que par les stupides habitans de ce château; tandis que moi... Il s'arrêta.

— Et qu'y a-t-il donc dans le sort qui vous est échu en partage, qu'y a-t-il qui puisse vous faire envier le mien, moi qui suis banni de la maison et du cœur de mon père?

— Oui, répondit Rashleigh; mais considérez tout le prix de l'indépendance que vous vous êtes assurée par un sacrifice momentané; car je suis sûr que votre père ne tardera pas à vous rendre sa tendresse; considérez l'avantage d'agir librement, de suivre la belle carrière de la littérature, carrière que vous préférez justement à toutes les autres et dans laquelle vos talens vous assurent les plus brillans succès. Par une résidence de quelques semaines dans le nord, vous vous assurez à jamais la célébrité et l'indépendance : ce sacrifice est bien léger en raison des avantages qu'il vous procure, quoique votre lieu d'exil soit Osbaldistone-Hall. Nouvel Ovide exilé en Thrace, vous n'avez pas ses raisons pour écrire des Tristes.

— Comment se peut-il, dis-je avec la rougeur modeste qui convenait à un jeune auteur, que vous sachiez....

— N'avons-nous pas eu ici, quelques jours avant votre arrivée, un émissaire de votre père, un jeune commis nommé Twineall, qui m'apprit que vous sacrifiiez aux muses, ajoutant que plusieurs de vos pièces de vers avaient excité l'admiration des plus grands connaisseurs.

Tresham, vous ne vous êtes peut-être jamais amusé à rassembler des rimes; mais vous avez dû connaître beaucoup d'apprentis d'Apollon. La vanité est leur grand faible, depuis le poète qui embouche la trompette jusqu'au petit rimailleur qui se borne au chalumeau; depuis le poète qui embellit les bocages de Twickenham jusqu'au dernier des rimailleurs qu'il châtia du fouet de sa satire dans la Dunciade. — J'en avais ma part tout comme un autre, et, sans m'arrêter à considérer qu'il était peu probable que Twineall eût eu connaissance de deux ou trois petites pièces de vers que j'avais glissées furtivement dans un journal, sous le voile de l'anonyme, je mordis presque aussitôt à l'hameçon, et Rashleigh, enchanté de voir qu'il pouvait tirer un aussi grand parti de mon amour-propre, chercha à le flatter encore, en me priant avec les plus vives instances de lui permettre de voir quelques unes de mes productions manuscrites.

— Il faut que vous m'accordiez une soirée, ajouta-t-il, car il me faudra bientôt perdre les charmes de la société littéraire pour les occupations serviles du commerce et les plaisirs fastidieux du monde. Mon père exige de moi un cruel sacrifice, en voulant que j'abandonne, pour l'avantage de ma famille, la profession calme et paisible à laquelle mon éducation me destinait.

J'étais vain, mais je n'étais pas encore tout-à-fait un sot, et cette hypocrisie était trop forte pour qu'elle m'échappât. — Vous ne me persuaderez pas, répondis-je, que ce n'est qu'à regret que vous renoncez à la perspective d'être un pauvre prêtre catholique, forcé de s'imposer mille privations, et que vous consentez à aller vivre dans l'opulence et jouir des charmes de la société.

Rashleigh vit qu'il avait poussé trop loin l'affectation et son désintéressement ; et après une minute de silence, qu'il employa, je suppose, à calculer le degré de franchise qu'il était nécessaire d'avoir avec moi (car c'était une qualité dont il n'était jamais prodigue sans nécessité), il me répondit en souriant : — A mon âge se voir condamné, comme vous le dites, à vivre dans le monde et dans l'opulence, n'est pas, il est vrai, une perspective bien alarmante : mais permettez-moi de vous dire que vous vous êtes mépris sur le sort qui m'était réservé. Je devais être un prêtre catholique, mais non pas pauvre et obscur. Non, monsieur, Rashleigh Osbaldistone sera bien moins célèbre, quand même il deviendrait le plus riche négociant de Londres, qu'il eût pu le devenir en étant membre d'une Église dont les ministres, comme le dit un auteur, marchent à l'égal des rois. Ma famille est en faveur auprès d'une certaine cour exilée, et l'influence que cette cour possède à Rome est encore plus grande. Mes talens ne sont pas inférieurs à l'éducation que j'ai reçue ; sans présomption, j'aurais pu aspirer à une dignité éminente dans l'Église ; avec un peu d'illusion et d'amour-propre, je pourrais dire à la plus élevée. Et pourquoi, ajouta-t-il en riant, car son grand art était de détourner l'attention par une plaisanterie lorsqu'il craignait d'avoir fait une impression défavorable, — pourquoi le cardinal Osbaldistone, d'une famille noble et ancienne, ne pourrait-il pas disposer du sort des empires, aussi bien qu'un Mazarin, né de parens obscurs et vulgaires ; qu'un Alberoni, fils d'un jardinier italien ?

— Je n'en vois pas la raison, il est vrai; mais à votre place je renoncerais sans beaucoup de peine à l'espoir hasardeux d'une élévation si précaire et tant exposée à l'envie.

— Je le ferais aussi, reprit-il, si la carrière où je vais entrer était plus certaine; mais combien de chances dont l'évènement seul peut m'apprendre le résultat! D'abord les dispositions de votre père à mon égard : ne connaissant pas son caractère, il m'est impossible....

— Avouez la vérité, Rashleigh : vous voudriez que je vous le fisse connaître, n'est-ce pas?

— Puisque, comme Diana Vernon, vous faites un appel à ma sincérité, je vous répondrai franchement : oui.

— Eh bien! vous trouverez dans mon père un homme qui est entré dans le commerce moins avec le désir de s'enrichir que parce que cette carrière lui donnait occasion de développer son intelligence. Mais ses richesses se sont accumulées, parce que, élevé à l'école de la frugalité et de la température, ses dépenses n'ont pas augmenté avec sa fortune. C'est un homme qui hait la dissimulation dans les autres, ne l'emploie jamais lui-même, et sait découvrir la vérité, de quelque voile spécieux qu'on cherche à la couvrir. Silencieux par habitude, il n'aime pas les grands parleurs, surtout lorsque la conversation ne roule pas sur son sujet favori. Il est d'une exactitude rigide à remplir les devoirs de sa religion; mais vous n'avez pas à craindre qu'il vous gêne pour la vôtre, car il regarde la tolérance comme un principe sacré d'économie politique. Seulement si vous êtes du nombre des partisans du roi Jacques, comme votre religion le fait naturellement présumer, vous ferez bien de le cacher devant lui; il les a en horreur. Esclave de sa parole, il ne souffre pas que personne manque à la sienne; il remplit scrupuleusement ses devoirs, et entend que tout le monde suive son exemple : pour gagner ses bonnes grâces il ne faut pas approuver ses ordres, il faut les exécuter. Son plus grand faible est sa prédilection exclusive pour son état, — faible qui l'empêche de louer rien de ce qui n'a pas quelque rapport avec le commerce.

— O portrait admirable! s'écria Rashleigh; Van-Dyck, mon cher Frank, n'était qu'un barbouilleur auprès de vous. Je vois votre seigneur et maître avec ses vertus et ses faibles; je le vois aimant et honorant le roi comme une espèce de lord-maire et de chef du négoce; vénérant la chambre des communes pour les lois qu'elle adopte sur l'exportation, et respectant les pairs parce que le lord-chancelier[1] est assis sur un sac de laine.

— J'ai fait un portrait, Rashleigh, et vous faites une caricature. Mais, si je vous ai fait la carte du pays qu'il vous importait de connaître, j'espère qu'en retour vous voudrez bien me donner quelques lumières sur la géographie des terres inconnues....

— Sur lesquelles vous vous trouvez jeté, dit Rashleigh. En vérité, c'est inutile : ce n'est point l'île de Calypso, plantée de tilleuls fleuris, et offrant toute l'année l'image d'un printemps éternel; mais c'est une espèce de désert du nord, aussi peu propre à piquer la curiosité qu'à plaire à l'œil, et qu'au bout d'une demi-heure vous connaîtrez dans toute sa nudité aussi bien que si je vous en avais fait la description la plus minutieuse.

— Mais il me semble qu'il est quelque chose qui mérite pourtant de fixer l'attention. Que dites-vous de miss Vernon? ne forme-t-elle pas un intéressant contraste avec le reste du tableau?

Je m'aperçus aisément que Rashleigh eût voulu pouvoir se dispenser de me répondre; mais les renseignemens qu'il m'avait demandés me donnaient le droit de lui faire des questions à mon tour. Rashleigh le savait; et, forcé de suivre le sentier que je venais de lui ouvrir, il chercha du moins à y marcher de la meilleure grâce possible. — J'ai moins d'occasions à présent d'étudier le ca-

---

[1] Qui est le président de la chambre des lords. — Ed.

ractère de miss Vernon que je n'en avais autrefois, me dit-il. Lorsqu'elle était plus jeune, j'étais son maître ; mais quand elle eut atteint l'âge où commence une nouvelle carrière pour une jeune personne, mes différentes occupations, la gravité de la profession à laquelle je me destinais, la nature particulière de ses engagemens, notre position mutuelle, en un mot, rendaient une intimité constante aussi inconvenante que dangereuse. Je crains que miss Vernon n'ait regardé ma réserve comme une preuve d'indifférence ; mais c'était un devoir : il m'en coûta beaucoup pour écouter la voix de la prudence, et les regrets qu'elle pouvait éprouver égalaient à peine les miens. Mais comment continuer à vivre dans la plus intime familiarité avec une jeune personne charmante et sensible, qui doit, comme vous le savez, entrer dans un cloître, ou accepter la personne qui lui est destinée ?

— Le cloître ou l'époux qui lui est destiné ! m'écriai-je. Miss Vernon est-elle réduite à cette alternative ?

— Hélas ! oui, dit Rashleigh en étouffant un soupir. Je n'ai pas besoin sans doute de vous prémunir contre le danger de cultiver trop assidûment l'amitié de miss Vernon : vous connaissez le monde, vous savez jusqu'à quel point vous pouvez vous livrer au charme de sa société sans compromettre votre repos. Mais je dois vous avertir de veiller sur ses sentimens avec autant de vigilance que sur les vôtres : je sais par expérience que miss Vernon est d'un naturel ardent et sensible, et vous avez vu vous-même hier jusqu'où vont son irréflexion et son mépris pour les convenances.

Quoiqu'il pût y avoir un fond de vérité dans ce qu'il me disait, et que je n'eusse pas le droit de prendre en mauvaise part des avis qu'il me donnait sous le voile de l'amitié, je sentais que j'aurais eu du plaisir à me battre avec lui.

L'insolent ! parler avec cette arrogance ! voulait-il me faire croire que miss Vernon avait conçu un penchant pour son horrible figure, et qu'elle se fût dégradée au point d'avoir besoin de la réserve et de la circonspection d'un Rashleigh pour se guérir de son imprudente passion? Je me contins néanmoins, et imitant un instant son hypocrisie, je regrettai avec lui qu'une personne du bon sens et du mérite de miss Vernon eût une conduite aussi inconvenante qu'il le disait.

— Non pas inconvenante, dit Rashleigh, mais d'une franchise qui va quelquefois jusqu'à l'inconséquence. Du reste, croyez-moi, elle a un excellent cœur. A parler franchement, si elle persiste dans son aversion pour le cloître et pour le mari qu'on lui destine, et que Plutus me soit assez favorable pour m'assurer une honnête indépendance, je pourrai bien alors renouveler nos anciennes liaisons, et offrir à Diana la moitié de ma fortune.

— Avec sa belle voix et ses périodes élégantes, pensais-je en moi-même, ce Rashleigh est le fat le plus laid et le plus suffisant que j'aie jamais vu.

— Mais, ajouta Rashleigh, comme s'il se parlait à lui-même, je n'aimerais pourtant pas à supplanter Thorncliff.

— Supplanter Thorncliff! m'écriai-je avec la plus grande surprise; votre frère Thorncliff est-il le mari qu'on destine à Diana Vernon?

— Sans doute; par l'ordre de son père, et par suite d'un certain pacte de famille, elle doit épouser un des fils de sir Hildebrand. On a obtenu de la cour de Rome pour Diana Vernon une dispense qui lui permet d'épouser son cousin... Osbaldistone; le nom de baptême est en blanc, de sorte qu'il ne reste plus qu'à choisir l'heureux mortel dont le nom doit remplir la lacune. Or, comme Percy, qui ne songe qu'à boire, ne paraissait pas un mari très convenable, mon père a fait choix de Thorncliff, et c'est à ce second rejeton de la famille qu'il a confié le soin de ne pas laisser éteindre la race des Osbaldistone.

— La jeune personne, dis-je en m'efforçant de prendre un air de plaisanterie qui m'allait fort mal, je crois, aurait peut-être voulu chercher encore un peu plus bas sur l'arbre de la famille la branche à laquelle elle désirait s'unir.

— Je ne sais, reprit-il ; il n'y a pas beaucoup de choix dans notre famille. Dick est un brutal, John une brute, et Wilfred un âne. Je crois qu'après tout mon père ne pouvait pas mieux choisir pour la pauvre Diana.

— Les personnes présentes étant toujours exceptées.

— Oh! l'état ecclésiastique, auquel j'étais destiné, ne me permettait pas de me mettre sur les rangs ; autrement je ne dissimulerai pas qu'ayant reçu du moins de l'éducation, j'aurais pu être choisi par sir Hildebrand préférablement à mes autres frères.

— Et sans doute aussi par la jeune personne?

— Vous ne devez pas le supposer, répondit Rashleigh en repoussant cette idée avec une affectation qui ne servait qu'à la confirmer ; l'amitié, l'amitié seule avait serré les liens qui nous unissaient : la tendre affection d'une âme sensible et aimante pour son précepteur ; l'amour n'approcha pas de nous, ou du moins il n'entra pas dans nos cœurs ; je vous ai dit que j'avais été sage à temps.

Je n'étais pas très disposé à pousser plus loin cette conversation, et prenant un prétexte pour me débarrasser de Rashleigh, je me retirai dans ma chambre, où je me promenai à grands pas, répétant tout haut les expressions qui m'avaient le plus choqué : Sensible!... ardente!... tendre affection!.... amour!... Diana Vernon, la plus charmante personne que j'aie jamais vue, amoureuse de ce Rashleigh, monstre de laideur et de difformité, à qui il ne manque qu'une bosse sur le dos pour être aussi hideux que Richard III!... et cependant les occasions qu'il avait de l'entretenir pendant ses maudites leçons, la séduction de son langage, son esprit, son adresse... la sottise et la nullité de ses frères, qui le laissaient sans concurrent... l'admiration de miss Vernon pour ses talens, quoiqu'elle paraisse fortement irritée contre lui ; sans doute, parce qu'il la néglige... Et que m'importe tout cela? pourquoi me tourmenter et me mettre en fureur? Diana Vernon est-elle la première de son sexe qui ait aimé et épousé un homme laid? et quand même elle serait libre, quand même sa main ne serait pas déjà promise, que m'importerait encore? Une catholique... une papiste... un dragon en jupons!... je serais fou de penser un instant à l'associer à mon sort. .

Ces réflexions, loin de calmer le feu qui me dévorait, ne firent que l'attiser, et, lorsqu'il fallut descendre pour le dîner, je portai à table toute ma mauvaise humeur.

CHAPITRE XII.

« Être ivre, s'emporter? prendre un air froid et sombre?
« Et dans de vains transports s'attaquer à son ombre? »
SHAKSPEARE. *Othello.*

JE vous ai déjà dit, mon cher Tresham, ce qui n'était pas une nouvelle pour vous, que mon principal défaut était un orgueil invincible, qui m'exposait souvent à de cruelles mortifications. Je n'avais jamais pensé que j'aimasse miss Vernon; cependant à peine Rashleigh m'eut-il parlé d'elle comme d'une conquête qu'il pouvait saisir ou négliger à son choix, que toutes les démarches que cette pauvre fille avait faites, dans l'innocence de son cœur, pour former une liaison d'amitié avec moi, me parurent l'effet de la coquetterie la plus insultante. — Elle voudrait sans doute s'assurer de moi comme d'un pis-aller, au cas que M. Rashleigh Osbaldistone fasse le cruel! mais je lui apprendrai que je ne suis pas homme à me laisser jouer ainsi... Je lui ferai voir que je connais ses artifices, et que je les méprise.

Je ne réfléchis pas que toute cette indignation, aussi ridicule que déplacée, prouvait que je n'étais rien moins qu'indifférent aux charmes de miss Vernon, et je m'assis à table très irrité contre elle et contre toutes les filles d'Eve.

Miss Vernon fut surprise de m'entendre répondre sèchement aux saillies qui lui échappaient, et aux traits satiriques qu'elle décochait à tout moment contre ses chers cousins avec sa liberté ordinaire ; mais, ne soupçonnant pas que mon intention fût de l'offenser, elle se contenta de se moquer de mes grossières reparties par des reparties à peu près semblables, mais plus fines et plus polies, et en même temps plus piquantes. A la fin elle s'aperçut que j'étais réellement de mauvaise humeur, et voici la réponse qu'elle fit à une de mes boutades : — On dit, M. Francis, qu'il y a quelque chose de bon à recueillir, même des discours d'un sot : j'entendais l'autre jour le cousin Wilfred refuser de jouer plus long-temps au bâton avec le cousin John, parce que le cousin John s'était mis en colère, et frappait plus fort que les règles du jeu ne le permettent. Il n'est pas juste, disait l'honnête Wilfred, que je reçoive des coups tout de bon, tandis que je ne donne que des coups pour rire. Sentez-vous la morale de cette petite histoire, Frank ?

— Je ne me suis jamais trouvé, madame, dans la nécessité de chercher à extraire la mince dose de bon sens qui peut se trouver mêlée dans les personnes de cette famille.

— Nécessité ! et madame !.... Vous m'étonnez, M. Osbaldistone.

— J'en suis désolé, madame.

— Quel est ce nouveau caprice ? Parlez-vous sérieusement, ou ne prenez-vous ce ton que pour rendre plus précieuse votre bonne humeur ?

— Vous avez droit à l'attention de tant de messieurs dans cette famille, miss Vernon, qu'il ne peut guère être digne de vous de demander la cause de ma nullité et de ma maussaderie.

— Comment ?... avez-vous donc abandonné mon parti pour passer à l'ennemi ?

Elle jeta un regard sur Rashleigh, qui était placé vis-à-vis d'elle, et voyant qu'il semblait nous observer avec une maligne joie, elle ajouta :

— Il n'est que trop vrai : Rashleigh triomphe de m'avoir enlevé encore un ami. Grâce au ciel, et grâce à l'état de dépendance où je me suis toujours trouvée, et qui m'a appris à souffrir sans me plaindre, je ne m'offense pas aisément : afin de n'être pas tentée de vous chercher querelle, je vais me retirer plus tôt qu'à l'ordinaire, et je souhaite que votre mauvaise humeur passe avec votre dîner.

A ces mots elle quitta la table.

Elle ne fut pas plus tôt partie, que j'eus honte de ma conduite. J'avais repoussé brusquement les témoignages de sa bienveillance, et j'avais presque été jusqu'à injurier l'être charmant qui n'avait pas craint d'exposer sa réputation pour me rendre service, et que son sexe seul eût dû mettre à l'abri de ma brutalité. Pour combattre ou pour dissiper ces réflexions pénibles, je remplis machinalement mon verre toutes les fois que la bouteille passait devant moi.

Accoutumé à la tempérance, je ne tardai pas à éprouver, dans l'état où j'étais déjà, les funestes effets du vin. Les buveurs de profession, qui se sont comme abrutis par l'usage fréquent des liqueurs fortes, peuvent se livrer sans crainte à ces excès, qui ne font que troubler un peu leur jugement, déjà très faible à jeun. Mais les hommes qui ne se sont pas fait une habitude de ce vice affreux, qui nous ravale au rang des brutes, en éprouvent en un instant la terrible influence. Ma tête s'exalta bientôt jusqu'à l'extravagance ; je parlais sans cesse ; je discutais ce que je ne savais pas ; je faisais des histoires dont je perdais le fil, et puis je riais moi-même à gorge déployée de mon absence de mémoire. J'acceptai plus d'une gageure qui n'avait ni rime ni raison ; je défiai à la lutte le géant John, quoiqu'il fût un des premiers lutteurs du canton, et moi un apprenti dans cet exercice.

Mon oncle eut la bonté de prévenir le résultat de ma

folle ivresse, qui aurait, je suppose, fini par me faire rompre le cou.

La malignité a même été jusqu'à dire que j'avais entonné une chanson bachique; mais comme je ne m'en souviens pas, et que je ne crois pas avoir jamais essayé de former un son, je me flatte que cette calomnie n'était pas fondée. J'ai fait assez de folies pendant mon ivresse, sans qu'on m'en prête encore auxquelles je n'ai pas songé. Sans perdre entièrement toute raison, je perdis toute retenue, et la passion impétueuse qui m'agitait se manifesta par les plus bruyans transports. Je m'étais mis à table triste, mécontent, et décidé à garder le silence; le vin me rendit babillard, querelleur et emporté. Je cherchais dispute à tout le monde, je contredisais tout ce qu'on avançait; et, sans respect pour les bienséances, j'attaquais, à la table même de mon oncle, ses sentimens politiques et sa religion. La modération que Rashleigh affectait, sans doute pour augmenter encore ma fureur frénétique, m'échauffa mille fois plus que les cris et les injures de ses frères. Je dois à mon oncle la justice de dire qu'il s'efforça de nous ramener à l'ordre; mais son autorité fut méconnue au milieu du tumulte toujours croissant. A la fin mon emportement ne connut plus de bornes, et furieux de quelque insinuation injurieuse, réelle ou supposée, je m'élançai de ma place, courus sur Rashleigh, et lui donnai un soufflet. Le philosophe le plus stoïque n'eût pas reçu cette insulte avec plus de sang-froid et de patience. Il se contenta de me jeter un regard de mépris; mais Thorncliff ne fut pas si modéré dans sa vengeance, et, voyant que son frère ne s'apprêtait pas à demander raison de cet outrage, il cria qu'il voulait laver dans mon sang la tache faite à leur honneur. Les épées furent tirées; et nous avions échangé une ou deux passes, lorsque les autres frères nous séparèrent. Je n'oublierai jamais le rire infernal qui contracta les traits de Rashleigh lorsque je fus entraîné de force par deux de ces jeunes titans. Ils m'enfermèrent dans ma chambre, assujettirent la porte par de grosses barres de fer, et je les entendis, avec une rage inexprimable, rire aux éclats en descendant l'escalier. J'essayai dans ma fureur de briser la porte; mais la précaution qu'ils avaient prise rendit tous mes efforts inutiles. A la fin je me jetai sur mon lit, et m'endormis en roulant dans ma tête de terribles projets de vengeance.

Mais le tardif repentir vint avec le jour. Je sentis avec amertume la violence et l'absurdité de ma conduite, et je fus obligé de reconnaître que le vin m'avait ravalé au-dessous de Wilfred Osbaldistone, pour lequel j'avais un si profond mépris. Ces cruelles réflexions n'étaient pas adoucies par l'idée qu'il fallait faire des excuses pour mon emportement déplacé, et cela en présence de miss Vernon. Les reproches que j'avais à me faire pour la conduite peu généreuse que j'avais tenue à son égard pendant le dîner, et pour laquelle je ne pouvais pas même alléguer la misérable excuse de l'ivresse, ajoutaient encore à ces pénibles considérations.

Accablé du poids de ma honte et de mon humiliation, je descendis dans la salle à manger, comme un criminel qui vient entendre prononcer sa sentence. Une forte gelée avait rendu la chasse impossible, et j'eus la mortification de trouver déjà toute la famille rassemblée autour d'un énorme jambon, à l'exception de Rashleigh et de miss Vernon. La joie était extrême lorsque j'entrai, et je ne pouvais douter que je ne fusse l'objet de la risée. En effet, ce qui me semblait un sujet de peine et de regrets paraissait aux yeux de mon oncle et de la plupart de mes cousins une saillie de gaieté fort divertissante. Sir Hildebrand, tout en me raillant sur mes exploits héroïques, jura qu'il pensait qu'à mon âge il valait mieux s'enivrer deux ou trois fois par jour que d'aller se coucher à sec comme un presbytérien. Et, pour appuyer cette consolante réflexion, il versa un grand verre d'eau-de-vie, en m'exhortant à avaler du poil de la bête qui m'avait mordu.

— Laisse-les rire, neveu, ajouta-t-il en regardant ses fils, laisse-les rire; ils seraient de vrais soupes au lait, comme toi, si je ne leur avais pas appris à vider leur bouteille.

Malgré tous leurs défauts et tous leurs ridicules, mes cousins n'avaient pas en général un mauvais cœur : ils virent que leurs railleries me blessaient, et ils s'efforcèrent, quoique avec leur maladresse ordinaire, de dissiper l'impression pénible qu'elles avaient produite sur moi. Thorncliff seul se tenait à l'écart, et avait l'air morne et pensif. Ce jeune homme avait toujours eu de l'éloignement pour moi, et il ne m'avait jamais témoigné ces attentions maussades, mais bienveillantes, que j'avais éprouvées quelquefois de la part de ses frères. S'il était vrai, ce dont pourtant je commençais à douter, qu'on le destinât pour époux à miss Vernon, il était possible qu'il s'alarmât de la prédilection que cette jeune personne semblait me marquer, et que, craignant que je ne devinsse un rival dangereux, il conçût de la jalousie et me prît en aversion.

Rashleigh entra enfin, l'air morne et rêveur. Je ne sais quoi de sombre répandu sur sa physionomie prouvait qu'il n'avait pas oublié l'insulte déshonorante que je lui avais faite. J'avais déjà pensé à la conduite que je devais tenir dans cette occasion ; j'étais parvenu à me modérer, et à croire que le véritable honneur ne consistait pas à me battre pour prouver que j'avais raison, lorsqu'il n'était que trop évident que j'avais tort, mais à faire noblement des excuses pour une injure si disproportionnée à toutes les provocations que j'aurais pu alléguer.

Je m'empressai donc d'aller à la rencontre de Rashleigh, et lui exprimai mes regrets de la violence à laquelle je m'étais laissé emporter la veille.

— Rien au monde, dis-je, n'eût pu m'arracher un seul mot d'excuse, rien que la voix de ma conscience, qui me reproche ma conduite. J'espérais que mon cousin accepterait l'assurance sincère de mes regrets, et voudrait bien considérer que mes torts provenaient en grande partie de l'excessive hospitalité d'Osbaldistone-Hall.

— Il sera ton ami, garçon, s'écria le bon sir Hildebrand dans l'effusion de son cœur, il sera ton ami, ou du diable si je l'appelle encore mon fils. Pourquoi, Rashleigh, restes-tu planté là comme une souche ? *J'en suis fâché*, eh! de par tous les diables, c'est tout ce que peut faire un gentilhomme, s'il vient à faire quelque chose de mal lorsqu'il a bu le petit coup. J'ai servi, et je dois, je crois, connaître quelque chose aux affaires d'honneur. Que je n'en entende plus parler, et nous irons tous ensemble chasser le blaireau dans Birkenwood-Bank.

La figure de Rashleigh, comme je l'ai déjà dit, avait un caractère particulier, et de ma vie je n'avais vu de physionomie semblable. Mais cette singularité ne consistait pas encore tant dans les traits que dans sa manière de changer leur expression. Dans le passage de la joie à la douleur, du ressentiment à la satisfaction, il y a un léger intervalle, avant que la passion dominante respire dans tous les traits, à l'exclusion absolue de celle qu'elle remplace. De même que la lumière douteuse du crépuscule sépare la fin de la nuit du lever du soleil, il y a comme une espèce d'indécision dans le caractère de la physionomie, pendant que les muscles se dégonflent, que le front s'éclaircit, que les yeux reprennent leur éclat, enfin que toute la figure, chassant les nuages qui la couvraient, recouvre un air calme et serein. Celle de Rashleigh ne passait point par ces gradations, mais prenait successivement et tout-à-coup l'expression de ces deux passions diamétralement contraires ; c'était comme le changement à vue d'une décoration où, au coup de sifflet du machiniste, un rocher disparaît, et un palais s'élève.

Cette singularité me frappa surtout dans cette occasion. Lorsque Rashleigh entra, toutes les passions haineuses étaient peintes sur son visage. Il entendit mes excuses et l'exhortation de son père sans qu'il se fît le moindre changement dans sa physionomie; mais sir Hildebrand n'eut pas plus tôt fini de parler, que le sombre nuage qui couvrait le front de Rashleigh disparut tout-à-coup; et du ton le plus poli et le plus affable il m'exprima sa parfaite satisfaction des excuses que je voulais bien lui faire.

— Mon Dieu! dit-il, j'ai moi-même une si pauvre tête lorsque je bois plus de mes trois verres de vin, que je n'ai, comme le bon Cassio[1] qu'un souvenir très vague de la confusion qui régna hier soir. Je me rappelle en masse; mais rien de distinct. — Une querelle, et voilà tout. Ainsi, mon cher cousin, ajouta-t-il en me serrant amicalement la main, jugez quelle douce surprise j'éprouve en voyant que j'ai à recevoir des excuses au lieu d'en avoir à faire. Ne parlons plus de cela; je serais bien fou de vouloir examiner minutieusement un compte dont la balance, qui pouvait être contre moi, se trouve si inopinément à mon avantage. Vous voyez, M. Frank, que je prends déjà le langage de Lombard-Street, et que je me prépare à remplir dignement ma nouvelle profession.

J'allais répondre, et je levais les yeux que la honte m'avait fait baisser, lorsque je rencontrai ceux de miss Vernon, qui, étant entrée sans bruit pendant la conversation, l'avait écoutée attentivement. Déconcerté, confus, je penchai la tête sans dire un seul mot, et j'allai prendre tristement ma place auprès de mes cousins, que le déjeuner n'avait pas cessé d'occuper exclusivement.

Mon oncle se garda bien de laisser échapper cette occasion de me faire, ainsi qu'à Rashleigh, une leçon morale, et il nous conseilla sérieusement de nous corriger de nos ridicules habitudes de soupe au lait, selon son expression, de nous aguerrir contre les effets du vin, pour éviter les disputes et les coups; et de commencer par vider régulièrement tous les jours notre pinte de porto; ce qui, à l'aide de la bière de mars et de quelques verres d'eau-de-vie,

---

(1) Personnage de la tragédie d'*Othello*. — Ed.

suffisait pour des novices en l'art de boire. Pour nous encourager, il nous assura qu'il avait connu beaucoup d'hommes qui étaient arrivés à notre âge sans avoir jamais bu trois verres de vin, et qui cependant, étant tombés en bonne compagnie, et suivant les bons exemples, étaient parvenus à se faire une brillante réputation en ce genre, pouvant vider tranquillement leurs six bouteilles sans perdre la tête, et sans être incommodés le lendemain matin.

Malgré la sagesse de cet avis, et la brillante perspective qu'il me faisait entrevoir, j'en profitai peu : tout en paraissant écouter mon oncle, mon attention était ailleurs. Toutes les fois que je me hasardais à tourner les yeux du côté de miss Vernon, j'observais que ses regards étaient fixés sur moi, et je croyais lire sur sa figure l'expression de la pitié, et en même temps du déplaisir. Je cherchais les moyens d'entrer aussi en explication avec elle, et de lui faire mes excuses, lorsqu'elle me fit entendre qu'elle était déterminée à m'épargner la peine de solliciter une entrevue : — Cousin Frank, dit-elle en m'appelant par le même titre qu'elle avait coutume de donner aux autres Osbaldistone, quoiqu'à proprement parler je ne fusse pas son cousin, j'ai été arrêtée ce matin par un passage dans *la Divina comedia* du Dante; voulez-vous avoir la bonté de monter à la bibliothèque pour me l'expliquer? Lorsque vous aurez découvert le sens de l'obscur Florentin, vous irez rejoindre ces messieurs, et voir si vous serez aussi heureux à découvrir la retraite du blaireau.

Je m'empressai de lui répondre que j'étais prêt à la suivre. Rashleigh offrit de nous accompagner. — Je suis plus en état, nous dit-il, de chercher le sens du Dante à travers les métaphores et l'obscurité de son style, que de chasser un pauvre anachorète de sa tanière.

— Excusez-moi, Rashleigh, dit miss Vernon; mais, comme vous allez occuper la place de M. Frank dans la maison de banque à Londres, vous devez lui céder l'éducation de votre élève à Osbaldistone-Hall. Nous vous appellerons cependant s'il est nécessaire; ainsi ne prenez pas votre air grave, je vous prie. D'ailleurs, c'est une honte que vous ne connaissiez pas mieux la chasse, vous, un Osbaldistone! Que ferez-vous si votre oncle vous demande comment vous chassez au blaireau?

— Hélas! Diana, c'est bien vrai, dit sir Hildebrand en poussant un soupir. Si Rashleigh eût voulu acquérir, comme ses frères, les connaissances utiles, il était à bonne école, je crois; mais les grammaires françaises, les livres, les nouveaux navets, les rats et les Hanovriens, ont tout bouleversé dans la vieille Angleterre[1]. Allons, Rashie[2], allons, viens avec nous, et porte mon épieu de chasse : ta cousine n'a pas besoin de toi à présent, et je n'entends pas qu'on contrarie ma Diana. Je ne veux pas qu'il soit dit qu'il n'y avait qu'une femme à Osbaldistone-Hall, et qu'elle y est morte faute de n'avoir pu faire ses volontés.

Rashleigh obéit à son père, et le suivit après avoir dit à demi-voix à Diana : — Je suppose qu'il sera discret de ne pas oublier aujourd'hui de me faire accompagner du courtisan *cérémonie*, et de frapper à la porte de la bibliothèque avant d'entrer?

— Non, non! Rashleigh, dit miss Vernon, débarrassez-vous du faux archimage appelé *dissimulation*; c'est le meilleur moyen de vous assurer un libre accès auprès de nous pendant nos entretiens classiques.

A ces mots, elle prit le chemin de la bibliothèque, et je la suivis... comme un criminel, allais-je dire, qu'on mène à l'exécution; mais il me semble que j'ai déjà employé cette comparaison une ou deux fois, ainsi je la supprime : je dirai donc, sans comparaison, que je la suivis en tremblant, et avec un embarras que j'aurais donné

---

(1) Les nouveaux navets sont peut-être un trope comme les rats; car on appelle rats au figuré les convertis politiques peu sincères dans leur nouvelle croyance. — Ed.

(2) Abréviation de Rashleigh. — Tr.

tout au monde pour vaincre. Il me semblait qu'il était souverainement déplacé dans cette occasion ; car j'avais respiré assez long-temps l'air du continent pour apprendre que la légèreté, la galanterie et l'assurance sont trois qualités essentielles qui doivent distinguer l'heureux mortel qu'une jeune et belle personne honore d'un tête-à-tête.

Mais pour cette fois mes sentimens anglais l'emportèrent sur mon éducation française ; et je fis, je crois, une très piteuse figure lorsque miss Vernon, s'asseyant majestueusement dans le grand fauteuil de la bibliothèque, comme un juge qui va entendre une cause importante, me fit signe de prendre une chaise vis-à-vis d'elle, ce que je fis, tremblant comme le pauvre diable qui se voit sur la sellette ; et elle commença la conversation sur le ton de la plus amère ironie.

CHAPITRE XIII.

« Sans doute il fut cruel celui qui le premier
« Trempa dans le poison une épée homicide ;
« Mais plus barbare encore, et cent fois plus perfide
« Celui qui de sucs vénéneux
« Put remplir froidement la coupe hospitalière. »
Anonyme.

En vérité, M. Frank Osbaldistone, dit miss Vernon de l'air d'une personne qui croyait avoir acquis le privilége de railler, en vérité, vous nous avez tous vaincus. Je n'aurais pas cru que vous fussiez aussi digne de votre noble famille. La journée d'hier vous a couvert de gloire. Vous avez fait vos preuves pour entrer dans l'honorable corporation d'Osbaldistone-Hall : elles sont irrécusables, et votre coup d'essai a été un coup de maître.

— Je connais mes torts, miss Vernon, et tout ce que je puis dire pour justifier mon impertinence, c'est que j'avais reçu des nouvelles qui avaient agité mes esprits. Je sens que j'ai été on ne peut plus absurde et impoli.

— Comment donc! reprit le juge inflexible, vous ne vous rendez pas justice. D'après ce que j'ai vu et ce que j'ai depuis entendu dire, vous avez montré dans une seule soirée toutes les qualités supérieures qui distinguent vos cousins : la douceur et l'urbanité du bon Rashleigh, la tempérance de Percy, le sang-froid de Thorncliff, la patience de John, l'art des gageures de Dickon, et ce qui surtout est le plus admirable, c'est d'avoir choisi le temps, le lieu et la circonstance pour faire preuve de ces rares talens, avec une sagacité digne de Wilfred.

— Ayez un peu compassion de moi, miss Vernon, lui dis-je ; car j'avoue que je regardais la leçon comme bien méritée, surtout en considérant de quelle part elle me venait. Pardonnez-moi si, pour excuser une extravagance dont je ne suis pas habituellement coupable, j'ose vous citer la coutume de la maison et du pays. Je suis loin de l'approuver ; mais nous avons l'autorité de Shakspeare, qui dit que le bon vin est une bonne et aimable créature, et que tout homme peut y être pris tôt ou tard.

— Oui, M. Francis ; mais Shakspeare met ce panégyrique et cette apologie dans la bouche du plus grand scélérat que son crayon ait tracé. Je ne veux point cependant abuser de l'avantage que m'a donné votre citation, en vous accablant de la réponse par laquelle Cassio réfute Iago [1]. Je veux seulement ne pas vous laisser ignorer qu'il est au moins une personne fâchée de voir un jeune homme plein de talens et d'espérances s'enfoncer dans le bourbier où chaque soir se plongent les habitants de ce manoir.

— Je n'ai fait qu'y mettre un instant le pied, je vous assure, miss Vernon, et je reconnais trop combien ce

---

[1] Othello. — Ed.

bourbier est dégoûtant, pour y faire un pas de plus.

— Si telle est votre résolution, reprit-elle, elle est sage, et je ne puis que l'approuver. Mais j'étais si tourmentée de ce que j'avais entendu dire, que je n'ai pu m'empêcher de m'en expliquer avec vous, avant de vous parler de ce qui me regarde particulièrement. Vous vous êtes conduit hier avec moi pendant le dîner de manière à me faire croire qu'on vous a dit sur mon compte des choses qui ont pu diminuer l'estime que vous m'aviez accordée. Voudrez-vous bien vous expliquer clairement à ce sujet?

Je fus stupéfait. Cette question aussi brusque que précise était plutôt faite du ton d'un homme qui demande à un autre l'explication de sa conduite d'une manière ferme mais polie, que de celui d'une fille de dix-huit ans qui adresse une question à un jeune homme : elle était entièrement dépouillée de circonlocutions, de ces détours et de ces périphrases qui accompagnent ordinairement les explications entre des personnes de différens sexes.

J'étais dans le plus grand embarras ; car, à présent que je me rappelais de sang-froid les discours de Rashleigh, j'étais forcé de convenir qu'en supposant même qu'ils fussent fondés, ils auraient dû exciter dans mon âme un sentiment de compassion pour miss Vernon, plutôt qu'un puéril ressentiment ; et, quand même ils auraient pu justifier complètement ma conduite, encore m'eût-il été difficile de répéter ce qui devait blesser aussi vivement la fierté de Diana. Elle vit que j'hésitais à répondre, et me dit d'un ton décidé et résolu, mais avec modération :

— J'espère que M. Osbaldistone ne disconviendra pas que j'ai droit de demander cette explication : je n'ai point de parens, point d'amis pour me défendre, il est donc juste qu'on me permette de me défendre moi-même.

Je m'efforçai assez gauchement de rejeter ma conduite grossière sur une indisposition, sur des lettres fort dures que j'avais reçues de Londres. Elle me laissa épuiser mes excuses, sans pitié pour mon embarras et ma confusion, et les écouta avec le sourire de l'incrédulité.

— A présent, M. Frank, que vous avez débité votre prologue d'excuses avec la mauvaise grâce d'usage pour tous les prologues, veuillez lever le rideau et me montrer ce que je désire voir. En un mot, faites-moi connaître ce que Rashleigh a dit de moi, car c'est toujours lui qui fait mouvoir toutes les machines d'Osbaldistone-Hall.

— Mais supposez qu'il m'ait dit quelque chose, miss Vernon, que mérite celui qui trahit les secrets d'une puissance pour les révéler à une puissance alliée?... car vous m'avez dit vous-même que Rashleigh était toujours votre allié, quoiqu'il ne fût plus votre ami.

— Point d'évasion, je vous prie, point de plaisanteries sur ce sujet; je n'ai ni la patience ni l'envie de les écouter. Rashleigh ne peut pas, ne doit pas, n'oserait pas tenir sur moi, sur Diana Vernon, des propos que je ne puisse pas entendre. Il règne des secrets entre nous, il est vrai, mais ce n'est pas de ces secrets qu'il peut vous avoir parlé; ce n'est pas moi personnellement que ces secrets intéressent.

Pendant qu'elle parlait, j'étais parvenu à recouvrer ma présence d'esprit, et je pris soudain la détermination de ne point révéler ce que Rashleigh m'avait dit comme en confidence. Il me semblait qu'il y avait de la bassesse à répéter un entretien particulier. Miss Vernon ne pouvait retirer aucun avantage de mon indiscrétion, qui l'eût affligée inutilement. Je répondis donc gravement — que je n'avais eu avec M. Rashleigh qu'une conversation de famille, et je lui protestai qu'il ne m'avait rien dit qui m'eût laissé contre elle une impression défavorable; j'espérais qu'elle voudrait bien se contenter de cette assurance, et ne pas exiger des détails que l'honneur m'obligeait de lui refuser.

— L'honneur? s'écria-t-elle en s'élançant de sa chaise

avec le tressaillement et la vivacité d'une Camille prête à voler au combat : l'honneur ! c'est le mien qui est compromis : point de détours, ils seront inutiles; c'est une réponse positive qu'il me faut. Ses joues étaient rouges, son visage en feu ; ses yeux étincelaient... — Je demande, ajouta-t-elle d'une voix dont l'expression était déchirante, je demande une explication, telle qu'une femme bassement calomniée a droit de la demander à un homme qui se dit homme d'honneur ; telle qu'une créature sans mère, sans amis, sans guide et sans protection, seule, seule au monde, a droit de l'exiger d'un être plus heureux qu'elle, au nom de ce Dieu qui les a envoyés ici-bas, lui pour jouir, et elle pour souffrir. Vous ne me refuserez pas, ou, ajouta-t-elle en levant les yeux d'un air solennel, je serai vengée de votre refus, s'il est quelque justice sur la terre ou dans le ciel.

Je fus étourdi de cette véhémence ; mais je sentis qu'après un semblable appel mon devoir était de bannir une scrupuleuse délicatesse, et je lui répétai brièvement ce qui s'était passé dans la conversation que j'avais eue avec Rashleigh.

— Dès qu'elle vit que je consentais à la satisfaire, elle s'assit et m'écouta d'un air calme ; et, lorsque je m'arrêtais pour chercher quelque manière délicate de lui faire entendre ce qui me semblait devoir lui causer une trop grande impression, elle me disait aussitôt :

— Continuez, continuez, je vous prie ; le premier mot qui se présente à l'esprit est le plus clair, et, par conséquent, le meilleur. Ne vous inquiétez pas de mes sentimens ; parlez-moi comme vous parleriez à un tiers qui ne serait point partie intéressée.

Pressé avec autant d'instance, je lui répétai ce que Rashleigh m'avait dit d'un arrangement de famille qui l'obligeait à épouser un Osbaldistone, et du choix qu'on avait fait de Thorncliff. J'aurais voulu n'en pas dire davantage ; mais sa pénétration découvrit que je lui cachais encore quelque chose, et sembla même deviner ce que c'était.

— Ce n'est pas tout : Rashleigh vous a encore dit quelque chose de plus, quelque chose qui le concernait particulièrement, n'est-ce pas?

— Il m'a fait entendre que, sans la répugnance qu'il éprouverait à supplanter son frère, il désirerait, à présent que la nouvelle carrière à laquelle il se destinait lui permettait de se marier, que le nom de Rashleigh remplît le blanc qui se trouve dans la dispense, au lieu de celui de Thorncliff.

— En vérité! reprit-elle; a-t-il tant de condescendance? C'est trop d'honneur pour son humble servante;... et sans doute il suppose que Diana Vernon serait transportée de joie si cette substitution pouvait s'effectuer!

— A parler franchement, il me l'a fait entendre, et il a même été jusqu'à me dire...

— Quoi...? que je sache tout! s'écria-t-elle précipitamment.

— Qu'il a fait cesser l'intimité qui régnait entre vous et lui, dans la crainte qu'elle ne donnât naissance à une affection dont sa destination à l'Eglise ne lui permettait pas de profiter.

— Je lui suis obligée de sa prévoyance, reprit miss Vernon dont tous les traits exprimaient le plus profond mépris. Elle réfléchit un instant, et reprit avec le plus grand sang-froid : — Il n'y a rien qui m'étonne dans ce que vous m'avez dit; et je m'attendais à peu près au récit que vous venez de me faire, parce que, à l'exception d'une seule circonstance, c'est l'exacte vérité. Mais, comme il y a des poisons si actifs, que quelques gouttes suffisent pour corrompre toute une source, de même il existe dans les révélations de Rashleigh une horrible imposture capable d'infecter le puits même dans lequel la vérité s'est cachée. Connaissant Rashleigh, comme je n'ai que trop de motifs de le connaître, rien au monde n'eût pu me faire penser à m'unir à lui. — Non, s'écria-t-elle en tressaillant d'horreur, non, tout, tout au monde plutôt que d'épouser Rashleigh ; plutôt l'ivrogne, le querelleur, le jockey, l'imbécile : je les préfère mille fois; et plutôt le couvent, plutôt la prison, plutôt le tombeau qu'aucun des six.

Il y avait dans le son de sa voix un accent de mélancolie qui répondait à l'agitation de son âme et à la singularité de sa situation ; si jeune, si belle, sans expérience, abandonnée à elle-même, n'ayant pas une seule amie dont la présence pût lui servir comme de protection, privée même de cette espèce de défense que son sexe retire des formes et des égards en usage dans le monde, — c'est à peine une métaphore de dire que mon cœur saignait pour elle. Cependant il y avait un air de dignité dans son dédain pour les vaines cérémonies, de grandeur dans son mépris pour l'imposture, de résolution et de courage dans la manière dont elle contemplait les dangers qui l'entouraient, enfin une espèce d'héroïsme dans sa conduite, qui m'inspiraient en même temps la plus vive admiration. On eût dit une princesse abandonnée par ses sujets, et privée de sa puissance, mais méprisant encore ces convenances, ces règles de société établies pour les personnes d'un rang inférieur; et, au milieu de tous les obstacles, conservant une âme ferme, une constance inébranlable, et mettant sa confiance dans la justice du ciel.

Je voulus lui exprimer le sentiment de pitié et d'admiration que faisaient naître en moi ses malheurs et sa constance ; mais elle m'interrompit :

— Je vous ai dit en plaisantant que je n'aimais pas les complimens, me dit-elle ; je vous dis sérieusement aujourd'hui que je dédaigne les consolations. Ce que j'ai eu à souffrir, je l'ai souffert. Ce que je dois souffrir encore, je le supporterai si je le puis. La stérile pitié n'allège pas le fardeau qui pèse sur le pauvre esclave. Il n'existait dans le monde qu'un seul être qui pût me secourir, et c'est celui qui a préféré ajouter encore à ma misère, Rashleigh Osbaldistone... Oui, il fut un temps où j'aurais pu apprendre à aimer cet homme ; mais, grand Dieu ! le motif pour lequel il s'insinua dans la confiance d'une pauvre créature entièrement isolée ; la persévérance avec laquelle il s'efforça de m'entraîner dans le précipice qu'il creusait sous mes pas, sans écouter un seul instant la voix du remords ou de la pitié ; l'horrible motif qui lui faisait chercher à convertir en poison la nourriture qu'il donnait à mon âme. O mon Dieu ! que serais-je devenue dans ce monde et dans l'autre, si j'étais tombée dans les piéges de cet infâme scélérat ?

Je fus si frappé de ces paroles et de la nouvelle perfidie qu'elles dévoilaient à mes yeux, que je me levai sans presque savoir ce que je faisais ; je mis la main sur le pommeau de mon épée, et courus à la porte de la chambre pour aller chercher celui sur lequel je devais décharger ma juste indignation. Respirant à peine et avec un regard où l'expression du ressentiment et du mépris avait fait place à celle des plus vives alarmes, miss Vernon se précipita entre la porte et moi.

— Arrêtez, s'écria-t-elle, arrêtez ! Quelque juste que soit votre ressentiment, vous ne connaissez pas la moitié des secrets de cette dangereuse prison. Elle regarda d'un œil inquiet autour de la chambre, et baissant la voix : Il y a un charme qui protége sa vie, me dit-elle ; vous ne pouvez l'attaquer sans compromettre l'existence d'autres personnes. Sans cela, dans quelque moment terrible, dans quelque heure marquée par la justice, cette main, toute faible qu'elle est, se fût peut-être vengée elle-même. Je vous ai dit, ajouta-t-elle en me ramenant à ma place, que je n'avais pas besoin de consolateur : je vous dis à présent que je n'ai pas besoin de vengeur.

Je m'assis, en réfléchissant machinalement à ce qu'elle me disait, et me rappelant aussi ce que je n'avais pas considéré dans le premier transport, que je n'avais aucun titre pour me constituer le champion de miss Vernon. Elle s'arrêta un moment pour nous donner le temps à tous deux de nous calmer, et elle continua d'un ton plus tranquille :

— Je vous ai déjà dit qu'il y a un mystère d'une nature fatale et dangereuse qui concerne Rashleigh. Tout infâme qu'il est, et quoiqu'il sache que son infamie m'est connue, je ne puis, je n'ose rompre avec lui, ni même le braver. Vous aussi, M. Frank, vous devez vous armer de patience, déjouer ses artifices en leur opposant la prudence, vous tenir toujours sur vos gardes; mais point d'éclat, point de violence, et surtout évitez les scènes telles que celle d'hier soir; ce seraient pour lui de dangereux avantages dont il ne manquerait pas de profiter. C'était le conseil que je voulais vous donner, et c'était dans cette vue que je désirais avoir un entretien avec vous : mais j'ai étendu ma confidence plus loin que je ne me l'étais proposé.

Je l'assurai qu'elle n'aurait pas lieu de s'en repentir.

— Je le crois, reprit-elle : votre ton, vos manières, semblent autoriser la confiance. Continuons à être amis; vous n'avez pas à craindre qu'entre nous l'amitié soit un nom spécieux pour cacher un autre sentiment : élevée toujours avec des hommes, accoutumée à penser et agir comme eux, je tiens plus de votre sexe que du mien. D'ailleurs, le cloître est mon partage; le voile fatal est suspendu sur ma tête, et vous pouvez croire que pour l'écarter je ne me soumettrai jamais à l'odieuse condition qui m'est prescrite. Le temps où je dois me prononcer n'est pas encore arrivé, et si je n'ai pas déjà refusé ouvertement l'époux qu'on me propose, c'est pour jouir le plus longtemps possible de ma liberté. Mais à présent que le passage du Dante est éclairci, allez voir, je vous prie, ce que sont devenus nos intrépides chasseurs; ma pauvre tête me fait trop souffrir pour que je puisse vous accompagner.

Je sortis de la bibliothèque, mais non pas pour aller voir mes cousins : j'avais besoin de prendre l'air et de calmer mes esprits avant de me trouver avec Rashleigh, dont l'horrible caractère venait de m'être dévoilé, et dont la profonde scélératesse m'avait inspiré une horreur qu'il m'eût été impossible de vaincre dans le premier moment. Dans la famille Dubourg, qui était de la religion réformée, j'avais entendu raconter beaucoup d'histoires de prêtres catholiques qui satisfaisaient, en violant les droits sacrés de l'hospitalité, ces passions que les règles de leur ordre leur interdisent. Mais le plan conçu d'avance d'entreprendre l'éducation d'une malheureuse orpheline, alliée à sa propre famille, et privée de protecteurs, dans le perfide dessein de la séduire, ce plan exposé à mes propres yeux avec toute la chaleur d'un vertueux ressentiment par l'innocente créature qu'il voulait rendre victime de sa brutalité, ce plan me semblait mille fois plus atroce que la plus horrible des histoires que j'avais entendu raconter à Bordeaux, et je sentais qu'il me serait bien difficile de rencontrer Rashleigh et de contenir l'indignation dont j'étais transporté. Cependant il était absolument nécessaire que je me contraignisse non seulement à cause des mystérieuses paroles de Diana, qui m'avait dit que je ne pouvais pas attaquer ses jours sans compromettre ceux d'autrui, mais encore parce que je n'avais pas de motif apparent pour lui chercher querelle.

Je résolus donc d'imiter la dissimulation de Rashleigh pendant le temps qu'il nous restait encore à demeurer ensemble, et, lorsqu'il serait à la veille de partir pour Londres, d'écrire à Owen pour lui tracer une légère esquisse de son caractère, et pour l'engager à se tenir sur ses gardes et à veiller à l'intérêt de mon père. Je ne doutais point que l'avarice et l'ambition ne dominassent encore plus que le libertinage dans une âme aussi fortement trempée que celle de Rashleigh. L'énergie de son caractère, et la facilité avec laquelle il savait se couvrir du masque de toutes les vertus, devaient lui assurer de la part de mon père un degré de confiance dont il n'était pas probable que la bonne foi ou la reconnaissance l'empêchât d'abuser. Cette commission que le devoir m'imposait était fort délicate, surtout dans ma position, puisque la défaveur que je chercherais à jeter sur Rashleigh pourrait être attribuée à la jalousie ou au dépit de lui voir prendre ma place dans les bureaux et dans le cœur de mon père. Cependant, comme cette lettre était absolument nécessaire pour prévenir de funestes conséquences, et que d'ailleurs je connaissais la prudence et la discrétion d'Owen à qui j'étais décidé de l'adresser, je m'empressai de l'écrire et l'envoyai à la poste par la première occasion.

Quand je revis Rashleigh, il parut comme moi se tenir sur ses gardes et être disposé à éviter tout prétexte de dispute. Il se doutait que la conversation que j'avais eue avec miss Vernon ne lui avait pas été favorable, quoiqu'il ne pût pas savoir qu'elle m'eût révélé l'infamie de ses procédés et du projet qu'il avait conçu. Pendant le peu de jours qu'il resta encore à Osbaldistone-Hall, je remarquai deux circonstances qui me frappèrent. La première, c'est la facilité presque incroyable avec laquelle il apprit les principes élémentaires nécessaires à sa nouvelle profession; principes qu'il étudiait sans relâche, faisant de temps en temps parade de ses progrès, comme pour me montrer qu'il trouvait bien léger le fardeau que je ne m'étais pas cru capable de soutenir. La seconde circonstance remarquable, c'est que, malgré tout ce que miss Vernon m'avait dit de Rashleigh, ils avaient souvent ensemble de longues conférences dans la bibliothèque, quoiqu'ils se parlassent à peine lorsqu'ils étaient avec nous, et qu'il ne parût pas régner entre eux plus d'intimité qu'à l'ordinaire.

Quand le jour du départ de Rashleigh fut arrivé, son père reçut ses adieux avec indifférence, ses frères avec la joie mal déguisée d'écoliers qui voient partir leur précepteur et qui éprouvent un plaisir qu'ils n'osent pas manifester, et moi-même avec une froide politesse. Lorsqu'il s'approcha de miss Vernon pour l'embrasser, elle recula d'un air fier et dédaigneux, mais elle lui tendit la main en lui disant : — Adieu, Rashleigh ; le ciel vous récompense du bien que vous avez fait, et vous pardonne le mal que vous avez médité.

— *Amen*, ma belle cousine, reprit-il avec un air de contrition qu'il avait pris, je crois, au séminaire de Saint-Omer [1] : heureux celui dont les bonnes intentions ont mûri, et dont les mauvaises intentions sont mortes en fleur !

Il partit en prononçant ces mots. — Le parfait hypocrite ! me dit miss Vernon lorsque la porte se fut refermée sur lui. Quelle ressemblance extérieure il peut y avoir entre ce que nous méprisons et ce que nous chérissons le plus !

J'avais chargé Rashleigh d'une lettre pour mon père et de quelques lignes pour Owen, indépendamment de la lettre particulière dont j'ai parlé, et que j'avais cru plus prudent d'envoyer par la poste. Dans ces épîtres, il eût été naturel que je fisse entendre à mon père et à mon ami que je ne retirais d'autre profit de mon séjour chez mon oncle que d'apprendre la chasse, et d'oublier au milieu des laquais et des valets d'écurie, les connaissances ou les talens que je pouvais avoir. Il eût été naturel que j'exprimasse l'ennui et le dégoût que j'éprouvais à me trouver parmi des êtres qui ne s'occupaient que de chiens et de chevaux ; que je me plaignisse de l'intempérance habituelle de la famille, et des persécutions de sir Hildebrand pour me faire suivre son exemple.

Ce dernier point surtout n'eût pas manqué de faire prendre l'alarme à mon père, dont la tempérance était la première vertu ; et toucher cette corde, c'eût été certainement m'ouvrir les portes de ma prison et abréger mon exil, ou du moins m'assurer un changement de résidence ; et cependant il est très vrai que je ne dis pas un seul mot de tout cela dans les lettres que j'écrivais à mon père et à Owen. Osbaldistone-Hall eût été Athènes dans toute sa

---

[1] Le narrateur nous a déjà appris que Rashleigh avait été élevé Saint-Omer chez les Jésuites. — Ed.

gloire et dans toute sa splendeur, il eût été peuplé de héros, de sages, de poètes, que je n'aurais pas témoigné moins d'envie de le quitter.

Pour peu qu'il vous reste encore quelque étincelle du feu et de l'enthousiasme de la jeunesse, mon cher Tresham, il vous sera facile d'expliquer mon silence. L'extrême beauté de miss Vernon, dont elle tirait si peu vanité, sa situation romanesque et mystérieuse, les malheurs qu'elle paraissait avoir essuyés et qui la poursuivaient encore ; le courage avec lequel elle les supportait ; ses manières plus franches que ne le sont ordinairement celles de son sexe, mais prouvant par là même l'innocence et la candeur de son âme ; et par-dessus tout la distinction flatteuse dont elle m'honorait, tout se réunissait en même temps pour exciter mon intérêt, piquer ma curiosité, exercer mon imagination, et flatter ma vanité. Je n'osais m'avouer à moi-même tout l'intérêt qu'elle m'inspirait, ni l'impression qu'elle avait faite sur mon cœur. Nous lisions, nous nous promenions ensemble : travaux, plaisirs, amusemens, tout était commun entre nous. Le cours d'études qu'elle avait été forcée d'interrompre lors de sa rupture avec Rashleigh fut repris sous les auspices d'un maître dont les vues étaient plus pures, quoique ses talens fussent plus bornés.

Je n'étais pas en état de la diriger dans quelques études profondes qu'elle avait commencées avec Rashleigh, et qui me paraissaient convenir beaucoup mieux à un homme d'église qu'à une femme. Je ne conçois pas non plus dans quel but il avait voulu faire parcourir à Diana le labyrinthe obscur et sans issues qu'on a cru devoir nommer philosophie, et le cercle des sciences également abstraites, quoique plus certaines, des mathématiques et de l'astronomie, à moins que ce ne fût pour confondre dans son esprit la différence entre les sexes, et l'habituer aux subtilités de raisonnement dont il pouvait se servir ensuite pour l'amener à ses vues. C'était dans le même esprit, quoique avec moins de raffinement et de dissimulation, que les leçons de Rashleigh avaient encouragé miss Vernon à se mettre au-dessus des convenances, et à dédaigner ces vaines formes dont son sexe s'entoure comme d'un rempart. Il est vrai que, séparée de la société des femmes, et n'ayant pas même une compagne auprès d'elle, elle ne pouvait ni se régler sur l'exemple des autres, ni apprendre les règles ordinaires de conduite que l'usage prescrit à son sexe. Mais telle était cependant sa modestie naturelle, et la délicatesse de son esprit pour distinguer ce qui est bien de ce qui est mal, qu'elle n'eût jamais adopté d'elle-même les manières hardies et cavalières qui m'avaient causé tant de surprise dans le premier moment, si on ne lui eût fait croire que le mépris des formes ordinaires indiquait tout à la fois la supériorité du jugement et la noble confiance de l'innocence. Son vil précepteur avait sans doute ses intentions en minant ces remparts que la réserve et la prudence élèvent autour de la vertu; mais ne cherchons pas à découvrir tous ses crimes : il en a répondu depuis long-temps devant le tribunal suprême.

Indépendamment des progrès que miss Vernon, dont l'esprit vif et pénétrant comprenait aussitôt tout ce qu'on entreprenait de lui expliquer, avait faits dans les sciences abstraites, je ne la trouvais pas moins versée dans la littérature ancienne et moderne. S'il n'était pas reconnu que les grands talens se perfectionnent souvent d'autant plus vite qu'ils ont moins de secours à attendre de ce qui les environne, il serait presque impossible de croire à la rapidité des progrès de miss Vernon; ils semblaient encore plus extraordinaires, lorsque l'on comparait l'instruction qu'elle avait puisée dans les livres à son entière ignorance du monde et de la société. On eût dit qu'elle savait, qu'elle connaissait tout, excepté ce qui se passait autour d'elle dans le monde, et je crois que cette ignorance même sur les sujets les plus simples, contrastant d'une manière si frappante avec les connaissances étendues qu'elle possédait, était ce qui rendait sa conversation si piquante et fixait l'attention sur tout ce qu'elle disait; car il était impossible de prévoir si le mot qu'elle allait prononcer montrerait la plus fine pénétration ou la plus profonde singularité. Se trouver sans cesse avec un objet aussi aimable, aussi intéressant, et vivre avec elle dans la plus grande intimité, c'était une situation bien critique à mon âge, quoique je cherchasse à m'en dissimuler le danger.

CHAPITRE XIV.

« Ce n'est point un prestige! Une vive lumière
« De sa fenêtre éclaire les vitraux.
« A minuit! dans ces lieux! Quel est donc ce mystère?... »
Ancienne ballade.

La vie que nous menions à Osbaldistone-Hall était trop uniforme pour mériter d'être décrite. Diana Vernon et moi nous consacrions la plus grande partie de notre temps à l'étude; le reste de la famille passait toute la journée à la chasse, et quelquefois nous allions les rejoindre. Mon oncle faisait tout par habitude, et par habitude aussi il s'accoutuma si bien à ma présence et à mon genre de vie, qu'après tout je crois qu'il m'aimait tel que j'étais. J'aurais pu sans doute acquérir plus facilement ses bonnes grâces, si j'avais employé pour cela les mêmes artifices que Rashleigh, qui, se prévalant de l'aversion de son père pour les affaires, s'était insinué insensiblement dans l'administration de ses biens. Mais, quoique je prêtasse volontiers à mon oncle les secours de ma plume et de mes connaissances en arithmétique toutes les fois qu'il désirait écrire une lettre à un voisin, ou régler un compte avec un fermier, cependant je ne voulais point, par délicatesse, me charger entièrement du maniement de ses affaires, de sorte que le bon chevalier, tout en convenant que le neveu Frank était un garçon habile et zélé, ne manquait jamais de remarquer en même temps qu'il n'aurait pas cru que Rashleigh lui fût aussi nécessaire.

Comme il est très désagréable de demeurer dans une famille, et d'être mal avec les membres qui la composent, je fis quelques efforts pour gagner l'amitié de mes cousins. Je changeai mon chapeau à ganse d'or pour une casquette de chasse; on m'en sut gré. Je domptai un jeune cheval avec une assurance qui me fit faire un grand pas dans les bonnes grâces de la famille. Deux ou trois paris perdus à propos contre Dick, et une ou deux bouteilles vidées avec Percy, me concilièrent enfin l'amitié de tous les jeunes Squires, à l'exception de Thorncliff.

J'ai déjà parlé de l'éloignement qu'avait pour moi ce jeune homme, qui, ayant un peu plus de bon sens que ses frères, avait aussi un plus mauvais caractère. Brusque, ombrageux et querelleur, il semblait mécontent de mon séjour à Osbaldistone-Hall, et voyait d'un œil envieux et jaloux mon intimité avec Diana Vernon, qui, par suite d'un certain pacte de famille, lui était destinée pour épouse. Dire qu'il l'aimait, ce serait profaner ce mot; mais il la regardait en quelque sorte comme sa propriété, et ne voulait pas, pour employer son style, qu'on vînt chasser sur ses terres. J'essayai plusieurs fois d'amener Thorncliff à une réconciliation; mais il repoussa mes avances d'une manière à peu près aussi gracieuse que celle d'un dogue qui gronde sourdement et semble prêt à mordre lorsqu'un étranger veut le caresser. Je l'abandonnai donc à sa mauvaise humeur, et ne me donnai plus la peine de chercher à l'apaiser.

Telle était ma situation à l'égard des différens membres de la famille; mais je dois parler aussi d'un autre habitant du château avec lequel je causais de temps en temps : c'était André Fairservice, le jardinier, qui, depuis qu'il avait découvert que j'étais protestant, ne me laissait jamais passer sans m'ouvrir amicalement sa tabatière écossaise. Il trouvait plusieurs avantages à me faire cette politesse :

d'abord, elle ne lui coûtait rien, car je ne prenais jamais de tabac; et ensuite c'était une excellente excuse pour André, qui aimait assez à interrompre de temps en temps son travail pour se reposer pendant quelques minutes sur sa bêche, mais surtout pour trouver, dans les courtes pauses que je faisais près de lui, une occasion de débiter les nouvelles qu'il avait apprises, ou les remarques satiriques que son humeur caustique lui suggérait.

— Je vous dirai donc, monsieur, me répéta-t-il un soir avec l'air d'importance qu'il ne manquait jamais de prendre lorsqu'il avait quelque grande nouvelle à m'annoncer; je vous dirai donc que j'ai été ce matin à Trinlay-Knowe.

— Eh bien, André, vous avez sans doute appris quelque nouvelle au cabaret?

— Je ne vais jamais au cabaret, Dieu m'en préserve...! c'est-à-dire, à moins qu'un voisin ne me régale; car, pour y aller et mettre soi-même la main à la poche, la vie est trop dure, et l'argent trop difficile à gagner.... Mais j'étais allé, comme je disais, à Trinlay-Knowe pour une petite affaire que j'ai avec la vieille Marthe Simpson qui a besoin d'un quart de boisseau de poires; et il en restera encore plus qu'ils n'en mangeront au château. Pendant que nous étions à conclure notre petit marché, voilà que Patrick Macready, le *marchand voyageur,* vint à entrer.

— Le colporteur, voulez-vous dire?

— Oh! tout comme il plaira à Votre Honneur de l'appeler; mais c'est un métier honorable et lucratif... Patrick est tant soit peu mon cousin, et nous avons été charmés de la rencontre.

— Et vous avez vidé ensemble un pot d'ale, sans doute, André?... Car, au nom du ciel, abrégez votre histoire.

— Attendez donc, attendez donc! Vous autres du midi vous êtes toujours si pressés! Donnez-moi le temps de respirer; c'est quelque chose qui vous concerne, et vous devez prendre patience.... Un pot de bière! du diable si Patrick offrit de m'en payer un; mais la vieille Simpson nous donna à chacun une jatte de lait et une de ses galettes si dures. Ah! vive les bonnes galettes d'Ecosse! Nous étant assis, nous nous mîmes à causer de chose et d'autre.

— De grâce, soyez bref, André. Dites-moi vite les nouvelles, si vous en avez à m'apprendre; je ne puis pas rester ici toute la nuit.

— Eh bien donc, les gens de Londres sont tous *clean wud* au sujet de ce petit tour qu'on a joué ici.

— Clean wood (*bois clair*) qu'est-ce cela[1]?

— Oh! c'est-à-dire qu'ils sont fous, — fous à lier, — sens dessus dessous, — le diable est sur Jack Wabster.

— Mais qu'est-ce que tout cela signifie? ou qu'ai-je à faire avec le diable et Jack Wabster?

— Hum! dit André d'un air fort mystérieux, au sujet de cette valise....

— Quelle valise? expliquez-vous!

— La valise de Morris, qu'il dit avoir perdue là-bas. Mais si ce n'est pas l'affaire de Votre Honneur, ce n'est pas non plus la mienne, et je ne veux pas perdre cette belle soirée.

Et, saisi tout-à-coup d'un violent accès d'activité, André se remit à bêcher de plus belle.

Ma curiosité, comme le fin matois l'avait prévu, était alors excitée; mais, ne voulant pas lui laisser voir l'intérêt que je prenais à cette affaire, j'attendis que son bavardage le ramenât sur le sujet qu'il venait de quitter. André continua à travailler avec ardeur, parlant par intervalles, mais jamais au sujet des nouvelles de M. Macready; et je restais à l'écouter, le maudissant du fond du cœur, mais voulant voir en même temps jusqu'à quel point son esprit

---

(1) Le traducteur laisse ici ces mots du texte pour faire sentir la difficulté de traduire ce patois d'Ecosse, que le héros du roman est obligé lui-même de se faire expliquer. Francis croit que ces mots *clean wud* signifient *bois clair*, et Fairservice veut dire que les gens de Londres ont perdu la tête. Le reste du dialogue n'est pas moins difficile pour les Anglais eux-mêmes. — Ed.

de contradiction l'emporterait sur la démangeaison qu'il avait de me raconter la fin de son histoire.

— Je vais planter des asperges, et semer ensuite des haricots. Il faut bien qu'ils aient quelque chose au château pour leurs estomacs de pourceaux; grand bien leur fasse. — Et quel fumier l'intendant m'a remis! il faudrait qu'il y eût au moins de la paille d'avoine, et ce sont des cosses de pois sèches; mais chacun fait ici à sa tête, et le chasseur entre autres vend, je crois bien, la meilleure litière de l'écurie : cependant il faut profiter de ce samedi soir; car, s'il y a un beau jour sur sept, vous êtes sûr que c'est le dimanche. — Néanmoins ce beau temps peut durer jusqu'à lundi matin, — et à quoi bon m'épuiser ainsi de fatigue? Allons-nous-en, car voilà leur couvre-feu, comme ils appellent leur cloche.

André enfonça sa bêche dans la terre; et, me regardant avec l'air de supériorité d'un homme qui sait une nouvelle importante qu'il peut taire ou communiquer à son gré, il rabattit les manches de sa chemise, et alla chercher sa veste qu'il avait soigneusement pliée sur une couche voisine.

— Il faut bien que je me résigne, pensai-je en moi-même, et que je me décide à entendre l'histoire de M. Fairservice, de la manière qu'il lui plaira de me la raconter. Eh bien! André, lui dis-je, quelles sont donc ces nouvelles que vous avez apprises de votre cousin le marchand ambulant?

— Oh! colporteur, voulez-vous dire, reprit André d'un air de malice, mais appelez-les comme vous voudrez, ils sont d'une grande utilité dans un pays où les villes sont aussi rares que dans ce Northumberland. Il n'en est pas de même de l'Écosse; aujourd'hui, il y a le royaume de Fife, par exemple. Eh bien, d'un bout à l'autre, à droite, à gauche, on ne voit que de gros bourgs qui se touchent l'un l'autre, et se tiennent en rang d'ognons, de sorte que tout le comté semble ne faire qu'une seule cité. Kirkcaldy, par exemple, la capitale, est plus grande qu'aucune ville d'Angleterre [1].

— Oh! je n'en doute pas. Mais vous parliez tout à l'heure de nouvelles de Londres, André?

— Oui, reprit André; mais je croyais que Votre Honneur ne se souciait pas de les apprendre. Patrick Macready dit donc, ajouta-t-il en faisant une grimace qu'il prenait sans doute pour un sourire malin, qu'il y a eu du tapage à Londres dans leur *Parliament House* [2], au sujet du vol fait à ce Morris, si c'est bien son nom.

— Dans le parlement, André? Et à quel propos?

— C'est justement ce que je demandais à Patrick. Pour ne rien cacher à Votre Honneur, Patrick, lui disais-je, que diable avaient-ils donc à démêler avec cette valise? Quand nous avions un parlement en Ecosse (la peste étouffe ceux qui nous l'ont ôté), il faisait des lois pour le pays, et ne venait jamais mettre son nez dans les affaires qui regardaient les tribunaux ordinaires; mais je crois, Dieu me préserve! qu'une femme renverserait la marmite de sa voisine, qu'ils voudraient la faire comparaître devant leur parlement de Londres. C'est, ai-je dit, être tout aussi sot que notre vieux fou de laird ici et ses imbéciles de fils avec leurs chiens, leurs chevaux, leurs cors, et courant tout un jour après une bête qui ne pèse pas six livres quand ils l'ont attrapée.

— Admirablement raisonné, André, repris-je pour l'amener à une explication plus étendue; et que disait Patrick?

— Oh! m'a-t-il dit, que peut-on attendre de mieux de ces brouillons d'Anglais? — Mais, quant au vol, il paraît que pendant qu'ils se chamaillaient entre Whigs et Torys, et se disaient de gros mots comme des manans, voilà qu'il se lève un homme à longues paroles qui dit qu'au nord de l'Angleterre il n'y a que des jacobites (et il ne se trom-

(1) Fairservice aime à exagérer l'importance de son pays. — Ed.
(2) Edifice où se tenaient les séances du parlement d'Ecosse. — Ed.

pait guère); qu'ils étaient presque en guerre ouverte : qu'un messager du roi avait été arrêté sur la grande route; que les premières familles du Northumberland y avaient prêté les mains ; et que... est-ce que je sais, moi? qu'on lui avait pris beaucoup d'argent, et puis des papiers importans, et puis bien d'autres choses; et que, quand le messager avait voulu aller se plaindre chez le juge de paix de l'endroit, il avait trouvé ses deux voleurs attablés avec lui, mon Dieu ! ni plus ni moins que compères et compagnons, et qu'à force de manigances et de menaces ils l'avaient forcé à se rétracter, et enfin qu'au bout du compte l'honnête homme qui avait été volé s'était empressé de quitter le pays, dans la crainte qu'il ne lui arrivât pire.

— Tout cela est-il bien vrai, André?

— Patrick jure que c'est aussi vrai qu'il est vrai que sa mesure a une aune de long, Dieu me préserve ! Mais, pour en revenir à notre affaire, quand le parleur eut fini sa harangue, on demanda à grands cris les noms de l'homme volé, des voleurs et du juge, et il nomma Morris, et votre oncle, et M. Inglewood, et d'autres personnes encore, ajouta André en me regardant malignement. Et puis après, un autre dragon se leva et demanda comme ça si l'on devait mettre en accusation les seigneurs les plus huppés du royaume, sur la déposition d'un poltron qui avait été cassé à la tête de son régiment pour s'être enfui au milieu d'une bataille et avoir passé en Flandre; et il dit qu'il était probable que toute cette histoire avait été concertée entre le ministre et lui, avant tant seulement qu'il eût quitté Londres. Alors ils firent venir Morris à la..., la barre je crois qu'ils disent, et ils voulurent le faire parler ; mais bah ! il avait tant de peur qu'on ne revînt sur l'affaire de sa désertion, que Patrick dit qu'il avait l'air d'un déterré plutôt que d'un vivant; et il fut impossible d'en tirer deux mots de suite, tant il avait été effrayé de tous leurs clabaudages ! Il faut que sa tête ne vaille guère mieux qu'un navet gelé, car du diable, Dieu me préserve! si tout ça eût empêché André Fairservice de dire ce qu'il avait sur le cœur!

— Et comment cette affaire finit-elle, André? Votre ami l'a-t-il su?

— S'il l'a su! Il a différé son voyage d'une semaine, afin de pouvoir apporter les nouvelles à ses pratiques. Le gaillard qui avait parlé le premier commença à déchanter un peu, et dit que, quoiqu'il crût que l'homme avait été volé, il convenait pourtant qu'il avait pu se tromper sur les particularités du vol. Le gaillard du parti contraire riposta qu'il lui importait peu que Morris eût été volé ou volaille [1], pourvu qu'on n'attaquât pas l'honneur des principaux gentilshommes du Northumberland. Et voilà ce qu'ils appellent s'expliquer. L'un cède un brin, l'autre une miette, et les revoilà tous amis. Vous croyez peut-être que c'est fini à présent? Eh bien, pas du tout. Est-ce que la chambre des lords, après la chambre des communes, n'a pas voulu s'en mêler aussi? Dans notre pauvre parlement d'Ecosse, les pairs, les représentans, tout cela siégeait ensemble, et il n'y avait pas besoin de baragouiner deux fois la même affaire. Mais tant il y a qu'à Londres ils recommencèrent tout dans l'autre chambre, comme si de rien n'était. Dans cette chambre-là, il y en eut un qui s'avisa de dire qu'il y avait un Campbell qui était impliqué dans le vol, et qui avait montré pour sa justification un certificat signé du duc d'Argyle. Quand le duc entendit ça, vous sentez bien qu'il prit feu dans sa barbe. Il dit que tous les Campbell étaient de braves et honnêtes gens, comme le vieux sir John Græme. Or, maintenant, si Votre Honneur n'est pas parent du tout avec les Campbell pas plus que moi, autant que je puis connaître ma race, je lui dirai ce que j'en pense.

(1) Il y a dans le texte un calembourg intraduisible sur *robbed* et *rabbit;* volé et lapin. C'est ici qu'on peut pardonner à la traduction quelques équivalens. — Ed.

— Vous pouvez être sûr que je n'ai aucun lien de parenté avec les Campbell.

— Oh! alors, nous pouvons en parler tranquillement entre nous. Il y a du bien et du mal sur ce nom de Campbell comme sur tous les noms. Mais ce Mac-Callum-More a du crédit et souffle le froid et le chaud, n'appartenant à aucun parti; de sorte que personne ne se soucie là-bas à Londres de se quereller avec lui. On traita donc de calomnie l'histoire de Morris, et s'il n'avait pas pris ses jambes à son cou, il est probable qu'il eût été prendre l'air sur le pilori pour avoir fait une fausse déposition.

En disant ces mots, l'honnête André rassembla ses bêches, ses râteaux et ses autres instrumens de jardinage, et les jeta dans une brouette qu'il se disposa à traîner du côté de la serre, mais assez lentement pour me laisser le temps de lui faire toutes les questions que je pouvais désirer. Voyant que j'avais affaire à un malin drôle, je crus qu'il fallait bannir tout mystère avec lui, et lui dire la chose telle qu'elle était, de peur que ma réserve ne lui inspirât des soupçons et ne fût pour moi la source de nouveaux désagrémens.

— J'aimerais à voir votre compatriote, André. Vous avez sans doute entendu dire que j'avais été compromis par l'impertinente folie de ce Morris (André me répondit par une grimace très significative), et je désirerais voir, s'il était possible, votre cousin le marchand pour lui demander des détails encore plus circonstanciés de ce qu'il a appris à Londres.

— Oh! rien de plus aisé, reprit André; je n'ai qu'à faire entendre à mon cousin que vous avez besoin d'une ou deux paires de bas, et il sera ici en moins de rien.

— Oh! oui, assurez-le que je serai une bonne pratique; et, comme vous disiez, la nuit est calme et belle, je me promènerai dans le jardin jusqu'à ce qu'il vienne. La lune va bientôt se lever. Vous pouvez l'amener à la petite porte de derrière, et, en attendant, j'aurai le plaisir de contempler les arbres et les gazons au clair de la lune.

— Très vrai, très vrai. — C'est ce que j'ai souvent dit ; un chou-fleur est si brillant au clair de la lune, qu'il ressemble à une dame parée de diamans.

A ces mots, André Fairservice partit tout joyeux. Il avait plus d'un mille à faire, et il entreprit cette course avec le plus grand plaisir, pour procurer à son cousin la vente de quelques uns des articles de son commerce, quoiqu'il soit probable qu'il n'eût pas donné six pence pour le régaler d'un pot de bière. — La bonne volonté d'un Anglais se serait manifestée de la manière opposée, pensai-je en moi-même en parcourant les longs sentiers bordés d'ifs et de houx qui coupaient l'antique jardin d'Osbaldistone-Hall.

Lorsque je fus au bout de l'allée qui conduisait au château, j'aperçus de la lumière dans la bibliothèque, dont les fenêtres donnaient sur le jardin. Je n'en fus pas surpris, car je savais que miss Vernon s'y rendait souvent le soir, quoique par délicatesse je m'imposasse la contrainte de ne jamais aller l'y rejoindre. Dans un moment où le reste de la famille était livré à ses orgies ordinaires, nos entrevues auraient été réellement des tête-à-tête. Le matin, c'était différent. Il entrait souvent dans la bibliothèque des domestiques qui venaient ou chercher quelques livres pour bourrer les fusils des jeunes Squires, ou apporter à Diana quelque message de la part de sir Hildebrand. En un mot, jusqu'au dîner la bibliothèque était une espèce de terrain neutre, qui, quoique peu fréquenté, pouvait cependant être regardé comme un point de réunion générale. Il n'en était pas de même dans la soirée ; et, élevé dans un pays où l'on a beaucoup d'égards pour les bienséances, je désirais les observer d'autant plus strictement que miss Vernon y faisait moins d'attention. Je lui fis donc comprendre, avec tous les ménagemens possibles, que, lorsque nous lisions ensemble le soir, la présence d'un tiers serait convenable.

Miss Vernon commença par rire, puis rougit, et elle était prête à se fâcher; mais, changeant tout-à-coup d'idée : — Je crois que vous avez raison, me dit-elle, et quand je serai dans mes jours de grande ardeur pour le travail, j'engagerai la vieille Marthe à venir prendre ici une tasse de thé avec moi, pour me servir de paravent.

Marthe, la vieille femme de charge, avait le même goût que toute la famille. Elle préférait un bon verre de vin à tout le thé de la Chine. Cependant, comme il n'y avait alors que les personnes comme il faut qui prissent du thé, cette invitation flattait la vanité de Marthe, et elle nous tenait quelquefois compagnie. Du reste, tous les domestiques évitaient d'approcher de la bibliothèque après le coucher du soleil, parce que deux ou trois des plus poltrons disaient avoir entendu du bruit dans cette partie de la maison lorsque tout le monde était couché, et les jeunes Squires eux-mêmes étaient loin de désirer d'entrer le soir dans cette redoutable enceinte.

L'idée que la bibliothèque avait été pendant long-temps l'endroit où Rashleigh se tenait de préférence, et qu'une porte secrète communiquait de cette chambre dans l'appartement isolé qu'il avait choisi pour lui-même, augmentait les terreurs, bien loin de les diminuer. Les relations étendues qu'il avait dans le monde, son instruction, ses connaissances, qui embrassaient toute espèce de sciences; quelques expériences de physique qu'il avait faites pour s'amuser, étaient pour des esprits de cette trempe des raisons suffisantes pour le croire en rapport avec les esprits. Il savait le grec, le latin et l'hébreu, et en conséquence, comme l'exprimait dans sa frayeur le cousin Wilfred, il ne pouvait pas avoir peur des esprits, des fantômes ou du diable. Les domestiques soutenaient qu'ils l'avaient entendu parler haut dans la bibliothèque lorsque tout le monde était couché dans le château; qu'il passait la nuit à veiller avec des revenans, et le matin à dormir, au lieu d'aller conduire la meute comme un vrai Osbaldistone.

Tous ces bruits absurdes m'avaient été répétés en confidence, et l'air de bonhomie et de crédulité du narrateur m'avait souvent beaucoup diverti. Je méprisais souverainement ces contes ridicules ; mais l'extrême solitude à laquelle cette chambre redoutée était condamnée tous les soirs après le couvre-feu était pour moi une raison de ne pas m'y rendre, lorsqu'il plaisait à miss Vernon de s'y retirer.

Pour résumer ce que je disais, je ne fus pas surpris de voir de la lumière dans la bibliothèque ; mais je ne pus m'empêcher d'être étonné de voir l'ombre de deux personnes qui passaient entre la lumière et la première fenêtre. Je crus m'être trompé, et avoir pris l'ombre de Diana pour une seconde personne. Mais non, les voilà qui passent devant la seconde croisée ; ce sont bien deux personnes distinctes. Elles disparaissent encore, et voilà que leur ombre se dessine encore sur la troisième fenêtre, puis sur la quatrième. Qui peut être à cette heure avec Diana ? Les deux ombres repassèrent successivement devant chaque croisée, comme pour me convaincre que je ne me trompais pas ; après quoi les lumières furent éteintes, et tout rentra dans l'obscurité.

Quelque futile que fût cette circonstance, je restai longtemps sans pouvoir la bannir de mon esprit. Je ne me permettais pas même de supposer que mon amitié pour miss Vernon allât jusqu'à la jalousie. Cependant je ne puis exprimer le déplaisir que j'éprouvai en songeant qu'elle accordait à quelqu'un des entretiens particuliers, à une heure et dans un lieu où j'avais eu la délicatesse de lui dire qu'il n'était pas convenable qu'elle me reçût.

— Imprudente et incorrigible Diana, disais-je en moi-même, folle qui as fermé l'oreille à tous les bons avis ! J'ai été trompé par la simplicité de ses manières ; et je suis sûr qu'elle prend ces formes de franchise, comme elle mettrait un bonnet de paille si c'était la mode, pour faire parler d'elle. Je crois vraiment que malgré son excellent jugement la société de cinq à six rustauds pour jouer au wisk lui ferait un plus sensible plaisir qu'Arioste lui-même s'il revenait au monde.

Ce qui ajoutait encore à l'amertume de ces réflexions, c'est que, m'étant décidé à montrer à Diana la traduction en vers des premiers chants de l'Arioste, je l'avais priée d'inviter Marthe à venir ce soir-là prendre le thé avec elle, et que miss Vernon m'avait demandé de remettre cette partie à un autre jour, alléguant quelque excuse qui m'avait semblé assez frivole. Je cherchais à expliquer ces différentes circonstances, lorsque j'entendis ouvrir la petite porte de derrière du jardin. C'était André qui rentrait : son compatriote, pliant sous le poids de sa balle, marchait derrière lui.

Je trouvai dans Macready un Écossais malin et intelligent, grand marchand de nouvelles tant par inclination que par état. Il me fit le récit exact de ce qui s'était passé dans la chambre des communes et dans celle des pairs relativement à l'affaire de Morris, dont on s'était servi comme d'une pierre de touche pour connaître l'esprit du parlement. Il m'apprit, comme André me l'avait fait entendre, que le ministère, ayant eu le dessous, avait été obligé de renoncer au projet d'appuyer un rapport qui compromettait des personnes de distinction, et qui n'était fait que par un individu sans aucun droit à la confiance, et qui d'ailleurs se contredisait à chaque instant dans la manière de raconter son histoire. Macready me fournit même un exemplaire d'un journal imprimé qui contenait la substance des débats ; et il me remit aussi une copie du discours du duc d'Argyle, en ayant apporté plusieurs pour les vendre à ses partisans en Écosse. Le journal ne m'apprit rien de nouveau, et ne servit qu'à me confirmer ce que m'avait dit l'Écossais; le discours du duc, quoique éloquent et énergique, contenait principalement l'éloge de sa famille et de son clan, avec quelques complimens non moins sincères, quoique plus modérés, qu'il prit occasion de s'adresser à lui-même. Je ne pus savoir si ma réputation avait été directement compromise, quoique je comprisse bien que l'honneur de la famille de mon oncle l'était fortement ; car Morris avait déclaré en plein parlement que Campbell était l'un des deux voleurs, et qu'il avait eu l'impudence d'aller déposer lui-même en faveur d'un M. Osbaldistone, qui était son complice, et dont, de connivence avec le juge, il avait procuré l'élargissement en forçant l'accusateur à se désister de ses poursuites. Cette partie de l'histoire de Morris s'accordait avec mes propres soupçons, qui s'étaient portés sur Campbell depuis l'instant où je l'avais vu paraître chez le juge Inglewood. Tourmenté à l'excès du tour qu'avait pris cette surprenante affaire, je renvoyai les deux Écossais, après avoir acheté quelques bagatelles à Macready, et je me retirai dans ma chambre pour considérer ce que je devais faire pour défendre ma réputation aussi publiquement attaquée.

CHAPITRE XV.

« D'où viens-tu ? Que fais-tu parmi nous ? »
MILTON.

Après avoir passé la nuit à méditer sur la nouvelle que j'avais reçue, je crus d'abord devoir retourner à Londres en toute diligence, et repousser la calomnie par ma présence ; mais je réfléchis ensuite que je ne ferais peut-être qu'ajouter au ressentiment de mon père, qui était absolu dans ses décisions sur tout ce qui concernait sa famille. Son expérience le mettait en état de me tracer la conduite que je devais tenir, et ses relations avec les Whigs les plus puissans lui donnaient la facilité de me faire rendre justice. Toutes ces raisons me décidèrent à écrire à mon père les différentes circonstances de mon histoire ; et quoiqu'il y eût près de dix milles jusqu'à la poste la plus voisine, je résolus d'y porter moi-même ma lettre, pour être sûr qu'elle ne serait pas égarée.

Il me semblait extraordinaire que, quoiqu'il se fût déjà écoulé plusieurs mois depuis mon départ de Londres, et que Rashleigh eût déjà écrit à sir Hildebrand pour lui apprendre son heureuse arrivée, et la réception amicale que son oncle lui avait faite, je n'eusse encore reçu aucune lettre ni d'Owen ni de mon père. Tout en admettant que ma conduite avait pu être blâmable, il me semblait que je ne méritais pas d'être aussi complètement oublié. A la fin de la lettre que j'écrivis à mon père relativement à l'affaire de Morris, je ne manquai pas de témoigner le plus vif désir qu'il m'honorât de quelques lignes de réponse, ne fût-ce que pour me donner ses conseils dans une circonstance trop délicate pour que je me permisse de prendre un parti avant de connaître ses intentions. Ne me sentant pas le courage de solliciter mon rappel à Londres, je cachai sous le voile de la soumission aux volontés de mon père les véritables raisons qui me faisaient désirer de rester à Osbaldistone-Hall, et me bornai à demander la permission de venir passer quelques jours dans la capitale pour réfuter les infâmes calomnies qu'on avait fait circuler si publiquement contre moi. Après avoir terminé mon épître, dont la composition me coûta d'autant plus de peine que j'étais combattu entre le désir de rétablir ma réputation et le regret de quitter momentanément le lieu actuel de ma résidence, j'allai porter moi-même ma lettre à la poste, comme je me l'étais proposé. Je fus bien récompensé de la peine que j'avais prise; j'y trouvai une lettre à mon adresse, qui ne me serait parvenue que plus tard. Elle était de mon ami Owen, et contenait ce qui suit :

« Mon cher M. Francis,

« Je vous accuse réception de votre lettre du 10 courant, qui m'a été remise par M. Rashleigh Osbaldistone, et j'ai pris bonne note du contenu. J'aurai pour monsieur votre cousin toutes les attentions possibles; et je l'ai déjà mené voir la Bourse et la Banque. Il paraît être sobre, rangé et studieux; il sait fort bien l'arithmétique, et connaît la tenue des livres. J'aurais désiré qu'une autre personne que moi eût dirigé ses études vers cette partie; mais la volonté de Dieu soit faite ! Comme l'argent peut être utile dans le pays où vous êtes, je prends la confiance de vous adresser ci-joint une lettre de change de cent livres sterling [1], à six jours de vue, sur MM. Hooper et Girder de Newcastle, qui y feront honneur. Je suis, mon cher M. Francis, avec le plus profond respect,

Votre très humble et très obéissant serviteur,

« Joseph Owen. »

« *Post-scriptum.* Veuillez m'accuser réception de la présente. Votre père dit qu'il se porte comme à l'ordinaire; mais il est bien changé. »

Après avoir lu ce billet, écrit avec la netteté qui distinguait le bon Owen, je fus surpris qu'il n'y fît aucune mention de la lettre particulière que je lui avais écrite dans la vue de lui faire connaître le véritable caractère de Rashleigh. J'avais envoyé ma lettre à la poste par un domestique du château, et je n'avais aucune raison pour croire qu'elle ne fût point parvenue à son adresse. Cependant, comme elle contenait des renseignemens d'une grande importance, tant pour mon père que pour moi, j'écrivis de suite à Owen, et récapitulai tout ce que je lui avais écrit précédemment, en le priant de m'apprendre, par le retour du courrier, si ma lettre lui était parvenue. Je lui accusai réception de la lettre de change, et lui promis d'en faire usage si j'avais besoin d'argent. Il me semblait assez extraordinaire que mon père laissât à son commis le soin de fournir à mes dépenses, mais j'en conclus que c'était un arrangement fait entre eux. D'ailleurs, quoi qu'il en fût, Owen était garçon, il était à son aise, et avait toujours eu pour moi beaucoup

---

[1] 2,400 fr. — Ed.

d'attachement : aussi n'hésitai-je pas à accepter cette petite somme, que j'étais résolu de lui rendre sur les premiers fonds que je toucherais, en cas que mon père ne l'en eût pas déjà remboursé. Un marchand, à qui le maître de la poste m'adressa, me donna en or le montant de la lettre de change sur MM. Hooper et Girder, de sorte que je retournai à Osbaldistone-Hall beaucoup plus riche que je n'en étais parti. Ce surcroît de finances venait fort à propos ; car l'argent que j'avais apporté de Londres commençait à diminuer sensiblement, et j'avais toujours de temps en temps quelques dépenses à faire qui n'eussent pas tardé à épuiser le fond de ma bourse.

A mon retour au château j'appris que sir Hildebrand était allé avec ses dignes rejetons à un petit hameau appelé Trinlay-Knowe, pour voir, comme me dit André, une douzaine de coqs se plumer mutuellement la tête.

— C'est un amusement bien barbare, André ; vous n'en avez sans doute pas de semblables en Ecosse?

— Non, non, Dieu me préserve ! répondit André, à moins pourtant que ce ne soit la veille de quelque grande fête ; mais, au bout du compte, ils peuvent faire tout ce qu'ils voudront à cette volaille, qui ne fait que gratter et que ratisser dans la cour, et vient, sans crier gare, abîmer toutes mes plate-bandes. Dieu merci ! moins il y en aura, moins ce sera de peine pour les pauvres jardiniers ; mais, puisque vous voilà, dites-moi donc qui est-ce qui laisse toujours la porte de cette tour ouverte ? Maintenant que M. Rashleigh est parti, ce ne peut pas être lui, j'espère.

La porte de la tour dont il parlait donnait sur le jardin, et conduisait à l'escalier tournant par lequel on montait à l'appartement de M. Rashleigh. Cet appartement, ainsi que je l'ai déjà dit, était comme isolé du reste du château, et communiquait à la bibliothèque par une porte secrète, et au reste de la maison par un passage long et obscur. Un sentier fort étroit, bordé d'une haie des deux côtés, conduisait de la porte de la tour à une petite porte de derrière du jardin. Au moyen de ces communications, Rashleigh, qui n'était presque jamais avec sa famille, pouvait entrer et sortir quand il le voulait, sans être obligé de passer par le château. Mais pendant son absence personne ne descendait jamais par cet escalier, et c'est ce qui rendait l'observation d'André remarquable.

— Avez-vous souvent vu cette porte ouverte? lui demandai-je.

— Souvent? oh mon Dieu! oui. C'est-à-dire souvent, si vous voulez, deux ou trois fois. A mon avis, il faut que ce soit ce prêtre, le P. Vaughan, comme ils l'appellent: car, pour les domestiques, ce ne sera pas eux que vous attraperez sur cet escalier. Ah! bien oui, Dieu me préserve! ces païens ont trop peur et des revenans et des brownies, et de toute l'engeance de l'autre monde enfin. Le P. Vaughan se croit un être privilégié; mais qui se met trop haut, on l'abaisse; je parierais bien que le plus mauvais prêcheur de l'autre côté de la Tweed conjurerait un esprit deux fois plus vite que lui avec son eau bénite et ses cérémonies idolâtres. Tenez, à vous dire le vrai, je ne crois pas non plus qu'il parle latin, bon latin, s'entend; car il a l'air de ne pas me comprendre quand je lui dis les noms savans des plantes.

Ce P. Vaughan partageait son temps et ses soins entre Osbaldistone-Hall et cinq ou six maisons catholiques des environs; je ne vous en ai encore rien dit, parce que j'avais eu peu d'occasions de le voir. C'était un homme d'environ soixante ans, de bonne famille, à ce que j'avais entendu dire, d'un extérieur grave et imposant, et jouissant de la plus grande considération parmi les catholiques du Northumberland, qui le regardaient comme un homme juste et intègre. Cependant le P. Vaughan n'était pas à l'abri de ces petites particularités qui distinguent son ordre. On voyait répandu sur toute sa personne un air de mystère qui, à des yeux protestans, dénonçait le métier de prêtre. Les *naturels* d'Osbaldistone-Hall (car c'est ainsi qu'on aurait dû appeler les habitans du château) avaient pour lui plus de respect que d'affection. Il était évident qu'il condamnait leurs orgies, car elles étaient interrompues en partie lorsque le prêtre passait quelque temps au château. Sir Hildebrand lui-même s'imposait une certaine contrainte dans ses discours et dans sa conduite, ce qui peut-être rendait la présence du P. Vaughan plus gênante qu'agréable.

Il avait cette adresse polie, insinuante et presque flatteuse, particulière au clergé de sa religion, surtout en Angleterre, où les laïcs catholiques, retenus par des lois pénales et par les restrictions de leur secte, et les recommandations de leurs pasteurs, montrent une grande réserve, souvent même une vraie timidité, dans la société des protestans; pendant que les prêtres, privilégiés par leur ministère, et pouvant fréquenter les personnes de toutes les croyances, sont ouverts, actifs, francs, et habiles dans l'art d'obtenir une popularité qu'ils recherchent avec ardeur.

Le P. Vaughan était une connaissance particulière de Rashleigh; c'était à lui qu'il était principalement redevable de l'accueil qu'il recevait au château, ce qui ne me donnait nulle envie de cultiver sa connaissance; et comme, de son côté, il ne paraissait pas fort jaloux de faire la mienne, les relations que nous avions ensemble se bornaient à un simple échange de civilités. Il me semblait assez naturel que M. Vaughan occupât la chambre de Rashleigh lorsqu'il couchait par hasard au château, parce que c'était la plus rapprochée de la bibliothèque, dans laquelle il devait sans doute se rendre pour jouir du plaisir de la lecture. Il était donc très probable que c'était sa lumière qui avait fixé mon attention le soir précédent. Cette idée me conduisit involontairement à me rappeler qu'il paraissait régner entre miss Vernon et lui le même mystère qui caractérisait sa conduite avec Rashleigh. Je ne lui avais jamais entendu prononcer le nom de Vaughan, ni même en parler directement, à l'exception du premier jour où je l'avais rencontrée, et où elle m'avait dit que Rashleigh, le vieux prêtre et elle-même, étaient les seules personnes du château avec lesquelles il fût possible de converser. Cependant, quoiqu'elle ne m'eût point parlé depuis ce temps du P. Vaughan, je remarquai que, toutes les fois qu'il venait au château, miss Vernon semblait éprouver une espèce de terreur et d'anxiété qui durait jusqu'à ce qu'ils eussent échangé deux ou trois regards significatifs.

Quel que pût être le mystère qui couvrait les destinées de cette belle et intéressante personne, il était évident que le P. Vanghan le connaissait. Peut-être, me disais-je, c'est lui qui doit la faire entrer dans son couvent, en cas qu'elle se refuse à épouser un de mes cousins; et alors l'émotion que lui cause sa présence s'explique naturellement.

Du reste, ils ne se parlaient pas souvent, et ne paraissaient même pas chercher à se trouver ensemble. Leur ligue, s'il en existait une entre eux, était tacite et conventionnelle; elle dirigeait leurs actions sans exiger le secours des paroles. Je me rappelais pourtant alors que j'avais remarqué une ou deux fois le P. Vaughan dire quelques mots à l'oreille de miss Vernon. J'avais supposé dans le temps qu'ils avaient rapport à la religion, sachant avec quelle adresse et quelle persévérance le clergé catholique cherche à conserver son influence sur l'esprit de ses sectateurs; mais à présent j'étais disposé à les croire relatifs à cet étonnant mystère que je m'efforçais inutilement d'approfondir. Avait-il des entrevues particulières avec miss Vernon dans la bibliothèque? et s'il en avait, quel en était le motif? et pourquoi miss Vernon accordait-elle toute sa confiance à un ami du perfide Rashleigh?

Toutes ces questions et mille autres semblables s'accumulaient en foule dans mon esprit, et y excitaient un intérêt d'autant plus vif qu'il m'était impossible de les éclaircir. J'avais déjà commencé à soupçonner que l'amitié que je portais à miss Vernon n'était pas tout-à-fait aussi désintéressée que je l'avais cru dans le principe. Déjà je m'étais senti dévoré de jalousie en apprenant que j'avais un Thorncliff pour rival, et j'avais relevé avec plus de chaleur que je ne l'aurais dû, par égard pour miss Vernon, les insultes indirectes qu'il cherchait à me faire. A présent j'épiais la conduite de miss Vernon avec l'attention la plus scrupuleuse, attention que je voulais en vain attribuer à la simple curiosité. Malgré tous mes efforts et tous mes raisonnemens, ces indices n'annonçaient que trop bien l'amour, et, tandis que ma raison ne voulait pas convenir qu'elle m'eût laissé former un attachement aussi inconsidéré, elle ressemblait à ces guides ignorans qui, après avoir égaré les voyageurs dans un chemin qu'ils ne connaissent pas eux-mêmes, et dont ils ne savent plus comment sortir, persistent obstinément à soutenir qu'il est impossible qu'ils se soient trompés de route.

CHAPITRE XVI.

« Il arriva qu'un jour à midi, comme j'allais sur mon
« canot, je découvris très distinctement sur le sable les
« marques d'un pied nu d'homme. »

De Foe. *Robinson Crusoé.*

Partagé entre la curiosité et la jalousie, je finis par observer si minutieusement les regards et les actions de miss Vernon, qu'elle ne tarda pas à s'en apercevoir, malgré tous mes efforts pour le cacher. La certitude que j'épiais à chaque instant sa conduite semblait l'embarrasser, lui faire de la peine, et la contrarier tout à la fois. Tantôt on eût dit qu'elle cherchait l'occasion de me témoigner son mécontentement d'une conduite qui ne pouvait manquer de lui paraître offensante, après qu'elle avait eu la franchise de m'avouer la position critique dans laquelle elle se trouvait ; tantôt elle semblait prête à descendre aux prières ; mais, ou le courage lui manquait, ou quelque autre raison l'empêchait d'en venir à une explication. Son déplaisir ne se manifestait que par des reparties, et ses prières expiraient sur ses lèvres. Nous nous trouvions tous deux dans une position relative assez singulière, étant par goût presque toujours ensemble, et nous cachant mutuellement les sentimens qui nous agitaient, moi ma jalousie, elle son mécontentement. Il régnait entre nous de l'intimité sans confiance ; d'un côté, de l'amour sans espoir et sans but, et de la curiosité sans un motif raisonnable ; de l'autre, de l'embarras, du doute, et parfois du déplaisir. Mais telle est la nature du cœur humain, que je crois que cette agitation de passions, entretenue par une foule de petites circonstances qui nous forçaient, pour ainsi dire, à penser mutuellement l'un à l'autre, contribuait encore à augmenter l'attachement que nous nous portions. Mais, quoique ma vanité n'eût pas tardé à découvrir que mon séjour à Osbaldistone-Hall avait donné à Diana quelques raisons de plus pour détester le cloître, je ne pouvais point compter sur une affection qui semblait entièrement subordonnée aux mystères de sa singulière position. Miss Vernon était d'un caractère trop résolu pour permettre à l'amour de l'emporter sur son devoir ; elle m'en donna la preuve dans une conversation que nous eûmes ensemble à peu près à cette époque.

Nous étions dans la bibliothèque dont je vous ai souvent parlé. Miss Vernon, en parcourant un exemplaire de Roland le Furieux, fit tomber une feuille de papier écrite à la main. Je voulus la ramasser, mais elle me prévint.

— Ce sont des vers, me dit-elle en jetant un coup d'œil sur le papier ; puis-je prendre la liberté ?... Oh ! si vous rougissez, si vous bégayez, je dois faire violence à votre modestie, et supposer que la permission est accordée.

— C'est un premier jet, un commencement de traduction, une ébauche qui ne mérite pas de vous occuper un seul instant; j'aurais à craindre un arrêt trop sévère, si j'avais pour juge une personne qui entend aussi bien l'original, et qui en sent aussi bien les beautés.

— Mon cher poète, reprit Diana, si vous voulez m'en croire, gardez vos éloges et votre humilité pour une meilleure occasion; car je puis vous certifier que tout cela ne vous vaudra pas un seul compliment. Je suis, comme vous savez, de la famille impopulaire des Francs-Parleurs, et je ne flatterais pas Apollon pour sa lyre.

Elle lut la première stance, qui était à peu près conçue en ces termes :

> Je chante la beauté, les chevaliers, les armes,
> Les belliqueux exploits, l'amour et ses doux charmes.
> Je célèbre le siècle où des bords africains
> Sous leur prince Agramant, guidés par la vengeance,
> Les Maures, accourus dans les champs de la France,
> Vinrent de nos chrétiens balancer les destins.
>
> Je veux chanter aussi Charlemagne, empereur,
> La mort du vieux Trojan, et la fière valeur
> Du paladin Roland dont la noble sagesse
> S'éclipsa quand Médor lui ravit sa maîtresse.

— En voilà beaucoup, dit-elle après avoir parcouru des yeux la feuille de papier, et interrompant les plus doux sons qui puissent frapper l'oreille d'un jeune poète, ses vers lus par celle qu'il adore.

— Beaucoup trop, sans doute, pour qu'ils méritent de fixer votre attention, dis-je un peu mortifié en reprenant le papier qu'elle cherchait à retenir. — Cependant, ajoutai-je, enfermé dans cette retraite, et obligé de me créer des occupations, j'ai cru ne pouvoir mieux employer mes momens de loisir qu'en continuant, uniquement pour mon plaisir, la traduction de ce charmant auteur, que j'ai commencée, il y a quelques mois, sur les rives de la Garonne.

— La question serait de savoir, dit gravement Diana, si vous n'auriez pas pu mieux employer votre temps.

— Vous voulez dire à des compositions originales, répondis-je grandement flatté; mais, à dire vrai, mon génie trouve beaucoup plus aisément des mots et des rimes que des idées ; et, au lieu de me creuser la tête pour en chercher, je suis trop heureux de m'approprier celles de l'Arioste. Cependant, miss Vernon, avec les encouragemens que vous avez eu la bonté de me donner...

— Excusez-moi, M. Frank ; ce sont des encouragemens, non pas que je vous donne, mais que vous prenez. Je ne veux parler ni de compositions originales, ni de traductions ; c'est à des objets plus sérieux que je crois que vous pourriez consacrer votre temps. — Vous êtes mortifié, ajouta-t-elle, et je suis fâchée d'en être la cause.

— Mortifié ? oh ! non....., non assurément, dis-je de la meilleure grâce qu'il me fut possible ; je suis trop sensible à l'intérêt que vous prenez à moi.

— Ah ! vous avez beau dire, reprit l'inflexible Diana ; il y a de la mortification et même un petit grain de colère dans ce ton sérieux et contraint ; au surplus, excusez la contrariété que je vous ai fait éprouver en vous sondant ainsi, car ce qui me reste à vous dire vous contrariera peut-être encore davantage.

Je sentis la puérilité de ma conduite, et je l'assurai qu'elle n'avait pas à craindre que je me révoltasse contre une critique que je ne pouvais attribuer qu'à son amitié pour moi.

— Ah ! voilà qui est beaucoup mieux, me dit-elle ; je savais bien que les restes de l'irritabilité poétique s'en iraient avec la petite toux qui a servi comme de prélude à votre déclaration. Mais à présent parlons sérieusement : avez-vous reçu depuis peu des lettres de votre père ?

— Pas un mot, répondis-je ; il ne m'a pas honoré d'une seule ligne depuis que j'ai quitté Londres.

— C'est singulier ! Vous êtes une bizarre famille, vous autres Osbaldistone ! Ainsi vous ne savez pas qu'il est allé en Hollande pour quelques affaires pressantes qui exigeaient immédiatement sa présence.

— Voilà le premier mot que j'en entends.

— Et ce sera sans doute aussi une nouvelle pour vous, et peut-être la moins agréable de toutes, d'apprendre qu'il a confié à Rashleigh l'administration de ses affaires jusqu'à son retour?

— A Rashleigh! m'écriai-je pouvant à peine cacher ma surprise et mon inquiétude.

— Vous avez raison de vous alarmer, dit miss Vernon d'un ton fort grave ; et, si j'étais à votre place, je m'efforcerais de prévenir les funestes conséquences qui résulteraient d'un semblable arrangement.

— Mais il n'est pas possible d'empêcher...

— Tout est possible à qui possède du courage et de l'activité : à qui craint, à qui hésite, rien n'est possible, parce que rien ne lui paraît tel.

Miss Vernon prononça ces mots avec une exaltation héroïque ; et, pendant qu'elle parlait, je croyais voir une de ces héroïnes du siècle de la chevalerie, dont un mot, dont un regard électrisait les preux, et doublait leur courage à l'heure du danger.

— Et que faut-il donc faire, miss Vernon? répondis-je, désirant et craignant tout à la fois d'entendre sa réponse.

— Partir sur-le-champ, dit-elle d'un ton ferme, et retourner à Londres. — Peut-être, ajouta-t-elle d'un ton plus doux, êtes-vous déjà resté ici trop long-temps ; ce n'est pas vous qu'il faut en accuser ; mais chaque moment que vous y passeriez encore serait un crime ; oui, un crime, car je vous dis sans feinte que, si les affaires de votre père sont long-temps entre les mains de Rashleigh, vous pouvez regarder sa ruine comme certaine.

— Comment est-il possible...?

— Ne faites pas tant de questions, dit-elle en m'interrompant ; mais, croyez-moi, il faut tout craindre de Rashleigh. Au lieu de consacrer aux opérations de commerce la fortune de votre père, il l'emploiera à l'exécution de ses projets ambitieux. Lorsque M. Osbaldistone était en Angleterre, Rashleigh ne pouvait pas accomplir ses desseins :

endant son absence, il en trouvera mille occasions, et oyez sûr qu'il ne manquera pas d'en profiter.

— Mais comment puis-je, disgracié par mon père et sans aucun pouvoir dans sa maison, empêcher ce danger par ma présence?

— Votre présence seule fera beaucoup. Votre naissance vous donne le droit de veiller aux intérêts de votre père; c'est un droit inaliénable. Vous serez soutenu par son premier commis, par ses amis, par ses associés. D'ailleurs les projets de Rashleigh sont d'une nature..... ! elle s'arrêta tout-à-coup, comme si elle craignait d'en dire trop, — sont, en un mot, reprit-elle, de la nature de tous les plans sordides et intéressés, qui sont abandonnés aussitôt que ceux qui les méditent voient leurs artifices découverts, et s'aperçoivent qu'on les observe. Ainsi donc, dans le langage de votre poète favori :

A cheval! à cheval! délibérer c'est craindre.

— Ah! Diana! m'écriai-je entraîné par un sentiment irrésistible, pouvez-vous bien me conseiller de partir? Hélas! peut-être trouvez-vous que je suis resté ici trop long-temps?

Miss Vernon rougit, mais répondit avec la plus grande fermeté : — Oui, je vous conseille non seulement de quitter Osbaldistone-Hall, mais même de n'y jamais revenir. Vous n'avez qu'une amie à regretter ici, ajouta-t-elle avec un sourire forcé, une amie accoutumée depuis long-temps à sacrifier son bonheur à celui des autres. Vous rencontrerez dans le monde mille personnes dont l'amitié sera aussi désintéressée, plus utile, moins assujettie à des circonstances malheureuses, moins sous l'influence des langues perverses et d'inévitables contrariétés.

— Jamais, m'écriai-je, jamais! Le monde ne peut rien m'offrir qui compense ce qu'il faut que je quitte. Et je saisis sa main que je pressai contre mes lèvres.

— Quelle folie! s'écria-t-elle en s'efforçant de la retirer.

Écoutez-moi, monsieur, et soyez homme. Je suis, par un pacte solennel, l'épouse de Dieu, à moins que je ne veuille épouser un Thorncliff. Je suis donc l'épouse de Dieu ; le voile et le couvent sont mon partage. Modérez vos transports, ils ne servent qu'à prouver encore mieux la nécessité de votre départ. A ces mots elle retira brusquement sa main, et ajouta, mais en baissant la voix : Quittez-moi sur-le-champ.... Nous nous reverrons encore ici, mais ce sera pour la dernière fois.

Je m'aperçus qu'elle tressaillait ; mes yeux suivirent la direction des siens, et je crus voir remuer la tapisserie qui couvrait la porte du passage secret qui conduisait de la bibliothèque à la chambre de Rashleigh. Je ne doutai point que quelqu'un ne nous écoutât, et je regardai miss Vernon.

— Ce n'est rien, dit-elle d'une voix faible, quelque rat derrière la tapisserie.

J'aurais fait la réponse d'Hamlet, si j'avais écouté l'indignation qui me transportait à l'idée d'être observé par un témoin dans un semblable moment. Mais la prudence, ou plutôt les prières réitérées de miss Vernon, qui me criait d'une voix étouffée : — Laissez-moi ! laissez-moi ! m'empêchèrent d'écouter mes transports, et je me précipitai hors de la chambre dans une espèce de frénésie farouche que je m'efforçai en vain de calmer.

Mon esprit était accablé par un chaos d'idées qui se détruisaient et se chassaient l'une l'autre, telles que ces brouillards qui dans les pays montagneux descendent en masses épaisses, et dénaturent ou font disparaître les marques ordinaires auxquelles le voyageur reconnaît son chemin à travers les déserts. L'idée confuse et imparfaite du danger qui menaçait mon père, la demi-déclaration que j'avais faite à miss Vernon sans qu'elle eût paru l'entendre, l'embarras de sa position, obligée, comme elle était, de se sacrifier à une union mal assortie ou de prendre le voile : tous ces souvenirs se pressaient à la fois dans mon esprit, sans que je fusse capable de les méditer. Mais ce qui par-dessus tout me déchirait le cœur, c'était la manière dont miss Vernon avait répondu à l'expression de ma tendresse: c'était ce mélange de sympathie et de fermeté qui semblait prouver que je possédais une place dans son cœur, mais une place trop petite pour lui faire oublier les obstacles qui s'opposaient à l'aveu d'un mutuel attachement. L'expression de terreur plutôt que de surprise avec laquelle elle avait remarqué le mouvement de la tapisserie semblait annoncer la crainte d'un danger quelconque, crainte que je ne pouvais m'empêcher de croire fondée; car Diana Vernon était peu sujette aux émotions nerveuses de son sexe, et elle n'était pas d'un caractère à se livrer à de vaines terreurs. De quelle nature étaient donc ces mystères dont elle était entourée comme d'un cercle magique, et qui exerçaient continuellement une influence active sur ses pensées et sur ses actions, quoique leurs agens ne fussent jamais visibles? Ce fut sur cette réflexion que je m'arrêtai; j'oubliai les affaires de mon père, et Rashleigh et sa perfidie, pour ne songer qu'à miss Vernon, et je résolus de ne point quitter Osbaldistone-Hall que je ne susse quelque chose de certain et de positif sur cet être enchanteur, dont la vie semblait partagée entre le mystère et la franchise: la franchise, présidant à ses discours, à ses sentimens; et le mystère, répandant sa nébuleuse influence sur toutes ses actions.

Comme si ce n'était pas assez d'éprouver l'intérêt de la curiosité et de l'amour, j'éprouvais encore, comme je l'ai déjà remarqué, un sentiment profond, quoique confus, de jalousie. Ce sentiment, croissant avec l'amour, comme l'ivraie avec le bon grain, était excité par la déférence que Diana montrait pour ces êtres invisibles qui dirigeaient ses actions. Plus je réfléchissais à son caractère, plus j'étais intérieurement convaincu qu'elle ne se soumettrait à aucun assujettissement qu'on voudrait lui imposer malgré elle, et qu'elle ne reconnaissait d'autre pouvoir que celui de l'affection; il se glissa dans mon âme un violent soupçon que c'était là le fondement de cette influence qui l'intimidait.

Ces doutes, mille fois plus horribles que la certitude, augmentèrent mon désir de pénétrer le secret de sa conduite, et, pour y parvenir, je formai une résolution dont, si vous n'êtes pas fatigué de la lecture de ces détails, vous trouverez le résultat dans le chapitre suivant.

CHAPITRE XVII.

« Une voix dont le son pour toi n'est pas sensible,
« Me dit qu'il faut partir :
« Le geste d'une main à tes yeux invisible
« M'ordonne d'obéir. »
TICKELL.

Je vous ai déjà dit, mon cher Tresham, si vous voulez bien vous le rappeler, qu'il était fort rare que je me rendisse le soir à la bibliothèque pour voir miss Vernon, à moins que ce ne fût en présence de la dame Marthe. Cependant cet arrangement n'était qu'une convention libre, et c'était moi-même qui l'avais proposé. Depuis quelque temps, comme l'embarras de notre situation respective avait augmenté, les entrevues du soir avaient entièrement cessé. Miss Vernon n'avait donc aucune raison de croire que je voulusse les renouveler sans l'en prévenir d'avance, afin qu'elle pût engager la bonne Marthe à venir prendre, suivant l'usage, une tasse de thé avec elle; mais, d'un autre côté, cette prudence n'était pas une loi expresse. La bibliothèque m'était ouverte ainsi qu'à tous les autres membres de la famille, à toutes les heures du jour et de la nuit, et je pouvais y entrer inopinément sans que miss Vernon pût le trouver mauvais. J'étais convaincu qu'elle recevait quelquefois dans cet appartement ou le P. Vaughan, ou quelque autre personne dont les avis dirigeaient sa conduite, et qu'elle choisissait pour ces entrevues les instans où elle se croyait le plus sûre de ne pas être interrompue. La lumière que j'avais remarquée le soir dans la bibliothèque, les deux ombres que j'avais vues distinctement, la trace de plusieurs pas imprimés le matin sur le sable depuis la porte de la tour jusqu'à la porte du jardin, le bruit que plusieurs domestiques avaient entendu, et qu'ils expliquaient à leur manière; tout semblait me prouver que quelque personne étrangère au château entrait secrètement dans cette chambre. Persuadé que cette personne exerçait une influence quelconque sur les destinées de Diana, je n'hésitai pas à former le projet de découvrir qui elle était, d'où provenait son autorité sur elle; mais surtout, quoique je m'efforçasse de croire que ce n'était qu'une considération très secondaire, je voulais savoir par quels moyens cette personne conservait son influence sur Diana, et si elle la gouvernait par la crainte ou par l'affection. Ce qui prouvait que cette curiosité jalouse occupait la première place dans mon esprit, c'est que, malgré mes efforts pour repousser cette idée, et quoiqu'il me fût impossible de motiver mes présomptions, je me figurais que c'était un homme, et sans doute un homme jeune et bien fait, qui dirigeait ainsi à son gré miss Vernon; c'était dans l'impatience de découvrir ce rival que j'étais descendu au jardin pour épier le moment où la lumière paraîtrait dans la bibliothèque.

Tel était le feu qui me dévorait, que j'étais à mon poste, en attendant un phénomène qui ne pouvait point paraître avant le soir, une grande heure avant le coucher du soleil. C'était le jour du *sabbat*, et toutes les allées étaient désertes et solitaires. Je me promenai pendant quelque temps, pensant aux conséquences probables de mon entreprise. L'air était frais et embaumé, et sa douce influence parvint à calmer un peu le sang qui bouillait dans mes veines. L'effervescence de la passion commença proportionnellement à diminuer, et je me demandai de quel droit je voulais pénétrer les secrets de miss Vernon, ou ceux de la famille de mon oncle. Que m'importait que sir Hildebrand cachât quelqu'un dans sa maison, où je n'avais moi-même d'autres droits que ceux d'un hôte étranger ? Devais-je me mêler des affaires de miss Vernon, et chercher à dévoiler un mystère qu'elle m'avait prié de ne pas approfondir?

La passion, l'intérêt et la curiosité, sophistes spécieux, eurent bientôt répondu à ces scrupules. En démasquant cet hôte secret, je rendais probablement service à sir Hildebrand, qui ignorait sans doute les intrigues qui se tramaient dans sa famille, et bien plus encore à miss Vernon, que sa franchise et sa naïve simplicité exposaient à tant de dangers par ces liaisons secrètes entretenues avec une personne dont peut-être elle ne connaissait pas bien le caractère. Si je semblais forcer sa confiance, c'était dans l'intention généreuse et désintéressée (oui, j'allai même jusqu'à l'appeler désintéressée) de la guider, de la protéger et de la défendre contre la ruse, contre la fourberie, et surtout contre le conseiller secret qu'elle avait choisi pour confident. Tels étaient les argumens que mon imagination présentait hardiment à ma conscience, et dont il lui semblait qu'elle devait se payer, tandis que ma conscience imitait le marchand qui, entendant bien ses intérêts, se résigne à accepter un argent qu'il est tenté de ne pas croire de bon aloi, plutôt que de perdre une pratique.

Pendant que je marchais à grands pas, débattant le pour et le contre, je me trouvai tout-à-coup près d'André Fairservice, qui était planté comme un terme devant une rangée de ruches d'abeilles, dans l'attitude d'une dévote contemplation, épiant d'un œil les mouvemens de ces citoyens actifs qui rentraient en bourdonnant dans leurs petits domaines, et l'autre fixé sur un livre de prières qu'une dévotion constante avait privé de ses angles et rapproché de la forme ovale; ce qui, joint à la couleur informe du volume, lui donnait un air d'antiquité fort respectable.

— Je lisais à part moi *la Fleur de douce saveur semée*

dans la vallée de ce monde [1], du digne maître John Quackleben, dit André, fermant son livre à mon approche, et mettant, comme pour me témoigner son respect, ses lunettes de corne à l'endroit où sa lecture avait été interrompue.

— Et il me semble, André, que des abeilles partageaient votre attention avec l'auteur sacré ?

— C'est une race bien impie, reprit le jardinier : elles ont six jours dans la semaine pour essaimer; eh bien, non, il faut qu'elles attendent le jour du sabbat, et qu'elles empêchent le pauvre monde d'aller entendre le sermon ! Ce n'est pas là l'embarras, il n'y a pas grand mal aujourd'hui; car il n'y a pas eu de prédication à la chapelle de Graneagain.

— Vous auriez pu aller, comme je l'ai fait, à l'église paroissiale, André; vous y eussiez entendu un excellent sermon.

— Des os de perdrix froide, des os de perdrix froide, dit André avec un ricanement dédaigneux; bon pour des chiens, sauf le respect de Votre Honneur. Oui, j'aurais pu entendre le ministre chanter de toute sa force avec sa grande chemise blanche; et les musiciens jouer de leurs sifflets; ça a plutôt l'air d'une noce à deux pence que d'un sermon, Dieu me préserve ! J'aurais pu me donner aussi le plaisir d'entendre le P. Docharty marmotter sa messe: je m'en serais trouvé beaucoup mieux, ma foi !

— Docharty ! lui dis-je (c'était le nom d'un vieux prêtre irlandais qui officiait quelquefois à Osbaldistone-Hall); je croyais que le P. Vaughan était encore au château, il y était hier matin.

— Oui, reprit André; mais il est parti le soir pour aller à Greystock, ou quelque part par là. Il y a eu du mouvement de ce côté. Ils sont aussi affairés que mes abeilles; Dieu me préserve de comparer jamais ces pauvres animaux

---

[1] Un de ces livres mystiques sortis du cerveau malade des presbytériens fanatiques. — Ed.

à des papistes! Ah ça, à propos d'abeilles, savez-vous bien que voilà le second essaim qui part aujourd'hui? ah! mon Dieu oui; le premier est parti dès la pointe du jour, car il est bon que vous sachiez que je suis sur pied depuis cinq heures du matin. Mais les voilà à peu près toutes rentrées; ainsi je souhaite à Votre Honneur le bonsoir et les bénédictions du ciel.

A ces mots André se retira, mais en s'en allant il se retourna souvent pour jeter un regard sur les *skeps*, comme il appelait les ruches.

J'avais obtenu indirectement d'André une information importante, c'était que le P. Vaughan n'était plus au château. Si j'apercevais de la lumière dans la bibliothèque, ce ne pouvait donc pas être la sienne, ou bien il tenait une conduite très mystérieuse, et par conséquent suspecte. J'attendis avec impatience le coucher du soleil et le crépuscule. Le jour commençait à peine à tomber, que j'aperçus une faible clarté scintiller aux fenêtres de la bibliothèque; à peine était-il possible de distinguer cette pâle lumière, qui se confondait avec les derniers rayons du soleil couchant. Je la découvris néanmoins aussi promptement que le matelot égaré aperçoit dans l'éloignement la première lueur d'un fanal ami. Le doute, l'irrésolution, le sentiment des convenances, qui jusque là avaient combattu ma curiosité et ma jalousie, s'évanouirent dès que l'occasion se présenta de satisfaire l'une et de motiver l'autre, ou de ramener le calme dans mon cœur, si je trouvais que mes soupçons étaient injustes. Je rentre aussitôt dans la maison, et, évitant les appartemens les plus fréquentés avec la précaution d'un homme qui médite un crime, j'arrive devant la bibliothèque; la main sur la serrure, j'hésite un instant;.... j'entends marcher;.... j'ouvre la porte.... et trouve miss Vernon seule.

Diana parut surprise : était-ce à cause de mon arrivée brusque et imprévue, ou par quelque autre motif, c'est ce que je ne pouvais deviner; elle paraissait dans une agitation qui ne pouvait être produite que par une émotion extraordinaire. Mais en un instant elle fut calme et tranquille; et telle est la force de la conscience, que moi, qui venais pour la surprendre et la confondre, je restai tout interdit et confus.

— Qu'est-il arrivé? dit miss Vernon. Est-il venu quelqu'un au château?

— Personne que je sache, répondis-je en bégayant; je venais chercher le Roland furieux.

— Il est sur cette table, me dit Diana, dont l'assurance redoublait encore mon embarras.

En remuant deux ou trois livres pour prendre celui que je prétendais chercher, je rêvais à quelque moyen de faire une retraite honorable, ce qui, dans ma position et avec un adversaire aussi pénétrant que Diana, n'était pas chose facile, lorsque j'aperçus un gant d'homme sur la table. Mes yeux rencontrèrent ceux de miss Vernon, qui rougit aussitôt.

— C'est une de mes reliques, dit-elle en hésitant; c'est un des gants de mon grand-père, l'original du superbe portrait de van Dyck que vous admirez.

Comme si elle pensait qu'il fallait quelque chose de plus qu'une simple assertion pour lever tous mes doutes, elle ouvrit un des tiroirs de la table, et en tira un autre gant qu'elle me jeta. Quand une personne naturellement franche et sincère veut se couvrir du voile de la duplicité et de la dissimulation, la gaucherie avec laquelle elle le porte, et les peines qu'elle prend pour cacher son embarras, inspirent souvent des soupçons, et font naître le désir de vérifier une histoire qu'elle ne débite que d'un ton faible et mal assuré. Je jetai un regard sur les deux gants, et je répondis gravement : — Ces gants se ressemblent pour la broderie, mais miss Vernon voudra bien remarquer qu'ils ne peuvent former une paire, puisqu'ils sont tous deux de la main droite.

Miss Vernon se mordit les lèvres de dépit, et rougit de nouveau.

— Vous faites bien de me confondre, de me démasquer, reprit-elle avec amertume. Il est des personnes qui eussent jugé, d'après ce que je disais, que je ne voulais point donner d'explication particulière d'une circonstance qui ne regarde personne, — surtout un étranger. Vous avez jugé mieux, et vous m'avez fait sentir la bassesse de la duplicité, que j'ai toujours eue en horreur, et que j'abjure à jamais. Je n'ai point le talent de la dissimulation ; c'est un rôle indigne de moi, et que la nécessité seule a pu me faire prendre un instant. Non, comme votre sagacité l'a bien découvert, ce gant n'est pas le pareil de celui que je vous ai montré ; il appartient à un ami qui m'est encore plus cher que le tableau de van Dyck,.... un ami dont les conseils me guideront toujours,.... un ami que j'honore,...... un ami que j'.... Elle s'arrêta.

— *Que j'aime*, veut dire sans doute miss Vernon, m'écriai-je en m'efforçant de cacher sous un ton ironique le dépit qui me rongeait.

— Et quand je le dirais, reprit-elle fièrement, quelqu'un a-t-il le droit de contrôler mes affections? quelqu'un prétendra-t-il m'en demander raison?

— Ce ne sera pas moi assurément, miss Vernon, repris-je avec emphase, car j'étais piqué à mon tour ; je vous prie de ne pas me supposer une semblable présomption ; mais j'espère que miss Vernon voudra bien pardonner à un ami, à une personne du moins qu'elle honorait de ce titre, s'il prend la liberté de lui faire observer....

— Ne me faites rien observer, monsieur, dit-elle avec véhémence, si ce n'est que je n'aime pas les questions. Prétendez-vous vous établir mon juge? je ne le souffrirai pas ; et si vous n'êtes venu ici que pour épier ma conduite, l'amitié que vous dites avoir pour moi est une pauvre excuse pour votre incivile curiosité.

— Je vous délivre de ma présence, dis-je avec une

fierté semblable à la sienne; j'ai fait un rêve agréable, oh! oui, bien agréable, mais aussi bien trompeur, et.... mais nous nous entendons à présent.

J'allais sortir lorsque miss Vernon, dont les mouvemens étaient quelquefois si rapides qu'ils semblaient presque instinctifs, se précipita devant la porte; me saisissant le bras, elle m'arrêta avec cet air d'autorité qu'elle savait si bien prendre, et qui contrastait si singulièrement avec la naïveté et la simplicité de ses manières.

— Arrêtez, M. Frank, me dit-elle; nous ne devons pas nous quitter ainsi; je n'ai pas assez d'amis pour que je puisse me résoudre à rayer de ce nombre même les ingrats et les égoïstes. Écoutez-moi, M. Frank, vous ne saurez jamais rien sur ce gant mystérieux. Et elle le prit à la main. Non, rien. Pas un iota de plus que ce que vous savez déjà; mais qu'il ne soit pas un sujet de discorde entre nous. Le séjour que je dois faire ici, ajouta-t-elle d'un ton plus doux, sera nécessairement fort court; le vôtre doit l'être encore davantage. Nous devons nous quitter bientôt pour ne jamais nous revoir; ne nous querellons donc pas; que mes mystérieuses infortunes ne soient pas un prétexte pour répandre de l'amertume sur le peu d'heures que nous avons encore à passer ensemble avant de nous retrouver sur l'autre rive de l'éternité.

Je ne sais, Tresham, par quel charme, par quel sortilége cette charmante créature obtenait un ascendant si complet sur un caractère que j'étais quelquefois moi-même incapable de maîtriser. J'étais décidé, en entrant dans la bibliothèque, à demander une explication complète à miss Vernon. Elle l'avait refusée avec une fierté insultante, elle m'avait avoué en face qu'elle me préférait un rival; car quelle autre interprétation pouvais-je donner à la préférence qu'elle témoignait pour son mystérieux confident? Et cependant, lorsque j'étais sur le point de sortir de la chambre, et de rompre pour toujours avec elle, il ne lui fallait que changer de ton, passer de l'accent de la fierté et du ressentiment à celui de l'autorité et du despotisme, tempérés ensuite par l'expression de la douceur et de la mélancolie, pour remettre son humble sujet à sa place, et le soumettre aux dures conditions qu'elle lui imposait.

— Que sert que je revienne? dis-je en m'asseyant; pourquoi vouloir que je sois témoin de malheurs que je ne puis adoucir, et de mystères que c'est vous offenser que de chercher à découvrir? Quoique vous ne connaissiez pas encore le monde, il est impossible que vous ignoriez qu'une jeune personne ne peut avoir qu'un ami. Si je savais qu'un de mes amis eût en secret pour un tiers une confiance qu'il n'a pas pour moi, je ne pourrais m'empêcher d'être jaloux; mais de vous, miss Vernon, de vous....

— Vous êtes jaloux, n'est-ce pas, dans toute la force du terme; mais, mon cher ami, vous ne faites que répéter ce que les niais apprennent par cœur dans les comédies et les romans, jusqu'à ce qu'ils donnent à un sot verbiage une influence réelle sur leur esprit. Garçons, filles, tous babillent jusqu'à ce qu'ils soient amoureux, et lorsque leur amour est prêt à s'éteindre, ils se remettent à babiller et à se tourmenter, jusqu'à ce qu'ils soient jaloux. Mais nous, Frank, qui sommes des êtres raisonnables, nous ne devons parler que le langage de la bonne et franche amitié. Toute autre union entre nous est aussi impossible que si j'étais homme ou que vous fussiez femme. Pour parler sans détour, ajouta-t-elle après un moment d'hésitation, quoique je veuille bien sacrifier encore assez aux convenances pour rougir un peu de la clarté de mon explication, nous ne pourrions pas nous marier, si nous le voulions; et quand même nous le pourrions, nous ne le devrions pas.

Une rougeur céleste colorait son front lorsqu'elle me fit cette cruelle déclaration. Je me préparais à combattre ses argumens, oubliant jusqu'à mes soupçons qui venaient d'être confirmés; mais elle me prévint, et ajouta avec une fermeté froide qui approchait de la sévérité : — Ce que je dis est une vérité incontestable qu'il est impossible de réfuter ; ainsi point de question, je vous prie...; nous sommes amis, M. Osbaldistone, n'est-ce pas? Elle me tendit la main, et, prenant la mienne : — Amis, et rien, non jamais rien qu'amis.

Elle laissa aller ma main ; — je baissai la tête, dompté[1], comme l eût dit Spencer, par le mélange de douceur et de fermeté qui régnait dans ses manières : elle se hâta de changer de sujet.

— Voici, me dit-elle, une lettre qui vous est adressée, mais qui, malgré les préventions de la personne qui vous l'écrit, ne vous fût probablement jamais parvenue, si elle n'était tombée entre les mains de mon petit Pacolet, ou nain magique, que, comme toutes les damoiselles infortunées des romans, je garde en secret à mon service.

La lettre était cachetée, je l'ouvris, et jetai un coup d'œil sur le contenu. Le papier me tomba des mains, et je m'écriai involontairement : — Grand Dieu! ma folie et ma désobéissance ont ruiné mon père!

Miss Vernon parut vivement alarmée; mais, se remettant aussitôt : — Vous pâlissez, me dit-elle, vous êtes malade; vous apporterai-je un verre d'eau? Allons, M. Osbaldistone, soyez homme; qu'est-il arrivé? Votre père n'est-il plus?

— Il vit, grâce au ciel! mais dans quel embarras! dans quelle détresse...!

— Est-ce là tout? Ne désespérez pas. Puis-je lire cette lettre? dit-elle en la ramassant.

J'y consentis, sachant à peine ce que je disais. Elle la lut avec la plus grande attention.

— Quel est ce M. Tresham qui signe la lettre?

— L'associé de mon père (votre bon père, mon cher William); mais il n'est pas dans l'habitude de prendre part aux affaires du commerce.

---

(1) L'auteur se sert du vieux mot *over-crawed*. — Éd.

— Il parle ici de plusieurs lettres qui vous ont déjà été écrites.

— Je n'en ai reçu aucune, répondis-je.

— Et il paraît, ajouta-t-elle, que Rashleigh, laissé par votre père à la tête de toutes ses affaires avant son départ pour la Hollande, a quitté Londres depuis quelques jours pour passer en Écosse, emportant avec lui des effets montant à une somme considérable, et destinés à acquitter des billets souscrits par votre père au profit de différentes personnes de ce pays.

— Il n'est que trop vrai.

— On dit encore dans la lettre que, n'ayant plus entendu parler de Rashleigh, on a envoyé le premier commis, un nommé Owen, à Glascow, pour tâcher de le découvrir, et l'on finit par vous prier de vous rendre aussi dans cette ville, et de l'aider dans ses recherches.

— Oui, et il faut que je parte à l'instant.

— Écoutez, dit miss Vernon, il me semble que le plus grand malheur qui puisse résulter de tout cela sera la perte d'une certaine somme d'argent, et j'aperçois des larmes dans vos yeux! fi, M. Osbaldistone!

— Vous me faites injure, miss Vernon, répondis-je; ce n'est point la perte de ma fortune qui m'arrache des larmes; c'est l'effet qu'elle produira sur l'esprit et sur la santé de mon père, à qui l'honneur est plus cher que la vie. S'il se voit dans l'impossibilité de faire face à ses engagemens, il éprouvera le même regret, le même désespoir, qu'un brave soldat qui a fui une fois devant l'ennemi, qu'un honnête homme qui a perdu son rang et sa réputation dans la société. J'aurais pu prévenir tous ces malheurs si je n'avais pas écouté un vain orgueil, une indolence coupable qui m'a fait refuser de partager ses travaux et de suivre comme lui une carrière aussi utile qu'honorable. Grand Dieu! comment réparer à présent les funestes conséquences de mon erreur?

— En vous rendant à Glascow, comme vous en êtes instamment prié par l'ami qui vous écrit cette lettre.

— Mais, si Rashleigh a véritablement formé l'infâme projet de ruiner son bienfaiteur, quelle apparence que je puisse trouver quelque moyen de déjouer un plan si profondément combiné?

— La réussite n'est pas certaine, je l'avoue; mais, d'un autre côté, vous ne pouvez rendre aucun service à votre père en restant ici. Rappelez-vous que, si vous aviez été au poste qui vous était destiné, ce désastre ne serait pas arrivé; courez à celui qu'on vous indique à présent, et tout peut se réparer. Attendez, ne sortez pas de cette chambre que je ne sois revenue.

Elle me laissa en proie à l'étonnement et à la confusion, au milieu de laquelle je pouvais pourtant trouver un intervalle lucide pour admirer la fermeté, le sang-froid et la présence d'esprit que miss Vernon possédait toujours, même dans les crises violentes et inattendues.

Elle revint quelques minutes après, tenant à la main un papier plié et cacheté comme une lettre, mais sans adresse:
— Je vous remets, me dit-elle, cette preuve de mon amitié, parce que j'ai la plus parfaite confiance en votre honneur. Si j'ai bien compris la lettre qui vous est écrite, les fonds qui sont en la possession de Rashleigh doivent être recouvrés le 12 septembre, afin qu'ils puissent être appliqués au paiement des billets en question; et, si vous pouvez y parvenir avant cette époque, le crédit de votre père ne court aucun danger.

— Il est vrai; la lettre de M. Tresham est fort claire. Je la lus encore une fois, et j'ajoutai: — Il n'y a pas l'ombre d'un doute.

— Eh bien! dit miss Vernon, dans ce cas, mon petit Pacolet pourra vous être utile. Vous avez entendu parler d'un charme magique contenu dans une lettre. Prenez ce paquet; s'il vous est possible de réussir par d'autres moyens et d'obtenir la remise des effets que Rashleigh a emportés, je compte sur votre honneur pour le brûler sans l'ouvrir; sinon, vous pouvez rompre le cachet dix jours avant l'échéance des billets que votre père a souscrits, et vous trouverez des renseignemens qui pourront vous être utiles. Adieu, Frank; nous ne nous reverrons plus, mais pensez quelquefois à votre amie Diana Vernon.

Elle me tendit la main; mais je la serrai elle-même contre mon cœur. Elle soupira en se dégageant de mes bras, s'échappa par la petite porte qui conduisait à son appartement, et je ne la vis plus.

CHAPITRE XVIII.

> « Et vite ils ont doublé le pas,
> « Rien ne peut arrêter leur fuite;
> « Les morts vont vite, vite, vite,
> « Pourquoi ne me suivrais-tu pas? »
> BURGER.

Lorsqu'on est accablé de malheurs dont la cause et le caractère sont différens, on y trouve au moins cet avantage, que la distraction que produisent en nous leurs effets contradictoires nous donne la force de ne succomber sous aucun. J'étais profondément affligé de me séparer de miss Vernon; mais je l'aurais été bien davantage si les circonstances fâcheuses où se trouvait mon père n'eussent exigé mon attention. De même les tristes nouvelles que venait de m'apprendre M. Tresham m'auraient anéanti si mon cœur n'eût été partagé par les regrets que m'inspirait la nécessité de quitter celle qui m'était si chère. Mon amour pour Diana était aussi ardent que ma tendresse pour mon père était vive; mais j'éprouvai qu'il est possible de diviser sa sensibilité quand deux causes différentes la mettent en jeu en même temps, comme les fonds d'un débiteur insolvable se partagent au marc la livre entre ses créanciers. Telles étaient mes réflexions en gagnant mon appartement.

On aurait véritablement dit que l'esprit de commerce commençait à s'éveiller en moi.

Je relus avec grande attention la lettre de votre père ; elle était assez laconique, et me renvoyait pour les détails à Owen, qu'il m'engageait à aller joindre sans perdre un instant dans une ville d'Ecosse nommée Glascow. Il ajoutait que j'aurais des nouvelles de mon vieil ami chez MM. Macvittie, Macfin et compagnie, négocians dans cette ville, au quartier de Gallowgate. Il me parlait de diverses lettres qui m'avaient été écrites, et que je n'avais jamais reçues, parce qu'elles avaient sans doute été interceptées, et se plaignait de mon silence en termes qui auraient été souverainement injustes si mes missives fussent parvenues à leur destination. Plus je lisais cette lettre, plus mon étonnement redoublait. Je ne doutai pas un instant que le génie de Rashleigh ne veillât autour de moi, et ne m'entourât à dessein de ténèbres et de difficultés. Je n'entrevoyais pas sans effroi l'étendue des moyens que sa scélératesse féconde avait employés pour parvenir à son but. Il faut que je me rende ici justice à moi-même ; le chagrin de m'éloigner de miss Vernon, quelque vif qu'il fût, quelque insupportable qu'il m'eût paru dans toute autre circonstance, ne devint pour moi qu'une considération secondaire en songeant aux dangers dont mon père était menacé. Ce n'était pas que j'attachasse un grand prix à la fortune : je pensais même, comme presque tous les jeunes gens dont l'imagination est ardente, qu'il est plus facile de se passer de richesses que de consacrer son temps et ses soins aux moyens d'en acquérir. Mais dans la situation où se trouvait mon père, je savais qu'il regarderait une suspension de paiemens comme une tache ineffaçable, que la vie deviendrait sans attraits pour lui, et qu'il envisagerait la mort comme sa seule espérance.

Mon esprit n'était donc occupé qu'à chercher les moyens de détourner cette catastrophe, et je le faisais avec une ardeur dont j'aurais été incapable s'il ne se fût agi que de ma fortune personnelle. Le résultat de mes réflexions fut une ferme résolution de partir d'Osbaldistone-Hall le lendemain matin et de prendre la route de Glascow afin d'y joindre Owen. Je jugeai à propos de n'apprendre mon départ à mon oncle qu'en lui laissant une lettre de remerciemens pour le bon accueil que j'en avais reçu, et pour m'excuser en termes généraux sur une affaire urgente et imprévue qui me forçait à le quitter sans les lui offrir moi-même. Je connaissais assez le vieux chevalier pour savoir qu'il me pardonnerait ce manque apparent de politesse, et j'avais conçu une idée si terrible des combinaisons perfides de Rashleigh, que je craignais qu'il n'eût préparé quelques ressorts secrets pour empêcher un voyage que je n'entreprenais que pour déjouer ses projets, si j'annonçais publiquement mon départ d'Osbaldistone-Hall.

J'étais donc bien déterminé à partir le lendemain dès la pointe du jour, et à franchir les frontières d'Ecosse avant qu'on pût même se douter que j'avais quitté le château. Mais il existait un obstacle puissant qui semblait devoir nuire à la célérité de mon voyage. Non seulement j'ignorais quel était le plus court chemin pour me rendre à Glascow, mais je n'en connaissais même nullement la route. La promptitude étant de la plus grande importance, je résolus de consulter à ce sujet André Fairservice comme étant une autorité compétente pour me tirer d'embarras sans délai.

Quoiqu'il fût déjà tard, je voulus m'occuper sur-le-champ de cet objet intéressant, et je me rendis à l'instant même chez le jardinier. Sa demeure était à peu de distance du mur extérieur du jardin : c'était une chaumière entièrement construite dans le style d'architecture du Northumberland. Les fenêtres et les portes en étaient décorées de lourdes architraves et de linteaux massifs en pierre brute. Le toit était couvert de joncs en place de chaume, de tuiles ou d'ardoises. D'un côté un ruisseau roulait son eau limpide. Un antique poirier ombrageait de ses branches un petit parterre qu'on voyait devant la maison. Par-derrière était un jardin potager, un enclos en pâturage pour une vache, et un petit champ semé. En un mot, tout annonçait cette aisance que la vieille Angleterre procure à ses habitans jusque dans ses provinces les plus reculées.

En approchant de la maison du prudent André, j'entendis parler d'un ton nasal et solennel, ce qui me fit croire que, suivant la coutume méritoire de ses citoyens, il avait assemblé quelques uns de ses voisins pour les joindre à lui dans ses dévotions du soir, car il n'avait ni femme, ni fille, ni sœur, ni personne du sexe féminin qui demeurât avec lui. Mon père, me dit-il un jour, a eu assez de ce bétail. Cependant il se formait quelquefois un auditoire composé de catholiques et de protestans, tisons qu'il arrachait au feu, disait-il, en les convertissant au presbytérianisme, quoi qu'en pussent dire les PP. Vaughan et Docharty, et les ministres de l'église anglicane, qui regardaient son intervention dans les matières spirituelles comme une hérésie qui s'introduisait en contrebande. Il était donc comme possible qu'il tînt chez lui ce soir une assemblée de cette nature. Mais, en écoutant plus attentivement, je reconnus que le bruit que j'entendais n'était produit que par les poumons d'André; et, lorsque j'ouvris la porte pour entrer, je le trouvai seul, lisant à haute voix, pour sa propre édification, un livre de controverses théologiques, et livrant bataille de tout son cœur à des mots qu'il ne comprenait point.

— C'est vous, M. Frank? me dit-il en mettant de côté son énorme in-folio; j'étais à lire un peu le digne docteur Lightfoot [1].

— Lightfoot! répliquai-je en jetant les yeux sur le lourd volume, jamais auteur ne fut plus mal nommé.

— C'est pourtant bien son nom, monsieur; c'était un

---

(1) Pied léger. — Éd.

théologien comme on n'en voit plus de pareil. Cependant je vous demande pardon de vous laisser debout à la porte; mais j'ai été si tourmenté des esprits la nuit dernière, Dieu me préserve! je ne voulais l'ouvrir qu'après avoir lu tout le service du soir, et je viens justement de finir le cinquième chapitre de Néhémie. Si cela ne suffit pas pour les tenir en respect, je ne sais pas ce qu'il faudra que je fasse.

— Tourmenté des esprits, André! que voulez-vous dire?

— Que j'ai eu à combattre contre eux toute la nuit. Ils voulaient, Dieu me préserve! me faire sortir de ma peau sans même se donner la peine de m'écorcher comme une anguille.

— Trêve à vos frayeurs pour un moment, André. Je désire savoir si vous pouvez m'enseigner le chemin le plus court pour me rendre à une ville de votre Ecosse appelée Glascow.

— Le chemin de Glascow! si je le connais! et comment ne le connaîtrais-je pas? Elle n'est qu'à quelques milles de mon endroit, de la paroisse de Dreepdayly, qui est un petit brin à l'ouest. Mais, Dieu me préserve! pourquoi donc Votre Honneur va-t-il à Glascow?

— Pour des affaires particulières.

— Autant vaudrait me dire : Ne me faites pas de questions et je ne vous répondrai pas de mensonges. A Glascow!... Je pense que vous feriez quelque honnêteté à celui qui vous y conduirait?

— Certainement, si je trouvais quelqu'un qui allât de ce côté.

— Vous feriez attention à son temps et à ses peines?

— Sans aucun doute; et si vous pouvez trouver quelqu'un qui veuille m'accompagner, je le paierai généreusement.

— C'est aujourd'hui dimanche, dit André en levant les yeux vers le ciel; ce n'est pas un jour à parler d'affaires charnelles ; sans cela je vous demanderais ce que vous donneriez à celui qui vous tiendrait bonne compagnie sur la route, qui vous dirait le nom de tous les châteaux que vous verriez, et toute la parenté de leurs propriétaires.

— Je n'ai besoin que de connaître la route, la route la plus courte, et je paierai à celui qui voudra me la montrer tout ce qui sera raisonnable.

— Tout, répliqua André, ce n'est rien, et le garçon dont je parle connaît tous les sentiers, tous les détours des montagnes, tous...

— Je suis pressé, André, je n'ai pas de temps à perdre ; faites le marché pour moi, et je l'approuve d'avance.

— Ah ! voilà qui est parler. Eh bien, je crois, Dieu me préserve ! que le garçon qui vous y conduira, ce sera moi.

— Vous, André ? voulez-vous donc quitter votre place ?

— Je vous ai déjà dit, M. Frank, que je pense depuis long-temps à quitter le château, depuis l'instant que j'y suis entré. Mais à présent j'ai pris mon parti tout de bon : autant plus tôt que plus tard.

— Mais ne risquez-vous pas de perdre vos gages ?

— Sans doute il y aura de la perte. Mais j'ai vendu les pommes du vieux verger, et j'ai encore l'argent, quoique sir Hildebrand, c'est-à-dire son intendant, m'ait pressé de le lui remettre, comme si c'eût été une mine d'or; et puis j'ai reçu quelque argent pour acheter des semailles, et puis... Enfin cela fera une sorte de *compensation*. D'ailleurs Votre Honneur fera attention à ma perte et à mon risque quand nous serons à Glascow. Et quand Votre Honneur compte-t-il partir ?

— Demain matin, à la pointe du jour.

— C'est un peu prompt ! Et où trouverai-je un bidet ? Attendez...! Oui, je sais où trouver la bête qui me convient.

— Ainsi donc, André, demain à cinq heures je vous trouverai au bout de l'avenue.

— Ne craignez rien, M. Frank : que le diable m'emporte, par manière de parler au moins, si je vous manque de parole ! Mais si vous voulez suivre mon avis, nous partirons deux heures plus tôt. Je connais les chemins la nuit comme le jour, et j'irais d'ici à Glascow les yeux bandés, par la route la plus courte, sans me tromper une seule fois.

Le grand désir que j'avais de partir me fit adopter l'amendement d'André, et nous convînmes de nous trouver au rendez-vous indiqué le lendemain à trois heures du matin.

Une réflexion se présenta pourtant à l'esprit de mon futur compagnon de voyage.

— Mais les esprits ! s'écria-t-il, les esprits ! s'ils venaient à nous poursuivre à trois heures du matin ! je ne me soucierais pas d'avoir leur visite deux fois dans vingt-quatre heures.

— N'en ayez pas peur, lui dis-je en le quittant. Il existe sur la terre assez de malins esprits qui savent agir pour leur intérêt, mieux que s'ils avaient à leurs ordres tous les suppôts de Lucifer.

Après cette exclamation, qui me fut arrachée par le sentiment de situation dans laquelle je me trouvais, je sortis de la chaumière d'André et je m'en retournai au château.

Je fis le peu de préparatifs indispensables ; je chargeai mes pistolets, et je me jetai tout habillé sur mon lit pour tâcher de me préparer, par quelques heures de sommeil, à supporter la fatigue du voyage que j'allais entreprendre, et les inquiétudes qui devaient m'accompagner jusqu'à la fin de la route. La nature, épuisée par les agitations que j'avais éprouvées pendant cette journée, me fut plus favorable que je n'osais l'espérer, et je jouis d'un sommeil paisible dont je ne sortis qu'en entendant sonner deux heures à l'horloge du château, placée au haut d'une tour dont ma chambre était voisine. J'avais eu soin de garder de la lumière. Je me levai à l'instant, et j'écrivis la lettre que j'avais dessein de laisser pour mon oncle. Cette besogne terminée, j'emplis une valise des vêtemens qui m'étaient le plus nécessaires, je laissai dans ma chambre le reste de ma garde-robe; je descendis l'escalier sans faire de bruit, je gagnai l'écurie sans obstacle; là, quoique je ne fusse pas aussi habile palefrenier qu'aucun de mes cousins, je sellai et bridai mon cheval et me mis en route.

En entrant dans l'avenue qui conduisait à la porte du parc, je m'arrêtai un instant, et me retournai pour voir encore une fois les murs qui renfermaient Diana Vernon. Il me semblait qu'une voix secrète me disait que je m'en séparais pour ne plus la revoir. Il était impossible, dans la succession longue et irrégulière des fenêtres gothiques du château, que les pâles rayons de la lune n'éclairaient qu'imparfaitement, de reconnaître celles de l'appartement qu'elle occupait. — Elle est déjà perdue pour moi, pensais-je en cherchant inutilement à les distinguer, perdue avant même que j'aie quitté l'enceinte des lieux qu'elle habite! Quelle espérance me reste-t-il donc? d'avoir quelque correspondance avec elle, quand nous serons séparés!

J'étais absorbé dans une rêverie d'une nature peu agréable, quand l'horloge du château fit entendre trois heures, et rappela à mon souvenir un individu bien moins intéressant pour moi, et un rendez-vous auquel il m'importait d'être exact.

En arrivant au bout de l'avenue, j'aperçus un homme à cheval, caché par l'ombre que projetait la muraille du parc. Je toussai plusieurs fois; mais ce ne fut que lorsque j'eus prononcé le nom André, à voix basse, que le jardinier me répondit : — Oui, oui, c'est André.

— Marchez devant, lui dis-je, et gardez bien le silence, s'il est possible, jusqu'à ce que nous ayons traversé le village qui est dans la vallée.

André ne se fit pas répéter cet ordre; il partit à l'instant même et d'un pas beaucoup plus rapide que je ne l'aurais désiré. Il obéit si scrupuleusement à mon injonction de garder le silence, qu'il ne répondit à aucune des questions que je ne cessais de lui adresser sur la cause d'une marche si rapide, et qui me semblait aussi peu nécessaire qu'imprudente au commencement d'un long voyage, puisqu'elle pouvait mettre nos chevaux hors d'état de le continuer. Nous ne traversâmes pas le village. Il me fit passer par des sentiers détournés; nous arrivâmes dans une grande plaine, et nous nous trouvâmes ensuite au milieu des montagnes qui séparent l'Angleterre de l'Écosse, dans ce qu'on appelle les *Marches moyennes* [1]. Le chemin, ou plutôt le mauvais sentier que nous suivions alors, était coupé à chaque instant tantôt par des broussailles, tantôt par des marais. André pourtant ne ralentissait pas sa course, et nous faisions bien neuf à dix milles par heure.

J'étais surpris et mécontent de l'opiniâtreté du drôle, et il fallait pourtant le suivre, ou perdre l'avantage d'avoir un conducteur. Nous ne trouvions que des montées et des descentes rapides sur un terrain où nous risquions à chaque instant de nous rompre le cou; nous passions de temps en temps à côté de précipices dans lesquels le moindre faux pas de nos chevaux nous aurait fait trouver une mort certaine. La lune nous prêtait quelquefois une faible lumière, mais souvent un nuage ou une montagne nous plongeait dans de profondes ténèbres : je perdais alors de vue mon guide, et il ne me restait pour me diriger que le bruit des pieds de son cheval, et le feu qu'ils tiraient des rochers sur lesquels nous marchions. La rapidité de cette course, et l'attention que le soin de ma sûreté m'obligeait de donner à mon cheval me furent d'abord de quelque utilité pour me distraire des réflexions pénibles auxquelles j'aurais été tenté de m'abandonner. Je criai de nouveau à André de ne pas aller si vite, et je me mis sérieusement en colère quand je vis qu'il ne faisait aucune attention à mes ordres répétés, et que je n'en pouvais tirer aucune réponse. Mais la colère ne me servait à rien. Je m'efforçai deux ou trois fois de le joindre, bien

---

[1] Les frontières les plus centrales.

résolu à lui caresser les épaules du manche de mon fouet ; mais il était mieux monté que moi, et soit qu'il se doutât de mes bonnes intentions, soit que son coursier fût piqué d'une noble émulation, dès que je parvenais à en approcher, il ne tardait pas à regagner le terrain qu'il avait perdu. Enfin, n'étant plus maître de ma colère, je lui criai que j'allais avoir recours à mes pistolets, et envoyer à Hostpur André [1] une balle qui le forcerait de ralentir l'impétuosité de sa marche. Il est probable qu'il entendit cette menace, et qu'elle fit sur lui quelque impression ; car il changea d'allure sur-le-champ, et en peu d'instants je me trouvai à son côté.

— Il n'y a pas de bon sens de courir comme nous le faisons ! dit-il du plus grand sang-froid.

— Et pourquoi courez-vous ainsi, misérable ?

— Je croyais que Votre Honneur était pressé, me répliqua-t-il avec une gravité imperturbable.

— Ne m'avez-vous donc pas entendu depuis deux heures vous crier d'aller plus doucement ? Êtes-vous ivre ? Êtes-vous fou ?

— C'est que, voyez-vous, M. Frank, j'ai l'oreille un peu dure, et puis le bruit des pieds des chevaux sur ces rochers, et puis... et puis il est vrai que j'ai bu le coup de l'étrier avant de partir ; et, comme je n'avais personne pour boire à ma santé, il a bien fallu m'en charger moi-même ; et puis je ne voulais pas laisser à ces papistes le reste de mon eau-de-vie ; je n'aime à rien perdre, voyez-vous.

Tout cela pouvait être vrai, cependant je n'en croyais pas un mot. Mais, comme la position où je me trouvais exigeait que je maintinsse la bonne intelligence entre mon guide et moi, je me contentai de lui prescrire de marcher à l'avenir à mon côté.

Rassuré par mon ton pacifique, André leva le sien d'une octave, suivant son habitude ordinaire de pédanterie.

---

(1) *Le bouillant André.* Hotspur, personnage historique de Shakspeare, dont le nom peut se traduire par *éperon chaud.* — Éd.

— Votre Honneur ne me persuadera jamais, pas plus que personne au monde, qu'il soit prudent de s'exposer à l'air de la nuit sans s'être garni l'estomac d'un bon verre d'eau-de-vie ou de genièvre, ou de quelque autre réconfortant semblable; et j'en puis parler savamment, car, Dieu me préserve! j'ai bien des fois traversé ces montagnes pendant la nuit, ayant de chaque côté de ma selle une petite barrique d'eau-de-vie.

— En d'autres termes, André, vous faisiez la contrebande. Comment un homme qui a des principes aussi rigides que les vôtres pouvait-il se résoudre à frauder ainsi les droits du trésor public?

— Ce ne sont que les dépouilles des Égyptiens : la pauvre Ecosse, depuis le malheureux acte d'Union à l'Angleterre, a bien assez souffert de ces coquins de jaugeurs de l'excise qui sont tombés sur elle comme une nuée de sauterelles; il convient à un bon citoyen de lui procurer une petite goutte de quelque chose pour lui regaillardir le cœur.

En l'interrogeant encore, j'appris qu'il avait souvent passé par ces montagnes pour faire la contrebande avant et depuis son établissement à Osbaldistone-Hall. Cette circonstance n'était pas indifférente pour moi, car elle me prouvait qu'il était très en état de me servir de guide.

Nous voyagions alors moins précipitamment; et cependant le cheval d'André, ou plutôt André lui-même avait toujours une forte propension à accélérer le pas, et j'étais souvent obligé de le modérer. Le soleil était levé, et mon conducteur se retournait fréquemment pour regarder derrière lui, comme s'il eût craint d'être poursuivi. Enfin nous arrivâmes sur la plate-forme d'une montagne très élevée que nous mîmes une demi-heure à gravir, et d'où l'on découvrait toute la partie du pays que nous venions de parcourir. André s'arrêta, jeta les yeux de ce côté, et n'apercevant encore dans les champs ni sur les routes aucun être vivant, sa physionomie prit un air de satisfaction; il se mit à siffler, et finit par chanter un air de son pays dont le refrain était

> . . . . Oh! ma Jessie!
> Te voilà donc dans ma patrie,
> Et ton clan ne te verra plus.

En même temps il passait la main sur le cou de son cheval, le flattait et le caressait, ce qui réveilla mon attention et me fit reconnaître à l'instant une jument favorite de Thorncliff Osbaldistone.

— Que veut dire ceci, André? lui dis-je en fronçant le sourcil; cette jument est à M. Thorncliff.

— Je ne dis pas qu'elle ne lui a point appartenu dans le temps, M. Frank, mais à présent elle est à moi.

— C'est un vol, misérable!

— Un vol, Dieu me préserve! M. Frank, personne n'a le droit de m'appeler voleur. — Voici ce que c'est, M. Thorncliff m'a emprunté dix livres[1] pour aller aux courses de chevaux d'York, et du diable s'il a jamais pensé à me les rendre; bien au contraire, quand je lui en parlais, il disait qu'il me casserait les os. Mais à présent il faudra qu'il me paie jusqu'au dernier sou, s'il veut revoir sa jument, et sans cela il n'aura jamais un crin de sa queue. Je connais un fin matois de procureur à Loughmaben, j'irai le voir en passant, et il saura bien arranger cette affaire. Un vol! non, non. Jamais André Fairservice ne s'est chauffé à un tel fagot. C'est un gage que j'ai saisi. Je l'ai saisi moi-même au lieu de le faire saisir par un huissier, voilà toute la différence. C'est la loi, et j'ai épargné les frais des gens de justice par économie.

— Cette économie pourra vous coûter plus cher que vous ne le pensez, si vous continuez à vous payer ainsi par vos mains sans autorité légale.

— Ta, ta, ta! nous sommes en Ecosse à présent, et il s'y trouvera des avocats, des procureurs et des juges

---

[1] 240 fr.

pour moi tout aussi bien que pour tous les Osbaldistone d'Angleterre. Le cousin au troisième degré de la tante de ma mère est cousin de la femme du prevôt de Dumfries, et il ne souffrirait pas qu'on fît tort à une goutte de son sang. Les lois sont les mêmes pour tout le monde ici ; ce n'est pas comme chez vous, où un mandat du clerc Jobson peut vous envoyer au pilori avant que vous sachiez seulement pourquoi. Mais attendez un peu, et il y aura encore moins de justice dans le Northumberland, et c'est pourquoi je lui ai fait mes adieux.

Je n'ai pas besoin de vous dire, mon cher Tresham, que les principes d'André n'étaient nullement d'accord avec les miens, et je formai le dessein de lui racheter la jument lorsque nous serions arrivés à Glascow, et de la renvoyer à mon cousin. Je résolus aussi d'écrire à mon oncle par la poste, pour l'en informer, dans la première ville que nous trouverions en Ecosse. Mais j'avais besoin d'André, et le moment ne me parut favorable ni pour lui faire part de mon projet, ni pour lui faire des reproches sur une action que son ignorance lui faisait peut-être regarder comme toute naturelle. Je détournai donc la conversation, et lui demandai pourquoi il disait qu'il y aurait bientôt moins de justice dans le Northumberland.

— Ah! ah! me dit-il, il y aura assez de justice, mais ce sera au bout du mousquet. Les officiers irlandais et tout le bétail papiste qu'on a été chercher dans les pays étrangers, faute d'en trouver assez dans le nôtre, ne sont-ils pas rassemblés dans tout le comté? Ces corbeaux ne s'y rendent que parce qu'ils flairent la charogne. Sûr comme je vis, sir Hildebrand ne restera pas les bras croisés. J'ai vu venir au château des fusils, des sabres, des épées. Croyez-vous que ce soit pour rien? Ce sont des enragés diables, Dieu me préserve! que ces jeunes Osbaldistone.

Ce discours rappela à mon souvenir le soupçon que j'avais déjà conçu, que les jacobites étaient à la veille de faire quelque entreprise hasardeuse. Mais, sachant qu'il ne me convenait de m'ériger ni en espion ni en censeur des discours et des actions de mon oncle, j'avais fui toute occasion de me mettre au courant de ce qui se passait au château. André n'avait pas les mêmes scrupules, et il parlait sans doute comme il le pensait, en disant qu'il se tramait quelque complot, et que c'était un des motifs qui l'avaient déterminé à s'éloigner.

— Tous les domestiques, ajouta-t-il, tous les paysans et les vassaux ont été enrôlés et passés en revue. Ils voulaient me mettre aussi dans la troupe; mais ceux qui le demandaient ne connaissaient pas André Fairservice. Je me battrai tout comme un autre, quand cela me conviendra, mais ce ne sera ni pour la prostituée de Babylone, ni pour aucune prostituée d'Angleterre.

CHAPITRE XIX.

« Voyez-vous ce clocher dont la pointe hardie
« S'élève jusqu'au ciel?
« C'est là que, délivrés des soins de cette vie,
« Dorment d'un sommeil éternel
« L'amant, le guerrier, le poète... »
LANGHORNE.

A la première ville d'Écosse où nous nous arrêtâmes, mon guide alla trouver son ami le procureur, pour le consulter sur les moyens à employer pour s'approprier d'une manière légale la jument de M. Thorncliff, qui ne lui appartenait encore que par suite de ce que je veux bien me contenter d'appeler un tour d'adresse. Ce ne fut pas sans un certain plaisir que je vis à sa figure alongée et à son air contrit, lorsqu'il fut de retour, que sa consultation n'avait pas eu le résultat heureux qu'il en attendait. M. Touthope l'ayant déjà tiré de plus d'un mauvais pas dans ses opérations de contrebande, il avait en lui une entière confiance, et il lui conta toute l'affaire franchement et sans aucune réserve. Mais, depuis qu'il ne l'avait vu, M. Touthope avait été nommé clerc de la justice de paix du comté, et malgré tout l'intérêt qu'il prenait à son ancien ami M. André Fairservice, il lui dit que son devoir et sa conscience exigeaient qu'il informât la justice de pareils exploits quand ils parvenaient à sa connaissance; qu'il ne pouvait donc se dispenser de retenir la jument, et de la placer dans l'écurie du bailli Trumbull, jusqu'à ce que la question de la propriété fût décidée; qu'il devrait même le faire arrêter aussi, mais qu'il ne pouvait se résoudre à traiter si rigoureusement une ancienne connaissance; qu'il lui permettait donc de se retirer, et qu'il l'engageait à quitter la ville le plus promptement possible. Il poussa même la générosité jusqu'à lui faire présent d'un vieux cheval fourbu et poussif, afin qu'il pût continuer son voyage. Il est vrai qu'il en exigea en retour une cession absolue et bien en forme de tous ses droits sur la jument : cession qu'il lui représenta comme une simple formalité, puisque tout ce qu'André pouvait en attendre c'était le licou.

Ce ne fut pas sans peine que je tirai ces détails d'André. Il avait l'oreille basse; son orgueil national était mortifié d'être forcé d'avouer que les procureurs d'Ecosse étaient des procureurs comme ceux de tous les autres pays de l'univers, et que le clerc Touthope n'était pas d'une meilleure monnaie que le clerc Jobson.

— Si cela m'était arrivé en Angleterre, je ne serais pas à moitié si fâché de me voir voler ce que j'avais gagné au risque de mon cou, à ce qu'il prétend. Mais a-t-on jamais vu un faucon se jeter sur un faucon? et n'est-il pas honteux de voir un brave Ecossais en piller un autre? Il faut que tout soit changé dans ce pays; et je crois, Dieu me préserve ! que c'est depuis cette misérable union.

Il est bon de remarquer qu'André ne manquait jamais d'attribuer à l'union de l'Ecosse à l'Angleterre tous les symptômes de dégénération et de dépravation qu'il croyait voir dans ses compatriotes, surtout la diminution de la capacité des pintes, l'augmentation du prix des denrées, et bien d'autres choses qu'il eut soin de me faire observer pendant le cours de notre voyage.

Quant à moi, de la manière dont les choses avaient tourné, je me regardai comme déchargé de toute responsabilité relativement à la jument, je me contentai d'écrire à mon oncle la manière dont elle avait été emmenée de chez lui, et de l'informer qu'elle était entre les mains de la justice, ou de ses dignes représentans le bailli Trumbull et le clerc Touthope, auxquels je l'engageai à s'adresser pour la réclamer. Retourna-t-elle chez le chasseur de renards du Northumberland? continua-t-elle à servir de monture au procureur écossais? C'est ce dont il est assez inutile de nous inquiéter maintenant.

Nous continuâmes notre route vers le nord-ouest, mais non avec la célérité qui avait marqué le commencement de notre voyage. André connaissait parfaitement les chemins, comme il me l'avait dit, mais c'étaient les chemins fréquentés par les contrebandiers, qui ont de bonnes raisons pour ne choisir ni les meilleurs ni les plus directs. Des chaînes de montagnes nues et stériles, qui se succédaient sans cesse, ne nous offraient ni intérêt ni variété. Enfin nous entrâmes dans la fertile vallée de la Clyde, et nous arrivâmes à Glascow.

Cette ville n'avait pas encore l'importance qu'elle a acquise depuis ce temps. Un commerce étendu et toujours croissant avec les Indes occidentales et les colonies américaines a été le fondement de sa richesse et de sa prospérité; et, si l'on bâtit avec soin sur cette base solide, elle peut devenir avec le temps une des villes les plus importantes de la Grande-Bretagne. Mais, à l'époque dont je parle, l'aurore de sa splendeur ne brillait même pas encore. L'union avait à la vérité ouvert à l'Ecosse un commerce avec les colonies anglaises; mais le manque de fonds et la jalousie des négocians anglais privaient encore, en grande partie, les Ecossais des avantages qui devaient résulter pour eux de l'exercice des priviléges que ce traité mémorable leur assurait. Glascow, située dans la partie occidentale de l'île, ne pouvait participer au peu de commerce que la partie orientale faisait avec le continent, et qui était sa seule ressource. Cependant, quoiqu'elle ne promît pas alors d'atteindre l'éminence commerciale à laquelle tout semble maintenant annoncer qu'elle arrivera un jour, sa situation centrale à l'ouest de l'Ecosse la rendait une des places les plus importantes de ce royaume. La Clyde, qui coulait à peu de distance de ses murs, lui ouvrait une navigation intérieure qui n'était pas sans utilité. Non seulement les plaines fertiles situées dans son voisinage immédiat, mais les comtés d'Ayr et de Dumfries, la regardaient comme leur capitale, y envoyaient leurs productions, et en tiraient divers objets qui leur étaient nécessaires.

Les sombres montagnes de l'Ecosse occidentale envoyaient souvent leurs sauvages habitans aux marchés de la ville favorite de saint Mungo [1]. Les rues de Glascow étaient souvent traversées par des hordes de bœufs et de chevaux nains [2] au poil hérissé, que conduisaient des Highlanders aussi sauvages et aussi velus et quelquefois aussi raccourcis dans leur taille que les animaux confiés à leurs soins. C'était avec surprise que les étrangers regardaient leurs vêtemens antiques et singuliers, et qu'ils écoutaient les sons durs et aigres d'un langage qui leur était inconnu. Les montagnards eux-mêmes, armés de mousquets, de pistolets, de larges épées et de poignards, même dans les opérations paisibles du commerce, voyaient avec un égal étonnement des objets de luxe dont ils ne concevaient pas

---

(1) C'est à ce saint que les chroniques attribuent la civilisation des premiers habitans du Strathclyde. Son nom était Kentigern, fils d'Owain, surnommé *Mungo*, c'est-à-dire le Courtois. La cathédrale lui était dédiée avant la réforme. — Ed.

(2) Poneys. — Ed.

même l'usage, et avec un air de convoitise quelquefois alarmant, ceux dont ils enviaient la propriété. C'est toujours à contre-cœur que le Highlander sort de ses déserts, et il est aussi difficile de le naturaliser ailleurs que d'arracher un pin de sa montagne pour le transplanter dans un autre sol. Mais même alors tous les glens des Highlanders avaient une population surabondante, et il en résultait quelques émigrations presque forcées. Quelques unes de leurs colonies s'avancèrent jusqu'à Glascow, y cherchèrent et y trouvèrent du travail, quoique différent de celui qui les occupait dans leurs montagnes, et ce supplément de bras laborieux ne fut pas inutile pour la prospérité de cette ville. Il fournit les moyens de soutenir le peu de manufactures qui y étaient déjà établies, et jeta les fondemens de sa splendeur future.

L'extérieur de la ville correspondait avec cet avenir. La principale rue était large et belle; elle était décorée d'édifices publics dont l'architecture plaisait plus à l'œil qu'elle n'était correcte en fait de goût, et elle était bordée des deux côtés de maisons construites en pierres, surchargées d'ornemens en maçonnerie, ce qui lui donnait un air de grandeur et de dignité qui manque à la plupart des villes d'Angleterre, bâties en briques fragiles et d'un rouge sale.

Ce fut un dimanche matin que mon guide et moi nous arrivâmes dans la métropole occidentale de l'Ecosse. Toutes les cloches de la ville étaient en branle, et le peuple, qui remplissait les rues pour se rendre aux églises, annonçait que ce jour était consacré à la religion. Nous descendîmes à la porte d'une joyeuse aubergiste qu'André appela une hostler-wife, mot qui me rappela *l'Otelere* [1] du vieux Chaucer. Elle nous reçut très civilement. Ma première pensée fut de chercher Owen sur-le-champ; mais j'appris qu'il me serait impossible de le trouver avant que le service divin fût terminé. Mon hôtesse m'assura que je ne

---

(1) C'est notre mot hôtelière. — Ed.

trouverais personne chez MM. Macvittie, Macfin et compagnie, où la lettre de votre père, Tresham, m'annonçait que j'en aurais des nouvelles ; que c'étaient des gens religieux, et qu'ils étaient où tous les bons chrétiens devaient être, c'est-à-dire dans l'église de la Baronnie.

André, dont le dégoût qu'il avait récemment conçu pour les lois de son pays, ne s'étendait pas sur son culte religieux, demanda à notre hôtesse le nom du prédicateur qui devait distribuer la nourriture spirituelle aux fidèles réunis dans l'église de la Baronnie. Elle n'en eut pas plus tôt prononcé le nom qu'il entonna un cantique de louanges en son honneur, et à chaque éloge l'hôtesse répétait un *amen* approbatif. Je me décidai à me rendre dans cette église, plutôt dans l'espoir d'apprendre si Owen était arrivé à Glascow que dans l'attente d'être fort édifié. Mon espérance redoubla quand l'hôtesse me dit que, si M. Ephraïm Macvittie (le digne homme) était encore sur la terre des vivans, il honorerait bien certainement cette église de sa présence, et que, s'il avait un étranger logé chez lui, il n'y avait nul doute qu'il ne l'y conduisît. Cette probabilité acheva de me décider, et, escorté du fidèle André, je me mis en marche pour l'église de la Baronnie.

Un guide ne m'était pourtant pas très nécessaire en cette occasion ; la foule qui se pressait dans une rue étroite, escarpée et mal pavée, pour aller entendre le prédicateur le plus populaire de toute l'Ecosse occidentale, m'y aurait entraîné avec elle. En arrivant au sommet de la hauteur, nous tournâmes à gauche, et une grande porte, dont les deux battans étaient ouverts, nous donna entrée dans le grand cimetière qui entoure l'église cathédrale de Glascow. Cet édifice est d'un style d'architecture gothique plutôt sombre et massif qu'élégant ; mais il a un caractère particulier, et est si bien conservé et tellement en harmonie avec les objets qui l'entourent, que l'impression qu'il produit sur ceux qui le voient pour la première fois est imposante et solennelle au plus haut degré. J'en fus tellement frappé que je résistai quelques instans à tous les efforts que faisait André pour m'entraîner dans l'intérieur de l'église, tant j'étais occupé à en examiner les dehors.

Situé dans le centre d'une ville aussi grande que peuplée, cet édifice paraît être dans la solitude la plus retirée. De hautes murailles le séparent des maisons d'un côté ; de l'autre il est borné par une ravine au fond de laquelle court un ruisseau inaperçu, et dont le murmure ajoute encore à la solennité de ces lieux. Sur l'autre bord de la ravine s'élève une allée touffue de sapins dont les rameaux étendent jusque sur le cimetière une ombre mélancolique. Le cimetière lui-même a un caractère particulier, car, quoiqu'il soit véritablement d'une grande étendue, il ne l'est pas proportionnellement au nombre d'habitans qui y sont enterrés, et dont presque toutes les tombes sont couvertes d'une pierre sépulcrale. On n'y voit pas ces touffes de gazon qui décorent ordinairement une grande partie de la surface de ces lieux où le méchant cesse de pouvoir nuire, et où le malheureux trouve enfin le repos. Les pierres tumulaires sont si rapprochées les unes des autres qu'elles semblent former une espèce de pavé, qui, bien que la voûte céleste soit le seul toit qui le protège, ressemble à celui de nos vieilles églises d'Angleterre, où les inscriptions sont si multipliées. Le contenu de ces tristes registres de la Mort, les regrets inutiles qu'ils retracent, le témoignage qu'ils rendent au néant de la vie humaine, l'étendue du terrain qu'ils couvrent, l'uniformité mélancolique de leur style : tout me rappela le tableau déroulé du prophète écrit en dehors et en dedans, et dans lequel on lisait : Lamentations, regrets et malheur.

La majesté de la cathédrale ajoute à l'impression causée par ces accessoires. On en trouve le vaisseau un peu lourd, mais on sent en même temps que s'il était construit dans un style d'architecture plus léger et plus orné, l'effet en serait détruit. C'est la seule église cathédrale d'Écosse, si l'on en excepte celle de Kirkwall, dans les îles Orcades, que la réformation ait épargnée. André vit avec orgueil l'impression que faisait sur moi la vue de cet édifice, et me rendit compte, ainsi qu'il suit, de sa conservation.

— C'est là une belle église, me dit-il; on n'y trouve pas de vos bizarres colifichets et enjolivemens. C'est un bâtiment solide, bien construit, et qui durera autant que le monde, sauf la poudre à canon et la main des méchans. Il a couru de grands risques lors de la réformation, quand on détruisit l'église de Perth et celle de Saint-André, parce qu'on voulait se débarrasser une bonne fois du papisme, de l'idolâtrie, des images, des surplis, et de tous les haillons de la grande prostituée qui s'asseoit sur sept collines, comme si une seule colline ne suffisait pas à son vieux derrière [1]. Les habitans du bourg de Renfrew, des faubourgs et de la baronnie de Gorbals et de tous les environs se réunirent pour purger la cathédrale de ses impuretés papales; mais ceux de Glascow pensèrent que tant de médecins donneraient au malade une médecine un peu trop forte. Ils sonnèrent la cloche et battirent le tambour. Heureusement le digne Jacques Rabat était alors le doyen de la corporation de Glascow. Il était lui-même bon maçon, et c'était une raison de plus pour qu'il désirât de conserver l'église. Les métiers s'assemblèrent, et dirent aux communes qu'ils se battraient plutôt que de laisser raser leur église comme on en avait rasé tant d'autres. Ce n'était point par amour du papisme. Non, non; qui aurait pu dire cela du corps des métiers de Glascow? — Ils en vinrent donc bientôt à un arrangement. On convint de dénicher les statues idolâtres des saints (la peste les étouffe!), et ces idoles de pierre furent brisées selon le texte de l'Écriture, et jetées dans l'eau du Molendinar [2], et la vieille

---

(1) On comprend par ce mot, que nous traduisons le plus chastement possible, combien le bon presbytérien en veut à *la Prostituée* de Rome, dont il parle dans le style des prédicateurs du temps. — Éd.

(2) Ruisseau qui passe à Glascow. — Éd.

église resta debout et appropriée comme un chat à qui on vient d'ôter les puces, et tout le monde fut content. Et j'ai entendu dire à des gens sages que si on en avait fait autant pour toutes les églises d'Écosse, la réforme en serait tout aussi pure, et nous aurions plus de véritables églises de chrétiens; car j'ai été si long-temps en Angleterre que rien ne m'ôterait de la tête que le chenil d'Osbaldistone-Hall vaut mieux que la plupart des maisons de Dieu qu'on voit en Écosse [1].

En parlant ainsi, André me précéda dans le temple.

CHAPITRE XX.

« Une terreur soudaine a glacé tous mes sens ;
« Je n'ose pénétrer sous cette voûte sombre,
« Vrai palais de la mort, funèbres monumens,
« Où. »

L'Epouse en deuil.

Malgré l'impatience de mon guide, je ne pus m'empêcher de m'arrêter pour contempler pendant quelques minutes l'extérieur de l'édifice, rendu plus imposant par la solitude où nous laissèrent les portes en se fermant après avoir, pour ainsi dire, dévoré la multitude qui tout à l'heure remplissait le cimetière, et dont les voix se mêlant en chœur, nous annonçaient les pieux exercices du culte. Le concert de tant de voix, auxquelles la distance prêtait une grave harmonie, en ne laissant point parvenir à mon oreille les discordances qui l'eussent blessée de plus près, le ruisseau qui y mêlait son murmure, et le vent gémissant entre les vieux sapins : tout me paraissait sublime. La nature, telle qu'elle est invoquée par le roi-prophète dont on chantait les psaumes, semblait aussi s'unir aux fidèles pour offrir à son Créateur cette louange

---

(1) André, espèce de Sancho Pança presbytérien, prodigue dans son discours la conjonction copulative *et* pour singer les saintes écritures. — Ed.

solennelle dans laquelle la crainte et la joie se confondent. J'ai entendu en France le service divin célébré avec tout l'éclat que la plus belle musique, les plus riches costumes, les plus imposantes cérémonies pouvaient lui donner. Mais la simplicité du culte presbytérien a produit sur moi bien plus d'effet : ce concert d'actions de grâces m'a paru si supérieur à la routine du chant dicté aux musiciens, que le culte écossais me semble avoir tous les avantages de la réalité sur le jeu d'un acteur.

Comme je restais à écouter ces accens solennels, André, dont l'impatience devenait importune, me tira par la manche : — Venez, monsieur, venez donc, nous troublerons le service si nous entrons trop tard, et si les bedeaux nous trouvent à nous promener dans le cimetière pendant l'office divin, ils nous arrêteront comme des vagabonds, et nous conduiront au corps-de-garde.

D'après cet avis, je suivis mon guide ; mais, comme je me disposais à entrer dans le chœur de la cathédrale : — Par ici, monsieur, s'écria-t-il, par cette porte. Nous n'entendrions là-haut que des discours de morale aussi secs et insipides que les feuilles de rue [1] à Noel. Descendez, c'est ici que nous goûterons la saveur de la vraie doctrine.

Il me conduisit alors vers une petite porte cintrée, gardée par un homme à figure grave, qui semblait sur le point de la fermer au verrou, et nous descendîmes un escalier par lequel nous arrivâmes sous l'église, local singulièrement choisi, je ne sais pourquoi, pour l'exercice du culte presbytérien.

Figurez-vous, Tresham, une longue suite de voûtes sombres et basses, semblables à celles qui servent aux sépultures dans d'autres pays, et consacrées ici depuis long-temps à cet usage. Une partie avait été convertie en église, et l'on y avait placé des bancs. Cette partie des voûtes ainsi occupée, quoique capable de contenir une

---

[1] La rue (*ruta*) est une plante qui dans sa verdeur a une saveur amère et âcre. — Éd.

assemblée de plus de mille personnes, n'était point proportionnée avec les caveaux plus sombres et plus vastes qui s'ouvraient autour de ce qu'on pourrait appeler l'espace habité. Dans ces régions désertes de l'oubli, de sombres bannières et des écussons brisés indiquaient les tombes de ceux qui avaient sans doute été autrefois princes dans Israel; et des inscriptions que pouvait à peine déchiffrer le laborieux antiquaire, invitaient le passant à prier Dieu pour les âmes de ceux dont elles couvraient les dépouilles mortelles.

Dans ces retraites funèbres, où tout retraçait l'image de la mort, je trouvai une nombreuse assemblée s'occupant de la prière. Les presbytériens écossais se tiennent debout pour remplir ce devoir religieux, sans doute pour annoncer publiquement leur éloignement pour les formes du rituel romain; car, lorsqu'ils prient dans l'intérieur de leur famille, ils prennent la posture que tous les autres chrétiens ont adoptée pour s'adresser à la Divinité, comme étant la plus humble et la plus respectueuse. C'était donc debout, et les hommes la tête découverte, que plus de deux mille personnes des deux sexes et de tout âge écoutaient, avec autant de respect que d'attention, la prière qu'un ministre, déjà avancé en âge et très aimé dans la ville, adressait au ciel; peut-être était-elle improvisée, mais du moins elle n'était pas écrite [1].

Élevé dans la même croyance, je m'unis de cœur à la piété générale, et ce fut seulement lorsque la congrégation s'assit sur les bancs que mon attention fut distraite.

A la fin de la prière la plupart des hommes mirent leur

---

(1) J'ai vainement cherché le nom de cet ecclésiastique. Je ne désespère pas cependant de voir ce point, et quelques autres qui échappent à ma sagacité, éclairés par une des publications périodiques qui ont consacré leurs pages à commenter ces volumes, et dont les recherches et les bonnes intentions méritent ma gratitude particulière, comme ayant découvert plusieurs personnes et plusieurs faits liés à mes récits, et auxquels je n'avais même pas songé *.

* L'auteur cherche ici querelle à ceux qui ont voulu donner la clef de ses personnages : nous prendrons notre part du reproche pour nos notes et notre notice. — En,

chapeau ou leur toque, et tout le monde s'assit, c'est-à-dire tous ceux qui avaient le bonheur d'avoir des bancs, car André et moi, qui étions arrivés trop tard pour nous y placer, nous restâmes debout de même qu'un grand nombre de personnes, formant ainsi une espèce de cercle autour de la partie de la congrégation qui était assise. Derrière nous étaient les voûtes dont j'ai déjà parlé, et nous faisions face aux fidèles assemblés, dont les figures, tournées du côté du prédicateur, étaient à demi éclairées par le jour de deux ou trois fenêtres basses de forme gothique.

A la faveur de cette clarté, on distinguait la diversité ordinaire des visages qui se tournent vers un pasteur écossais dans une occasion semblable. Presque tous portaient le caractère de l'attention, si ce n'était quand un père ou une mère rappelait les regards distraits d'un enfant trop vif, ou interrompait le sommeil de celui qui était porté à s'endormir. La physionomie un peu dure et prononcée de la nation, exprimant généralement l'intelligence et la finesse, s'offre à l'observateur avec plus d'avantage dans les actes de la piété ou dans les rangs de la guerre, que dans les réunions d'un intérêt moins sérieux. Le discours du prédicateur était bien propre à exciter les divers sentimens de l'auditoire ; l'âge et les infirmités avaient affaibli son organe, naturellement sonore. Il lut son texte avec une prononciation mal articulée ; mais, quand il eut fermé la Bible et commencé le sermon, son ton s'affermit, sa véhémence l'entraîna, et il se fit parfaitement entendre de tout son auditoire. Son discours roulait sur les points les plus abstraits de la doctrine chrétienne ; sur des sujets graves et si profonds qu'ils sont impénétrables à la raison humaine, et qu'il cherchait pourtant à expliquer par des citations tirées des Écritures. Mon esprit n'était pas disposé à le suivre dans tous ces raisonnemens. Il y en avait même quelques uns qu'il m'était impossible de comprendre. Cependant l'enthousiasme du vieillard produisait une grande impression sur ses auditeurs, et rien n'était plus ingénieux que sa manière de raisonner. L'Écossais se fait remarquer par son intelligence beaucoup plus que par sa sensibilité : aussi la logique agit-elle sur lui plus fortement que la rhétorique, et il lui est plus ordinaire de s'attacher à suivre des raisonnemens serrés et abstraits sur un point de doctrine, que de se laisser entraîner par les mouvemens oratoires auxquels ont recours les prédicateurs, dans les autres pays, pour émouvoir le cœur, mettre en jeu les passions, et s'assurer la vogue.

Parmi le groupe attentif que j'avais sous les yeux, on distinguait des physionomies ayant la même expression que celles qu'on remarque dans le fameux carton de Raphael, représentant saint Paul prêchant à Athènes [1]. Ici les sourcils froncés d'un zélé calviniste annonçaient le zèle et l'attention; ses lèvres légèrement comprimées, ses yeux fixés sur le ministre, semblaient partager avec lui le triomphe de ses argumens. Là, un autre, d'un air plus fier et plus sombre, affichait son mépris pour ceux qui doutaient des vérités qu'annonçait son pasteur, et sa joie des châtimens terribles dont il les menaçait. Un troisième, qui n'appartenait peut-être pas à la congrégation, et que le hasard seul y avait amené, paraissait intérieurement occupé d'objections; et un mouvement de tête presque imperceptible trahissait les doutes qu'il concevait. Le plus grand nombre écoutait d'un air calme et satisfait; on devinait qu'ils croyaient bien mériter de l'Église par leur présence et par l'attention qu'ils donnaient à un discours qu'ils n'étaient peut-être pas en état de comprendre. Presque toutes les femmes faisaient partie de cette dernière division de l'auditoire. Cependant les vieilles paraissaient écouter plus attentivement la doctrine abstraite qu'on leur développait, tandis que les jeunes permettaient quelquefois à leurs regards de se promener modestement sur toute

---

[1] Carton qu'on admire encore à Hampton-court. — Éᴛ.

l'assemblée ; je crus même, Tresham, si ma vanité ne me trompait point, que quelques unes d'entre elles reconnurent votre ami pour un Anglais, et le distinguèrent comme un jeune homme passablement tourné. Quant au reste de la congrégation, les uns ouvraient de grands yeux, bâillaient ensuite et finissaient par s'endormir, jusqu'à ce qu'un voisin scandalisé réveillât leur attention en leur pressant fortement le pied ; les autres cherchaient à reconnaître les personnes de leur connaissance, sans oser donner de signes trop marqués de l'ennui qu'ils éprouvaient. Je reconnaissais çà et là, à leur costume, des montagnards dont les yeux se portaient successivement sur tout l'auditoire, avec un air de curiosité sauvage, sans s'inquiéter de ce que disait le ministre, parce qu'ils n'entendaient pas la langue dans laquelle il parlait, ce qui sera, j'espère, une excuse suffisante pour eux. L'air martial et déterminé de ces étrangers ajoutait à cette réunion un caractère qui, sans eux, lui aurait manqué. André me dit ensuite qu'ils étaient en ce moment en plus grand nombre que de coutume à Glascow, parce qu'il y avait dans les environs une foire de bestiaux.

Telles étaient offertes à ma critique les figures du groupe rangé sur les bancs de l'église souterraine de Glascow, éclairée par quelques rayons égarés qui, pénétrant à travers les étroits vitraux, allaient se perdre dans le vide des dernières voûtes en répandant sur les espaces plus rapprochés une sorte de demi-jour imparfait, et en laissant les coins les plus reculés de ce labyrinthe dans une obscurité qui les faisait paraître interminables.

J'ai déjà dit que je me trouvais debout dans le cercle extérieur, les yeux fixés sur le ministre, et tournant le dos aux voûtes dont j'ai parlé plus d'une fois. Cette position m'exposait à de fréquentes distractions, car le plus léger bruit qui se faisait sous ces sombres arcades y était répété par mille échos. Je tournai plus d'une fois la tête de ce côté ; et quand mes yeux prenaient cette direction, je trouvais difficile de les ramener dans une autre, tant notre imagination trouve de plaisir à découvrir les objets qui lui sont cachés, et qui n'ont souvent d'intérêt que parce qu'ils sont inconnus ou douteux. Je finis par habituer ma vue à l'obscurité dans laquelle je la dirigeais, et insensiblement je pris plus d'intérêt aux découvertes que je faisais dans ces retraites obscures qu'aux subtilités métaphysiques dont le prêcheur nous entretenait.

Mon père m'avait plus d'une fois reproché cette légèreté dont la source venait peut-être d'une vivacité d'imagination qui n'appartenait point à son caractère. Je me rappelai qu'étant enfant, lorsqu'il me conduisait à la chapelle pour y entendre les instructions de M. Shower, il me recommandait toujours de bien les écouter et de les mettre à profit. Mais en ce moment le souvenir des avis de mon père ne me donnait que de nouvelles distractions, en me faisant songer à ses affaires et aux dangers qui le menaçaient. Je dis à André, du ton le plus bas possible, de s'informer à ses voisins si M. Ephraïm Macvittie était dans l'église; mais André, tout attentif au sermon, ne me répondait qu'en me repoussant du coude pour m'avertir de garder le silence. Je reportai donc les yeux sur les auditeurs pour voir si, parmi toutes les figures qui, le cou tendu, se dirigeaient vers la chaire comme vers un centre d'attraction, je pourrais reconnaître le visage paisible et les traits imperturbables d'Owen; mais, sous les larges chapeaux des citoyens de Glascow et sous les toques plus larges encore des Lowlanders du Lanarkshire, je ne vis rien qui ressemblât à la perruque bien poudrée, aux manchettes empesées et à l'habit complet couleur de noisette, insignes caractéristiques du premier commis de la maison de banque Osbaldistone et Tresham. Mes inquiétudes redoublèrent avec une nouvelle force, et je résolus de sortir de l'église, afin de pouvoir demander aux premières personnes qui en sortiraient si elles y avaient vu M. Ephraïm Macvittie. Je tirai André par la manche, et lui dis que je voulais partir : mais André montra dans l'église de Glascow la même opiniâtreté dont il avait fait preuve sur les montagnes de Cheviot, et ce ne fut que lorsqu'il eut reconnu l'impossibilité de me réduire au silence sans me répondre qu'il voulut bien m'informer qu'une fois entré dans l'église nous ne pouvions en sortir avant la fin de l'office, attendu qu'on en fermait la porte au commencement des prières, afin que les fidèles ne fussent pas distraits de leur dévotion. Après m'avoir donné cet avis en peu de mots, et d'un air d'humeur, il reprit son air d'importance et d'attention critique.

Je m'efforçais de faire de nécessité vertu et d'écouter aussi le sermon, quand je fus interrompu d'une manière bien singulière. Quelqu'un me dit à voix basse, par-derrière : — Vous courez des dangers dans cette ville.

J'étais appuyé d'un côté contre un pilier, j'avais André de l'autre ; je me retournai brusquement, et je ne vis derrière nous que quelques ouvriers à la taille raide et à l'air commun. Un seul regard jeté sur eux m'assura que ce n'était aucun d'eux qui m'avait parlé. Ils étaient entièrement absorbés dans l'attention qu'ils donnaient au sermon, et ils ne remarquèrent même pas l'air d'inquiétude et d'étonnement avec lequel je les regardais. Le pilier massif près duquel je me trouvais pouvait avoir caché celui qui m'avait parlé à l'instant où il venait me donner cet avis mystérieux. Mais par qui m'était-il donné? pourquoi choisissait-on cet endroit? quels dangers pouvais-je avoir à craindre? C'étaient autant de questions sur la solution desquelles mon imagination se perdait en conjectures. Me retournant du côté du prédicateur, je fis semblant de l'écouter avec la plus grande attention. J'espérais par là que la voix mystérieuse se ferait encore entendre dans la crainte de ne pas avoir été entendue la première fois.

Mon plan réussit avant que cinq minutes se fussent écoulées, la même voix me dit tout bas :

— Écoutez, mais ne vous retournez pas.

Je restai immobile.

— Vous êtes en danger dans cette ville, reprit la voix, et je n'y suis pas moi-même en sûreté. Rendez-vous à minuit précis sur le pont, vous m'y trouverez : jusque là restez chez vous et ne vous montrez à personne.

La voix cessa de se faire entendre, et je tournai la tête à l'instant. Mais celui qui parlait avait fait un mouvement encore plus prompt, et s'était vraisemblablement déjà glissé derrière le pilier. J'étais résolu à le découvrir s'il était possible, et, sortant du dernier rang des auditeurs, je passai aussi derrière le pilier. Je n'y trouvai personne, et j'aperçus seulement quelqu'un qui traversait comme une ombre la solitude des voûtes que j'ai décrites. Il était couvert d'un manteau; mais je ne pus distinguer si c'était un *cloack* des Lowlands ou un *plaid* des Highlands.

Je m'avançai pour poursuivre l'être mystérieux, qui glissa et disparut sous les voûtes comme le spectre d'un des morts nombreux qui reposaient dans cette enceinte. Je n'avais guère d'espoir d'arrêter dans sa fuite celui qui était déterminé à éviter une explication avec moi; mais tout espoir fut perdu quand j'avais à peine fait trois pas en avant : mon pied heurta contre un obstacle inaperçu, et je tombai. L'obscurité qui était cause de ma chute me fut du moins favorable dans ma disgrâce; car le prédicateur, avec ce ton d'autorité que prennent les ministres presbytériens pour maintenir l'ordre parmi les auditeurs, interrompit son discours pour ordonner aux bedeaux d'arrêter celui qui venait de troubler la congrégation. Comme le bruit ne dura qu'un instant, on ne jugea probablement pas nécessaire d'exécuter cet ordre à la rigueur, ou l'obscurité qui avait causé mon accident couvrit aussi ma retraite; je regagnai mon pilier sans que personne prît garde à moi. Le prédicateur continua son sermon, et il le termina sans nouvel évènement.

Comme nous sortions de l'église avec le reste de la congrégation : — Voyez, me dit André qui avait retrouvé sa langue, voilà le digne M. Macvittie, mistress Macvittie, miss Alison Macvittie, et M. Thomas Macfin, qui va, dit-on, épouser miss Alison, s'il joue bien son rôle. Si elle n'est pas jolie, elle sera bien dotée.

Mes yeux, suivant la direction qu'il m'indiquait, se fixèrent sur M. Macvittie. C'était un homme âgé, grand, sec, des yeux bleus enfoncés dans la tête, ayant de gros sourcils gris, et, à ce qu'il me parut, un air dur et une physionomie sinistre qui me donnèrent malgré moi de la prévention contre lui. Je me souvins de l'avis qui m'avait été donné dans l'église *de ne me montrer à personne*, et je balançai à m'adresser à lui, quoique je n'eusse aucun motif raisonnable de rien redouter de sa part, ou de le regarder comme suspect.

J'étais encore indécis quand André, qui prit mon incertitude pour de la timidité, s'avisa de m'encourager. — Parlez-lui, M. Francis, me dit-il, parlez-lui. Il n'est pas encore prevôt de Glascow, quoiqu'on dise qu'il le sera l'année prochaine. Parlez-lui, vous dis-je; il vous répondra civilement, pourvu que vous n'ayez pas d'argent à lui demander, car on dit qu'il est dur à la desserre.

Je fis sur-le-champ la réflexion que, si ce négociant était aussi avare et intéressé qu'André me le représentait, j'avais peut-être quelques précautions à prendre avant de me faire connaître à lui, puisque j'ignorais si mon père se trouvait son débiteur ou son créancier. Cette considération, jointe à l'avis mystérieux que j'avais reçu et à la répugnance que sa physionomie m'avait inspirée, me décida à attendre au moins le lendemain pour m'adresser à lui. Je me bornai donc à charger André de passer chez M. Macvittie, et d'y demander l'adresse d'un nommé Owen, qui devait être arrivé à Glascow depuis quelques jours, lui recommandant bien de ne pas dire qui lui avait donné cette commission, et de m'apporter la réponse à l'auberge où nous étions logés. Il me promit de s'en acquitter. Chemin faisant, il m'entretint de l'obligation où était tout bon chrétien d'assister à l'office du soir ; — Mais, Dieu me préserve! ajouta-t-il avec sa causticité ordinaire, quant à ceux qui ne peuvent se tenir tranquilles sur leurs jambes, et qui vont se les casser contre les pierres des tombeaux, comme s'ils en voulaient faire sortir les morts, il leur faudrait une église avec une cheminée.

CHAPITRE XXI.

« . . . . Sur le Rialto, lorsque sonne minuit,
« Je dirige en rêvant ma course solitaire.
« Nous nous y reverrons. . . . . »
OTWAY, *Venise sauvée*.

AGITÉ de tristes pressentimens, sans pouvoir leur assigner une cause raisonnable, je m'enfermai dans mon appartement, et je renvoyai André, qui me proposa inutilement de l'accompagner à l'église de Saint-Enoch, où il me dit qu'un prêcheur, dont la parole pénétrait jusqu'au fond des âmes, devait prononcer un sermon. Je me mis à réfléchir sérieusement sur le parti que j'avais à prendre. Je n'avais jamais été ce qu'on appelle superstitieux ; mais je crois que tous les hommes, dans une position difficile et embarrassante, après avoir inutilement consulté leur raison pour se tracer une ligne de conduite, sont assez portés, comme par désespoir, à lâcher les rênes à leur imagination et à se laisser entièrement guider, soit par le hasard, soit par quelque impression fantasque qui se grave dans leur esprit, et à laquelle ils s'abandonnent comme à une impulsion involontaire. Il y avait quelque chose de si repoussant dans les traits et la physionomie du marchand écossais, qu'il me semblait que je ne pouvais me confier à lui sans violer toutes les règles de la prudence. D'une autre part, cette voix mystérieuse que j'avais entendue, cette espèce de fantôme que j'avais vu s'évanouir sous ces voûtes sombres qu'on pouvait bien nommer — la vallée de l'ombre de la mort, — tout cela devait agir sur l'imagination d'un jeune homme qui, vous voudrez bien vous le rappeler, était aussi un jeune poëte.

Si j'étais véritablement entouré de dangers, comme j'en avais été si secrètement averti, comment pouvais-je en connaître la nature, et apprendre les moyens de m'en préserver sans avoir recours à celui de qui je tenais cet avis, et à qui je ne pouvais soupçonner que de bonnes intentions? Les intrigues de Rashleigh se présentèrent plus d'une fois à ma pensée; mais j'étais parti d'Osbaldistone-Hall, et arrivé à Glascow si précipitamment que je ne pouvais supposer qu'il fût déjà instruit de mon séjour dans cette ville, encore moins qu'il eût eu le temps d'ourdir quelque trame perfide contre moi. Je ne manquais ni de hardiesse ni de confiance en moi-même; j'étais actif et vigoureux, et mon séjour en France m'avait donné quelque adresse dans le maniement des armes, qui, dans ce pays, fait partie de l'éducation de la jeunesse; je ne craignais personne corps à corps; l'assassinat n'était pas à redouter dans le siècle et dans le pays où je vivais, et le lieu du rendez-vous, quoique peu fréquenté pendant la nuit, était voisin de rues trop peuplées pour que je pusse redouter aucune violence. Je résolus donc de m'y rendre à l'heure indiquée, et de me laisser ensuite guider par ce que j'apprendrais et par les circonstances. Je ne vous cacherai pas, Tresham, ce que je cherchais alors à me cacher à moi-même, que j'espérais bien secrètement, presque à mon insu, qu'il pouvait exister quelque liaison, je ne savais ni comment ni par quels moyens, entre Diana Vernon et l'avis étrange qui m'avait été donné d'une manière si surprenante. Elle seule connaissait le but et l'objet de mon voyage. Elle m'avait avoué qu'elle avait des amis et de l'influence en Ecosse. Elle m'avait remis un talisman dont je devais reconnaître la vertu, quand il ne me resterait plus d'autre ressource.... Quelle autre que Diana Vernon pouvait connaître des dangers dont on prétendait que j'étais entouré, désirer de m'en préserver, et avoir les moyens d'y réussir? Ce point de vue flatteur, dans ma position très équivoque, ne cessait de se présenter à mon esprit. Cette idée m'occupa avant le dîner; elle ne me quitta point pendant le cours de mon repas frugal, et me domina tellement pendant la dernière demi-heure, à l'aide peut-être de quelques verres d'excellent vin, que, pour m'arracher à ce que je regardais comme une illusion trompeuse, je repoussai mon verre loin de moi, me levai de table, saisis mon chapeau, et sortis de la maison comme un homme qui veut échapper à ses propres pensées. J'y cédais pourtant encore sans le savoir, même en ce moment, car mes pas me conduisirent insensiblement au pont sur la Clyde, lieu du rendez-vous assigné par mon invisible moniteur.

Je n'avais dîné qu'après le service du soir, car ma dévote hôtesse s'était fait un scrupule de préparer le repas pendant les heures destinées à l'office divin, et j'y avais consenti autant par complaisance pour elle que pour me conformer à l'avis qui m'avait été donné de *rester chez moi*. Mais l'obscurité qui régnait alors m'empêchait de craindre d'être reconnu par qui que ce fût, si toutefois il existait dans la ville de Glascow quelqu'un qui pût me reconnaître. Quelques heures devaient pourtant encore s'écouler avant le moment fixé pour mon rendez-vous. Vous jugez combien cet intervalle dut me paraître long et ennuyeux. Plusieurs groupes de personnes de tout âge, portant la sainteté du jour empreinte sur la figure, traversaient la grande prairie qui se trouve sur la rive droite de la Clyde, et qui sert de promenade aux habitans de Glascow. Peu à peu je fis attention qu'en allant et revenant sans cesse le long de la rivière je courais le risque de me faire remarquer par les passans, ce qui pouvait ne pas être sans inconvénient. Je m'éloignai de l'endroit qui était le plus fréquenté, et je donnai à mon esprit une sorte d'occupation, en m'appliquant successivement à chercher de toutes les parties de la prairie celle où je me trouvais le moins exposé à être vu. Cette prairie étant plantée d'arbres qui forment différentes allées, comme dans le parc de Saint-James à Londres, cette manœuvre puérile n'était pas difficile à exécuter.

Pendant que je me promenais dans une de ces avenues, j'entendis dans l'allée voisine une voix aigre que je reconnus pour celle d'André Fairservice. Me poster derrière un gros arbre pour m'y cacher, c'était peut-être compromettre un peu ma dignité; mais c'était le moyen le plus simple d'éviter d'en être aperçu et d'échapper à sa curiosité. Il s'était arrêté pour causer avec un homme vêtu d'un habit noir, et couvert d'un chapeau à larges bords, et sa conversation que j'entendis m'apprit qu'il parlait de moi et qu'il faisait mon portrait. Mon amour-propre révolté me disait que c'était une caricature; mais je ne pus m'empêcher d'y trouver quelques traits de ressemblance.

— Oui, oui, M. Hammorgaw, disait-il, c'est comme je vous le dis. Ce n'est pas qu'il manque de bon sens, il voit assez ce qui est raisonnable, c'est-à-dire par-ci par-là : un éclair, et voilà tout. Mais il a le cerveau fêlé, parce qu'il a la tête farcie de fariboles de poésie. Il préfèrera un vieux bois sombre au plus beau parterre, et le potager le mieux garni n'est rien pour lui en comparaison d'un ruisseau et d'un rocher. Il passera des journées entières à bavarder avec une jeune fille, nommée Diana Vernon, qui n'est ni plus ni moins qu'une païenne, une Diane d'Ephèse... ni plus ni moins, Dieu me préserve! elle est cent fois pire c'est une Romaine, une vraie Romaine! Eh bien, il restera avec elle plutôt que d'écouter sortir de votre bouche, M. Hammorgaw, ou de la mienne, des choses qui pourraient lui être utiles toute sa vie et encore après. Ne m'a-t-il pas dit un jour, pauvre aveugle créature! que les psaumes de David étaient de l'excellente poésie! Comme si le roi-prophète avait pensé à arranger des rimes comme des fleurs dans une plate-bande! Dieu me préserve! deux vers de Davie Lindsay valent mieux que tous les brimborions qu'il a jamais écrits. —

Vous ne serez pas surpris qu'en écoutant ce portrait de moi-même, je me sentisse tout disposé à surprendre M. Fairservice par une bonne volée à la première occasion. Son interlocuteur ne l'interrompit guère que par quelques monosyllabes qui semblaient n'avoir d'autre but que de prouver son attention, comme : Vraiment! ah! ah! Il fit pourtant une fois une observation un peu plus longue, que je n'entendis point, parce qu'il avait le verbe beaucoup moins élevé qu'André, et celui-ci s'écria : — Que je lui dise ce que je pense, dites-vous? et qui paierait les pots cassés, si ce n'est André? Savez-vous qu'il est *coléreux?* Montrez un habit rouge à un taureau, il le percera de ses cornes. Et au fond pourtant c'est un brave jeune homme; je ne voudrais pas le quitter, parce qu'il a besoin d'un homme soigneux et prudent pour veiller sur lui. Et puis il ne tient pas la main bien serrée; l'argent coule à travers ses doigts comme l'eau par les trous d'un arrosoir, e ce n'est pas une mauvaise chose d'être auprès de quelqu'un dont la bourse est toujours ouverte. Oh, oui, je lui suis attaché de tout cœur; c'est bien dommage, M. Hammorgaw, que le pauvre jeune homme soit si peu réfléchi!

En cet endroit de la conversation, les deux interlocuteurs se remirent en marche, et je ne pus en entendre la suite. Le premier sentiment que j'éprouvai fut celui de l'indignation en voyant un homme à mon service s'expliquer si librement sur mon compte; mais elle se calma quand je vins à penser qu'il n'existe peut-être pas un maître qui, s'il écoutait les propos de ses domestiques dans son antichambre, ne se trouvât soumis au scalpel de quelque anatomiste de la force de M. Fairservice. Cette rencontre ne me fut pas inutile; elle me fit paraître moins longue une partie du temps que j'avais encore à attendre.

La nuit commençait à s'avancer, et ses épaisses ténèbres donnaient à la rivière une teinte sombre et uniforme qui s'accordait parfaitement avec la disposition de mon esprit. A peine pouvais-je distinguer le pont massif et antique jeté sur la Clyde, et dont je n'étais pourtant qu'à peu de distance. Ses arches étroites et peu élevées, que je n'apercevais qu'imparfaitement, semblaient des cavernes où s'engouffraient les eaux de la rivière, plutôt que des ouvertures pratiquées pour leur donner passage. On voyait encore de temps en temps briller le long de la Clyde une lanterne qui éclairait des familles retournant chez elles après avoir pris le seul repas que permette l'austérité presbytérienne les jours consacrés à la religion, repas qui ne doit avoir lieu qu'après l'office du soir. J'entendais aussi quelquefois le bruit de la marche d'un cheval qui reconduisait sans doute son maître à la campagne, après qu'il avait passé la journée du dimanche à Glascow. Un silence absolu, une solitude complète m'environnèrent bientôt, et ma promenade sur les rives de la Clyde ne fut plus interrompue que par le bruit des cloches qui sonnaient les heures.

Qu'elles étaient lentes au gré de mon impatience! Combien de fois ne me reprochai-je pas une folle crédulité! Ce rendez-vous ne pouvait-il pas m'avoir été donné par un insensé, par un ennemi? Ne m'exposais-je pas à être le jouet de l'un ou la victime de l'autre? Et cependant pour rien au monde je n'aurais voulu me retirer sans voir comment finirait cette aventure.

Enfin le beffroi de l'église métropolitaine me fit entendre le premier coup de minuit, et ce signal fut bientôt répété par toutes les horloges de la ville, comme une congrégation de fidèles répond au verset que le ministre vient d'entonner. Je m'avançai sur le quai qui conduit au pont avec un trouble et une agitation que je n'entreprendrai pas de décrire. A peine y étais-je arrivé, que je vis à peu de distance une figure humaine s'avancer vers moi. C'était la seule que j'eusse vue depuis plus d'une heure, et cependant rien ne pouvait m'assurer que ce fût l'être qui m'avait donné ce rendez-vous. Je marchai à sa rencontre avec la même émotion que s'il eût été l'arbitre de ma destinée, tant l'inquiétude et l'attente avaient mis d'exaltation dans mes idées! Tout ce que je pus distinguer en m'approchant, fut qu'il était de moyenne taille, mais en apparence nerveux et vigoureux, et couvert d'un grand manteau. Lorsque je fus près de lui, je ralentis le pas, et m'arrêtai dans l'attente qu'il m'adresserait la parole. Combien ne fus-je pas contrarié en le voyant continuer son chemin sans me parler! Je n'avais aucun prétexte pour entamer la conversation : car, quoiqu'il se trouvât sur le pont précisément à l'heure qui m'avait été fixée, il pouvait ne pas être mon inconnu. Je me retournai pour voir ce qu'il deviendrait. Il alla jusqu'au bout du pont, s'arrêta, eut l'air de chercher à s'assurer en regardant de l'autre côté du pont s'il ne verrait personne, et revint enfin sur ses pas. J'allai au-devant de lui, bien décidé pour cette fois à ne pas le laisser passer sans lui parler.

— Vous vous promenez un peu tard, monsieur, lui dis-je dès que je fus près de lui.

— Je viens à un rendez-vous, monsieur Osbaldistone, et je crois que vous en faites autant.

— C'est donc vous qui m'avez parlé ce matin dans l'église? Eh bien, qu'avez-vous à me dire?

— Suivez-moi, vous le saurez.

— Avant de vous suivre, il faut que je sache qui vous êtes et ce que vous me voulez.

— Je suis un homme, et je veux vous rendre service.

—Un homme! C'est parler un peu trop laconiquement.

— C'est tout ce que je puis vous dire. Celui qui n'a point de nom, point d'amis, point d'argent, point de patrie, est du moins un homme, et celui qui a tout cela n'est pas davantage.

— C'est parler en termes trop généraux, et cela ne peut suffire pour m'inspirer de la confiance en un inconnu.

— Vous n'en saurez pas davantage. C'est à vous à voir si vous voulez me suivre et profiter du service que je puis vous rendre.

— Ne pouvez-vous donc me dire ici ce que vous avez à m'apprendre?

— Je n'ai rien à vous dire. Ce sont vos yeux qui doivent vous instruire. Il faut vous résoudre à me suivre ou à rester dans l'ignorance.

L'étranger parlait d'un ton si ferme, si décidé, si froid, qu'il semblait indifférent à la confiance que je pourrais lui témoigner.

— Que craignez-vous, me dit-il d'un ton d'impatience? croyez-vous que votre vie soit d'assez grande importance pour qu'on veuille vous la ravir?

— Je ne crains rien, répliquai-je avec fermeté. Marchez, je vous suivrai.

Contre mon attente, il me fit rentrer dans l'intérieur de la ville ; et nous semblions deux spectres muets qui en parcouraient les rues silencieuses. Je m'impatientais de ne pas arriver ; mon conducteur s'en aperçut.

— Avez-vous peur? me dit-il.

— Peur! répliquai-je. Je vous répéterai vos propres paroles. Pourquoi aurais-je peur?

— Parce que vous êtes avec un étranger, dans une ville où vous n'avez pas un ami, où vous avez des ennemis.

— Je ne crains ni eux ni vous. Je suis jeune, actif et armé.

— Je n'ai pas d'armes, mais un bras résolu n'en a jamais manqué. Vous dites que vous ne craignez rien. Si vous saviez avec qui vous vous trouvez, vous ne seriez peut-être pas si tranquille.

— Pourquoi ne le serais-je pas? Je vous répète que vous ne m'inspirez aucune crainte.

— Aucune...! cela peut être. Mais ne craignez-vous pas les conséquences qui pourraient résulter si l'on vous trouvait accompagné d'un homme dont le nom prononcé à voix basse dans cette rue en ferait soulever les pierres contre lui pour l'arrêter, et sur la tête de qui la moitié des habitans de Glascow fonderaient l'édifice de leur fortune comme sur un trésor trouvé, s'ils parvenaient à me prendre au collet ; d'un homme enfin dont l'arrestation serait une nouvelle aussi agréable à Edimbourg que celle d'une bataille gagnée en Flandre ?

— Et qui êtes-vous donc, pour que votre nom inspire tant de terreur ?

— Un homme qui n'est pas votre ennemi, puisqu'il s'expose à vous conduire dans un endroit où, s'il était connu, il ne tarderait pas à avoir les fers aux pieds et la corde au cou.

Je m'arrêtai et reculai un pas pour examiner mon compagnon plus attentivement et me tenir en garde contre lui, le manteau dont il était couvert ne me permettant pas de voir s'il était armé.

— Vous m'en avez trop dit ou trop peu, lui dis-je : trop pour m'engager à donner ma confiance à un étranger qui convient qu'il a à redouter la sévérité des lois du pays où nous nous trouvons ; trop peu, si vous ne me prouvez que leur rigueur vous poursuit injustement.

Il fit un pas vers moi. Je reculai involontairement, et mis la main sur la garde de mon épée.

— Quoi ! dit-il, contre un homme sans armes, contre un ami !

— Je ne sais encore si vous êtes l'un ou l'autre ; et, pour vous dire la vérité, vos discours et vos manières m'en font douter.

— C'est parler en homme. Je respecte celui dont le bras sait protéger la tête. Je serai donc franc avec vous. Je vous conduis à la prison.

— A la prison ! m'écriai-je. De quel droit ? par quel warrant [1] ? pour quel crime ? Vous aurez ma vie avant de

---

(1) Par quel *mandat judiciaire, mandat d'arrêt ?* — Ed.

me priver de ma liberté ; je ne ferai pas un pas de plus avec vous.

— Ce n'est pas comme prisonnier que je vous y conduis. Croyez-vous, ajouta-t-il avec un ton de fierté, que je sois un messager d'armes [1], un officier du shériff?... Je vous mène voir un prisonnier de la bouche duquel vous apprendrez les dangers qui vous menacent ici. Votre liberté ne court aucun risque dans cette visite, mais il n'en est pas de même de la mienne. Je sais que je la hasarde ; mais je m'en inquiète peu ; je brave ce danger pour vous avec plaisir maintenant, parce que j'aime un jeune homme qui ne connaît pas de meilleur protecteur que son épée.

Nous étions alors dans la principale rue de la ville. Mon conducteur s'arrêta devant un grand bâtiment construit en grosses pierres, et dont chaque fenêtre était garnie d'une grille en fer.

—Que ne donneraient pas le prevôt et les baillis de Glascow, dit l'étranger, pour me tenir dans cette cage, les fers aux pieds et aux mains! et cependant que leur en reviendrait-il? S'ils m'y enfermaient ce soir avec un poids de cent livres à chaque jambe, ils trouveraient demain la place vide, et leur locataire délogé : mais venez! qu'attendez-vous?

En parlant ainsi il frappa doucement à une espèce de guichet. Une voix semblable à celle d'un homme qui s'éveille cria de l'intérieur : — Qu'est-ce? Qui va là? que veut-on à une pareille heure? Je n'ouvrirai pas ; c'est contre les règles.

Le ton dont ces derniers mots furent prononcés et le silence qui les suivit prouvèrent que celui qui venait de parler ne songeait qu'à se rendormir. Mon guide s'approchant de la porte, lui dit à demi-voix : — Dougal l'ami, avez-vous oublié Grégarach?

— Diable, pas du tout ! répondit-on vivement : et j'entendis le gardien intérieur se lever avec précipitation. Il

---

(1) Un huissier. — Éd.

eut encore une courte conversation à voix basse avec mon conducteur dans une langue qui m'était inconnue, après quoi j'entendis les verrous s'ouvrir, mais avec des précautions qui indiquaient qu'on craignait qu'ils ne fissent trop de bruit. Enfin, nous nous trouvâmes dans ce qu'on appelait la salle de garde de la prison de Glascow. Un escalier étroit conduisait aux étages supérieurs, et deux autres portes servaient d'entrée dans l'intérieur de la prison. Toutes étaient garnies de gros verrous et de pesantes barres de fer; les murailles en étaient nues, sauf une agréable tapisserie de fers destinés aux prisonniers qu'on y amenait, à laquelle se joignaient des pistolets, des mousquets et autres armes défensives.

Me trouvant ainsi introduit inopinément et comme par fraude dans une des forteresses légales d'Ecosse, je ne pus m'empêcher de me rappeler mon aventure du Northumberland, et de frissonner en envisageant les étranges incidens qui, sans que je me fusse rendu coupable, allaient encore m'exposer à une désagréable et dangereuse opposition avec les lois d'un pays que je ne visitais que comme étranger.

CHAPITRE XXII.

« Regarde autour de toi, vois ces sinistres lieux;
« C'est ici, jeune Astolphe, où l'homme malheureux,
« Dont le seul crime, hélas! fut sa triste indigence,
« Vient, demi-mort de faim, attendre sa sentence.
« De ces sombres caveaux l'épaisse humidité,
« Du flambeau de l'espoir étouffe la clarté :
« A sa flamme mourante un fantôme ironique
« S'empresse d'allumer sa lampe fantastique,
« Afin que la victime, en entr'ouvrant les yeux,
« Puisse trouver encor quelque aspect odieux. »
La Prison, acte I, scène III.

Dès que je fus entré, je jetai un regard inquiet sur mon conducteur; mais la lampe dans le vestibule répandait trop peu de clarté pour permettre à ma curiosité de distinguer parfaitement ses traits. Comme le geôlier tenait cette lampe à la main, ses rayons portaient directement sur sa figure, que je pus examiner, quoiqu'elle m'intéressât beaucoup moins. C'était une espèce d'animal sauvage, au regard dur, et dont le front et une partie du visage étaient ombragés par de longs cheveux roux. Ses traits étaient animés par une sorte de joie extravagante dont il fut transporté à la vue de mon guide. Je n'ai jamais rien rencontré qui offrît à mon esprit une image si parfaite d'un hideux sauvage adorant l'idole de sa tribu. Il grimaçait, riait, pleurait même : toute sa physionomie exprimait un aveugle dévouement qu'il serait impossible de peindre. Il ne s'expliqua d'abord que par quelques gestes et des interjections, comme : — Ohi! hai! oui, oui; — Il y a long-temps *qu'elle* ne vous avait vu, — avec d'autres exclamations non moins brèves, exprimées dans la même langue qui avait servi à mon guide et à lui quand ils s'étaient expliqués ensemble sur le seuil de la porte. Mon guide reçut cet hommage avec le sang-froid d'un prince accoutumé aux respects de ses vassaux, et qui croit devoir les en récompenser par quelque marque de bonté. Il tendit la main au porte-clefs, et lui dit : — Comment cela va-t-il, Dougal ?

— Ohi! ahi! s'écria Dougal en baissant la voix avec précaution, et en regardant autour de lui d'un air de crainte, est-il possible! Vous voir ici? Vous ici! Et qu'est-ce qu'il arriverait si les baillis venaient faire une ronde, les sales et vilains coquins qu'ils sont?

Mon guide mit un doigt sur sa bouche. — Ne craignez rien, Dougal, vos mains ne tireront jamais un verrou sur moi.

— Ces mains! non, non, jamais! on les lui couperait plutôt toutes deux! Mais quand retournerez-vous là-bas? Vous n'oublierez pas de le lui faire savoir. — *Elle* est votre pauvre cousin seulement au septième degré [1].

— Dès que mes plans seront arrêtés, je vous avertirai, Dougal.

— Et, par sa foi! dès que vous le ferez, quand ce serait un samedi à minuit, elle jettera les clefs de la prison à la tête du prevôt, ou lui jouera un autre tour, et vous verrez si elle ne l'osera pas pourvu que le dimanche matin commence.

L'étranger mystérieux coupa court aux extases du porte-clefs, en lui adressant de nouveau la parole dans la langue inconnue dont il avait fait usage à la porte de la prison, et que j'appris ensuite être l'irlandais, l'erse ou le gaélique, lui expliquant probablement ce qu'il exigeait de lui.

— Tout ce que vous voudrez. — Cette réponse annonça la disposition de Dougal à se conformer à toutes les volontés de mon guide. Il remonta la mèche de sa lampe pour nous procurer plus de lumière, et me fit signe de le suivre.

— Ne venez-vous pas avec nous? demandai-je à mon conducteur.

— Non. Je vous serais inutile, et il faut que je reste ici pour assurer votre retraite.

— Je ne puis soupçonner que vous vouliez m'entraîner dans quelque danger.

— Dans aucun que je ne partage avec vous.

Il prononça ces mots d'un ton d'assurance qui ne pouvait me laisser aucun doute.

Je suivis le porte-clefs, qui, laissant les portes ouvertes derrière lui, me fit monter par un escalier tournant, un *turnpike*, comme les Écossais l'appellent, et puis, dans une étroite galerie, il ouvrit une des portes qui donnaient sur le passage, me fit entrer dans une petite chambre,

---

(1) C'est une locution toute particulière aux Highlands que cet *elle* qu'emploie Dougal en parlant de *lui-même*. Le mot créature est *sous-entendu*, comme on dirait en style de syntaxe. — Ed.

et jetant les yeux sur un méchant grabat qui était dans un coin :

— *Elle* dort, me dit-il à voix basse en plaçant la lampe sur une petite table.

— Elle! qui? pensai-je : eh quoi! serait-ce Diana Vernon, que je vais trouver dans ce séjour de misère?

Je tournai les yeux vers le lit, et un seul regard me convainquit, non sans une sensation de plaisir, que mes craintes n'étaient pas fondées. Une tête qui n'était ni jeune ni belle, avec une barbe grise que le rasoir n'avait pas touchée depuis deux ou trois jours, m'ôta toute inquiétude à l'égard de Diana ; mais ce ne fut pas sans un chagrin bien vif que, tandis que le prisonnier frottait ses yeux en s'éveillant, je reconnus des traits bien différens, mais qui avaient aussi pour moi un intérêt bien puissant, ceux de mon pauvre ami Owen. Je me plaçai un moment hors de sa vue, de crainte que dans le premier moment de surprise il ne laissât échapper quelque exclamation bruyante qui eût répandu l'alarme dans ces tristes demeures.

L'infortuné formaliste, qui s'était jeté tout habillé sur son lit, se soulevant à l'aide d'une main, tandis qu'il ôtait de l'autre un bonnet de laine rouge qui lui couvrait la tête, dit en bâillant et d'un ton qui prouvait qu'il était encore à moitié endormi : — Je vous dirai au total, M. Dugwell[1], ou quel que soit votre nom, que si vous faites sur mon sommeil de semblables soustractions, je m'en plaindrai au lord prevôt.

— Il y a un gentleman qui veut vous parler, répondit Dougal qui avait repris le vrai ton bourru d'un geôlier, en place de l'air de joie et de soumission avec lequel il avait parlé à mon guide ; et, faisant une pirouette sur le talon, il sortit de la chambre.

Il se passa quelques instans avant que le dormeur fût assez bien éveillé pour me reconnaître, et quand il fut

---

(1) M. *Châtiebien*, en estropiant le nom de Dougal. — T_B.

assuré que c'était moi qu'il voyait, la consternation se peignit dans ses traits, parce qu'il crut qu'on m'envoyait partager sa captivité.

— Oh! M. Frank, quels malheurs vous avez causés à la maison et à vous-même! Je ne parle pas de moi, je ne suis qu'un zéro, pour ainsi dire ; mais vous! vous étiez la somme totale des espérances de votre père, son *omnium*. Faut-il que vous, qui pouviez être un jour le premier homme de la première maison de banque de la première ville du royaume, vous vous trouviez enfermé dans une misérable prison d'Écosse, où l'on n'a pas même le moyen de brosser ses habits!

En parlant ainsi, il frottait avec sa manche, d'un air de dépit, un pan de cet habit noisette jadis sans tache, qui avait ramassé quelque poussière contre les murs ; son habitude de propreté minutieuse contribuant à augmenter pour lui le désagrément de se trouver en prison.

— Grand Dieu! continua-t-il, quelle nouvelle pour la bourse! Il n'y en a pas eu une semblable depuis la bataille d'Almanza, où la somme des Anglais tués et blessés s'est montée au total de 5,000 hommes, sans faire entrer les prisonniers dans l'addition. Qu'y dira-t-on quand on apprendra que la maison Osbaldistone et Tresham a suspendu ses paiemens!

J'interrompis ses lamentations pour l'informer que je n'étais pas prisonnier, quoique je pusse à peine lui expliquer comment il se faisait que je me trouvasse près de lui à une telle heure. Je ne pus mettre fin à ses questions qu'en lui faisant moi-même celles que me suggérait sa propre situation. Il ne me fut pas facile d'obtenir de lui des réponses très précises ; car Owen, comme vous le savez, mon cher Tresham, quoique fort intelligent dans tout ce qui concerne la routine commerciale, ne brillait nullement dans tout ce qui sortait de cette sphère.

Je parvins pourtant à apprendre ce qui suit, en somme totale :

Mon père, faisant beaucoup d'affaires avec l'Écosse, avait à Glascow deux principaux correspondans. La maison Macvittie, Macfin et compagnie, lui avait toujours paru, ainsi qu'à Owen, obligeante et accommodante. Dans toutes leurs transactions ces messieurs avaient montré une déférence entière pour la grande maison anglaise, et s'étaient bornés à jouer le rôle du chacal, qui, après avoir chassé pour le lion, se contente de la part de la proie que ce dernier veut bien lui assigner. Quelque modique que fût leur portion du profit d'une affaire, ils écrivaient toujours qu'ils en étaient satisfaits; et quelques peines, quelques démarches qu'elle eût occasionées, ils n'en pouvaient trop faire, selon eux, pour mériter l'estime et la protection de leurs honorables amis de Crane-Alley.

Un mot de mon père était pour Macvittie et Macfin aussi sacré que toutes les lois des Mèdes et des Perses. On n'y pouvait faire ni changement, ni innovations, ni observations. L'exactitude pointilleuse qu'Owen, grand partisan des formes, surtout quand il pouvait parler *ex cathedrâ*, exigeait dans les comptes et dans la correspondance, n'était même guère moins sacrée à leurs yeux. Toutes ces démonstrations de soumission et de respect étaient prises pour argent comptant par Owen; mais mon père, accoutumé à lire de plus près dans le cœur des hommes, y trouvait une bassesse et une servilité qui le fatiguaient, et avait constamment refusé de satisfaire à leurs sollicitations pour devenir ses seuls agens en Écosse. Au contraire, il donnait une bonne partie de ses affaires à une autre maison dont le chef était d'un caractère tout différent. C'était un homme dont la bonne opinion qu'il avait de lui-même allait jusqu'à la présomption, qui n'aimait pas plus les Anglais que mon père n'aimait les Écossais; qui ne voulait se charger d'aucune affaire que sous la condition d'une égalité parfaite dans le partage des bénéfices; enfin qui, en fait de formalités, tenait à ses idées autant qu'Owen était entier dans les siennes, et qui se mettait peu en peine de ce que pouvaient penser de lui toutes les autorités de *Lombard-Street* [1].

D'après un tel caractère, il n'était pas très facile de faire des affaires avec M. Nicol Jarvie; et elles occasionaient quelquefois, entre la maison de Londres et celle de Glascow, de la froideur et même des querelles qui ne s'apaisaient que parce que leur intérêt commun l'exigeait. L'amour-propre d'Owen avait été plus d'une fois froissé dans ces discussions; il n'est donc pas étonnant qu'en toute occasion il appuyât de tout son crédit la maison discrète, civile et respectueuse de Macvittie, Macfin et compagnie, et qu'il ne parlât de Nicol Jarvie que comme d'un orgueilleux et impertinent colporteur écossais avec qui il était impossible de vivre en paix.

Il n'est pas surprenant qu'avec cette façon de penser, et dans les circonstances où se trouvait la maison de banque de mon père, par l'infidélité de Rashleigh, Owen, à son arrivée à Glascow, qui précéda la mienne de deux jours, crut devoir s'adresser aux correspondans dont les protestations réitérées de dévouement et de respect semblaient lui assurer l'indulgence et les secours qu'il venait demander. Un saint patron arrivant chez un zélé catholique ne serait pas reçu avec plus de dévotion qu'Owen le fut chez MM. Macvittie et Macfin. Mais c'était un rayon du soleil qu'un nuage épais ne tarda point à obscurcir. Concevant les meilleures espérances de cet accueil favorable, il peignit sans détour la situation de mon père à des correspondans si zélés et si fidèles. Macvittie fut étourdi de cette nouvelle, et Macfin, avant d'en avoir appris tous les détails, feuilletait déjà son livre-journal, afin de voir sans délai la situation respective des deux maisons. Il s'en fallait de beaucoup que la balance fût égale, et mon père se trouvait en débet pour une somme assez considérable. Leurs figures, déjà fort alongées, prirent sur-le-champ un aspect

---

(1) Quartier marchand de Londres dans la Cité, comme est notre rue Saint-Denis. — Ed.

encore plus sombre ; et, tandis qu'Owen les priait de couvrir de leur crédit celui de la maison Osbaldistone et Tresham, ils lui demandèrent de les mettre à l'instant même à couvert de tout risque d'aucune perte ; enfin, s'expliquant plus clairement, ils exigèrent qu'il leur fît déposer entre les mains des effets pour une somme double de celle qui leur était due. Owen rejeta bien loin cette proposition, comme injurieuse pour sa maison, injuste pour les autres créanciers, et en se récriant contre leur ingratitude.

Les associés écossais trouvèrent dans cette discussion un prétexte pour s'emporter, pour se mettre dans une violente colère, et pour s'autoriser à prendre des mesures que leur conscience, ou du moins un sentiment de délicatesse, aurait dû leur interdire.

Owen, en qualité de premier commis d'une maison de banque, avait, comme c'est assez l'usage, une petite part dans les bénéfices, et par conséquent il était solidairement responsable des obligations qu'elle contractait. MM. Macvittie et Macfin ne l'ignoraient pas ; et, pour le déterminer à consentir aux propositions dont il avait été si révolté, ils eurent recours à un moyen sommaire que leur offraient les lois d'Ecosse, et dont il paraît qu'il est facile d'abuser. Macvittie se rendit devant le magistrat, fit serment qu'Owen était son débiteur, et qu'il avait dessein de passer en pays étranger[1]. En conséquence il obtint sur-le-champ un mandat d'arrêt contre lui, et depuis la veille le pauvre Owen était enfermé dans la prison où je venais d'être conduit d'une manière si étrange.

Tous les faits m'étant alors bien connus, la seule chose qui nous restât à examiner était la marche que je devais suivre, et cette question n'était pas facile à résoudre. Je voyais les dangers qui nous environnaient, mais la difficulté consistait à y porter remède. L'avis qui m'avait été

---

(1) Le même usage existe en Angleterre en certains cas. — Ta.

donné semblait m'annoncer que ma sûreté personnelle serait en danger si je faisais des démarches publiques en faveur d'Owen. Celui-ci avait la même crainte ; et, sa frayeur le portant à l'exagération, il m'assura qu'un Écossais, plutôt que de perdre un farthing[1] avec un Anglais, trouverait des moyens pour le faire arrêter, lui, sa femme, ses enfans, ses domestiques des deux sexes, et même ses hôtes étrangers. Les lois sont si sévères, si cruelles même dans presque tous les pays, et j'étais si peu au fait des affaires commerciales et judiciaires, que je ne pouvais me refuser tout-à-fait à croire son assertion. Mon arrestation aurait donné le coup de grâce aux affaires de mon père. Dans cet embarras, il me vint à l'idée de demander à mon vieil ami s'il s'était adressé au second correspondant de mon père à Glascow.

— Je lui ai écrit ce matin, me répondit-il ; mais, si la langue dorée de Gallowgate m'a traité ainsi, que pouvons-nous attendre du négociant pointilleux de Salt-Market ? Ce serait demander à un agent de change de renoncer à *son tant pour cent*. Tout ce que j'y gagnerai, ce sera peut-être une opposition à mon élargissement si Macvittie y consentait. Nicol Jarvie n'a pas même répondu à ma lettre, quoiqu'on m'ait assuré qu'on la lui avait remise en mains propres comme il allait à l'église. Se jetant alors sur son lit et se couvrant la tête des deux mains : — Mon pauvre cher maître ! s'écria-t-il, mon pauvre cher maître ! C'est pourtant votre obstination, M. Frank, qui est cause.... Mais que Dieu me pardonne de vous parler ainsi dans votre malheur ! C'est la volonté de Dieu, il faut s'y soumettre.

Toute ma philosophie, Tresham, ne put m'empêcher de partager la détresse du bon vieillard, et nous confondîmes nos larmes. Les miennes étaient les plus amères, car ma conscience m'avertissait que les reproches qu'Owen

---

(1) Un liard. — Tr.

m'épargnait n'eussent été que trop fondés, et que ma résistance à la volonté de mon père était la cause de tous ces revers.

Mes pleurs s'arrêtèrent tout-à-coup quand j'entendis frapper à coups redoublés à la porte extérieure de la prison. Je m'élançai hors de la chambre, et je courus au bord de l'escalier pour savoir ce dont il s'agissait. Je n'entendis que le porte-clefs qui parlait alternativement à voix haute et à voix basse : — Elle y va, elle y va, cria-t-il. Puis, s'adressant à mon conducteur : *O hon-a-ri! O hon-a-ri!* que fera-t-elle maintenant; montez là-haut; cachez-vous derrière le lit du gentilhomme sassenach. — Elle vient aussi vite qu'elle peut. — *Ahellanay!* — C'est milord prevôt avec deux baillis, — deux gardes, — et le gouverneur de la prison. — Dieu les bénisse ! — Montez, ou elle vous rencontrera. — Elle y va, elle y va.... La serrure est embarrassée [1].

Tandis que Dougal ouvrait bien malgré lui la porte de la prison, et tirait lentement les verrous l'un après l'autre, mon conducteur montait l'escalier, et il arriva dans la chambre d'Owen où je venais de rentrer. Il jeta les yeux autour de lui pour voir si elle offrait quelque endroit où il pût se cacher; mais, n'en apercevant point : — Prêtez-moi vos pistolets, me dit-il.... Mais non, je n'en veux point, je puis m'en passer.... Quoi qu'il puisse arriver, ne vous mêlez de rien. Ne vous chargez pas de la défense d'un autre. Cette affaire ne regarde que moi, et c'est à moi de m'en tirer. J'ai été quelquefois serré de bien près, de plus près encore qu'en ce moment.

En parlant ainsi, il jeta dans un coin de la chambre le manteau qui l'enveloppait, et se plaça à l'extrémité, en face de la porte, sur laquelle il ne cessait de fixer son regard pénétrant et déterminé, repliant un peu son corps en arrière pour concentrer ses forces, comme un coursier

---

(1) Il y a dans tout ce langage entrecoupé des exclamations écossaises intraduisibles. *O hon-a-ri* signifie *hélas, mon chef!* — Ed.

qui aperçoit la barrière qu'on va l'exciter à franchir. Je ne doutai pas un instant que son projet ne fût de se défendre contre le péril, de quelque part qu'il vînt, en s'élançant brusquement sur ceux qui paraîtraient quand la porte serait ouverte, pour gagner la rue malgré toute résistance.

D'après son apparence de vigueur et d'agilité, on pouvait prévoir qu'il viendrait à bout de son projet, à moins qu'il n'eût affaire à des gens armés et qui voulussent faire usage de leurs armes. Il se passa un moment d'attente solennelle entre l'ouverture de la porte extérieure et celle de l'appartement, où il entra — non des soldats avec la baïonnette au bout du fusil, ni des gardes de nuit avec des massues, des haches d'armes ou des pertuisanes, mais une jeune fille d'assez bonne mine, tenant encore d'une main ses jupons qu'elle avait relevés pour ne pas les salir dans la rue, et portant de l'autre une lanterne sourde. Un personnage plus important se montra ensuite. C'était un magistrat, comme nous l'apprîmes bientôt, homme gros et court, portant une immense perruque, tout gonflé de sa dignité, et haletant d'impatience et de dépit.

— Belle chose! et très convenable, de me tenir à la porte une demi-heure, capitaine Stanchels, dit-il en s'adressant au geôlier en chef qui venait de s'approcher comme pour accompagner respectueusement le dignitaire : — il m'a fallu frapper à la porte de la prison, pour y entrer, aussi fort que frapperait quiconque en voudrait sortir, si cela leur servait à quelque chose, ces pauvres créatures! — Et qu'est-ce que je vois, qu'est ceci? s'écria-t-il ; des étrangers dans la prison, à cette heure de la nuit !... Porte-clefs, je tirerai cela à clair ; Stanchels, soyez-en bien sûr. Fermez la porte, et je vais parler à ces messieurs. Mais d'abord il faut que je dise un mot à une vieille connaissance, M. Owen. Eh bien ! M. Owen, comment va la santé?

— Le corps ne va pas mal, M. Jarvie, mais l'esprit est bien malade, répondit le pauvre Owen.

— Sans doute, sans doute; je le crois bien. C'est une aventure fâcheuse, surtout pour un homme qui tenait la tête si haute. Mais nous sommes tous sujets à des hauts et à des bas, M. Owen. Nature humaine! nature humaine!... M. Osbaldistone est un brave homme! un honnête homme! mais j'ai toujours dit qu'il était de ceux qui feraient une belle cuillère ou qui gâteraient la corne, comme disait mon père le digne diacre. Or, le diacre me disait : Nick, mon fils Nick (il se nommait Nicol comme moi, de sorte que les gens qui aimaient les sobriquets nous appelaient lui le vieux Nick, et moi le jeune Nick)[1]; Nick, disait-il, n'étendez jamais le bras si loin que vous ne puissiez le retirer. — J'en ai dit autant à M. Osbaldistone; mais il ne prenait pas mes avis en trop bonne part, et cependant c'était à bonne intention, très bonne intention.

Ce discours débité avec beaucoup de volubilité, et avec l'air de quelqu'un qui tire vanité d'un bon avis négligé, ne me donnait pas d'espoir de trouver de grands secours en M. Jarvie. Je reconnus pourtant bientôt que si ses manières manquaient un peu de délicatesse, le fond de son cœur n'en était pas moins excellent; car Owen s'étant montré offensé qu'il lui tînt ce langage dans sa situation présente, le banquier de Glascow lui prit la main, la secoua fortement, et lui dit : — Allons, allons, M. Owen, du courage! Croyez-vous que je serais venu vous voir à deux heures de la nuit, de la nuit du dimanche, et que j'aurais presque oublié le respect dû à ce saint jour, si je n'avais voulu que reprocher à un homme tombé de n'avoir pas pris garde où il marchait? Non, non! ce n'est pas là le genre du bailli Jarvie, et ce n'était pas ainsi qu'agissait avant lui son digne père le diacre. Vous saurez donc que ma coutume invariable est de ne jamais m'occu-

---

(1) *Old Nick*, nom familier que les Anglais donnent au diable : *le vieux Nick*.

per des affaires de ce monde le jour du sabbat; et quoique j'aie fait tout ce qui était en mon pouvoir pour ne pas songer de toute la journée à la lettre que vous m'avez écrite ce matin, j'y ai pensé malgré moi plus qu'au sermon. J'ai aussi l'habitude de me coucher tous les soirs à dix heures, dans mon lit à rideaux jaunes, à moins que je ne mange une morue chez un voisin, ou qu'un voisin ne me fasse compagnie à souper. Demandez à cette jeune égrillarde si ce n'est pas une règle fondamentale dans ma maison. Eh bien! je suis resté toute la soirée à lire de bons livres, des livres de dévotion, bâillant de temps en temps comme si j'avais voulu avaler l'église de Saint-Enoch, jusqu'à ce que j'eusse entendu le dernier coup de minuit. Alors il m'était permis de jeter un coup d'œil sur mon livre de compte, pour m'assurer où nous en étions ensemble; et comme ni le vent ni la marée n'attendent personne, j'ai dit à Mattie : — Prends la lanterne, ma fille; — et je me suis mis en route pour venir voir ce qu'on peut faire pour vous. Le bailli peut se faire ouvrir à toute heure les portes de la prison, comme le pouvait aussi son père le diacre, brave homme, à qui Dieu fasse paix!

Quoiqu'un profond soupir poussé par Owen, quand il entendit parler du livre de compte, m'apprît que la balance n'était pas encore en notre faveur de ce côté, et quoique le discours du digne magistrat annonçât un homme qui, plein de son mérite, triomphait de la supériorité de son jugement, cependant la franchise et la simplicité que j'y remarquai indiquaient un bon cœur, et me donnèrent quelque espérance. Il invita Owen à lui faire voir quelques papiers qu'il lui arracha presque de la main; s'étant assis sur le lit pour reposer ses jambes, comme il le dit, il déclara qu'il se trouvait fort à l'aise, et ayant fait approcher sa servante pour l'éclairer avec sa lanterne, il se mit à les lire avec attention, prononçant de temps en temps quelques mots à demi-voix, et entremêlant sa lecture de quelques interjections.

Mon guide mystérieux, le voyant occupé de cette manière, parut disposé à profiter de cette occasion pour prendre congé de nous sans cérémonie. Il posa un doigt sur ses lèvres en me regardant, et s'avança insensiblement du côté de la porte, de manière à exciter le moins d'attention possible. Ce mouvement n'échappa point à l'alerte magistrat, qui ne ressemblait guère à mon ancienne connaissance le juge Inglewood. Il soupçonna son projet, et le déconcerta sur-le-champ. — Stanchels, s'écria-t-il, veillez à la porte! ou plutôt fermez-la, poussez les verrous, et faites bonne garde en dehors.

Le front de l'étranger se rembrunit, et il parut de nouveau songer à effectuer sa retraite de vive force; mais le bruit des verrous se fit entendre, probablement avant qu'il n'y fût décidé. Prenant alors un air calme, et croisant ses bras, il retourna au fond de la chambre et s'y assit sur une table.

M. Jarvie, qui paraissait expéditif en affaires, eut bientôt fini l'examen des papiers qu'Owen lui avait remis. — Eh bien! M. Owen, lui dit-il alors, votre maison doit certaines sommes à MM. Macvittie et Macfin, attendu les engagemens qu'ils ont contractés pour l'affaire des bois de Glen-Cailziechat qu'ils m'ont retirée d'entre les dents, un peu grâce à vous, M. Owen; mais ce n'est pas ce dont il s'agit en ce moment. Ainsi donc votre maison leur doit ces sommes, et pour raison de cette dette ils vous ont logé sous le double tour de clef de Stanchels. Vous leur devez donc cette somme, et peut-être encore d'autres; vous en devez peut-être aussi à d'autres personnes, peut-être à moi-même, bailli Nicol Jarvie.

— Je conviens, monsieur, dit Owen, que la balance du compte en ce moment est en votre faveur, mais vous voudrez bien faire attention...

— Je n'ai le temps de faire attention à rien à l'heure qu'il est, M. Owen. Songez donc que nous sommes encore bien près du sabbat, que je devrais être dans un lit bien chaud, et qu'il y a de l'humidité dans l'air... Ce n'est pas le moment de faire attention... Enfin, monsieur, vous me devez de l'argent, il ne faut pas le nier, vous m'en devez plus ou moins. Cependant, M. Owen, je ne vois pas avec plaisir qu'un homme actif comme vous l'êtes, qui s'entend en affaires comme vous, se trouve retenu dans une prison, tandis qu'en continuant sa tournée, et en s'occupant de la besogne dont il s'est chargé, il arrangerait peut-être les choses de manière à tirer d'embarras les débiteurs et les créanciers. J'espère que vous en viendrez à bout, si l'on ne vous laisse pas pourrir dans cette geôle. Maintenant, monsieur, le fait est que si vous pouviez trouver quelqu'un qui souscrivît pour vous une caution de *judicio sisti*, c'est-à-dire qui garantisse que vous ne quitterez pas le pays, et que vous comparaîtrez devant la cour de justice quand vous y serez légalement appelé, vous seriez remis en liberté ce matin même.

— M. Jarvie, dit Owen, bien certainement, si je trouvais un ami qui voulût me rendre ce service, j'emploierais ma liberté d'une manière utile pour ma maison, et pour ceux qui ont des relations avec elle.

— Et bien certainement aussi vous ne manqueriez pas de comparaître au besoin, et de relever cet ami de son engagement?

— Je le ferais, fussé-je aux portes du tombeau, aussi sûr que deux et deux font quatre.

— Eh bien! M. Owen, je n'en doute point, et je vous le prouverai. Oui, je vous le prouverai. Je suis un homme soigneux, cela est connu; industrieux, toute la ville le sait. Je sais gagner des guinées, je sais les conserver, et j'en sais le compte, et je ne crains aucune maison de Salt-Market, ni même de Gallowgate. Je suis prudent, comme mon père le diacre[1] l'était avant moi; mais je ne puis souf-

(1) Il est bon que le lecteur sache que ce titre ajouté si volontiers par le bailli au nom de son père, n'est nullement le titre d'une dignité ecclésiastique. Un *diacre* à Glascow est un chef de la corporation des métiers. La ville est ad-

frir qu'un honnête homme, qui entend les affaires, qui peut réparer ou prévenir un malheur, se trouve comme cloué contre une porte sans pouvoir se secourir ni aider les autres : ainsi donc, M. Owen, c'est moi qui serai votre caution, caution *judicio sisti,* c'est-à-dire que vous vous représenterez, non pas *judicatum solvi,* c'est-à-dire que vous paierez, ce qui fait une grande différence : souvenez-vous-en bien.

M. Owen lui répondit que dans l'état actuel des affaires de la maison d'Osbaldistone et Tresham il ne pouvait s'attendre que personne voulût cautionner leurs paiemens; qu'au surplus il n'y avait aucune perte à craindre en définitive, et qu'il ne s'agissait tout au plus que d'un retard; que quant à lui, il ne manquerait certainement pas à se présenter devant le tribunal dès qu'il en serait requis.

— Je vous crois, je vous crois, en voilà bien assez. Ce matin, à l'heure du déjeuner, vous aurez vos jambes libres. Maintenant voyons qui sont vos compagnons de chambrée, et par quel hasard ils se trouvent dans la prison à une pareille heure.

ministrée par un *lord-prevôt,* trois *baillis-marchands,* deux *baillis des métiers,* le *doyen des marchands* (*dean of the guild*), le *diacre convocateur* (*deacon-convener*) avec les *conseillers* (municipaux). — Ed.

CHAPITRE XXIII.

> « Notre homme vint le soir,
> « Le soir dans sa demeure ;
> « Il fut surpris d'y voir
> « Quelqu'un à pareille heure.
> « Qui l'a donc fait entrer ?
> « Et dans cette demeure
> « Comment, à pareille heure,
> « A-t-il pu pénétrer ? »
> *Vieille ballade.*

Le magistrat, prenant la lumière des mains de sa servante, s'avança dans la chambre, lanterne en main comme Diogène, et ne s'attendant probablement pas plus que ce fameux cynique à trouver un trésor dans le cours de ses recherches. Il s'approcha d'abord de mon guide mystérieux, qui restait dans une immobilité parfaite, assis sur la table, les yeux fixés sur la muraille, la tête haute, les bras croisés, ne montrant aucune inquiétude, et battant du talon, contre un des pieds de la table, la mesure d'un air qu'il sifflait. Son air d'assurance et de sang-froid mit en défaut pour un moment la mémoire et la sagacité du magistrat.

Enfin ayant promené sa lanterne autour du visage de l'inconnu : — Ah, ah !... eh, eh !... oh, oh ! s'écria le bailli, cela n'est pas possible !... mais si pourtant... non, non ; je me trompe... je ne me trompe pas, ma foi !... comment ! c'est vous ; bandit ! catéran [1] ! Quel mauvais vent vous a fait tomber ici ? Est-il possible que ce soit vous ?

— Comme vous le voyez, bailli, fut la réponse laconique de mon guide.

— En conscience, je crois avoir la berlue. Quoi, gibier

(1) Pillard des Highlands. — Ed.

de potence, c'est vous que je trouve dans la Tolbooth [1] de Glascow !... Savez-vous ce que vaut votre tête?

— Hum! bien pesée, elle peut valoir celle d'un prevôt, de quatre baillis, d'un secrétaire du conseil de ville, de six diacres, sans compter celles des Stentmasters [2].

— Effronté! repentez-vous de vos péchés, car si je dis un mot...

— Cela est vrai, bailli, répondit l'inconnu en se levant et en croisant ses mains derrière le dos d'un air de *nonchalance;* mais vous ne direz pas ce mot.

— Je ne le dirai pas, monsieur?... Et pourquoi ne le dirais-je pas? répondez-moi. Pourquoi ne le dirais-je pas?

— Pour trois bonnes raisons, bailli Jarvie... La première, à cause de notre ancienne connaissance. La seconde, parce qu'il a existé autrefois à Stuckallachan une femme qui a fait un mélange de notre sang, soit dit à ma honte, car c'en est une pour moi d'avoir un cousin qui ne songe qu'à de méprisables gains, à régler des comptes, à monter des métiers, à faire mouvoir des navettes, comme un malheureux artisan... Enfin la dernière, parce que si vous faites un geste pour me trahir, avant que personne puisse venir à votre aide, vous êtes terrassé.

— Vous êtes un coquin déterminé, dit l'intrépide bailli; je vous connais, et vous le savez bien. On n'est pas en sûreté près de vous.

— Je sais aussi, bailli, que vous avez de bon sang dans les veines, et je serais fâché de vous faire le moindre mal. Mais il faut que je sorte d'ici libre comme j'y suis entré, ou l'on parlera encore dans dix ans de ce qui se sera passé cette nuit dans la prison de Glascow.

— Le sang est plus épais que l'eau [3], comme dit le pro-

---

(1) Tolbooth, prison. — Ed.

(2) On appelle en Écosse Stentmasters les agens du fisc chargés d'établir la quotité de l'impôt personnel, ou capitation. — Ed.

(3) Proverbe écossais pour dire que le sang des proches est un sang précieux.
Ed.

verbe, reprit Jarvie, et je sais ce que c'est que la parenté et l'alliance. Il n'est pas nécessaire de s'arracher les yeux les uns aux autres, quand on peut l'éviter. Ce serait une belle nouvelle à porter à la bonne femme de Stuckallachan, que de lui dire que son mari a rompu les os à son cousin, ou que son cousin a fait serrer d'une corde le cou de son mari! Mais vous conviendrez, mauvais démon, que si ce n'était pas vous, j'aurais fait pendre aujourd'hui l'homme le plus terrible des Highlands.

— Vous auriez essayé de le faire, cousin, je conviens de cela : mais je doute que vous y eussiez réussi. Vous autres gens de la basse Écosse vous ne savez pas forger des fers assez pesans et assez solides pour nous autres montagnards.

— Ah! je vous réponds que je saurais vous trouver des bracelets et des jarretières qui vous iraient à merveille, et une cravate de chanvre bien serrée par-dessus le marché... Personne dans un pays civilisé n'a fait ce que vous avez fait. Vous voleriez dans votre poche, plutôt que de ne rien prendre : je vous en ai averti.

— Eh bien, cousin! vous prendrez le deuil à mon enterrement.

— Le diable ne manquera pas d'y être en habit noir, Robin, et puis tous les corbeaux et les corneilles, je vous assure.... Mais dites-moi, que sont devenues les mille livres d'Ecosse que je vous ai prêtées autrefois? quand les reverrai-je?

— Ce qu'elles sont devenues? répliqua mon guide après avoir fait semblant de réfléchir un instant; ma foi, je ne saurais trop le dire... Qu'est devenue la neige de l'année dernière?

— Mais on en trouve encore sur le sommet du Schehallion, chien que vous êtes, vous n'en demeurez pas loin; faut-il que j'y aille chercher mon argent?

— Probablement, reprit le Highlander, car je ne porte

ni neige ni argent dans mon *sporran* [1]; — mais quant à l'époque, ma foi ce sera quand le roi recouvrera ses droits, comme dit la chanson.

—Encore pire, Robin! reprit le bailli de Glascow, il y a de la trahison. Un traître déloyal! c'est le pire de tout... Voudriez-vous nous ramener le papisme, et le pouvoir arbitraire, et la bassinoire, et les lois catholiques, et les vicaires, et les horreurs du surplis, etc.? Mieux vaudrait retourner à votre ancien métier de *theft-boot*, de *blackmail*, de *spreaghs* et de *gill-ravaging*. — Mieux vaut voler des vaches que perdre les nations [2].

—Holà! l'ami, trêve de toute votre whigherie, reprit le Celte. Il y a long-temps que nous nous connaissons tous deux. J'aurai soin qu'on ménage votre banque, quand le Gillon-a-naillie [3] viendra balayer les boutiques et les vieux magasins de Glascow. Jusque là, à moins que ce ne soit bien nécessaire, ne me voyez qu'autant que je voudrai être vu.

— Vous êtes un audacieux, Rob, et vous finirez par être pendu, je vous le prédis encore. Mais je ne veux pas imiter le méchant oiseau qui salit son propre nid, à moins qu'une nécessité indispensable ne m'y force. Mais qui est celui-ci? ajouta-t-il en se tournant vers moi, quelque gill-ravager que vous avez enrôlé? Il a l'air d'avoir d'excellentes jambes pour courir les grands chemins, et un long cou pour être pendu.

— Mon bon M. Jarvie, dit Owen, qui, ainsi que moi, était resté muet d'étonnement pendant cette reconnaissance et ce singulier dialogue entre ces deux cousins extraordinaires, c'est le jeune M. Francis Osbaldistone, le fils unique

---

(1) La poche du philibeg, dans le costume des Highlanders. — Ed.

(2) Le *theft-boot* est le recélage d'un vol; le *blackmail*, l'impôt des catérans des Highlands; le *spreagh*, une excursion de maraudeur; le *gill-ravaging*, le vol des bestiaux, etc.—Ed.

(3) Highlander armé pour une incursion. — Ed.

du chef de notre maison, et qui devait y occuper la place qui a été confiée ensuite au misérable Rashleigh, si son obstination, ajouta-t-il en poussant un profond soupir, n'eût.....

— Oui, oui, dit le banquier écossais, j'ai entendu parler de ce jeune homme..... C'est donc lui que votre vieux fou voulait faire entrer dans le commerce, bon gré mal gré ; et qui, pour ne pas se livrer à un travail honnête qui peut nourrir son homme, s'est associé à une troupe de comédiens ambulans? Eh bien, jeune homme! dites-moi, Hamlet le Danois, ou le spectre de son père, viendra-t-il cautionner M. Owen?

— Je ne mérite pas ce reproche, monsieur, lui dis-je, mais j'en respecte le prétexte ; et le service que vous voulez bien rendre à mon digne et ancien ami m'inspire trop de reconnaissance pour que je puisse m'en offenser. Le seul motif qui m'a amené ici était de voir ce que je pourrais faire, peu de chose sans doute, pour aider M. Owen à arranger les affaires de mon père. Quant à mon éloignement pour le commerce, je n'en dois compte qu'à moi-même.

— Bien dit, mon brave! s'écria le Highlander. Je vous aimais déjà ; maintenant je vous respecte, depuis que je connais votre mépris pour le comptoir, pour la navette et pour toutes ces viles occupations qui ne conviennent qu'à des âmes basses.

— Vous êtes fou, Rob, dit le bailli, aussi fou qu'un lièvre de mars ; et pourquoi un lièvre est-il plus fou au mois de mars qu'à la Saint-Martin? c'est ce que j'ignore. La navette! respectez-la, c'est à elle que vous devrez votre dernière cravate. Quant à ce jeune homme que vous poussez au diable au grand galop avec ses vers et ses comédies en croupe, croyez-vous que tout cela le tirera d'affaire plus que vos juremens et la lame de votre dirk, réprouvé que vous êtes? *Tityre, tu patulæ*, comme on dit, lui apprendra-t-il où trouver Rashleigh Osbaldistone? Macbeth avec tous ses kernes [1] lui apportera-t-il les 12,000 livres sterling qu'il faut à son père pour payer ses billets qui échoient d'aujourd'hui en dix jours, comme je viens de le voir dans les papiers de M. Owen? Dites, les lui procureront-ils eux tous avec leurs sabres, leurs épées, leur André Ferrara, leurs targes de cuir, leurs brogues, leur brochan [2] et leurs sporrans?

— Dix jours! m'écriai-je. Je tirai de ma poche à l'instant la lettre que m'avait donnée Diana Vernon, et le délai pendant lequel elle m'avait défendu de l'ouvrir se trouvant expiré, je me hâtai de rompre l'enveloppe; elle contenait une lettre cachetée qui, dans ma précipitation, s'échappa de mes mains. M. Jarvie la ramassa, et lut l'adresse d'un air d'étonnement, et, à ma grande surprise, la présenta à son cousin le montagnard, en disant : — C'est un bon vent que celui qui a amené cette lettre à son adresse, car il y avait dix mille contre un à parier qu'elle n'y arriverait jamais.

Le Highlander, y ayant jeté un coup d'œil, rompit le cachet sans cérémonie, et se disposa à la lire.

Je l'arrêtai sur-le-champ. — Pour que je vous permette d'en faire la lecture, monsieur, il faut d'abord me prouver que cette lettre vous est destinée.

— Soyez tranquille, M. Osbaldistone, me répondit-il avec le plus grand sang-froid; rappelez-vous seulement le juge Inglewood, le clerc Jobson, M. Morris, et surtout votre serviteur Robert Cawmill, et la belle Diana Vernon. Rappelez-vous tout cela, et vous ne douterez plus que cette lettre ne soit pour moi.

Je restai comme stupéfait de mon manque de pénétration. Pendant toute la nuit, il m'avait semblé que sa voix ne m'était pas étrangère, que le peu que j'avais vu de ses

---

(1) *Kernes*, soldats; ancien mot celte. — Ed.
(2) *Brochan*, bouillie de farine d'avoine. — Le bailli désigne ironiquement les soldats de Macbeth (les Highlanders) par leur costume de guerre; — les brogues sont les brodequins des montagnards. — Ed.

traits ne m'était pas inconnu ; et cependant il m'avait été impossible de me rappeler où j'avais pu le voir ou l'entendre. Mais en ce moment un trait de lumière sembla briller tout-à-coup à mes yeux. C'était bien Campbell lui-même ; il n'était pas possible de le méconnaître ; c'était bien son regard fier, ses traits prononcés, son air réfléchi, sa voix forte, le *brogue* d'Écosse avec son dialecte et ses tours de phrase [1] écossais qu'il dissimulait à volonté, mais qu'il reprenait sans y penser dans les momens d'émotion, et qui donnaient du piquant à ses sarcasmes, une véhémence particulière à ses discours : tout achevait de m'en convaincre. Quoiqu'il fût à peine de moyenne taille, ses membres annonçaient autant de vigueur que d'agilité, et auraient pu passer pour un modèle de perfection, s'ils n'eussent manqué de proportion sous deux rapports. Ses épaules étaient si larges, que, quoiqu'il n'eût pas trop d'embonpoint, elles détruisaient la régularité de sa taille ; et ses bras, quoique bien faits et nerveux, étaient si longs, qu'ils étaient presque une difformité. J'appris ensuite qu'il tirait vanité de ce dernier défaut, et qu'il se vantait que, lorsqu'il portait le vêtement des montagnards, il pouvait nouer les jarretières de son bas-de-chausse [2] sans se baisser. Il prétendait aussi qu'il en avait plus de facilité pour manier la claymore, et il est vrai que personne ne pouvait mieux s'en servir. Sans ce manque de symétrie dans son ensemble, il aurait pu être regardé comme un homme bien fait ; mais ces deux défauts lui donnaient un air sauvage, extraordinaire, presque surnaturel, et cet air me rappelait les contes que me faisait la vieille Mabel sur les Pictes qui ravagèrent autrefois le Northumberland ; race tenant le milieu entre les hommes et le diable ; et qui, ajoutait-elle, étaient (comme Campbell)

---

[1] Dans un sens figuré, le brogue, chaussure des Celtes irlandais et des Highlanders, désigne aussi leur accent national. — Ed.

[2] Les bandes roulées autour de la jambe nue dans le costume des Highlanders. — Ed.

remarquables par leur force, leur courage, leur agilité, la longueur de leurs bras et la largeur de leurs épaules.

En faisant attention à toutes les circonstances de l'entrevue que j'avais eue avec lui chez le juge Inglewood, je ne pus douter un instant que la lettre de Diana Vernon ne lui fût destinée. Il faisait partie sans doute des personnages mystérieux sur lesquels elle avait une secrète influence, et qui à leur tour en exerçaient une autre sur elle. Il était pénible de penser que le destin d'une personne si aimable pût être en quelque sorte lié à celui de gens de l'espèce de l'homme que j'avais devant les yeux, et cependant il me paraissait impossible d'en douter. Mais que pouvait faire ce Campbell pour les affaires de mon père? Comme Rashleigh, à la prière de miss Vernon, avait trouvé moyen de le faire paraître quand sa présence avait été nécessaire pour me justifier de l'accusation de Morris, ne se pouvait-il pas qu'elle eût de même assez de crédit sur Campbell pour qu'il fît à son tour paraître Rashleigh? D'après cette supposition, je lui demandai s'il savait où était mon perfide cousin, s'il y avait long-temps qu'il ne l'avait vu.

Il ne me répondit pas directement.

— Ce qu'on me demande est un peu chatouilleux : mais n'importe, il faudra le faire. M. Osbaldistone, je ne demeure pas loin d'ici. Mon parent peut vous montrer le chemin. Venez me voir dans mes montagnes, je vous y recevrai avec plaisir, et il est probable que je pourrai être utile à votre père. Je suis pauvre; mais l'esprit vaut mieux que la richesse... Cousin, si un tour dans nos montagnes ne vous fait pas peur, et que vous vouliez venir manger des tranches de mouton à l'écossaise, ou une cuisse de daim, venez avec ce gentilhomme sassenach jusqu'à Drymen ou Bucklivie; venez plutôt jusqu'au clachan [1] d'Aberfoil; j'aurai soin qu'il s'y trouve quelqu'un pour vous

---

(1) Nom que les montagnards donnent à leurs villages. — Ed.

conduire où je serai alors.... Qu'en dites-vous? Voilà mon pouce ¹, je ne vous tromperai jamais.

— Non, non, Rob, répondit le prudent bourgeois, je ne m'éloigne pas ainsi des Gorbals. Je ne me soucie point d'aller dans vos montagnes sauvages, parmi vos jambes rouges ² en kilt : cela ne convient ni à mon rang ni à ma place.

— Au diable votre rang et votre place ! La seule goutte de bon sang que vous ayez dans les veines vient de la bisaïeule de votre grand-oncle, qui fut *justifié* ³ à Dumbarton. Et vous pensez que vous dérogeriez en vous trouvant parmi nous?..... Écoutez-moi, je vous dois mille livres d'Écosse ; eh bien ! comme vous êtes un brave homme, après tout, venez avec ce Sassenach, et je vous paierai jusqu'au dernier plack et bawbie ⁴.

— Laissez là votre gentilhommerie, reprit le magistrat ;
— portez votre sang noble au marché, vous verrez combien on vous en donnera. — Mais, si j'allais vous rendre cette visite, paieriez-vous bien véritablement?

— Je vous le jure, dit le Highlander, par le tombeau de celui qui repose sous la pierre d'Inch-Cailleach ⁵ ?

— N'en dites pas davantage, Rob, n'en dites pas davantage. Nous verrons ce que nous pourrons faire.... Mais ne vous attendez pas que j'aille tout au fond des Highlands. Il faut que vous veniez nous trouver au clachan d'Aberfoil, ou au moins à Bucklivie.... et surtout n'oubliez pas le nécessaire.

---

(1) Nous dirions en français : *Voilà ma main pour gage.*

(2) Les Highlanders étaient-ils ainsi appelés à cause des bandes rouges dont nous parlions dans une des deux notes précédentes, ou simplement à cause de leur nudité? l'étymologie est douteuse : on dit aussi que *red-shanks* est un mot corrompu de *raugh shanks*, jambes rudes, jambes fortes. Enfin d'autres appliquent l'épithète à leur chaussure faite dans l'origine de peau non tannée. — Ed.

(3) Pendu, supplicié. — Ed.

(4) Nous dirions jusqu'au dernier liard. — Ed.

(5) Une des îles du Loch Lomond où les Mac-Gregor avaient leur sépulture.
Ed.

— Ne craignez rien, ne craignez rien. Je serai fidèle à ma parole, comme la lame de ma claymore, qui ne m'en a jamais manqué.... Mais il faut que je change d'air, cousin; celui de la tolbooth de Glascow ne convient pas à la constitution d'un Highlander.

— Je le crois, ma foi!... Si je faisais mon devoir, vous ne changeriez pas sitôt d'atmosphère; et, quand cela arriverait, vous ne gagneriez pas au change.... Qui m'aurait dit que j'aiderais jamais à échapper à la justice? Ce sera une honte éternelle pour ma mémoire et pour celle de mon père, le....

— Ta, ta, ta, ta! Que cette mouche ne vous pique pas, cousin; quand la boue est sèche, il ne s'agit que de la brosser : votre père, le brave homme! savait tout comme un autre fermer les yeux sur les fautes d'un ami.

— Vous pouvez avoir raison, Rob, répondit le bailli après un moment de réflexion. Le diacre, mon père, que Dieu veuille avoir son âme!... était un homme sensé. Il savait que nous avons tous nos défauts, et il aimait à rendre service à ses amis. Vous ne l'avez donc pas oublié?

Cette question fut faite à demi-voix et d'un ton où il y avait autant de burlesque que de pathétique.

— Oublié! pourquoi l'aurais-je oublié? C'était un brave tisserand. C'est lui qui m'a fait ma première paire de bas... Mais allons, cousin,

> Donnez-moi mon chapeau, sellez-moi mon bidet,
> Ouvrez-moi votre porte, appelez mon valet,
> Et laissez-moi partir; car, je dois vous le dire,
> De Dundee à la fin il faut que je me tire.

— Paix, monsieur, paix! s'écria le magistrat d'un ton d'autorité. Pouvez-vous bien chanter ainsi, étant si près du dimanche? Cette maison peut encore vous entendre chanter un autre air. Vous pouvez glisser avant d'en sortir... Stanchels, ouvrez la porte.

La porte s'ouvrit; nous sortîmes, Campbell et moi : le geôlier vit avec surprise deux étrangers entrés sans qu'il s'en fût douté; mais M. Jarvie prévint ses questions, en lui disant : — Deux de mes amis, Stanchels, deux de mes amis. Nous descendîmes l'escalier, et nous entrâmes dans le vestibule, où l'on appela Dougal plus d'une fois; mais Dougal ne paraissait ni ne répondait. — Si je connais bien Dougal, observa Campbell avec un sourire sardonique, il n'attend pas les remerciemens qu'on lui doit pour la besogne qu'il a faite cette nuit, et il est probablement déjà au grand trot dans le défilé de Ballamaha[1].

— Comment! comment! s'écria le bailli en colère. Et il nous laisse tous, et moi surtout, dans la tolbooth pour toute la nuit. Qu'on demande des marteaux, des leviers, des tenailles et des barres de fer; qu'on envoie chercher le diacre Yettlin le forgeron; qu'il sache que le bailli Jarvie a été enfermé dans la tolbooth par un vilain Highlander qu'il fera pendre aussi haut qu'Aman.

— Quand vous le tiendrez, dit gravement Campbell. Mais sûrement la porte n'est pas fermée.

Effectivement on reconnut que non seulement la porte était ouverte, mais que Dougal, en emportant les clefs, avait pris soin que personne ne pût exercer, en son absence, les fonctions de portier.

— Cette créature a des éclairs de bon sens, chuchota Campbell : il savait qu'une porte ouverte pouvait m'être utile au besoin.

Nous nous trouvions alors dans la rue.

— Je vous dirai, d'après mon pauvre avis, Rob, dit M. Jarvie, que, si vous continuez à mener la même vie, vous feriez bien, en cas d'accident, de placer un de vos affidés dans chaque prison d'Ecosse.

— Si un de mes parens était bailli dans chaque ville, cousin, cela me serait assez utile. Mais bonsoir ou bonjour, et n'oubliez pas le chemin d'Aberfoil.

Sans attendre de réponse il entra dans une rue de tra-

(1) Sur la route de Glascow à Aberfoil. — Ed.

verse, près de laquelle nous nous trouvions, et l'obscurité nous le fit perdre de vue. A l'instant même nous entendîmes un coup de sifflet d'une nature toute particulière, et un autre y répondit.

— Entendez vous les diables des Highlands? dit M. Jarvie; ils se croient déjà sur les flancs du Ben-Lomond, où ils peuvent siffler et jurer sans s'inquiéter du jour du sabbat, mais....

Quelque chose tombant avec bruit à ses pieds l'interrompit en ce moment.

— Dieu me protège!... qu'est-ce que cela veut dire encore? Mattie, approchez donc la lanterne. En conscience! ce sont les clefs de la prison.... C'est bien, du moins. Il aurait coûté de l'argent pour en faire faire d'autres ; et puis les questions : comment se sont-elles perdues? on en jaserait un peu trop.... Ah! si le bailli Grahame savait ce qui s'est passé cette nuit, ce ne serait pas une bonne affaire pour mon cou.

Comme nous n'étions qu'à quelques pas de la prison, nous y retournâmes pour rendre les clefs au concierge en chef, que nous trouvâmes dans le vestibule où il montait la garde, n'osant quitter ce poste avant de voir arriver celui qu'il avait envoyé aussitôt chercher pour remplacer le Celte fugitif Dougal.

Quand ce devoir fut rempli envers la ville, comme la demeure du digne magistrat se trouvait sur le chemin que je devais suivre pour rentrer dans mon auberge, je profitai de sa lanterne, et il profita de mon bras, secours qui ne lui était pas inutile dans des rues obscures et mal pavées. Le vieillard est ordinairement sensible aux moindres attentions qu'il reçoit du jeune homme. Le bailli me témoigna de l'intérêt, et me dit que, puisque je n'étais pas de cette race de comédiens qu'il détestait au fond de l'âme, il serait charmé si je voulais venir le lendemain, ou plutôt le jour même, déjeuner avec lui et manger un hareng frais ou une tranche de veau sur le gril, ajoutant que je trouverais chez lui M. Owen, qui serait alors en liberté.

— Mais, mon cher monsieur, lui dis-je après avoir accepté son invitation en l'en remerciant, quelle raison aviez-vous donc pour croire que j'avais pris le parti du théâtre?

— C'est un imbécile bavard, nommé Fairservice, qui est venu chez moi un peu avant minuit pour me prier de donner ordre au crieur public de proclamer sur-le-champ dans toute la ville une récompense honnête à quiconque donnerait de vos nouvelles. Il m'a dit qui vous étiez, et m'a assuré que votre père vous avait renvoyé de chez lui, parce que vous ne vouliez pas travailler à ses affaires, et parce que vous composiez des vers, et que vous vouliez vous faire comédien. Il avait été amené chez moi par un nommé Hammorgaw, notre grand chantre, qui me dit que c'était une de ses connaissances. Je les ai chassés tous les deux par les épaules, en leur disant que ce n'était pas l'heure de venir me faire une pareille demande. A présent je vois ce qui en est, et ce Fairservice est une espèce de fou qui est mal informé sur votre compte. — Je vous aime, jeune homme, continua le bailli, j'aime un garçon qui secourt ses amis dans l'affliction. C'est ce que j'ai toujours fait, et c'est ce que faisait mon père le diacre; puisse son âme être en paix! Mais ne faites pas votre compagnie de ces Highlanders, mauvais bétail! On ne peut mettre la main dans le goudron sans se noircir les doigts : souvenez-vous de cela. Sans doute l'homme le plus sage, le plus prudent, peut commettre des erreurs. Moi-même n'en ai-je pas commis cette nuit? Voyons, combien? Une... deux... trois. Oui, j'ai fait trois choses que mon père n'aurait pu croire, les eût-il vues de ses propres yeux.

Nous étions arrivés à la porte. Il s'arrêta avant d'entrer, et continua d'un ton contrit et solennel.

— D'abord j'ai pensé à mes affaires temporelles le jour du sabbat. Ensuite je me suis rendu caution d'un Anglais. Enfin j'ai laissé échapper un malfaiteur. Mais il y a du baume à Galaad, M. Osbaldistone. Mattie, je saurai bien rentrer seul, conduisez M. O.— chez la mère Flyter, au coin de cette ruelle. Puis il ajouta tout bas : J'espère que vous serez sage avec Mattie. Songez que Mattie est fille d'un honnête homme, et qu'elle est petite-cousine du laird de Limmerfield.

CHAPITRE XXIV.

> « Votre seigneurie veut-elle bien accepter mes « humbles services? Je vous prie de me faire man- « ger de votre pain, quelque noir qu'il soit, et « boire de votre boisson, quelque faible qu'elle « puisse être. Elle n'aura pas à se plaindre de son « serviteur, et je ferai pour quarante shillings ce « qu'un autre ne ferait que pour trois livres ster- « ling. »
>
> GREENE. *Tu quoque.*

Je n'oubliai pas la recommandation que le bon bailli m'avait faite en me quittant, mais je ne crus pas me rendre coupable d'une grande incivilité en accompagnant d'un baiser la demi-couronne que je présentai à Mattie pour la récompenser de la peine qu'elle avait prise ; et — le fi! fi donc, monsieur! — qu'elle m'adressa ne fut pas prononcé d'un ton qui exprimât une grande colère. Je frappai à coups redoublés à la porte de mistress Flyter, mon hôtesse, et j'éveillai successivement un ou deux chiens qui se mirent à aboyer, et deux ou trois têtes en bonnet de nuit, qui parurent aux fenêtres voisines pour me reprocher de violer la sainteté de la nuit du dimanche en faisant un pareil vacarme. Tandis que je tremblais que la ferveur de leur zèle ne fît pleuvoir sur ma tête une pluie semblable à celle dont Xantippe arrosa, dit-on, son époux, mistress Flyter s'éveilla elle-même, et commença à gronder, d'un ton qui n'était pas indigne de la femme de Socrate, deux ou trois traîneurs qui étaient encore dans la cuisine, leur disant que s'ils avaient ouvert la porte au premier coup, on n'aurait pas fait tout ce tapage.

Ces dignes personnages n'étaient pas pour rien dans le fracas ; c'étaient le fidèle André Fairservice, son ami Hammorgaw et un autre individu, que j'appris ensuite être le crieur public de la ville. Ils étaient attablés autour d'un pot de bière, à mes dépens, comme le mémoire me le fit voir ensuite, et s'occupaient à convenir des termes d'une proclamation qu'on devait publier le lendemain dans toutes les rues, afin d'avoir des nouvelles de l'*infortuné jeune gentleman*, car c'est ainsi qu'ils avaient la bonté de me qualifier.

On peut bien croire que je ne dissimulai pas combien j'étais mécontent qu'on se mêlât ainsi de mes affaires ; mais les transports de joie auxquels André se livra en me voyant ne lui permirent pas d'entendre l'expression de mon ressentiment. Il y entrait peut-être un peu de politique, et ses larmes sortaient certainement de cette noble source d'émotion, le pot de bière. Quoi qu'il en soit, cette joie tumultueuse qu'il éprouvait ou qu'il feignait d'éprouver lui sauva la correction manuelle que je lui destinais, d'abord pour les réflexions qu'il s'était permises sur mon compte en causant avec le chantre, et ensuite pour l'histoire impertinente qu'il était allé faire à M. Jarvie. Je me contentai de lui fermer la porte au nez lorsqu'il me suivit pour entrer avec moi dans ma chambre après avoir sur l'escalier béni vingt fois le ciel de mon retour, et m'avoir conseillé de ne pas sortir désormais sans qu'il m'accompagnât. Je me couchai très fatigué et bien déterminé à me débarrasser le lendemain d'un drôle pédant et plein d'amour-propre, qui semblait disposé à remplir les fonctions de pédagogue, plutôt que celles de valet.

En conséquence, dès le matin, je fis venir André, et lui demandai ce que je lui devais pour m'avoir conduit à Glascow. M. Fairservice pâlit à cette demande, jugeant sans doute avec raison que c'était le prélude de son congé.

— Votre Honneur, me dit-il après avoir hésité quelques instans, ne pense pas,... ne pense pas... que... que...

— Parlez, misérable, ou je vous brise les os.

Mais André, flottant entre la crainte d'augmenter la colère où il me voyait en me faisant une demande trop exagérée, et celle de perdre une partie du profit qu'il espérait en bornant ses prétentions à une somme au-dessous de celle que je pouvais être disposé à lui payer, se trouvait dans un embarras cruel entre ses doutes et ses calculs.

Enfin sa réponse sortit par l'effet de ma menace, comme on voit la salutaire violence d'un coup entre les deux épaules délivrer le gosier d'un morceau qui vient de s'y engager.

— Votre Honneur pense-t-il que dix-huit pennys *per diem*, c'est-à-dire par jour, soient un prix déraisonnable?

— C'est le double du prix ordinaire, et le triple de ce que vous méritez. N'importe, voilà une guinée. Maintenant vous pouvez vous occuper de vos affaires : les miennes ne vous regardent plus.

— Dieu me préserve! s'écria André : est-ce que vous êtes fou?

— Vous me le feriez devenir! je vous donne un tiers de plus que vous ne me demandez, et vous ouvrez de grands yeux comme si vous n'aviez pas ce qui vous est dû! Prenez votre argent, et retirez-vous.

— Mais, Dieu me préserve! en quoi ai-je offensé Votre Honneur?.... Certainement toute chair est fragile comme la fleur des champs. Mais songez donc que Fairservice vous est plus nécessaire qu'une planche de camomille dans un jardin d'apothicaire! Pour rien au monde vous ne devriez consentir à vous séparer de moi.

— Je ne sais, ma foi, si vous êtes plus fripon que fou. Ainsi votre dessein est de rester avec moi, que je le veuille ou non?

— C'est justement ce que je pensais. Si Votre Honneur ne sait pas ce que c'est que d'avoir un bon serviteur, je sais bien ce que c'est que d'avoir un bon maître; et que le diable soit dans mes jambes, Dieu me préserve! si mes pieds vous quittent. Voilà mes intentions, de court et de long. D'ailleurs vous ne m'avez pas donné un avertissement régulier de quitter ma place.

— Qu'appelez-vous votre place? Vous n'avez jamais été mon domestique à gages; vous ne m'avez servi que de guide, je ne vous ai demandé que de me conduire jusqu'ici.

— Je sais bien, dit-il d'un ton dogmatique, que je ne suis pas un domestique ordinaire, cela est très vrai. Mais Votre Honneur sait qu'à sa sollicitation j'ai quitté une bonne place en une heure de temps. Un homme pouvait honnêtement, et en toute conscience, se faire vingt livres sterling par an, bon argent, dans le jardin d'Osbaldistone-Hall, et il n'était pas trop vraisemblable que j'y renonçasse pour une guinée. J'ai toujours cru qu'au bout du compte je resterais avec vous, et que ma nourriture, mes gages, mes gratifications et mes profits me vaudraient au moins tout autant.

— Allons! allons! repris-je, ces impudentes prétentions ne vous seront d'aucune utilité. Si vous les répétez encore, je vous prouverai que Thorncliff Osbaldistone n'est pas le seul de son nom qui sache user de la force de son bras.

En parlant ainsi toute cette scène me paraissait si ridicule que j'avais peine à conserver mon sérieux en dépit de la colère qui m'animait. Le drôle vit au jeu de ma physionomie l'impression qu'il avait produite, et ce fut pour lui un encouragement. Il jugea pourtant qu'il convenait de changer de ton, et de diriger une attaque contre ma sensibilité.

— En admettant, continua-t-il, que Votre Honneur puisse se passer d'un domestique fidèle, qui vous a servi vous et les vôtres pendant l'espace de vingt ans, je suis bien sûr qu'il n'entre pas dans votre cœur de le congédier à la minute, et dans un pays étranger : vous ne voudriez pas laisser dans l'embarras un pauvre diable qui s'est détourné de son chemin de quarante, cinquante, peut-être cent milles, uniquement pour vous tenir compagnie, et qui ne possède rien au monde que ce que vous venez de lui donner.

Je crois que c'est vous, Tresham, qui m'avez dit un jour que j'étais un obstiné dont il était facile, en certains cas, de faire tout ce qu'on voulait. Le fait est que ce n'est que la contradiction qui me rend opiniâtre, et quand je ne me trouve pas forcé à livrer bataille à une proposition, je suis toujours disposé à la laisser passer pour m'épargner la peine de la combattre. Je savais qu'André était intéressé, fatigant, plein d'un sot amour-propre; mais je ne pouvais me passer d'un domestique, et j'étais déjà tellement habitué à ses manières, que je finissais quelquefois par m'en amuser.

Dans l'indécision où ces réflexions me tenaient, je demandai à André s'il connaissait les routes et les villages du nord de l'Ecosse, où je devais aller pour les affaires de mon père avec les propriétaires des bois de ce pays. Je crois que si je lui avais demandé le chemin du paradis terrestre, il se serait en ce moment chargé de m'y conduire; de sorte que je me trouvai ensuite fort heureux qu'il connût à peu près ce qu'il prétendait parfaitement connaître. Je fixai le montant de ses gages, et je me réservai expressément le droit de le renvoyer à volonté, en lui payant une semaine à titre d'indemnité. Je finis par lui faire une vive mercuriale sur sa conduite de la veille, et il me quitta d'un air qui tenait le milieu entre la confusion et le triomphe, sans doute pour aller raconter à son ami le chantre, qui l'attendait dans la cuisine, en s'humectant les poumons, comment il était venu à bout du jeune fou d'Anglais.

Je me rendis ensuite chez le bailli Nicol Jarvie, comme je le lui avais promis. Un déjeuner confortable m'attendait dans le salon, qui servait aussi au digne magistrat de salle à manger et de salle d'audience. Il avait tenu sa parole. Je trouvai chez lui mon ami Owen, qui, ayant largement fait usage de la brosse, du bassin et du rasoir, était un tout autre homme qu'Owen prisonnier, sale, triste et abattu. Cependant les inquiétudes et l'embarras qu'éprouvait la maison Osbaldistone et Tresham n'étaient pas dissipés, et l'embrassement cordial que je reçus du premier commis fut accompagné d'un gros soupir. Ses yeux fixes et son air sérieux et réfléchi annonçaient qu'il était occupé à calculer quel nombre de jours, d'heures et de minutes devaient s'écouler avant l'instant critique qui devait décider du sort d'un grand établissement commercial, et les probabilités pour et contre sa chute ou son maintien. Ce fut donc à moi à faire honneur au déjeuner de notre hôte, à son thé venant directement de la Chine, et qu'il avait reçu en présent d'un armateur de Wapping, à son café de la Jamaïque recueilli dans une jolie plantation à lui, appelée Salt-Grove; nous dit-il avec un air de malice, à sa bière d'Angleterre, à son saumon salé d'Ecosse, et à ses harengs du Lochfine. Enfin sa nappe de damas avait été travaillée par les propres mains de feu son père le digne diacre Jarvie. Ayant fait l'éloge de tout, et le voyant en belle humeur par suite de cette petite attention, si puissante pour gagner l'esprit de bien des gens, je tâchai de tirer de lui à mon tour quelques renseignemens qui pouvaient être utiles pour régler ma conduite, et qui devaient satisfaire ma curiosité. Nous n'avions jusque là fait aucune allusion aux évènemens de la nuit précédente; mais, voyant qu'il ne songeait pas à introduire ce sujet de conversation, je profitai d'une pause qui suivit l'histoire de la nappe travaillée par son père, pour lui demander, sans exorde, s'il pouvait me dire qui était ce M. Robert Campbell avec lequel nous nous étions trouvés la veille.

Cette question parut faire tomber de son haut le magistrat. Au lieu d'y répondre il la répéta :

— Qui est M. Robert Campbell?... Quoi!... Qui est M. Robert Campbell?

— Sans doute, qui il est, quel est son état?

— Eh mais, il est... Hem!... Il est... Mais où donc avez-vous connu M. Robert Campbell comme vous l'appelez?

— Je l'ai rencontré par hasard, il y a quelques mois, dans le nord de l'Angleterre.

— Eh bien alors, M. Osbaldistone, vous le connaissez aussi bien que moi.

— Cela n'est pas possible, M. Jarvie, car il paraît que vous êtes son ami, son parent?

— Il y a bien entre nous quelque cousinage, me dit-il du ton d'un homme à qui l'on tire des paroles malgré lui, mais depuis que Rob a quitté le commerce des bestiaux, je l'ai vu très rarement. Le pauvre diable a été bien maltraité par des gens qui auraient été plus sages d'agir différemment, et ils n'y ont rien gagné, ils ne sont pas à s'en repentir. Ils aimeraient mieux le voir encore à la queue de trois cents bœufs qu'à la tête d'une trentaine de vauriens.

— Mais tout cela, mon cher M. Jarvie, ne m'apprend pas le rang de M. Robert Campbell dans le monde, ses habitudes, ses moyens d'existence.

— Son rang? dit M. Jarvie, c'est un gentilhomme des Highlands. Il n'en existe pas de plus noble. Ses habitudes sont de porter le costume des montagnards quand il est dans son pays, et des culottes quand il vient à Glascow. Quant à ses moyens d'existence, qu'avons-nous besoin de nous en inquiéter, puisqu'il ne nous demande rien? Mais je n'ai pas le temps de vous parler de lui davantage. Ce sont les affaires de votre père qui demandent toute notre attention en ce moment.

En parlant ainsi, il s'assit devant un bureau pour examiner les états de situation et toutes les pièces à l'appui que M. Owen crut devoir lui communiquer sans réserve. Quoique je n'eusse que de bien faibles connaissances en affaires, j'en savais assez pour sentir que toutes ses observations étaient judicieuses; et, pour lui rendre justice, je dois ajouter qu'elles annonçaient de temps en temps des sentimens nobles et libéraux. Il se gratta l'oreille plus d'une fois en voyant la balance du compte établie entre sa maison et celle de mon père.

— Ce peut être une perte, dit-il, c'en peut être une, une perte importante pour un négociant de Salt-Market de Glascow, quoi qu'en puissent penser vos marchands d'argent de Lombard-Street à Londres. Ce serait un bâton hors de mon fagot, et un beau bâton. Mais malgré cela je n'imiterai jamais ces corbeaux de Gallowgate. J'espère que je n'en irai pas moins droit. Si vous me faites perdre, je me souviendrai que vous m'avez fait gagner. Au pis-aller, je n'attacherai pas la tête de la truie à la queue du pourceau.

Je n'entendais pas trop ce dernier proverbe, mais je voyais bien clairement que M. Jarvie prenait un véritable intérêt aux affaires de mon père. Il suggéra divers expédiens, approuva diverses démarches qui furent proposées par Owen, et parvint à dissiper un peu le sombre nuage qui couvrait le front du fidèle délégué de la maison de mon père.

Comme j'étais en cette occasion spectateur à peu près inutile, et que j'avais plus d'une fois essayé de reporter la conversation sur M. Robert Campbell, sujet qui ne paraissait pas du goût de M. Jarvie, il me congédia sans beaucoup de cérémonie, en m'engageant à aller voir la bibliothèque du collége.

— Vous y trouverez, me dit-il, des gens qui vous parleront grec et latin; du moins on a dépensé assez d'or et d'argent pour les mettre en état de le faire. Et puis vous pourrez y lire des vers, par exemple la traduction des saintes Ecritures par le digne M. Zacharie Boyd. Ce sont les meilleurs qu'on ait jamais faits, à ce que m'ont dit des personnes qui s'y connaissent ou qui doivent s'y connaître. Mais surtout revenez dîner avec moi, à une heure précise. Nous aurons un gigot de mouton, et peut-être une tête de bélier; n'oubliez pas, à une heure. C'est l'heure à laquelle mon père le diacre et moi nous avons toujours dîné; et nous ne l'avons jamais retardée pour quelque raison et pour quelque personne que ce fût.

CHAPITRE XXV.

> « Tel le pasteur de Thrace, armé d'un fer aigu,
> « Guette le sanglier auprès d'un bois touffu;
> « Il devine sa marche à travers le feuillage,
> « Et voit de loin plier la branche à son passage :
> « Ah! voici, se dit-il, mon cruel ennemi,
> « Un de nous deux enfin va succomber ici. »
> DRYDEN, *Palémon et Arcite*.

Je pris le chemin du collége, comme M. Jarvie m'y avait engagé, moins dans l'intention d'y trouver quelque objet qui pût m'intéresser ou m'amuser, que pour mettre mes idées en ordre, et méditer sur ma conduite future. J'errai dans ce vieil édifice d'un carré à l'autre, et de là dans les *colleges-yards* [1], ou promenade; charmé de la solitude du lieu, la plupart des étudians étant dans les classes, je fis plusieurs tours en réfléchissant sur la bizarrerie de ma destinée.

D'après toutes les circonstances qui avaient accompagné ma première entrevue avec Campbell, je ne pouvais douter qu'il ne fût engagé dans quelque entreprise désespérée et la scène de la nuit précédente, jointe à la répugnance de M. Jarvie à parler de lui et de sa manière de vivre, tendait à confirmer ce soupçon. Il paraissait pourtant que c'était à cet homme que Diana Vernon n'avait pas hésité de

(1) Le jardin ou parc de l'université. — Ed.

s'adresser en ma faveur, et la conduite du magistrat envers lui offrait un singulier mélange de blâme et de pitié, de respect et de mépris. Il fallait donc qu'il y eût quelque chose d'extraordinaire dans la position et dans le caractère de Campbell ; mais ce qui l'était davantage, c'était que sa destinée parût devoir influer sur la mienne, et s'y unir étroitement. Je résolus de serrer de près M. Jarvie à la première occasion, et de tirer de lui tous les détails que je pourrais en obtenir sur ce mystérieux personnage, afin de juger si je pouvais, sans compromettre mon honneur, avoir avec lui les relations qui semblaient devoir s'établir entre nous.

Tandis que je me livrais à ces réflexions, j'aperçus, au bout de l'allée dans laquelle je me promenais, trois personnes qui semblaient tenir une conversation très animée. Cette sorte de pressentiment, qui souvent nous annonce l'approche de ceux que nous aimons ou que nous haïssons fortement, convainquit mon esprit avant mes yeux que l'individu qui se trouvait au milieu était le détestable Rashleigh. Mon premier mouvement fut d'aller le trouver à l'instant ; le second, d'attendre qu'il fût seul, ou du moins de tâcher de voir quels étaient ses compagnons. Ils étaient si éloignés de moi, et si occupés de l'affaire qu'ils discutaient, que j'eus le temps de passer derrière une haie sans qu'ils m'aperçussent.

C'était alors la mode, parmi les jeunes gens, de porter par-dessus leurs vêtemens, dans leurs promenades du matin, un manteau écarlate souvent brodé et galonné, et de l'arranger de manière à se couvrir une partie de la figure. Grâce à cette mode que j'avais adoptée, et à la faveur de la haie derrière laquelle je me trouvais, et qui séparait les deux allées où nous nous promenions, je passai presque à côté de mon cousin, sans qu'il me remarquât autrement que comme un étranger que le hasard avait amené dans le même lieu. Quelle fut ma surprise en reconnaissant dans ses deux compagnons ce même Morris, sur la dénonciation duquel j'avais paru devant le juge de paix Inglewood, et le banquier Macvittie, dont l'aspect m'avait prévenu la veille si défavorablement !

Je n'aurais pu me former l'idée d'une réunion de plus mauvais augure pour mes affaires et celles de mon père. Je n'avais pas oublié la fausse accusation de Morris contre moi, et je pensais qu'en l'intimidant il ne serait pas plus difficile de le déterminer à la renouveler qu'il ne l'avait été de le décider à la retirer. Macvittie, furieux d'avoir vu son prisonnier lui échapper, pouvait être disposé à entrer dans tous les complots, et je les voyais tous deux réunis à un homme dont les talens pour faire le mal n'étaient à mon avis guère inférieurs à ceux du malin esprit, et qui m'inspirait une horreur que rien ne pouvait égaler.

Quand ils se furent éloignés de quelques pas, je me retournai pour les suivre. Au bout de l'allée ils se séparèrent : Morris et Macvittie s'en allèrent ensemble, et Rashleigh revint sur ses pas. J'étais bien résolu à le joindre, et à lui demander réparation de l'abus de confiance dont il s'était rendu coupable envers mon père, quoique j'ignorasse encore de quelle manière il pourrait le réparer. Je ne m'arrêtai point à faire de réflexions sur ce sujet : je rentrai dans l'allée où il se promenait d'un air rêveur, et je me montrai inopinément à ses yeux.

Rashleigh n'était pas un homme à se laisser surprendre ni intimider par aucun évènement imprévu. Cependant en me voyant tout-à-coup devant lui, le visage enflammé par l'indignation qui m'animait, il ne put s'empêcher de tressaillir.

— Je vous trouve à propos, monsieur, lui dis-je, à l'instant où j'allais commencer un long voyage dans l'espoir incertain de vous rencontrer.

— Vous connaissez donc bien mal celui que vous cherchez, me répondit Rashleigh avec son flegme ordinaire : mes amis me trouvent aisément ; mes ennemis plus facilement encore. Votre ton m'oblige à vous demander dans laquelle de ces deux classes je dois ranger M. Francis Osbaldistone.

— Dans celle de vos ennemis, monsieur, de vos ennemis mortels, à moins que vous ne rendiez justice à l'instant même à votre bienfaiteur, à mon père; et que vous ne restituiez ce que vous lui avez enlevé.

— Et à qui, s'il vous plaît, M. Osbaldistone, moi qui ai un intérêt dans la maison de commerce de votre père, dois-je rendre compte de mes opérations dans des affaires qui sont devenues les miennes? Ce n'est sûrement pas à un jeune homme à qui son goût exquis en littérature rendrait ces discussions fatigantes et inintelligibles?

— Une ironie, monsieur, n'est pas une réponse. Je ne vous quitterai pas que vous ne m'ayez donné pleine satisfaction. Il faut que vous me suiviez chez un magistrat.

— Très volontiers.

Il fit quelques pas comme s'il avait eu dessein de m'y accompagner, et puis s'arrêtant tout-à-coup :

— Si j'étais porté à faire ce que vous désirez, vous verriez bientôt lequel de nous a plus de raisons pour craindre la présence d'un magistrat. Mais je ne veux pas accélérer votre destin. Allez, jeune homme, amusez-vous de vos visions poétiques, et laissez le soin des affaires à ceux qui les entendent et qui sont en état de les conduire.

Je crois que son intention était de me provoquer, et il en vint à bout. — M. Rashleigh, lui dis-je, ce ton de calme et d'insolence ne vous réussira point. Vous devez savoir que le nom que nous portons tous deux ne subit jamais volontairement l'humiliation, et jamais il ne sera exposé en ma personne.

— Vous me rappelez qu'il l'a été dans la mienne, s'écria-t-il en me lançant un regard féroce, et par qui il a été souillé de cette tache. Croyez-vous que j'aie oublié la soirée où vous m'avez impunément outragé à Osbaldistone-Hall? Vous me rendrez raison de cet outrage qui ne peut se laver que dans le sang; nous aurons aussi une explication sur l'obstination avec laquelle vous avez toujours contrarié mes desseins, et sur la folle persévérance qui vous porte à contrecarrer en ce moment des projets qui vous sont inconnus, et dont vous êtes incapable d'apprécier l'importance. Un jour viendra, monsieur, où vous aurez à m'en rendre compte.

— Quand ce jour sera arrivé, monsieur, vous me trouverez tout disposé. Mais parmi vos reproches vous oubliez le plus important : j'ai aidé le bon sens et la vertu de miss Vernon à démêler vos artifices, à reconnaître votre infamie.

Je crois qu'il aurait voulu m'anéantir par les éclairs qui partaient de ses yeux. Cependant le son de sa voix ne perdit rien du calme qu'il avait affecté pendant cette conversation.

— J'avais d'autres vues pour vous, jeune homme, des vues moins hasardeuses, plus conformes à votre caractère et à votre éducation. Mais je vois que vous voulez attirer sur vous le châtiment que mérite votre insolence puérile. Suivez-moi donc dans un endroit plus écarté, où nous ne courions pas le risque d'être interrompus.

Je le suivis, ayant l'œil sur tous ses mouvemens, car je le croyais capable de tout. Il me conduisit dans une espèce de jardin planté à la manière hollandaise, en partie entouré de haies, et dans lequel il se trouvait deux ou trois statues. Je me tenais en garde, et j'avais bien raison de le faire, car son épée était à deux doigts de ma poitrine avant que j'eusse eu le temps de tirer la mienne, et je ne dus la vie qu'à quelques pas que je fis en arrière. Il avait sur moi l'avantage des armes, car son épée était plus longue que la mienne, et à triple tranchant comme on les porte généralement aujourd'hui, tandis que la mienne était ce qu'on appelait alors une lame saxonne, étroite, plate, et moins facile à manier que celle de mon ennemi. Sous les autres rapports la partie était égale; car, si j'avais l'avantage de l'adresse et de l'agilité, il avait plus de vigueur et de sang-froid. Il se battait pourtant avec plus de fureur que de courage, avec un dépit concentré et une soif de sang cachée sous un air de tranquillité qui donne aux plus grands crimes un nouveau caractère d'atrocité, en les faisant paraître le résultat d'une froide préméditation. Le désir qu'il avait de triompher ne le mit pas un instant hors de garde, et il n'oublia jamais de se tenir sur la défensive, tout en méditant les plus vives attaques.

Je me battis d'abord avec modération. Mes passions étaient violentes, mais non haineuses ; et une marche de trois ou quatre minutes m'avait donné le temps de réfléchir que Rashleigh était neveu de mon père, que le sien m'avait témoigné de l'amitié à sa manière, et que, si je le perçais d'un coup mortel, je plongeais dans le deuil toute sa famille. Mon premier projet fut donc de tâcher de désarmer mon adversaire ; et, plein de confiance dans les leçons d'escrime que j'avais prises en France, je ne croyais pas devoir éprouver beaucoup de difficulté dans cette manœuvre. Mais je ne tardai pas à reconnaître que j'avais affaire à forte partie ; et, m'étant vu deux fois sur le point d'être touché, je fus obligé de songer à la défensive. Peu à peu la rage avec laquelle Rashleigh cherchait à m'arracher la vie m'enflamma de colère, et je ne songeai plus à user de ménagement. Enfin, l'animosité étant égale des deux côtés, notre combat semblait ne devoir finir que par la mort de l'un de nous. Peu s'en fallut que je ne fusse la victime. Mon pied glissa, je ne pus parer une botte que Rashleigh me porta en ce moment, et son épée traversant mon habit effleura légèrement mes côtes ; mais il avait alongé ce coup avec une telle force, que la garde de l'épée, me frappant violemment la poitrine, me causa une vive douleur, et me fit croire que j'étais blessé à mort. Altéré de vengeance, et convaincu qu'il ne me restait qu'un instant pour la satisfaire, je saisis de la main gauche la poignée de son épée, et levant la mienne de la droite, j'étais sur le point de l'en percer, quand un nouvel acteur parut sur la scène.

Soudain un homme se jeta entre nous, et nous séparant, il s'écria d'une voix d'autorité : Quoi ! les fils de ceux qui ont sucé le même lait veulent répandre leur sang, comme si ce n'était pas le même qui coulât dans leurs veines ! Par le bras de mon père ! celui qui portera le premier coup périra de ma main.

Je le regardai d'un air de surprise : c'était Campbell. Tout en parlant il brandissait sa lame écossaise autour de lui, comme pour nous annoncer une médiation armée. Rashleigh et moi nous gardions le silence. Campbell alors nous adressa la parole successivement.

— M. Francis, croyez-vous rétablir les affaires et le crédit de votre père en coupant la gorge de votre cousin, ou en restant étendu dans le parc du collége de Glascow ? — Et vous, M. Rashleigh, croyez-vous que les hommes de bon sens confieront leur vie et leur fortune à un homme qui, chargé de grands intérêts politiques, se prend de querelle comme un ivrogne ? Ne me regardez pas de travers, M. Rashleigh ; et, si vous trouvez mauvais ce que je vous dis, vous savez que vous êtes le maître de quitter la partie.

— Vous abusez de ma situation, répondit Rashleigh ; sans cela vous n'oseriez vous mêler d'une affaire où mon honneur est intéressé.

— Je n'oserais ! Allons donc ! Et pourquoi n'oserais-je ? Vous pouvez être plus riche que moi, j'en conviens ; plus savant, je ne le nie point : mais vous n'êtes ni plus beau ni plus brave, ni plus noble ; et ce sera une nouvelle pour moi quand on m'apprendra que vous valez mieux..... Je n'oserais ! j'ai pourtant déjà osé bien des choses ! je crois que j'ai fait autant de besogne qu'aucun de vous deux, et je ne pense plus le soir à ce que j'ai fait le matin.

Rashleigh pendant ce discours s'était rendu maître de

sa colère ; il avait repris son air calme et tranquille. —
Mon cousin reconnaîtra, dit-il, qu'il a provoqué cette
querelle; je n'y ai pas donné lieu. Je suis charmé que vous
nous ayez séparés avant que je lui eusse donné une leçon
plus sévère.

— Êtes-vous blessé? me demanda Campbell avec une
apparence d'intérêt.

— Ce n'est qu'une égratignure, répondis-je ; et mon digne
cousin ne s'en serait pas vanté long-temps si vous ne fussiez
arrivé.

— En bonne conscience, M. Rashleigh, dit Campbell,
c'est une vérité, car l'acier allait faire connaissance avec le
plus pur de votre sang quand j'ai arrêté le bras de M. Francis. Ainsi ne faites pas sonner bien haut votre victoire, et
n'ayez pas l'air d'une truie jouant de la trompette. Mais
allons, qu'il n'en soit plus question ; suivez-moi : j'ai
à vous apprendre des nouvelles, et vous vous refroidirez
comme la soupe de Mac-Gibbon quand il la met à la fenêtre.

— Excusez-moi, monsieur, m'écriai-je, vous m'avez témoigné de l'amitié et rendu service en plus d'une occasion ;
mais je ne puis consentir à perdre de vue ce misérable
avant qu'il m'ait rendu les papiers qu'il a volés à mon
père, et qu'il l'ait mis par là en état de remplir ses engagemens.

— Jeune homme, dit Campbell, vous êtes fou. Vous
aviez tout à l'heure à vous défendre des attaques d'un seul
homme, voulez-vous maintenant en avoir deux contre
vous?

— Vingt s'il le faut. Il me suivra.

En parlant ainsi, je saisis Rashleigh par le collet : il ne
m'opposa aucune résistance ; et se tournant vers Campbell,
il lui dit d'un air dédaigneux : — Vous le voyez, Mac-Gregor, il se précipite au-devant de sa destinée ! Est-ce ma
faute s'il ne veut pas s'arrêter ? Les mandats sont maintenant délivrés et tout est prêt.

Le montagnard parut embarrassé. Il regarda derrière lui, à droite, à gauche, et dit : — Jamais je ne consentirai un instant qu'il soit tourmenté pour avoir pris les intérêts de son père ; et je donne la malédiction de Dieu et la mienne à tous les magistrats, juges de paix, prevôts, baillis, shériffs, officiers de shériffs, constables, enfin à tout le bétail noir qui depuis un siècle est la peste de l'Écosse. C'était un heureux temps quand chacun se chargeait de faire respecter ses droits, et que le pays n'était pas empoisonné de cette maudite engeance. Mais je vous le répète, ma conscience ne me permet pas de souffrir qu'il soit vexé, et surtout de cette manière. J'aimerais mieux vous voir de nouveau mettre l'épée à la main et vous battre en honnêtes gens.

— Votre conscience, Mac-Gregor! dit Rashleigh avec un sourire ironique : vous oubliez que nous nous connaissons depuis long-temps.

— Oui, ma conscience, répéta Campbell, ou Mac-Gregor, quel que fût son nom. Oui, M. Rashleigh, j'en ai une, et c'est ce qui fait que je vaux mieux que vous. Quant à notre connaissance, si vous me connaissez, vous savez quelles sont les causes qui m'ont fait ce que je suis ; et quoi que vous en pensiez, je ne changerais pas ma situation avec celle du plus orgueilleux des persécuteurs qui m'ont réduit à n'avoir sur ma tête d'autre toit que la voûte des cieux. Moi, je vous connais aussi, je sais ce que vous êtes ; mais pourquoi êtes-vous ce que vous êtes, c'est ce que vous savez seul, et ce que nous n'apprendrons qu'au dernier des jours. Maintenant, M. Francis, lâchez son collet, car il a raison de dire que vous seriez plus en danger que lui devant un magistrat. Soyez bien sûr que, quelque blanc que vous puissiez être, il trouverait le moyen de vous faire paraître plus noir qu'un corbeau. Ainsi donc, comme je vous le disais, lâchez son collet.

Il joignit le geste à l'exhortation, et me tirant vigoureusement par le bras à l'improviste, il débarrassa Rashleigh, et, me retenant dans ses bras, m'empêcha de le saisir de nouveau : — Allons, M. Rashleigh, dit-il en même temps, profitez du moment. Une bonne paire de jambes vaut deux bonnes paires de bras. Ce n'est pas la première fois que vous vous en serez servi.

— Cousin, dit Rashleigh, vous pouvez remercier Mac-Gregor si je ne vous paie pas ma dette tout entière. Si je vous quitte en ce moment, c'est dans l'espoir de trouver bientôt une occasion pour m'acquitter envers vous sans courir le risque d'être interrompu.

En parlant ainsi, il essuya son épée qui était tachée de quelques gouttes de sang, la remit dans le fourreau, et disparut.

L'Écossais employa autant la force que les remontrances pour m'empêcher de le suivre, et véritablement je commençais à croire que cela ne me servirait à rien.

Lorsqu'il vit que je ne cherchais plus à lui échapper, et que je paraissais devenir plus tranquille : — Par le pain qui nous nourrit, me dit-il, je n'ai jamais vu un homme plus obstiné. Je ne sais ce que j'aurais fait à tout autre que vous qui m'aurait donné la moitié autant de peine pour le retenir. Que vouliez-vous faire? Auriez-vous suivi le loup dans sa caverne? Je vous dis qu'il a tendu ses filets pour vous prendre. Il a retrouvé le collecteur Morris, il lui a fait rendre une nouvelle plainte contre vous, et je ne puis ici venir à votre secours, comme chez le juge de paix Inglewood. Il ne convient pas à ma santé de me trouver sur le chemin des baillis whigamores. Retirez-vous donc comme un honnête garçon, et tirez le meilleur parti des circonstances en cédant à propos. — Évitez la présence de Rashleigh, de Morris, et de l'animal Macvittie. Songez au clachan d'Aberfoil; et, comme je vous l'ai dit, foi de gentilhomme, justice vous sera rendue. Mais tenez-vous tranquille jusqu'à ce que nous nous revoyions, et vous ne me reverrez plus qu'au rendez-vous que je vous ai donné, car je pars. Je vais pourtant renvoyer Rashleigh de Glascow, car il n'y tramerait que du mal. Adieu, n'oubliez pas le clachan d'Aberfoil.

Il partit, et m'abandonna aux réflexions que faisaient naître en moi les évènemens singuliers qui venaient de m'arriver. Je repris mon manteau, que j'ajustai de manière à cacher le sang qui avait taché mes habits : à peine m'en étais-je couvert, que les classes du collége s'ouvrirent, et que la foule des écoliers remplit la prairie et le parc. Je rentrai dans le cœur de la ville, et voyant une petite boutique au-dessus de la porte de laquelle on lisait cette enseigne : *Christophe Nelson, Chirurgien et Apothicaire*, j'y entrai, et demandai à un petit garçon qui pilait quelques drogues dans un mortier, de me procurer une audience du savant pharmacopole. Il m'introduisit dans une arrière-boutique où je trouvai un vieillard encore vert qui branla la tête d'un air d'incrédulité, lorsque je lui dis qu'en faisant des armes avec un de mes amis, son fleuret s'était cassé et m'avait légèrement blessé au côté. — C'est une véritable égratignure, me dit-il en pansant la blessure, mais il n'y a jamais eu de bouton au bout du fleuret qui vous a touché. Ah ! jeune sang, jeune sang ! Mais nous autres chirurgiens, nous sommes une race discrète. Et puis, sans le sang trop bouillant et le mauvais sang, que deviendraient les deux savantes facultés ?

Il me congédia avec cette réflexion morale, et le peu de douleur que m'avait causée ma blessure ne tarda pas à se dissiper.

CHAPITRE XXVI.

« Une race de fer habite ces vieux monts,
« Ennemis déclarés des paisibles vallons.
« . . . .
« Derrière ces rochers, impénétrable asile,
« On trouve l'indigence avec la liberté.
« L'audace des bandits croît par l'impunité,
« Ils viennent insulter à la plaine fertile. »

GRAY.

— Pourquoi arrivez-vous si tard? s'écria M. Jarvie comme j'entrais dans la salle à manger du brave banquier : savez-vous qu'il ne faut que cinq minutes pour gâter le meilleur plat d'un dîner? Mattie est déjà venue deux fois pour le mettre sur la table. Il est heureux pour vous que ce soit une tête de bélier, parce qu'elle ne perd rien pour attendre; mais une tête de mouton trop cuite est un vrai poison, comme disait mon père : il en aimait beaucoup l'oreille, le digne homme.

Je m'excusai comme je pus de mon manque d'exactitude, et nous nous mîmes à table. M. Jarvie en fit les honneurs de la meilleure grâce du monde, chargeant nos assiettes de toutes les friandises écossaises qu'il avait fait préparer pour nous, et dont le goût n'était pas très agréable pour nos palais anglais. Je m'en tirai assez bien, connaissant les usages de la société, qui permettent de se débarrasser d'une assiette bien remplie, après avoir fait semblant d'y toucher. Mais il n'en était pas de même d'Owen. Sa politesse était plus rigoureuse et plus formaliste; il était plaisant de voir les efforts qu'il faisait pour vaincre sa répugnance, et avaler tout ce que lui servait notre hôte, en faisant à contre-cœur l'éloge de chaque morceau, éloge qui ne servait qu'à doubler son tourment. Le magistrat, charmé de son appétit, ne souffrait pas que son assiette restât vide un seul instant.

Lorsque la nappe fut ôtée, M. Jarvie prépara de ses propres mains un bowl de punch à l'eau-de-vie : c'était la première fois que j'en voyais faire de cette manière.

— Les citrons viennent de ma petite ferme de là-bas, nous dit-il en faisant un mouvement d'épaule pour désigner les Indes occidentales; et j'ai appris l'art de composer ce breuvage du vieux capitaine Coffinkey, qui, à ce qu'on m'a assuré, ajouta-t-il en baissant la voix, l'avait appris lui-même des flibustiers. C'est une liqueur excellente, et cela prouve qu'il peut sortir de bonnes marchandises même d'une mauvaise boutique. Quant au capitaine Coffinkey, c'était l'homme le plus honnête que j'aie connu, si ce n'est qu'il jurait à vous faire dresser les cheveux sur la tête. Mais il est mort, il est allé rendre ses comptes, et j'espère qu'ils auront été en règle.

Nous trouvâmes le punch fort bon, et il servit de transition à une longue conversation entre Owen et notre hôte sur les débouchés que l'union de l'Écosse à l'Angleterre avait ouverts à Glascow pour le commerce avec les Indes occidentales et les colonies anglaises en Amérique. M. Owen prétendit que cette ville ne pouvait faire de chargement convenable pour ce pays sans faire des achats de marchandises en Angleterre.

— Point du tout, monsieur, point du tout! s'écria M. Jarvie avec chaleur : nous n'avons pas besoin de nos voisins, il ne nous faut que fouiller dans nos poches. N'avons-nous pas nos serges de Stirling, nos bas d'Aberdeen, nos étoffes de laine de Musselbourg et d'Édimbourg? Nous avons des toiles de toute espèce, meilleures et moins chères que les vôtres, et nos étoffes de coton ne le cèdent en rien à celles d'Angleterre. Non, non, monsieur, un hareng n'emprunte pas les nageoires de son voisin, un mouton se soutient sur ses propres jambes, et Glascow n'attend rien de personne. Tout cela n'est pas bien amusant pour vous, M. Osbaldistone, ajouta-t-il en voyant que je gardais le silence depuis long-temps; mais vous savez qu'un roulier ne peut s'empêcher de parler de ses harnais.

Pour m'excuser, je fis valoir les circonstances singulières de ma situation, et les nouvelles aventures qui m'étaient arrivées dans la matinée. Je trouvai ainsi, comme je le désirais, l'occasion de les raconter en détail, et sans être interrompu. La seule chose que j'omis dans ma narration fut la blessure légère que j'avais reçue, ne jugeant pas que cet accident méritât d'être rapporté. M. Jarvie m'écouta avec grande attention et un intérêt bien marqué, fixant sur moi de petits yeux gris pleins de feu, et ne m'interrompant que par quelques courtes interjections, ou pour prendre une prise de tabac. Quand j'arrivai au duel qui avait suivi ma rencontre avec Rashleigh, Owen leva les yeux et les mains au ciel sans pouvoir prononcer un seul mot, et M. Jarvie m'interrompit en s'écriant : — Fort mal ! très mal ! tirer l'épée contre votre parent ! cela est défendu par toutes les lois divines et humaines ; se battre dans l'enceinte d'une ville royale ! cela est punissable d'amende et d'emprisonnement.... Le parc du collége n'est pas privilégié. D'ailleurs c'est là surtout, il me semble, qu'on doit laisser régner la paix et la tranquillité.... Croyez-vous qu'on ait donné aux colléges des terres qui rapportaient autrefois à l'évêque six cents livres de rente, compte franc et net, pour que des écervelés viennent s'y égorger ! c'est bien assez que les écoliers s'y battent avec des boules de neige, de sorte que quand nous passons de ce côté, Mattie et moi, nous courons toujours le risque d'en avoir une par la tête.... Mais voyons, continuez votre histoire.

Lorsque je parlai de la manière dont notre combat avait été interrompu, Jarvie se leva d'un air de surprise, et parcourut la salle à grands pas en s'écriant : — Encore Rob !.... Il est encore ici !.... Il est donc fou, rien n'est plus sûr, et, qui pis est, il se fera pendre, à la honte de toute sa parenté. Cela ne peut lui manquer.... Mon père le diacre lui a fait sa première paire de bas, mais c'est le diacre Treeplie, fabricant de cordes, qui lui fournira sa dernière cravate.... Rien n'est plus sûr, il est sur le grand chemin de la potence.... Mais continuez donc, M. Osbaldistone; pourquoi ne continuez-vous pas?

Je finis mon récit, mais quelque clarté que j'eusse tâché d'y mettre, M. Jarvie trouva que quelques endroits n'étaient pas suffisamment expliqués, et je ne pus les lui faire comprendre qu'en lui racontant toute l'histoire de Morris, et celle de ma rencontre avec Campbell chez le juge Inglewood, ce dont je désirais me dispenser. Il m'écouta d'un air sérieux, ne m'interrompit pas une seule fois, et garda le silence quand j'eus fini ma narration.

— Maintenant que vous voilà parfaitement instruit, M. Jarvie, lui dis-je, il ne me reste qu'à vous prier de me donner votre avis sur ce qu'exigent de moi l'intérêt de mon père et celui de mon honneur.

— C'est bien parlé, jeune homme, très bien parlé! demandez toujours les conseils des gens qui sont plus âgés et qui ont plus d'expérience que vous. Ne faites pas comme l'impie Roboam, qui consulta de jeunes têtes sans barbe, négligeant les vieux conseillers de son père Salomon, dont la sagesse, comme le remarqua fort bien M. Meiklejohn en prêchant sur ce chapitre de la Bible, s'était sûrement répandue en partie sur eux. Mais il ne s'agit pas ici d'honneur, il est question de crédit. Honneur est un homicide, un buveur de sang, un tapageur qui trouble le repos public; Crédit au contraire est une créature honnête, décente, paisible, qui reste au logis et fait les choses à propos.

— Bien certainement, M. Jarvie, dit notre ami Owen, le crédit est un capital qu'il faut conserver à quelque escompte que ce puisse être.

— Vous avez raison, M. Owen, vous avez raison; vous parlez bien, avec sagesse, et j'espère que votre boule arrivera au but, quelque éloigné qu'il paraisse. Mais, pour en revenir à Rob, je pense qu'il rendra service à ce jeune homme, s'il en a les moyens. Le pauvre Rob a un bon cœur, et quoique j'aie perdu autrefois avec lui deux cents livres d'Écosse, et que je ne m'attende pas beaucoup à revoir les mille livres que je lui ai prêtées depuis ce temps, cela ne m'empêchera jamais de lui rendre justice.

— Je dois donc le regarder comme un honnête homme, M. Jarvie, lui dis-je.

— Mais.... hum! Il toussa plusieurs fois. Sans doute.... il a.... une honnêteté highlandaise, une manière d'honnêteté, comme on dit. Feu mon père le diacre riait beaucoup en m'expliquant l'origine de ce proverbe. Un certain capitaine Costlett faisait beaucoup valoir son loyalisme pour le roi Charles. Le clerc Pettigrew, dont vous avez sûrement entendu bien des histoires, lui demanda de quelle manière il servait le roi quand il se battait contre lui à Worcester, dans l'armée de Cromwell. Mais le capitaine Costlett avait réponse à tout. Il répliqua qu'il le servait *à sa manière*, et le mot est resté. Mon brave père riait bien toutes les fois qu'il contait cette histoire.

— Mais pensez-vous que celui que vous nommez Rob puisse me servir *à sa manière?* croyez-vous que je puisse aller au rendez-vous qu'il m'a donné?

— Franchement et véritablement, il me semble que cela en vaut la peine. D'ailleurs vous voyez vous-même que vous courez ici quelques risques. Ce vaurien de Morris a un poste à Greenock, port situé près d'ici, à l'embouchure de la Clyde. Personne n'ignore que c'est un animal à deux pieds, avec une tête d'oie et un cœur de poule, qui se promène sur le quai, tourmentant le pauvre monde de *permis*, de *transits* et d'autres vexations semblables; mais, au bout du compte, s'il rend plainte contre vous, il faut qu'un magistrat fasse son devoir; vous pouvez être claquemuré entre quatre murailles en attendant les explications, et ce n'est pas ce qui arrangera les affaires de votre père.

— Tout cela est vrai; mais dois-je m'écarter de Glascow

quand tout me porte à croire que cette ville est le principal théâtre des intrigues et des complots de Rashleigh? Dois-je me confier à la bonne foi très suspecte d'un homme dont tout ce que je connais, c'est qu'il craint la justice, qu'il a sans doute de bonnes raisons pour la craindre, et qui, pour quelque dessein secret et probablement criminel, a contracté des liaisons intimes avec l'auteur de notre ruine?

— Vous jugez Rob sévèrement, trop sévèrement, le pauvre diable; mais la vérité est que vous ne connaissez pas notre pays de montagnes que nous appelons les Highlands. Il est habité par une race qui ne nous ressemble en rien. On n'y trouve pas de baillis, pas de magistrats qui tiennent le glaive de la justice, comme le tenait mon digne père le diacre, et comme je le tiens à présent. C'est l'ordre du laird qui fait tout; dès qu'il parle, on obéit, et ils ne connaissent d'autres lois que la pointe de leur poignard. Leur claymore est ce que vous appelez en Angleterre le poursuivant ou le plaignant, et leur bouclier le défendant. La tête la plus dure est celle qui résiste le plus long-temps. Voilà comme s'instruit un procès dans les Highlands.

Owen leva les mains au ciel en soupirant, et j'avoue que cette description ne me donna pas un grand désir de visiter ces Highlands d'Écosse, où l'empire des lois était si méconnu.

— Nous n'entrons pas souvent dans ces détails, continua M. Jarvie, d'abord parce qu'ils nous sont familiers, et ensuite parce qu'il ne faut pas discréditer son pays, surtout devant les étrangers. C'est un vilain oiseau que celui qui souille son propre nid.

— Fort bien, monsieur; mais, comme ce n'est pas une curiosité impertinente, mais une nécessité urgente qui m'oblige à vous demander des informations, j'espère que vous me pardonnerez si je vous prie de me donner toutes celles qui sont en votre pouvoir. J'aurai à traiter pour les affaires de mon père avec plusieurs personnes de ce pays sauvage, et je sens que votre expérience peut m'être d'un grand secours.

Cette petite dose de flatterie ne fut pas perdue.

— Mon expérience! dit le bailli, sans doute j'ai de l'expérience, et j'ai fait quelques calculs dans ma vie. Je vous dirai même, puisque nous sommes entre nous, que j'ai pris quelques renseignemens par le moyen d'André Wylie, mon ancien commis, qui travaille maintenant chez Macvittie, Macfin et compagnie, mais qui vient assez volontiers le samedi soir boire un verre de vin avec son ancien patron. Puisque vous voulez vous laisser guider par les conseils d'un fabricant de Glascow, je ne suis pas homme à les refuser au fils de mon ancien correspondant, et mon père avant moi ne lui aurait pas dit non. J'ai pensé quelquefois à faire briller ma lumière devant le duc d'Argyle, ou devant son frère lord Hay; car à quoi bon la tenir sous le boisseau? Mais le moyen de croire que de si grands personnages fissent attention à ce que pourrait leur dire un pauvre fabricant? Ils pensent plus à la qualité de celui qui leur parle qu'aux choses qu'on leur dit. Ce n'est pas que je veuille mal parler de ce Mac-Callum More en aucune manière. — Ne maudissez pas le riche dans votre chambre à coucher, dit le fils de Sidrach, car un oiseau lui portera vos paroles à travers les airs. —

J'interrompis ces prolégomènes, qui étaient toujours la partie la plus diffuse des discours du bailli, pour l'assurer qu'il pouvait entièrement compter sur la discrétion de M. Owen et sur la mienne.

— Ce n'est pas cela, répliqua-t-il, ce n'est pas cela. Je ne crains rien; qu'ai-je à craindre? je ne dis du mal de personne. Mais c'est que ces hommes des Highlands ont le bras long, et, comme je vais parfois près de leurs montagnes voir quelques parens, je ne voudrais pas être en mauvaise renommée dans aucun de leurs clans. Quoi qu'il en soit, pour continuer.... Ah! il faut que je vous dise que toutes mes observations sont fondées sur le calcul, sur les chiffres : M. Owen vous dira que c'est la véritable source et la seule démonstration de toutes les connaissances humaines.

Owen s'empressa de faire un signe d'approbation en entendant une proposition si conforme à ses idées ; et notre orateur continua :

— Ces Highlands d'Écosse, comme nous les appelons, sont une sorte de monde sauvage rempli de rochers, de cavernes, de bois, de lacs, de rivières, et de montagnes si élevées, que les ailes du diable lui-même seraient fatiguées s'il voulait voler jusqu'en haut. Or, dans ce pays, et dans les îles qui en dépendent, et qui ne valent pas mieux, ou qui, pour parler vrai, sont encore pires, il se trouve environ deux cent trente paroisses, y compris les Orcades, dans lesquelles je ne saurais dire si c'est la langue gaélique qu'on parle, ou non, mais dont les habitans sont loin d'être civilisés. Maintenant, messieurs, je suppose par un calcul modéré que la population de chaque paroisse, déduction faite des enfans de neuf ans et au-dessous, soit de 800 personnes ; ajoutons un quart à ce nombre, pour les enfans, et le total de la population sera de.... Voyons, ajoutons un quart à 800 pour former le multiplicateur, 230 étant le multiplicande....

— Le produit, dit M. Owen qui entrait avec délices dans ces calculs statistiques de M. Jarvie, sera de 230,000.

— Juste, M. Owen, parfaitement juste ! Maintenant le ban et l'arrière-ban de tous ces montagnards en état de porter les armes, de dix-huit à cinquante-huit ans, ne peut se calculer à moins du quart de la population, c'est-à-dire à 57,500 hommes. Or, messieurs, une triste vérité, c'est que ce pays ne peut fournir d'occupation, d'apparence d'occupation, à la moitié de cette population ; c'est-à-dire que l'agriculture, le soin des bestiaux, la pêche, toute espèce de travail honnête, ne peuvent employer les bras de cette moitié, quoique trois d'entre eux ne fassent pas l'ouvrage d'un seul homme ; car on dirait qu'une bêche et une charrue leur brûlent les doigts. Ainsi donc cette moitié de population sans occupation, montant à...

— 115,000 âmes, dit Owen, faisant moitié du produit total.

— Vous l'avez trouvé, M. Owen, vous l'avez trouvé!... Ainsi cette moitié de population dont nous pouvons supposer le quart en état de porter les armes, peut nous offrir 28,750 hommes dépourvus de tous moyens honnête d'existence, et qui peut-être ne voudraient pas y avoir recours, s'ils en trouvaient.

— Est-il possible, M. Jarvie, m'écriai-je, que ce soit là un tableau fidèle d'une portion si considérable de la Grande-Bretagne?

— Très fidèle, monsieur, et je vais vous le prouver clair comme la pique de Pierre Pasley [1]... Je veux bien supposer que chaque paroisse, l'une dans l'autre, emploie 50 charrues; c'est beaucoup pour le misérable sol que ces malheureuses créatures ont à labourer, et j'admets qu'il s'y trouve assez de pâturages pour leurs chevaux, leurs bœufs et leurs vaches. Maintenant, pour conduire les charrues et prendre soin des bestiaux, accordons 75 familles de six personnes, et ajoutons 50 pour faire un nombre rond, nous aurons 500 âmes, c'est-à-dire la moitié de la population, qui ne seront pas tout-à-fait sans ouvrage, et pourront se procurer du lait aigre et de la bouillie; mais je voudrais bien savoir ce que vous ferez des 500 autres.

— Mais, au nom du ciel! M. Jarvie, quelles sont donc leurs ressources? je frémis en pensant à leur situation!

— Vous frémiriez davantage si vous étiez leur voisin... Supposons maintenant que la moitié de cette moitié se tire d'affaire honnêtement en travaillant pour les habitans des Lowlands, soit à faire la moisson, soit à faucher le foin, etc., combien de centaines et de milliers ne vous

---

(1) Proverbe écossais dont nous ignorons l'origine. — Ee.

restera-t-il pas encore de ces Higlanders à longues jambes qui ne veulent ni travailler ni mourir de faim, qui ne songent qu'à mendier ou à voler, ou qui vivent aux dépens de leur Chef en exécutant tous ses ordres quels qu'ils puissent être? Ils descendent par centaines dans les plaines voisines, pillent de tous côtés, et emportent leur butin dans leurs montagnes. Chose déplorable dans un pays chrétien, — d'autant plus qu'ils s'en font honneur, et qu'ils disent qu'il est bien plus digne d'un homme de s'emparer d'un troupeau de bétail à la pointe de l'épée que de s'occuper en mercenaire de travaux rustiques. Les lairds eux-mêmes ne valent pas mieux. S'ils ne leur commandent pas le vol et le pillage, ils ne le leur défendent pas et ils leur donnent retraite, ou souffrent qu'ils en trouvent une dans leurs montagnes, dans leurs bois, dans leurs forteresses, quand ils ont fait un mauvais coup. Chaque Chef entretient sous ses ordres un aussi grand nombre de fainéans de son nom et de son clan, comme nous disons, qu'il peut en soudoyer, sans compter ceux qui sont en état de se soutenir eux-mêmes, n'importe par quels moyens. Armés de dirks, de fusils et de pistolets et de dourlachs [1], ils sont toujours prêts à troubler la paix du pays au premier signal du Chef. Et voilà ce que sont depuis des siècles ces montagnards, misérables vagabonds qui n'ont de chrétien que le nom, et qui tiennent toujours dans l'inquiétude et dans les alarmes un voisinage paisible et tranquille comme le nôtre.

— Et ce Rob, lui demandai-je, votre parent, mon ami, est sans doute un de ces chefs qui entretiennent les troupes de fainéans dont vous venez de parler?

— Non, non, ce n'est pas un de leurs grands chefs, comme ils les appellent. Il est cependant du meilleur sang montagnard et descendu du vieux Glenstrae. Je con-

---

(1) *Dourlach*, mot gaélique qui signifie faisceau, fagot ; soit qu'ici par dourlach le bailli entende un bâton comme arme, ou un fagot pour mettre le feu.

Ed.

nais sa famille, puisque nous sommes parens. Ce n'est pas que j'y attache grande importance ; c'est l'image de la lune dans un seau d'eau ; mais je pourrais vous montrer des lettres que son père, qui était le troisième descendant de Glenstrae, a écrites au mien, le digne diacre Jarvie, paix soit à sa mémoire! commençant par : Cher Diacre, et finissant, par : Votre affectueux parent à vos ordres. Elles sont relatives à quelque argent que mon père lui avait prêté, et le bon diacre les gardait comme pièces de renseignemens. C'était un homme soigneux!

—Mais, s'il n'est pas un de ces chefs dont vous venez de parler, ce cousin vôtre jouit au moins d'un grand crédit et d'une certaine autorité dans les Highlands, je suppose.

— Oh! pour cela, vous pouvez le dire sans crainte de vous tromper. Il n'y a pas de nom qui soit mieux connu entre Lennox et le Breadalbane. Rob a mené autrefois une vie laborieuse, il faisait le commerce de bestiaux. C'était un plaisir de le voir avec son plaid et ses brogues, la claymore au côté, le pistolet à la ceinture, le fusil sous le bras, et le bouclier derrière le dos, descendre de ses montagnes avec dix ou douze gillies[1] à ses ordres pour conduire dans nos marchés des troupeaux de plusieurs centaines de bœufs qui avaient l'air aussi sauvage que leurs conducteurs. Mais il faisait toutes ses affaires avec honneur et justice ; et, s'il croyait que son vendeur avait fait un mauvais marché, il lui donnait une indemnité. Je l'ai vu faire une remise, en pareil cas, de cinq shillings par livre sterling.

— Vingt-cinq pour cent! s'écria Owen : c'est un escompte considérable!

— C'est pourtant ce qu'il faisait, monsieur, comme je vous le disais, surtout s'il croyait que le vendeur était pauvre et ne pouvait supporter cette perte : mais les temps devinrent durs ; Rob se hasarda trop. Ce ne fut pas ma

---

(1) Domestiques. — Ed.

faute! ce ne fut pas ma faute! Je l'en avertis, il ne peut pas me le reprocher. Enfin il fit des pertes, il eut affaire à des créanciers, à des voisins impitoyables. On saisit ses terres, ses bestiaux, tout ce qu'il possédait ; on chassa sa femme de sa maison pendant qu'il en était absent. C'est une honte! c'est une honte! Je suis un homme paisible, un magistrat ; mais, si on en eût fait autant à ma servante Mattie, je crois que j'aurais fait revoir le jour au sabre que mon père le diacre portait à la bataille du pont de Bothwell. Rob revint chez lui : il y avait laissé l'abondance, il n'y retrouva que misère et désolation. Il regarda au nord, au sud, à l'est, à l'ouest, et n'aperçut nulle part ni retraite, ni ressources, ni espérances. Que faire? Il enfonça sa toque sur ses yeux, ceignit sa claymore, se rendit aux montagnes, et devint un désespéré.

La voix manqua un instant au bon citadin. Quoiqu'il feignît de ne pas faire grand cas de la généalogie des Highlands, il attachait une certaine importance à sa parenté, et retraçait la prospérité passée de son ami avec un excès de sympathie qui rendait encore plus vifs sa compassion pour son malheur et ses regrets des évènemens qui en avaient été la suite.

— Ainsi donc, dis-je à M. Jarvie en voyant qu'il ne continuait pas sa narration, le désespoir porta votre infortuné parent à devenir un des déprédateurs dont vous m'avez parlé.

— Non, non, pas tout-à-fait, pas tout-à-fait! Il se mit à lever le black-mail dans tout le Lennox et le Menteith, et jusqu'aux portes du château de Stirling.

— *Black-mail*[1]! Qu'entendez-vous par ces mots?

— Oh! voyez-vous, Rob eut bientôt amassé autour de lui une troupe de Toques-Bleues[2], car il était connu dans le pays pour un homme qui ne craignait rien : le nom de

---

(1) Nous avons donné dans *Waverley* l'étymologie de ce mot, qui signifie l'impôt du déprédateur, etc. — Ed.

(2) D'Ecossais montagnards. — Ed.

sa famille était ancien et honorable, quoiqu'on ait voulu l'avilir, le persécuter et l'éteindre depuis quelque temps. Elle s'était montrée avec éclat dans les guerres contre le roi, le parlement et l'Église épiscopale. Ma mère était une Mac-Gregor : peu m'importe qu'on le sache ! Si bien que Rob se vit bientôt à la tête d'une troupe nombreuse et intrépide. Il dit qu'il était fâché des vols de bestiaux et des ravages du sud des Highlands, et il proposa d'en garantir tout fermier ou propriétaire qui lui paierait quatre pour cent de son fermage ou de son revenu ; et c'était sans doute un faible sacrifice pour ne plus avoir à craindre le vol et le pillage, dont Rob s'obligeait à les garantir. Si l'un d'eux perdait un seul mouton, il n'avait qu'à se plaindre à Rob, et celui-ci ne manquait pas de le lui faire rendre ou de lui en payer la valeur. Rob a toujours tenu sa parole. Je ne puis dire qu'il en ait jamais manqué. Personne ne peut accuser Rob de ne pas l'avoir tenue.

— C'est un singulier contrat d'assurance, dit M. Owen.

— Elle n'est pas légale, dit M. Jarvie, j'en conviens. Non, elle n'est pas légale ; la loi prononce même des peines contre celui qui paie le black-mail, comme contre celui qui le lève. Mais, si la loi ne peut protéger ma maison et mes troupeaux, pourquoi n'aurais-je pas recours à un gentilhomme des Highlands qui peut le faire? Qu'on me réponde à cela!

— Mais, M. Jarvie, lui dis-je, ce contrat de black-mail, comme vous l'appelez, est-il purement volontaire de la part du fermier ou du propriétaire qui paie l'assurance? Si quelqu'un s'y refuse, qu'en arrive-t-il?

— Ah! ah! jeune homme, dit le bailli en riant et plaçant son index le long de son nez, vous croyez que vous me tenez là? Il est bien vrai que je conseillerais à mes amis de s'arranger avec Rob, car on a beau veiller, prendre des précautions, quand les nuits sont longues, il est bien difficile... Les Grahame et les Cohoon ne voulurent pas d'abord accepter ses conditions : qu'en arriva-t-il? Dès le premier hiver ils perdirent tous leurs bestiaux. De manière que la plupart crurent devoir accepter les propositions de Rob. C'est le meilleur des hommes quand on s'arrange avec lui; mais, si vous lui résistez, autant vaudrait s'attaquer au diable.

— C'est par ses exploits en ce genre qu'il a armé contre lui les lois de sa patrie!...

— Armé contre lui? Oui, vous pouvez bien le dire, car, si on le tenait, son cou sentirait le poids de son corps. Mais il a des amis parmi les gens puissans, et je pourrais vous citer une grande famille qui le protège de tout son pouvoir, afin qu'il soit une épine dans le dos d'un autre. Et puis il a tant de ressources! Il a joué plus de tours qu'il n'en tiendrait dans un livre, dans un gros livre. Il a eu autant d'aventures que Robin Hood ou que William Wallace, et l'on en ferait d'éternelles histoires à raconter l'hiver au coin du feu. C'est une chose bien singulière, messieurs, moi qui suis un homme paisible, moi qui suis fils d'un homme paisible, car le diacre mon père ne s'est jamais querellé avec personne, si ce n'est dans l'assemblée du conseil commun; c'est une chose singulière, dis-je, que, quand je les entends raconter, il me semble que le sang montagnard s'échauffe en moi, et j'y trouve plus de plaisir, Dieu me pardonne! qu'à écouter des discours édifians. Mais ce sont des vanités, de coupables vanités, des fautes contre la loi, des fautes contre l'Évangile.

— Mais quelle influence ce M. Robert Campbell peut-il donc avoir sur les affaires de mon père et sur les miennes? dis-je en continuant mes questions.

— Il faut que vous sachiez..., répondit M. Jarvie en baissant la voix, — je parle ici entre amis et sous la rose [1]. Il faut donc que vous sachiez que les Highlands sont restés tranquilles depuis 1689, l'année de Killicankrie [2]; mais comment l'a-t-on obtenu? par de l'argent, M. Owen, par

---

(1) *En confidence.*

(2) 1689. Ce fut le dernier combat de Dundee. — Ed.

de l'argent, M. Osbaldistone. Le roi Guillaume fit distribuer par Breadalbane, parmi les Highlanders, vingt bonnes mille livres sterling, et l'on dit même que le vieux comte en garda un bon lopin dans son sporran[1]. Ensuite feu la reine Anne fit des pensions aux chefs, de sorte qu'ils étaient en état de pourvoir aux besoins de ceux qui n'avaient pas d'ouvrage, comme je vous l'ai dit; ils se tenaient donc assez tranquilles, sauf quelques pillages dans les Lowlands, ce dont ils ne peuvent se déshabituer tout-à-fait; et quelques batailles entre eux, ce dont leurs voisins civilisés ne s'inquiètent guère. Mais, depuis l'avènement du roi Georges au trône, que Dieu protège! du roi actuel, il n'arrive plus chez eux ni argent ni pensions; les chefs n'ont plus le moyen de soutenir leurs clans, et un homme qui, d'un coup de sifflet, peut rassembler mille ou quinze cents hommes prêts à exécuter tous ses ordres, doit pourtant trouver des moyens pour les nourrir; ainsi donc la tranquillité, l'espèce de tranquillité qui règne ne peut être de longue durée. Vous verrez, — et il baissa la voix encore davantage, — vous verrez qu'il y aura un soulèvement, un soulèvement en faveur des Stuarts. Les montagnards se répandront dans notre pays comme un torrent, ainsi qu'ils l'ont fait lors des guerres désastreuses de Montrose, et vous en entendrez parler avant qu'il se passe encore un an.

— Mais, encore une fois, M. Jarvie, je ne vois pas quel rapport tout cela peut avoir avec les affaires de mon père.

— Écoutez-moi, écoutez-moi donc. Rob peut lever au moins cinq cents hommes, et les plus braves du pays. Or il doit prendre quelque intérêt à la guerre, car il y trouverait plus de profit qu'à la paix. Et pour vous parler à cœur ouvert, je soupçonne qu'il est chargé d'entretenir une correspondance entre les chefs des montagnards et quelques seigneurs du nord de l'Angleterre. Nous avons entendu parler du vol qui a été fait à Morris des deniers publics

[1] Poche. — Ed.

dont il était porteur, dans les monts Cheviot; et pour vous dire la vérité, M. Frank, le bruit s'était répandu que c'était un Osbaldistone qui avait fait ce vol de concert avec Rob, et l'on prétendait que c'était vous... Ne me dites rien, laissez-moi parler, je sais que cela n'est pas vrai. Mais il n'y avait rien que je ne pusse croire d'un jeune homme qui s'était fait comédien, et j'étais fâché que le fils de votre père menât un pareil train de vie. Mais à présent je ne doute nullement que ce ne soit Rashleigh ou quelque autre de vos cousins! car ils sont tous du même bois, papistes, jacobites, et ils croient que les deniers et les papiers du gouvernement sont de bonne prise. Ce Morris est tellement poltron, que, quoiqu'il sache bien que c'est Rob qui l'a volé, il n'a jamais eu la hardiesse de l'en accuser publiquement, et peut-être n'a-t-il pas eu tout-à-fait tort, car ces diables de montagnards seraient gens à lui faire un mauvais parti, sans que tous les douaniers d'Angleterre pussent venir à bout de les en empêcher.

— J'avais eu le même soupçon, depuis long-temps, M. Jarvie, et nous sommes parfaitement d'accord sur ce point; mais quant aux affaires de mon père....

— Soupçon, dites-vous? J'en suis bien certain. Je connais des gens qui ont vu quelques uns des papiers qui étaient dans le porte-manteau de Morris. Il est inutile que je vous dise ni qui, ni où, ni quand. Mais, pour en revenir aux affaires de votre père, vous devez bien penser que depuis quelques années les chefs des montagnards n'ont pas perdu de vue leurs intérêts. Votre père a acheté les bois de Glen-Disseries, de Glen-Kissoch, de Glen-Cailziechat et plusieurs autres; il a donné ses billets en paiement, et comme la maison Osbaldistone et Tresham jouissait d'un grand crédit, — et je le dirai en face comme en arrière de M. Owen, avant le malheur qui vient de lui arriver, il n'y avait pas de maison plus sûre et plus respectable, — les chefs montagnards qui avaient reçu ces billets pour comptant ont trouvé à les escompter à Edimbourg et à

Glascow. Je devrais seulement dire à Glascow, car on trouve à Edimbourg plus d'orgueil que d'argent. De manière que..., vous voyez bien clairement où cela nous conduit?

Je fus obligé de faire l'aveu de mon manque d'intelligence, et de le prier de suivre le fil de ses raisonnemens.

— Comment! me dit-il, si les billets ne sont pas acquittés, les banquiers et négocians de Glascow retomberont sur les chefs montagnards, qui ne sont pas riches en argent comptant, et le diable ne leur rendra pas celui qu'ils ont déjà mangé. Se voyant poursuivis et sans ressources, ils deviendront enragés ; cinquante chefs qui seraient restés bien tranquilles chez eux seront prêts à prendre part aux entreprises les plus désespérées, et c'est ainsi que la suspension de paiemens de la maison de votre père accélèrera le soulèvement qu'on veut exciter.

— Vous pensez donc, lui dis-je frappé du nouveau point de vue qu'il me présentait, et qui me paraissait fort singulier, que Rashleigh n'a fait tort à mon père que pour hâter le moment d'une insurrection parmi les montagnards, en mettant dans l'embarras les chefs qui ont reçu ses billets en paiement de leurs bois?

— Sans aucun doute, M. Osbaldistone, sans aucun doute! c'en a été la principale raison. Je ne doute pas que l'argent comptant qu'il a emporté n'ait la même destination; mais comparativement c'est un objet de peu d'importance, quoique ce soit à peu près tout ce que Rashleigh y gagnera : les billets ne peuvent lui servir qu'à allumer sa pipe ; car je pense bien que M. Owen a mis partout opposition à leur paiement.

— Votre calcul est juste, dit Owen.

— Il a bien essayé d'en faire escompter quelques uns par Macvittie, Macfin et compagnie. Je l'ai appris, sous le secret, d'André Wylie. Mais ce sont de trop vieux chats pour se laisser prendre à un tel piége, et ils se sont tenus à l'écart. Rashleigh est trop connu à Glascow pour qu'on ait confiance en lui. En 1707, il vint ici pour tramer je ne sais quoi avec des papistes et des jacobites, et il y laissa des dettes. Non, non, il ne trouverait pas ici un shilling sur tous ses billets, parce qu'on douterait qu'ils lui appartinssent légitimement, ou qu'on craindrait de n'en être pas payé. Je suis convaincu que le paquet est tout entier dans quelque coin des montagnes, et je ne doute pas que le cousin Rob ne puisse le déterrer, si bon lui semble.

— Mais le croyez-vous disposé à nous servir de cette manière, M. Jarvie? Vous me l'avez représenté comme un agent du parti jacobite, comme prenant une part active à ses intrigues; sera-t-il porté pour l'amour de moi, ou, si vous le voulez, pour l'amour de la justice, à faire un acte de restitution qui, en le supposant possible, contrarierait ses projets?

— Je ne puis répondre précisément à cela, je ne le puis. Les grands se méfient de Rob, et Rob se méfie des grands. Il a toujours été appuyé par la famille du duc d'Argyle. S'il était parfaitement libre de suivre ses goûts, il serait plutôt du parti d'Argyle que du parti de Breadalbane; car il y a une vieille rancune entre la famille de ce dernier et celle de Rob. Mais la vérité c'est que Rob est de son propre parti; comme Henri Wynd qui disait qu'il combattait pour lui-même : si le diable était le laird, Rob chercherait à être son tenancier, et peut-on l'en blâmer dans l'état où on l'a réduit? Cependant il y a une chose contre vous, c'est que Rob a une jument grise dans son écurie.

— Une jument grise? et que peut me faire...?

— Je parle de sa femme, jeune homme, de sa femme, et c'est une terrible femme! Elle déteste tout ce qui n'est pas des Highlands, et par-dessus toutes choses tout ce qui est Anglais. Le seul moyen d'en être bienvenu, c'est de crier vive le roi Jacques et à bas le roi Georges!

— Il est bien étrange, lui dis-je, que les intérêts commerciaux des citoyens de Londres se trouvent compromis par les projets de soulèvement tramés dans un coin de l'Écosse!

— Point du tout, M. Osbaldistone, point du tout. C'est un préjugé de votre part. Je me souviens d'avoir lu, pendant les longues nuits, dans la chronique de Baker, que les négocians de Londres forcèrent autrefois la banque de Gênes à manquer à la promesse qu'elle avait faite au roi d'Espagne de lui prêter une somme considérable, ce qui retarda d'un an le départ de la fameuse *Armada*. Que pensez-vous de cela, monsieur?

— Qu'ils rendirent à leur patrie un service dont notre histoire doit faire une mention honorable.

— Je pense de même, et je pense aussi qu'on rendrait en ce moment service à l'État et à l'humanité, si l'on pouvait empêcher quelques malheureux chefs montagnards de se vouer à la destruction, eux et leurs gens, uniquement parce qu'ils n'ont pas le moyen de rembourser un argent qu'ils devaient regarder comme leur appartenant bien légitimement; si l'on pouvait sauver le crédit de votre père, et par-dessus le marché la somme qui m'est due par la maison Osbaldistone et Tresham. Bien certainement, celui qui ferait tout cela mériterait du roi honneur et récompense, fût-il le dernier de ses sujets.

— Je ne puis dire jusqu'à quel point il aurait droit à la reconnaissance publique, M. Jarvie, mais la nôtre se mesurerait sur l'étendue de l'obligation que nous lui aurions.

— Et nous tâcherions d'en établir la balance, dit M. Owen, aussitôt que M. Osbaldistone serait de retour de Hollande.

— Je n'en doute point, je n'en doute point. C'est un homme solide, et avec mes conseils il pourrait faire de belles affaires en Écosse. Eh bien, messieurs, si l'on pouvait retirer ces billets des mains des Philistins! c'est de bon papier; il était bon quand il se trouvait en bonnes mains, c'est-à-dire dans les vôtres, M. Owen. Je vous nommerais trois personnes dans Glascow, (quoi que vous puissiez penser de nous, M. Owen,) Sandie Steenson, John Pirie, et un troisième que je ne veux pas nommer en ce moment, qui se chargeraient des recouvremens, et vous avanceraient à l'instant telle somme qui vous est nécessaire pour soutenir le crédit de votre maison, sans vous demander d'autre sûreté.

Les yeux d'Owen s'animèrent à cette lueur d'espoir de sortir d'embarras ; mais il reprit bientôt son air soucieux en réfléchissant au peu de probabilité que nous avions de rentrer en possession de ces effets.

— Ne désespérez point, monsieur, ne désespérez point ! dit le banquier écossais ; j'ai déjà pris assez d'intérêt à vos affaires. J'y suis jusqu'à la cheville, je m'y mettrai jusqu'aux genoux s'il le faut. Je suis comme mon père le diacre, que son âme soit en paix ! quand j'entreprends quelque chose pour un ami, je finis toujours par en faire ma propre affaire. Ainsi donc, demain matin, je mets mes bottes, je monte sur mon bidet, et avec M. Frank que voilà, je parcours les bruyères de Drymen. Si je ne fais pas entendre raison à Rob, et même à sa femme, je ne sais qui pourra en venir à bout. Je leur ai rendu service plus d'une fois, sans parler de la nuit dernière, où je n'avais qu'à prononcer son nom pour l'envoyer au gibet. J'entendrai dire peut-être quelques mots de cette affaire dans le conseil commun, de la part du bailli Grahame, de Macvittie et de quelques autres. Ils m'ont déjà montré les dents plus d'une fois, et m'ont jeté au nez ma parenté avec Rob. Je leur ai dit que je n'excusais les fautes de personne, mais que mettant à part ce que Rob avait fait contre les lois du pays, quelques vols de troupeaux, la levée des black-mails, et le malheur qu'il a eu de tuer quelques personnes dans des querelles, c'était un plus honnête homme que ceux que leurs jambes soutenaient. Et pourquoi m'inquièterais-je de leurs bavardages ? Si Rob est un *outlaw*, qu'on aille le lui dire. Il n'y a pas de loi qui défende de voir les proscrits, comme du temps des derniers

Stuarts. J'ai dans ma bouche une langue écossaise; et s'ils me parlent, je saurai leur répondre.

Ce fut avec un vif plaisir que je vis le bon magistrat franchir à la fin les barrières de la prudence, grâce à l'influence de son esprit public, jointe à l'intérêt que son bon cœur lui faisait prendre à nos affaires, au désir qu'il avait de n'éprouver ni perte ni retard dans ses rentrées, et à un mouvement de vanité bien pardonnable. Ces motifs opérant en même temps lui firent prendre la courageuse résolution de se mettre lui-même en campagne, et de m'aider à recouvrer les papiers de mon père. Tout ce qu'il m'avait dit me fit penser que s'ils étaient à la disposition de cet aventurier montagnard, il serait possible de le déterminer à rendre des effets dont il ne pouvait tirer aucun avantage pour lui-même, et je sentais que la présence de son parent pourrait être utile pour l'y décider. Je consentis donc sans hésiter à la proposition que me fit M. Jarvie de partir le lendemain, et je lui exprimai ma reconnaissance.

Autant il avait mis de lenteur et de circonspection à se décider, autant il mit de promptitude et de vivacité à exécuter sa résolution. Il fit venir Mattie, lui recommanda d'exposer à l'air sa redingote, de faire graisser ses bottes, et de veiller à ce que son cheval eût mangé l'avoine et fût harnaché le lendemain matin à cinq heures, moment qu'il fixa pour notre départ. Il fut réglé qu'Owen attendrait notre retour à Glascow, sa présence ne pouvant nous être d'aucune utilité dans notre expédition. Je pris congé de cet ami zélé, dont je devais la rencontre au hasard. J'installai Owen à mon auberge, dans un appartement voisin du mien, et ayant donné ordre à André de tenir les chevaux prêts le lendemain, à l'heure indiquée, je me couchai avec plus d'espérance que je n'en avais eu depuis plusieurs jours.

CHAPITRE XXVII.

« Aussi loin que pouvait atteindre votre vue,
« La terre était aride et d'arbres dépourvue :
« A peine un seul oiseau traversait l'horizon.
« Dans ces lieux où jadis roucoulait le pigeon
« Et qu'animait aussi l'abeille bourdonnante,
« Règne un silence affreux, et l'onde y est stagnante :
« Plus de ruisseaux courant sur un lit de cailloux
« Dont l'écho répétait le murmure si doux. »
COLERIDGE. *Prédiction de la Famine.*

Nous étions dans la saison de l'été. M. Jarvie ne demeurait qu'à quelques pas de mistress Flyter; j'avais donné ordre à André de m'attendre à sa porte à cinq heures précises avec nos deux chevaux, et je ne manquai pas de m'y trouver. La première chose que je remarquai en arrivant fut que le cheval donné si généreusement par le clerc Touthope à son client M. Fairservice, en échange de la jument de Thorncliff, était encore, quelque mauvais qu'il fût, un Bucéphale en comparaison de celui contre lequel il avait trouvé le secret de l'échanger. Il avait bien ses quatre pieds; mais il était tellement boiteux, que trois seulement paraissaient destinés à le soutenir, et que le quatrième, brandillant en l'air, ne semblait être là que pour leur servir de pendant.

— A quoi pensez-vous de m'amener un animal semblable? lui demandai-je avec impatience; qu'est devenu le cheval sur lequel vous êtes venu à Glascow?

— Je l'ai vendu, monsieur; il était poussif, et il aurait mangé gros comme sa tête d'argent s'il était resté dans l'écurie de mistress Flyter. J'ai acheté celui-ci pour le compte de Votre Honneur. C'est un marché d'or : il ne coûte qu'une livre sterling par jambe, c'est-à-dire quatre. On dirait qu'il boite, mais il n'y paraîtra plus quand il aura fait un mille. C'est un trotteur bien connu, on l'appelle Souple-Tam.

— Sur mon âme! André, vous ne serez content que quand ma houssine aura fait connaissance avec vos épaules. Si vous n'allez chercher à l'instant l'autre cheval, je vous jure que vous porterez la peine de votre impudence.

André, malgré mes menaces, ne se pressait pas de m'obéir. Il me dit qu'il lui en coûterait une guinée de dédit pour rompre le marché qu'il avait fait, et quoique je visse bien que le coquin me prenait pour dupe, j'allais, en véritable Anglais, sacrifier de l'argent plutôt que de perdre du temps, quand M. Jarvie parut à sa porte. Il était botté, et couvert d'un manteau à capuchon, comme s'il se fût préparé à un hiver de Sibérie, et nous étions dans le temps de la moisson. Deux de ses commis, précédés par Mattie, conduisaient le coursier sage et paisible qui avait l'honneur de porter le digne magistrat dans ses excursions. Avant de se mettre en selle, il me demanda pour quelles raisons je grondais mon domestique, et ayant appris la manœuvre d'André, il coupa court à tout débat, en prononçant que, s'il ne rendait sur-le-champ son animal tripède à celui de qui il prétendait l'avoir acheté, et s'il ne représentait le quadrupède plus utile qu'il avait disgracié, il l'enverrait en prison et le condamnerait à une amende de la moitié de ses gages. — M. Osbaldistone, lui dit-il, vous paie pour votre service et pour celui de votre cheval, pour le service de deux bêtes, entendez-vous, pendard? J'aurai l'œil sur vous pendant le voyage.

— Cela ne servirait à rien de me mettre à l'amende, dit André d'un ton d'humeur, je n'ai pas le premier sou pour payer. On ne peut prendre les culottes d'un Highlander.

— Mais vous avez au moins une carcasse qu'on peut mettre en prison, et j'aurai soin qu'on vous y traite comme vous le méritez.

André fut donc obligé de se soumettre aux ordres de

M. Jarvie, et il partit en murmurant entre ses dents : — Mal prend d'avoir tant de maîtres, comme disait la grenouille à la herse, dont chaque coup de dent la blessait.

Il paraît qu'il ne trouva pas beaucoup de difficulté à se débarrasser de Souple-Tam et à reprendre possession de son ancienne monture, car l'échange fut effectué en quelques minutes, et jamais il ne me parla de l'argent qu'il prétendait avoir eu à payer à titre de dédit.

Nous partîmes enfin; mais nous n'étions pas au bout de la rue dans laquelle M. Jarvie demeurait, que nous entendîmes derrière nous de grands cris : Arrêtez! arrêtez! Nous fîmes halte à l'instant, et nous vîmes accourir à toutes jambes les deux commis du banquier qui lui apportaient deux derniers gages du zèle et de l'attachement de Mattie : l'un était un immense mouchoir de soie qui aurait pu servir de voile à un des bâtimens qu'il envoyait aux Indes occidentales, et que mistress Mattie l'engageait à mettre autour de son cou, par-dessus sa cravate, ce qu'il ne manqua pas de faire; l'autre était une recommandation verbale de la part de la femme de ménage, qu'il eût bien soin de ne pas se fatiguer. Je crus remarquer que le jeune homme chargé de cette dernière commission avait grande peine à s'empêcher de rire en s'en acquittant. — C'est bon! c'est bon! répondit M. Jarvie : dites-lui qu'elle est folle. Cela prouve pourtant un bon cœur, ajouta-t-il en se tournant vers moi. Mattie est une femme attentive, quoiqu'elle soit encore bien jeune. En parlant ainsi, il pressa les flancs de son coursier, et nous nous trouvâmes bientôt hors des murs de Glascow.

Tandis que nous cheminions sur une assez belle route qui nous conduisait au nord-est de la ville, j'eus occasion d'apprécier et d'admirer les bonnes qualités de mon nouvel ami. Quoique, de même que mon père, il estimât le commerce comme l'objet le plus important de la vie humaine, cependant il n'en était pas engoué au point de mépriser toute autre connaissance. Au contraire, malgré la manière bizarre et souvent triviale dont il s'exprimait, malgré une vanité d'autant plus ridicule qu'il cherchait à la cacher sous un voile d'humilité bien transparent; enfin, quoiqu'il fût dépourvu de tous les avantages qui résultent d'une éducation soignée, M. Jarvie, dans sa conversation, prouvait à chaque instant qu'il avait l'esprit observateur, juste, libéral, et même aussi cultivé que les circonstances le lui avaient permis. Il connaissait assez bien les antiquités locales, et il me racontait les évènemens mémorables qui s'étaient passés dans les lieux que nous traversions. Il n'était pas moins instruit dans l'histoire ancienne de sa ville natale, et sa sagacité entrevoyait déjà dans l'avenir les avantages dont elle ne devait jouir que bien des années après. Je remarquai aussi, et avec grand plaisir, que, quoiqu'il fût Écossais dans la force du terme, il n'en était pas moins disposé à rendre justice à l'Angleterre. Lorsque André, que le bailli, soit dit en passant, ne pouvait souffrir, imputait le moindre accident qui nous arrivait, comme, par exemple, celui d'un cheval qui se déferrait, à l'influence fatale de l'union de l'Écosse à l'Angleterre, M. Jarvie jetait sur lui un regard sévère, et lui disait:

— Paix, monsieur, paix! Ce sont de mauvaises langues, comme la vôtre, qui répandent des semences de haine entre les voisins et les nations. Il n'y a rien de si bien qui ne puisse être mieux, et c'est ce qu'on peut dire de l'acte d'Union. Nulle part on ne s'est prononcé contre elle d'une manière plus décidée qu'à Glascow; nous avons eu des rassemblemens, des séditions, des soulèvemens : mais c'est un bien mauvais vent que celui qui n'est bon pour personne. Il faut prendre les choses comme on les trouve. Depuis le temps où saint Mungo pêchait des harengs dans la Clyde, jusqu'à nos jours, avait-on vu le commerce étranger fleurir à Glascow? Il ne faut donc pas maudire l'Union, puisque c'est elle qui nous a ouvert le chemin de l'Amérique.

André Fairservice n'était pas homme à se rendre à ce raisonnement ; il fit même une espèce de protestation en grommelant entre ses dents : — C'était un triste changement que de voir faire en Angleterre des lois pour l'Ecosse! Quant à lui, il ne voudrait pas, pour tous les barils de harengs de Glascow, ni pour tout le sucre et tout le café des colonies, avoir renoncé au parlement d'Ecosse, et envoyé notre couronne, notre épée, notre sceptre et notre argent en Angleterre, pour être gardés dans la Tour de Londres par ces mangeurs de plum-puddings. Qu'est-ce que sir William Wallace ou le vieux sir David Lyndsay auraient dit de l'Union et de ceux qui y ont consenti?

La route sur laquelle nous voyagions pendant ces discussions avait pris un aspect plus agreste à deux milles de Glascow, et plus nous avancions, plus le pays me paraissait sauvage. Devant, derrière et autour de nous, s'étendaient de continuelles et vastes bruyères, dont la désespérante aridité tantôt offrait aux regards un espace de terrain plat et coupé par des flaques d'eau qui se cachent sous une verdure perfide, ou sous une tourbe noire, et qu'on appelle *peat-bogs* en Ecosse [1], tantôt formait des élévations énormes qui manquaient de la dignité des montagnes, quoique plus pénibles encore à gravir pour le voyageur. Pas un arbre, pas un buisson ne reposait l'œil fatigué de ce sombre tableau d'une stérilité uniforme. La bruyère elle-même était de cette espèce rabougrie qui ne parvient tout au plus qu'à une floraison imparfaite, et qui, autant que je puis le savoir, couvre la terre de son vêtement le plus commun par sa qualité et sa nuance. Aucun être vivant ne s'offrit à nos regards, si ce n'est quelques moutons, dont la laine était d'une étrange diversité de couleur, noire, bleue et orange ; c'était principalement sur leurs têtes et leurs jambes que le noir dominait. Les oiseaux mêmes semblaient fuir ce désert, d'où ils auraient eu

---

(1) *Peat-bogs*, fondrières à tourbes. — Ta.

peine à s'échapper, et je n'y entendis que le cri monotone et plaintif du vanneau et du courlis.

Cependant au dîner, que nous fîmes dans le plus misérable des cabarets, nous eûmes le bonheur de reconnaître que ces oiseaux criards n'étaient pas les seuls habitans des bruyères. La vieille bonne femme[1] nous dit que le *bonhomme*[2] avait été — à la montagne, — et cela fut très heureux pour nous, car elle nous servit les produits de sa *chasse*, sous la forme de quelque oiseau en grillades. Elle y joignit du saumon salé, du fromage de lait de vache et du pain d'avoine ; c'était tout ce que sa maison pouvait fournir. De la bière très ordinaire, dite *two penny*[3], et un verre de très bonne eau-de-vie complétèrent notre repas ; et, comme nos chevaux avaient fait le leur en même temps, nous nous remîmes en route avec une nouvelle ardeur.

J'aurais eu besoin de toute la gaieté que peut inspirer le meilleur dîner, pour résister au découragement qui s'emparait insensiblement de moi quand j'associais dans ma pensée l'étrange incertitude du succès de mon voyage avec l'aspect de désolation que présentait le pays que nous parcourions. En effet nous traversâmes des déserts encore plus mornes, encore plus tristes et plus sauvages, s'il est possible, que ceux que nous avions vus dans la matinée. Les misérables huttes qui, çà et là, annonçaient l'existence de quelques créatures humaines, devenaient plus rares à mesure que nous avancions, et quand nous commençâmes à gravir un terrain d'une élévation progressive, elles disparurent tout-à-fait.

Enfin nous aperçûmes bien loin de nous sur la gauche une chaîne de montagnes qui semblaient d'un bleu foncé. Elles s'étendaient du nord au nord-ouest, et occupèrent toute mon imagination. Là je verrais un pays peut-être

---

(1) La ménagère. — Ed.
(2) Le mari. — Ed.
(3) A deux sous. — Tr.

aussi sauvage, mais sans doute bien autrement intéressant que celui dans lequel nous étions alors. Leurs pics paraissaient s'élever jusqu'aux nues, et présentaient aux yeux une variété de coupes pittoresques bien différentes de l'uniformité fatigante des hauteurs que nous avions gravies jusque là. En contemplant cette région alpine, je brûlais du désir de faire connaissance avec les solitudes qu'elle devait renfermer, et de braver tous les périls pour satisfaire ma curiosité, de même que le marin fatigué de la monotonie d'un long calme voudrait l'échanger pour le mouvement et les risques d'un combat ou d'une tempête. Je fis diverses questions à mon ami M. Jarvie sur le nom et la position de ces montagnes remarquables, mais il ne put ou ne voulut pas y répondre ; il me dit seulement que c'était là que commençaient les Highlands. — Vous avez tout le temps de voir les Highlands, répéta-t-il, vous en aurez tout le temps avant de revenir à Glascow. Pour moi je ne les regarde jamais d'avance, je n'aime pas à les voir ; elles jettent de la tristesse dans mon âme. Ce n'est pas frayeur, au moins ; non, ce n'est pas frayeur. C'est... c'est compassion pour les pauvres créatures à demi mourant de faim qui les habitent. Mais n'en parlons plus. Il ne faut point parler des Highlanders quand on en est si proche : j'ai connu plus d'un honnête homme qui ne serait pas venu jusqu'ici sans faire son testament. Mattie n'était pas trop contente de me voir entreprendre un tel voyage ; elle a pleuré, la folle ! mais il n'est pas plus étonnant de voir une femme pleurer que de voir une oie marcher sans souliers.

Je tâchai de faire tomber la conversation sur l'histoire et le caractère de l'homme que nous allions voir ; mais sur ce sujet M. Jarvie fut impénétrable ; ce que j'attribuai en partie à la présence de M. André Fairservice, qui nous suivait de si près que ses oreilles ne pouvaient se dispenser d'entendre chaque mot que nous prononcions, et sa langue prenait la liberté de se mêler à la conversation toutes les fois qu'il en trouvait l'occasion. Mais alors M. Jarvie ne manquait guère de le tancer.

— Restez derrière, monsieur, et à la distance qui vous convient, lui dit le bailli comme il s'avançait pour mieux entendre la réponse à une question que je lui avais faite sur Campbell; vous vous mettriez à côté de nous si l'on vous laissait faire. Ce gaillard-là veut toujours sortir du moule à fromage dans lequel il a été jeté. A présent qu'il ne peut plus nous entendre, M. Osbaldistone, je vais répondre à votre question autant que cela me sera possible et pourra vous être utile. Je ne puis vous dire grand bien de Rob, pauvre diable! et je ne veux pas vous en dire de mal, d'abord parce qu'il est mon cousin, et ensuite parce que nous sommes dans son pays et qu'il n'y a pas un buisson derrière lequel un de ses gens ne puisse être caché. Si vous voulez m'en croire, moins vous parlerez de lui, du lieu où nous allons, et du motif de notre voyage, plus nous aurons d'espoir de réussir. Nous pouvons rencontrer quelqu'un de ses ennemis; il en a plus d'un dans ces environs. Il a encore la tête droite, mais il peut être obligé de la baisser. Vous savez que le couteau entame quelquefois la peau du plus fin renard.

— Je suis bien décidé, lui répondis-je, à me laisser entièrement guider par votre expérience.

— Fort bien, M. Osbaldistone, fort bien. Mais il faut que je dise deux mots à ce garnement, car les enfans et les imbéciles répètent souvent en plein air ce qu'ils ont entendu au coin du feu. Holà, hé! André! Comment l'appelez-vous? Fairservice?

André, qui, depuis la dernière rebuffade qu'il avait reçue, se tenait à une distance respectueuse, jugea à propos de faire la sourde oreille.

— André, maraud! répéta M. Jarvie; ici, monsieur, ici!

— C'est ainsi qu'on parle à un chien! dit André en s'approchant d'un air d'humeur.

— Et je vous donnerai les gages d'un chien, maraud!

si vous ne faites pas attention à ce que j'ai à vous dire. Écoutez-moi bien. Nous allons donc dans les Highlands...

— Je m'en doutais bien, dit André.

— Écoutez-moi, monsieur, et ne m'interrompez pas. Je vous disais donc que nous allons dans les Highlands...

— Vous me l'avez déjà dit, je ne l'ai pas oublié, répondit l'incorrigible André.

— Je vous briserai les os, si vous ne retenez votre langue.

— Une langue retenue rend la bouche baveuse, répliqua André.

Je fus obligé d'intervenir dans ce colloque, et j'imposai silence à André du ton le plus impérieux.

— Je ne dis plus un mot, me répondit-il. Ma mère m'a répété plus d'une fois :

> Qui tient la bourse à son plaisir
> A droit de se faire obéir.

Ainsi vous pouvez parler l'un ou l'autre tant qu'il vous plaira. Je suis muet.

Après cette docte citation, M. Jarvie, craignant qu'elle ne fût suivie d'une autre, s'empressa de prendre la parole pour lui donner ses instructions :

— Faites donc bien attention à ce que je vais vous dire, si vous avez quelque égard pour votre tête, quoiqu'elle ne vaille pas grand argent. Dans l'endroit où nous allons, et où il est probable que nous passerons la nuit, il se trouve des gens de toutes les sectes, de tous les partis, de tous les clans, des habitans des hautes terres, ou Highlands, et des habitans des basses terres, ou Lowlands, leurs voisins. Ils sont souvent en querelles, et l'on y voit moins de bibles ouvertes que de sabres hors du fourreau, surtout quand l'usquebaugh a monté les têtes. Ne vous mêlez pas de leurs affaires; faites rester en repos votre langue bavarde; entendez tout sans rien dire, et laissez les coqs se battre.

— Ce n'est pas la peine de me dire tout cela, répliqua

André d'un air de dédain. Croyez-vous que je n'aie jamais vu un Highlander ; que je ne sache pas comment il faut se conduire avec eux? Je n'ai besoin des leçons de personne. J'ai trafiqué avec eux, mangé avec eux, bu avec eux.....

— Et vous êtes-vous aussi battu avec eux?

— Non, non ; j'ai toujours pris soin de m'en préserver. Il ne conviendrait pas que moi, qui suis dans mon métier un artiste, un demi-savant, j'allasse me battre avec des ignorans, qui ne sauraient dire en bon écossais, encore moins en latin, le nom d'une seule plante de leurs montagnes.

— Eh bien! si vous voulez conserver votre langue et vos oreilles, car vous aimez à faire usage de l'une comme des autres, je vous recommande de ne pas dire un mot, ni en bien ni en mal, à qui que ce soit dans le clan. Surtout faites bien attention à ne point bavarder sur nous, à ne pas chercher à faire sonner le nom de votre maître et le mien. N'allez pas dire : Celui-ci est le bailli Nicol Jarvie de Glascow, fils du digne diacre Nicol Jarvie, dont tout le monde a entendu parler. Celui-là est M. Frank Osbaldistone, fils unique du chef de la respectable maison Osbaldistone et Tresham, dans la cité, à Londres.

— C'est bon! c'est bon! pourquoi voulez-vous que j'aille parler de vos noms? J'aurais des choses plus intéressantes à dire, je crois.

— Et précisément, sot oison, ce sont ces choses intéressantes que vous pouvez avoir apprises, entendues, devinées ou imaginées, dont je crains que vous ne parliez à tort et à travers.

— Si vous ne me jugez pas en état de parler aussi bien qu'un autre, dit André d'un ton suffisant, payez-moi mes gages et ma nourriture, et je retournerai à Glascow... Il n'y aura pas de grands regrets à notre séparation, comme disait la vieille jument au chariot brisé.

Voyant qu'André prenait encore une fois un ton d'impertinence qui allait me rendre son service plus nuisible qu'utile, je lui déclarai ouvertement qu'il pouvait s'en retourner si bon lui semblait, mais que je ne lui paierais pas un sou de ses gages. Un argument *ad crumenam*, comme disent certains logiciens en plaisantant, produit de l'effet sur presque tous les hommes, et André n'affectait pas de singularité sur ce point. Le limaçon rentra ses cornes, pour me servir de l'expression de M. Jarvie, et se retirant à quelques pas derrière nous, il nous suivit d'un air de soumission et de docilité.

La concorde étant ainsi rétablie, nous continuâmes paisiblement notre route. Après avoir monté pendant environ six à sept milles d'Angleterre, nous trouvâmes une descente à peu près de même longueur. Le pays était toujours aussi stérile, la vue aussi uniforme. Le seul objet qui pût attirer nos regards étaient les montagnes, dont nous apercevions toujours les sommets escarpés, et qui ne nous paraissaient guère plus rapprochées que quelques heures auparavant. Nous marchâmes sans nous arrêter; et cependant, lorsque la nuit vint envelopper de ses ombres les déserts sauvages et arides que nous traversions, M. Jarvie me dit que nous avions encore trois milles et un peu plus à faire avant d'arriver à l'endroit où nous devions passer la nuit.

CHAPITRE XXVIII.

« Baron de Bucklivy [1],
« Que le diable t'emporte,
« Si par toi fut bâti
« Un hameau de la sorte!

« Pas un morceau de pain
« Au pauvre pèlerin !
« Que le diable t'emporte,
« Si par toi fut bâti
« Un hameau de la sorte,
« Baron de Bucklivy !

« Pas une simple chaise
« Pour s'asseoir à son aise !
« Baron de Bucklivy,
« Que le diable t'emporte,
« Si par toi fut bâti
« Un hameau de la sorte ! »

Vers populaires en Écosse sur une mauvaise auberge.

La nuit était belle et la lune favorisait notre voyage. Grâce à ses rayons le pays prenait un aspect plus intéressant que pendant le jour, dont la lumière ne faisait qu'en découvrir la stérile étendue ; les accidens de la lumière et des ombres prêtaient à ces lieux un certain charme qui ne leur appartenait pas naturellement : tel est le voile dont se couvre une femme sans attraits qui irrite notre curiosité sur ce qui n'a rien d'agréable en soi-même.

Nous continuions à descendre en tournant, et nous arrivâmes à des ravines plus profondes qui semblaient devoir nous conduire sur les bords de quelque ruisseau. Ce présage ne fut pas trompeur. Nous nous trouvâmes bientôt sur les bords d'une rivière qui ressemblait plus à celles d'An-

---

(1) Hameau entre Drymen et Aberfoil. — Ed.

gleterre qu'aucune de celles que j'avais vues jusqu'alors en Ecosse. Elle était étroite, profonde, et ses eaux coulaient en silence. La clarté imparfaite réfléchie par son sein paisible nous fit voir que nous étions au milieu des montagnes élevées où elle prend sa source. — C'est le Forth, — me dit M. Jarvie avec cet air de respect que j'ai toujours remarqué dans les Ecossais pour leurs principales rivières. On a vu même des duels occasionés par quelques mots peu révérencieux prononcés sur la Clyde, la Tweed, le Forth et le Spey. Je ne saurais critiquer cet innocent enthousiasme, et je reçus l'annonce de mon ami avec la même importance qu'il semblait y attacher. Dans le fait je n'étais pas fâché, après un voyage si long et si ennuyeux, d'approcher d'un pays qui promettait de distraire mon imagination; il n'en fut pas de même de mon fidèle écuyer, et lorsque l'information officielle — c'est le Forth — fut prononcée, je l'entendis murmurer à voix basse : — Hum ! s'il avait dit, C'est l'auberge, ce serait une meilleure nouvelle.

Quoi qu'il en soit, le Forth, autant que j'en pus juger à la clarté imparfaite de la lune, me parut mériter le tribut d'admiration que lui accordent ceux qui habitent non loin de ses bords. Une belle éminence de la forme sphérique la plus régulière, couverte d'un taillis de coudriers, de frênes et de chênes nains, mêlés de quelques vieux arbres qui élevaient au-dessus leur tête majestueuse, semblait protéger le berceau où cette rivière prenait naissance. Mon digne compagnon me fit part à ce sujet d'une opinion répandue dans le voisinage; et, tout en m'assurant qu'il n'en croyait pas un mot, le ton bas et mystérieux avec lequel il en parlait, prouvait que son incrédulité n'était pas bien affermie. Cette montagne si belle et si régulière, couronnée d'une telle variété d'arbres et de taillis, passait pour renfermer dans ses invisibles cavernes les palais des fées, êtres qui tenaient le milieu entre l'homme et les démons, et qui, sans être positivement malveillans pour le genre humain, devaient pourtant être soigneusement évités, à cause de leur caractère capricieux, irritable et vindicatif.

— On les appelle, continua M. Jarvie en baissant encore davantage la voix, *Daoine Schie*, ce qui veut dire, comme on me l'a expliqué, hommes de paix. C'est sans doute pour gagner leur bienveillance qu'on les a nommés ainsi, et je ne vois pas pourquoi nous ne leur donnerions pas aussi ce nom, M. Osbaldistone, car il n'est pas sage de mal parler du laird dans ses domaines. Apercevant alors de loin quelques lumières : — Après tout, continua-t-il d'un ton plus ferme, ce sont autant d'illusions de l'esprit de mensonge, et je ne crains pas de le dire... car voilà les lumières du clachan d'Aberfoil, et nous sommes près du terme de notre voyage.

Cette nouvelle me fit grand plaisir, moins parce qu'elle rendait à mon digne ami la liberté d'exprimer sans risque ses véritables sentimens sur les *Daoine Schie*, que parce qu'elle nous promettait quelques heures de repos, dont nous et nos montures avions grand besoin après avoir fait plus de cinquante milles.

Nous traversâmes le Forth à sa source sur un vieux pont de pierres, très élevé et très étroit[1]. Mon conducteur m'apprit cependant que, pour franchir cette rivière et toutes ses eaux tributaires, le passage général des Highlands du côté du sud avait lieu par ce qu'on appelait les Gués de Frew, toujours très profonds et très difficiles, souvent même impraticables. Au-dessous de ces gués, on ne peut le traverser qu'en remontant à l'est jusqu'au pont de Stirling, de sorte que le Forth forme une barrière naturelle entre les Highlands et les Lowlands d'Ecosse, depuis sa source jusqu'au frith ou golfe par lequel il se perd

---

(1) L'auteur s'accuse lui-même dans sa préface d'avoir mis ce pont sur le Forth trente ans trop tôt.

> . . . . Pictoribus atque poetis
> Hanc veniam plerumque damus petimusque vicissim.

dans l'Océan. Les évènemens que je vais rapporter, et dont nous fûmes témoins, m'engagent à citer l'expression énergique et proverbiale du bailli Jarvie, qui me dit que — le Forth était la bride des montagnards. —

Environ un mille après avoir passé le pont, nous nous trouvâmes à la porte de l'auberge où nous devions passer la nuit. C'était une hutte plus misérable encore que celle où nous avions dîné : mais on voyait briller de la lumière à travers les petites croisées, on entendait différentes voix dans l'intérieur, et tout nous faisait espérer que nous y trouverions un gîte et un souper, ce qui ne nous était nullement indifférent.

André fut le premier à nous faire remarquer une branche de saule dépouillée de son écorce, placée sur le seuil de la porte entr'ouverte. Il fit un pas en arrière : — N'entrez pas, nous dit-il, n'entrez pas. Cette branche annonce qu'il se trouve là quelques uns de leurs chefs ou grands hommes, qui sont à boire l'usquebaugh [1] et qui ne veulent pas être interrompus. Le moins qui puisse nous arriver, si nous y montrons notre nez, c'est d'attraper quelques coups sur la tête, à moins que quelqu'un d'eux n'ait la fantaisie de réchauffer dans notre chair la lame de son dirk, ce qui est possible.

— Je crois, me dit M. Jarvie à voix basse, en réponse à un regard que je lui adressai, que le coucou a raison de chanter une fois l'an.

Deux ou trois filles à demi vêtues parurent à la porte du cabaret et de deux ou trois chaumières voisines, en entendant le bruit de nos chevaux, et ouvrirent de grands yeux en nous voyant ; mais pas une ne s'approcha de nous pour nous offrir ses services, et, à chaque question que nous fîmes, on nous répondit constamment : — *Ha niel sassenach* [2]. M. Jarvie, qui avait de l'expérience, trouva pourtant bientôt le moyen de leur faire parler anglais.

---

(1) Le *Whiskey*, eau-de-vie de grain. — Ed.

(2) C'est-à-dire : Je ne sais pas l'anglais. — Ed.

Prenant par le bras un enfant de dix à onze ans, qui n'avait pour tout vêtement qu'un lambeau de vieux plaid, et lui montrant un bawbie¹ :

— Si je vous donne cela, lui dit-il, entendrez-vous le sassenach ?

— Oui, oui ! répondit le marmot en bon anglais, très certainement.

— Eh bien ! mon enfant, allez dire à votre maman qu'il y a ici deux messieurs qui désirent lui parler.

L'hôtesse arriva sur-le-champ, tenant en main un morceau de bois de sapin allumé. La térébenthine de cette espèce de torche qu'on tire généralement des fondrières à tourbe lui donne un éclat pétillant qui fait qu'on l'emploie fréquemment dans les Highlands au lieu de chandelle. La lumière éclairait les traits inquiets et sauvages d'une femme pâle, maigre, et d'une taille plus qu'ordinaire, dont les vêtemens malpropres et en haillons atteignaient tout au plus le but que se propose la décence, à l'aide d'un plaid, ou mantelet de tartan, et ne pouvaient lui être d'aucune autre utilité. Ses cheveux noirs s'échappant en désordre de sa coiffe, l'air étrange et embarrassé avec lequel elle nous regardait, tout en un mot donnait en la voyant l'idée d'une sorcière interrompue au milieu de ses coupables rites.

Elle refusa positivement de nous recevoir. Nous insistâmes, nous fîmes valoir le long voyage que nous venions de faire, le besoin que nous éprouvions de repos et de nourriture, nous et nos chevaux, et l'impossibilité de trouver un autre gîte avant d'arriver à Callender, village qui, d'après M. Jarvie, était encore éloigné de sept milles d'Ecosse. Je n'ai jamais pu savoir bien au juste combien cette distance produit en milles d'Angleterre ; mais je crois qu'on peut la calculer au double sans courir le risque de se tromper beaucoup. L'hôtesse obstinée n'eut aucun égard à mes remontrances. — Il vaut mieux aller plus loin que

(1) Un demi-*penny* anglais, ou un sou de notre livre tournois ; du français *basse-pièce* selon les étymologistes. — Éd.

de vous attirer malheur, nous dit-elle en se servant du dialecte écossais des Lowlands, car elle était native du comté de Lennox; ma maison est occupée par des gens qui ne verraient pas de bon œil des étrangers. Ils attendent du monde, peut-être des Habits-Rouges de la garnison. Elle appuya sur ces derniers mots avec emphase, tout en baissant la voix pour les prononcer. — La nuit est belle, ajouta-t-elle; une nuit passée dans la plaine vous rafraîchira le sang. Vous pouvez bien dormir sous vos manteaux comme une lame dans son fourreau. — Il n'y a guère de fondrières, si vous choisissez bien votre gîte, et vous pouvez attacher vos chevaux à quelque arbre des hauteurs, personne ne leur dira rien.

— Mais, ma bonne femme, lui dis-je pendant que le bailli soupirait et restait dans l'indécision, il y a six heures que nous avons dîné; nous n'avons rien pris depuis ce temps, je meurs véritablement de faim, et je n'ai pas envie d'aller me coucher sans souper dans vos montagnes. Il faut absolument que j'entre; faites vos excuses à vos hôtes pour introduire deux étrangers dans leur compagnie. André, conduisez nos chevaux dans l'écurie, et venez nous rejoindre.

L'Hécate de ce lieu me regarda d'un air de surprise en s'écriant :

— On ne peut pas empêcher un entêté de faire ce qui lui plaît: que ceux qui veulent aller à Cupar y aillent [1]. Voyez ces gourmands d'Anglais! en voilà un qui convient qu'il a déjà fait un bon repas dans la journée, et il risquerait sa vie plutôt que de se passer de souper! Mettez du rostbeef et du pudding de l'autre côté du précipice de Tophet, et un Anglais sautera par-dessus pour y arriver; mais je m'en lave les mains! — Suivez-moi, monsieur, dit-elle à André; je vais vous montrer l'écurie.

Je l'avoue, les expressions de l'hôtesse ne me plaisaient

---

(1) Proverbe expliqué par la phrase précédente. — Éd.

guère : elles semblaient annoncer quelque danger ; mais je ne voulus pas reculer après avoir déclaré ma résolution, et j'entrai hardiment dans la maison. Après avoir risqué de me rompre les jambes contre un baquet qui se trouvait dans un étroit vestibule, j'ouvris une mauvaise porte en joncs, et je me trouvai, ainsi que M. Jarvie qui me suivait, dans le principal appartement de ce caravanserail écossais.

L'intérieur présentait un aspect singulier pour des yeux anglais. Le feu, alimenté par des tourbes et des branches de bois sec, brûlait au milieu de la salle, et la fumée, n'ayant d'autre issue qu'un trou pratiqué à la toiture, tournoyait autour des solives de la hutte, suspendue en noirs flocons à cinq pieds au-dessus du plancher. L'espace inférieur était tenu assez libre par d'innombrables courans d'air qui arrivaient sur le feu par les fentes du panneau d'osier servant de porte ; par deux trous carrés servant de fenêtres, et bouchés seulement, l'un avec un plaid, l'autre avec les haillons d'une capote ; et surtout par les crevasses des murs, construits en cailloux et en tourbes cimentés avec de la boue.

Devant une vieille table de chêne, placée près du feu, étaient assis trois hommes qu'il était impossible de regarder d'un œil indifférent. Deux d'entre eux avaient le costume des Highlands. L'un, de petite taille, le teint basané, l'œil vif, les traits animés, l'air irritable, portait des *trews*, pantalons serrés, en une espèce de tricot de diverses couleurs. Le bailli me dit à l'oreille que c'était bien certainement un personnage de quelque importance, car les seuls Duinhewassels[1] portaient des *trews*, et qu'il était même très difficile de les fabriquer au goût highlandais.

L'autre était un homme grand et vigoureux, ayant des cheveux roux, la figure bourgeonnée, les pommettes sail-

---

(1) Gentilhomme. Les notes de *Waverley* nous dispensent d'expliquer ici plus longuement ce mot et quelques autres de l'idiome des Highlands, avec lesquels le lecteur de Walter Scott doit déjà être familier. — Éd.

lantes, et le menton à angle aigu, — espèce de caricature des traits nationaux de l'Écosse. Le *tartan* de ses vêtemens différait de celui de son compagnon par une plus grande quantité de carreaux rouges, tandis que le noir et le vert foncé dominaient dans le tissu de l'autre.

Le troisième avait le costume des Lowlands. Il avait le regard fier et hardi, des membres robustes et la tournure militaire. Sa redingote était couverte d'une profusion de galons, et son chapeau à cornes avait des dimensions énormes. Son sabre court et ses pistolets étaient sur la table devant lui. Les deux Highlanders avaient aussi devant eux leurs dirks nus, la pointe enfoncée dans la table. J'appris ensuite que c'était un signe qu'il fallait qu'aucune querelle n'interrompît ou troublât leurs libations. Un grand pot d'étain placé au milieu de la table pouvait contenir quatre pintes d'*usquebaugh*, liqueur presque aussi forte que l'eau-de-vie, que les Highlanders distillent de la drêche, et dont ils boivent une quantité excessive. Un verre cassé, et monté sur un pied de bois, servait de coupe et circulait avec une rapidité merveilleuse. Ces hommes parlaient tous ensemble et très haut, tantôt en anglais, tantôt en gaélique.

Un autre Highlander, enveloppé dans son plaid, était couché sur le plancher, la tête appuyée sur une pierre avec une botte de paille pour oreiller. Il dormait ou semblait dormir, sans faire attention à ce qui se passait autour de lui. Il paraissait aussi être étranger, car il portait l'épée et le bouclier, armes ordinaires de ses compatriotes quand ils voyagent. Le long des murs on voyait des lits ou crèches de différentes formes, les uns faits avec de vieilles planches, les autres avec des claies en osier ; et c'était là que dormait toute la famille, hommes, femmes et enfans, sans autres rideaux que l'épaisse fumée qui s'élevait de tous côtés.

Nous avions fait si peu de bruit en entrant, et les buveurs que j'ai décrits étaient si animés à leur discussion, qu'ils furent quelques minutes sans s'apercevoir de notre arrivée ; mais je remarquai que le Highlander couché près du feu se souleva sur le coude, écarta le plaid qui lui couvrait le visage; et, nous ayant regardés un instant, reprit sa première attitude comme pour se livrer de nouveau au sommeil que nous avions interrompu.

Nous nous approchâmes du feu, qui ne nous était pas indifférent après avoir voyagé pendant une soirée très froide, au milieu des montagnes, et ce fut en appelant l'hôtesse que j'attirai sur nous l'attention de la compagnie. Elle s'approcha, jeta des regards inquiets tantôt sur nous, tantôt sur ses autres hôtes, et lorsque je lui dis de nous servir à manger, elle nous répondit en hésitant et avec un air d'embarras qu'elle ne savait pas.... qu'elle ne croyait pas..... qu'il y eût rien chez elle..... rien qui pût nous convenir.

Je l'assurai que nous étions fort indifférens sur la qualité des mets qu'elle pourrait nous offrir, mais qu'il nous fallait quelque chose. Renversant un baquet et une cage à poulets vide, j'en fis deux siéges pour M. Jarvie et pour moi, et André, qui entra en ce moment, se tint debout en silence derrière nous. Les naturels du pays, comme je puis bien les appeler, nous regardaient d'un air qui exprimait qu'ils étaient confondus de notre assurance, et nous cachâmes de notre mieux, sous un air d'indifférence, l'inquiétude que nous avions en secret sur l'accueil que nous feraient ceux qui nous avaient précédés en ce lieu.

Enfin le moins grand des Highlanders, s'adressant à moi, me dit en bon anglais et d'un air de hauteur : — Vous vous mettez à votre aise comme chez vous, monsieur!

— C'est ce que je fais toujours, répondis-je, quand je me trouve dans une maison ouverte au public.

— Et vous n'avez pas vu, dit le plus grand, par la branche placée à la porte, que des gentlemen ont pris la maison publique pour s'y occuper de leurs affaires privées?

— Je ne suis pas obligé de connaître les usages de ce pays, mais il me reste à apprendre comment trois personnes peuvent avoir le droit d'exclure tous les voyageurs de la seule auberge qui se trouve à plusieurs milles à la ronde.

— Cela n'est pas raisonnable, messieurs, dit M. Jarvie; nous ne voulons pas vous offenser, mais en conscience cela n'est pas raisonnable ni autorisé par la loi. Mais pour établir la bonne intelligence, si vous voulez partager avec nous un pot d'eau-de-vie, gens paisibles que nous sommes.....

— Au diable votre eau-de-vie, monsieur, dit le Lowlander en enfonçant fièrement son chapeau sur sa tête! nous ne voulons ni de votre eau-de-vie ni de votre compagnie. En parlant ainsi il se leva : ses compagnons en firent autant, et se parlèrent à mots entrecoupés, ajustant leurs plaids, et reniflant l'air comme font leurs compatriotes quand ils veulent se mettre en colère.

— Je vous ai prévenus de ce qui arriverait, messieurs, nous dit l'hôtesse avec humeur, et je devais vous le dire. Sortez de ma maison. Il ne sera pas dit que des gentilshommes seront troublés chez Jeannie Mac-Alpine si elle peut l'empêcher. Des rôdeurs anglais qui courent le pays pendant la nuit viendront déranger d'honnêtes gentilshommes qui boivent tranquillement au coin du feu!

Dans tout autre moment j'aurais pensé au proverbe latin :

« *Dat veniam corvis, vexat censura columbas*[1]. »

Mais ce n'était pas l'instant de faire une citation classique, car il me paraissait évident qu'on allait nous chercher querelle. Je m'en inquiétais peu pour moi-même,

---

(1) Dame censure, indulgente aux corbeaux,
Vexe à plaisir les pauvres tourtereaux. — Éd.

tant j'étais indigné de l'insolence de ces gens inhospitaliers; mais j'en étais fâché à cause de mon compagnon, dont les qualités physiques et morales n'étaient guère propres à mettre à fin une pareille aventure. Je me levai pourtant quand je vis les autres se lever, je me débarrassai de mon manteau pour être prêt à me mettre plus aisément sur la défensive.

— Nous sommes trois contre trois, dit le moins grand des deux Highlanders en jetant les yeux sur nous; si vous êtes des hommes, dégaînons. En parlant ainsi il tira sa claymore et s'avança contre moi. Je me mis en défense sans craindre beaucoup l'issue de ce combat, comptant sur la supériorité de mon arme et sur ma science en escrime.

Le bailli m'imita avec plus de résolution que je ne l'en aurais cru capable.

Voyant le géant highlandais s'avancer contre lui l'arme haute, il secoua une ou deux fois la poignée de sa lame qu'il appelait sa *shabble* [1], et, la trouvant paresseuse à quitter le fourreau où la rouille la fixait depuis long-temps, il saisit un soc de charrue dont on s'était servi en guise de poker [2], et qui était complètement rouge. Il le fit brandir avec tant d'effet qu'il accrocha le plaid de son adversaire et le jeta sur le brasier. Celui-ci le ramassa aussitôt, et donna quelques instants de répit au bailli, tandis qu'il s'occupait à éteindre le feu qui en consumait déjà une partie.

André, au contraire, qui aurait dû faire face au champion des Lowlands, je le dis à regret, avait trouvé le moyen de disparaître dès le commencement de la querelle. Mais son antagoniste, l'ayant vu s'enfuir, s'écria : — Partie égale! partie égale! et se contenta avec courtoisie de rester spectateur du combat.

Mon but était de désarmer mon ennemi; mais je n'o-

[1] Expression familière qui revient à notre mot de rapière ou flamberge. Éɪ.
[2] *Poker*, fer à tisonner. — Éɪ.

sais en approcher de trop près, de crainte du dirk qu'il tenait de la main gauche, et dont il se servait pour parer les coups que je lui portais, tandis qu'il m'attaquait de la droite. Cependant le bailli, malgré son premier succès, ne se défendait qu'avec beaucoup de peine. Le poids de l'arme dont il se servait, son embonpoint, et même sa colère, avaient déjà épuisé ses forces ; il allait se trouver à la merci de son adversaire quand le dormeur, éveillé par le bruit des armes, se leva tout-à-coup, et, ayant porté les yeux sur lui, se jeta, l'épée nue d'une main et la targe de l'autre, entre le magistrat hors d'haleine et son assaillant :

— *Elle* a mangé le pain de la ville de Glasgow, s'écria-t-il, et sur sa foi c'est elle qui se battra pour le bailli Sharvie dans le clachan d'Aberfoil. — Et joignant les actions aux paroles, cet auxiliaire inattendu fit siffler sa lame aux oreilles de son compatriote à la haute taille, qui lui rendit ses coups avec usure. Mais étant tous deux armés de targes, boucliers de bois doublés de cuivre et couverts de peau, qu'ils opposaient avec succès à leurs coups réciproques, il résultait de ce combat plus de bruit que de danger véritable. Il paraît au surplus que nos agresseurs nous avaient attaqués par bravade plutôt que dans le dessein sérieux de nous blesser ; car l'habitant des Lowlands qui n'avait joué jusque là que le rôle de spectateur, commença alors à se charger de celui de médiateur.

— Allons, retenez vos bras ! retenez vos bras ! en voilà assez, en voilà bien assez ! Ce n'est pas une querelle à s'ensuivre mort d'homme. Les étrangers se sont montrés hommes d'honneur, ils nous ont donné satisfaction. Je suis aussi chatouilleux que personne sur l'honneur, mais je n'aime pas à voir répandre le sang sans nécessité.

Je n'avais nul désir de prolonger la querelle, et mon adversaire paraissait également disposé à remettre son épée dans le fourreau. Le bailli haletant pouvait être regardé comme *hors de combat*, et nos deux autres champions du bouclier et de la claymore finirent le leur avec autant d'indifférence qu'ils l'avaient commencé.

— Maintenant, dit notre pacificateur, buvons de bon accord comme de braves compagnons. La maison est assez grande pour que nous y tenions tous, il me semble. Je propose que le gros petit homme qui a l'air essoufflé dans cette querelle paie un pot d'eau-de-vie, j'en paierai un autre par représailles, et pour le surplus nous ferons sonner chacun nos *bawbies* comme des frères.

— Et qui me paiera mon beau plaid tout neuf, où le feu a fait un trou par lequel une marmite passerait? dit le grand Highlander. A-t-on jamais vu un homme de bon sens prendre une pareille arme pour se battre?

— Que ce ne soit pas un obstacle à la paix, s'écria le magistrat qui avait enfin repris haleine, et qui semblait disposé à jouir du triomphe de s'être conduit avec bravoure, et à éviter la nécessité de recourir à une médiation douteuse. — Puisque j'ai fait la blessure, je saurai bien y appliquer l'emplâtre. Vous aurez un autre plaid, un des plus beaux, aux couleurs de votre clan. Dites-moi seulement où je dois vous l'envoyer de Glascow.

— Je n'ai pas besoin de vous nommer mon clan. Je suis du clan du roi, c'est une chose connue: mais vous n'avez qu'à prendre un échantillon de mon plaid... fi! fi! il sent comme une tête de mouton cuite à la fumée. Vous verrez par là l'espèce qu'il faut choisir. Un de mes cousins, un gentilhomme de Glascow qui doit aller vendre des œufs à la Saint-Martin, ira le chercher chez vous. Mais, brave homme, la première fois que vous vous battrez, si vous avez quelque égard pour votre adversaire, que ce soit avec votre épée, puisque vous en portez une, et non pas avec des tisons et des ferremens rougis au feu, comme un Indien sauvage.

— En conscience, répondit M. Jarvie, chacun fait ce qu'il peut. Ma rapière n'a pas vu le jour depuis la bataille du pont de Bothwell. C'est feu mon père qui la portait alors, et je ne sais même pas trop s'il la mit au grand air, car le combat ne fut pas long. Quoi qu'il en soit, la lame a pris tant d'amitié pour le fourreau, qu'il n'a pas été en mon pouvoir de l'en séparer; et voyant que vous m'attaquiez à l'improviste, j'ai saisi pour me défendre le premier outil qui m'est tombé sous la main. De bonne foi, le temps de se battre commence à passer pour moi, et cependant il ne faudrait pas qu'on me marchât sur le pied. Mais où est donc le brave garçon qui a pris si chaudement ma défense? Il faut qu'il boive un verre d'eau-de-vie avec nous, quand ce serait le dernier que je devrais boire de ma vie.

Le champion qu'il cherchait était devenu invisible. Il avait disparu, sans être observé de personne, à la fin de la querelle; mais à sa chevelure rousse et à ses traits sauvages j'avais déjà reconnu en lui notre ami Dougal, le porte-clefs fugitif de la prison de Glascow. J'en fis part à voix basse au bailli, qui me répondit sur le même ton : — Fort bien, fort bien! Je vois que celui que vous savez bien a eu raison de nous dire l'autre jour que ce Dougal a des éclairs de bon sens. Il faudra que je pense à quelque moyen de lui être utile.

Il s'assit alors sur la cage à poulets; et respirant enfin plus librement : — La mère, dit-il à l'hôtesse, maintenant que je vois que mon sac n'est pas troué, comme j'avais d'assez bonnes raisons pour le craindre, je voudrais avoir quelque chose à y mettre.

Dès que la dame avait vu la querelle apaisée, son humeur avait fait place à la complaisance la plus empressée, et elle se mit sur-le-champ à nous préparer à souper. Rien ne me surprit davantage dans cette affaire que le calme avec lequel elle et toute sa famille en furent témoins. Elle cria seulement à une servante : — Fermez la porte! fermez la porte! blessé ou tué, que personne ne sorte avant que l'écot soit payé. Quant à ceux qui dormaient dans les lits placés le long des murs, ils ne firent que soulever un instant leur corps sans chemise, nous regardèrent, et crièrent : *Oigh! oigh!* du ton proportionné à leur âge et à leur sexe, et se rendormirent, je crois, avant que les lames fussent remises dans le fourreau.

Cependant notre hôtesse ne perdit pas de temps pour nous préparer des alimens, et, à mon grand étonnement, elle nous servit un peu après un plat de venaison apprêté dans la poêle à frire de manière à satisfaire sinon des épicuriens, au moins des estomacs affamés. En attendant, on plaça l'eau-de-vie sur la table, et nos montagnards, malgré leur partialité pour l'*usquebaugh*, la fêtèrent convenablement. L'habitant des Lowlands, quand le verre eut fait la ronde une première fois, parut désirer de connaître notre profession et le motif de notre voyage.

— Nous sommes des citoyens de Glascow, dit le bailli d'un air d'humilité ; nous nous rendons à Stirling pour y toucher quelque peu d'argent qui nous est dû.

Je fus assez sot, mon cher Tresham, pour me trouver humilié du compte que rendait M. Jarvie de notre prétendue situation ; mais je me souvins que je lui avais promis de garder le silence et de le laisser conduire nos affaires comme il le jugerait à propos. Et de bonne foi, c'était bien le moins que je pusse faire pour un homme de son âge, qui, pour me rendre service, avait entrepris un voyage long, pénible, voyage qui, comme vous venez de le voir, n'était pas sans danger.

— Vous autres gens de Glascow, répondit son interlocuteur d'un air de dérision, vous ne faites que parcourir l'Ecosse d'un bout à l'autre pour tourmenter de pauvres gens qui peuvent se trouver un peu en retard, comme moi.

— Si nos débiteurs vous ressemblaient, Garschattachin, en conscience, ils nous épargneraient cette peine, car je suis sûr qu'ils viendraient nous apporter eux-mêmes ce qu'ils nous doivent.

— Comment ! vous savez mon nom ! vous me connaissez!... Eh mais... eh oui! je ne me trompe pas : c'est mon ancien ami Nicol Jarvie, le plus brave homme qui ait jamais compté des couronnes sur une table, et qui en a prêté à plus d'un gentilhomme dans l'embarras. Et veniez-vous chez moi, par hasard? Alliez-vous passer le mont Endrick pour vous rendre à Garschattachin?

— Non, en vérité. Non, M. Galbraith, j'ai d'autres œufs à cuire... Je sais bien que nous avons un petit compte à régler pour la rente que vous me...

— Au diable le compte et la rente! je ne songe pas aux affaires quand j'ai le plaisir de revoir un ami... Mais comme un *trot-cosey* et un *joseph*[1] changent un homme!... N'avoir pas reconnu mon ancien ami le diacre!

— Dites le bailli, s'il vous plaît. Mais je sais ce qui vous trompe : c'est feu mon père, de digne mémoire, qui était diacre; il se nommait Nicol, comme moi. Je ne me souviens pas que vous m'ayez payé les arrérages de la rente depuis son décès, et c'est là sans doute ce qui cause votre erreur.

— Eh bien, que le diable emporte l'erreur avec les arrérages! reprit Galbraith... Je suis enchanté que vous soyez bailli. Messieurs, attention! je porte la santé de mon excellent ami, du bailli Nicol Jarvie. Il y a vingt ans que je le connais ainsi que son père. Eh bien, avez-vous bu? Allons, une autre santé. Je bois à la prochaine nomination de Nicol Jarvie à la place de prévôt de Glascow. Entendez-vous? Je porte la santé du lord prévôt Nicol Jarvie. Et si quelqu'un me dit qu'il trouve dans toute la ville de Glascow un seul homme plus en état de remplir cette place, c'est à moi qu'il aura affaire; à moi Duncan Galbraith de Garschattachin, et voilà tout. Et en parlant ainsi, il enfonça son chapeau de côté sur sa tête, d'un air de bravade.

(1) Un *trot-cosey* est une espèce de grand collet de drap de laine; un *joseph* est une redingote de voyage, et quelquefois une *amazone* pour les dames qui montent à cheval. — Éd.

L'eau-de-vie qu'il s'agissait de boire était probablement ce qui plaisait davantage aux deux Highlanders dans les santés qu'on venait de porter. Ils commencèrent une conversation dans leur langue avec M. Galbraith, qui la parlait couramment, son habitation étant voisine des Highlands.

— Je l'ai parfaitement reconnu en entrant, me dit tout bas M. Jarvie ; mais dans le premier moment je ne savais pas trop comment il voudrait s'y prendre pour payer ses dettes : il se passera encore du temps avant qu'il le fasse sans y être forcé. Mais au fond c'est un brave homme, qui a un bon cœur. Il ne vient pas souvent au marché de Glascow, mais il m'envoie de temps en temps un daim avec des coqs de bruyère, et au bout du compte je puis me passer de cet argent. Mon père le diacre avait beaucoup d'égards pour la famille Galbraith.

Le souper étant prêt, je ne pensais alors qu'à André, mais personne n'avait vu ce fidèle et vaillant serviteur depuis son départ précipité. L'hôtesse me dit pourtant qu'elle croyait qu'il était dans l'écurie, mais qu'elle et ses enfans l'avaient appelé inutilement, sans en pouvoir obtenir de réponse. Elle m'offrit de m'éclairer si je voulais y aller, me disant que pour elle, elle ne se souciait pas d'y aller à une pareille heure. Elle était seule, et on savait bien comment le brownie de Ben-Ey-Gask avait égaré la bonne femme d'Ardnagowan [1]. Son écurie passait pour être hantée par un brownie, et c'est ce qui faisait qu'elle n'avait jamais pu conserver un garçon d'écurie.

Cependant elle prit une torche et me conduisit vers la misérable hutte sous laquelle nos pauvres chevaux se régalaient d'un foin dont chaque brin était plus dur que le tuyau d'une plume. Mais elle me prouva bientôt qu'elle avait eu, pour me faire quitter la compagnie, un autre

---

(1) Tradition populaire sur un lutin domestique de la famille du joli Trilby de Charles Nodier, mais moins amoureux que malicieux. — Ed.

motif qu'elle n'avait pas voulu faire connaître. — Lisez ceci, me dit-elle en arrivant à la porte de l'écurie et me mettant en mains un morceau de papier plié. Dieu soit loué ! m'en voilà débarrassée ! Ce que c'est pourtant que de vivre entre des soldats et des Saxons, entre des catérans et des voleurs de bestiaux ! Une honnête femme vivrait plus tranquille dans l'enfer qu'aux frontières des Highlands.

En parlant ainsi, elle me remit sa torche et rentra dans la maison.

CHAPITRE XXIX.

« La cornemuse et non la lyre
« Réveille l'écho de nos monts :
« Mac-Lean et Gregor, ce sont là les seuls noms
« Dont chaque montagnard s'inspire. »
Réponse de John Cooper à Allan Ramsay.

Je m'arrêtai à l'entrée de l'écurie, si l'on peut donner ce nom à un endroit où les chevaux étaient avec les chèvres, les vaches, les poules et les cochons, sous le même toit que le reste de la maison, quoique, par un raffinement inconnu dans le reste du hameau, et qui, comme je l'appris plus tard, faisait accuser d'orgueil notre hôtesse Jeannie Mac-Alpine, cette division de l'appartement eût une autre entrée que celle des pratiques bipèdes. A la lueur de ma torche, je dépliai mon billet, qui était écrit sur un chiffon de papier sale et humide, et qui portait pour adresse : — Pour être remis à l'honorable F.-O., jeune gentilhomme anglais. — Il contenait ce qui suit :

« Monsieur,

« Il y a aujourd'hui beaucoup d'oiseaux de proie nocturnes dans les champs, ce qui m'empêche de vous aller joindre ainsi que mon estimable parent B. N. J., au clachan d'Aberfoil, comme je me le proposais. Je vous engage à n'avoir avec les gens que vous y trouverez que les communications indispensables. La personne qui vous remettra ce billet est fidèle, et vous conduira dans un endroit où, avec la grâce de Dieu, je pourrai vous voir sans danger. Vous pouvez vous y fier. J'espère que mon parent et vous viendrez visiter ma pauvre maison : je vous y ferai faire aussi bonne chère qu'il est possible à un Highlander, et nous porterons solennellement la santé d'une certaine D. V. ; nous parlerons aussi de certaines affaires dans lesquelle je me flatte de pouvoir vous être utile. En attendant je suis, comme c'est l'usage entre gentilshommes, votre humble serviteur,

« R. M. C. »

Je ne fus pas très satisfait de cette lettre, qui ajournait à un temps plus reculé et à un lieu plus éloigné un service que je comptais recevoir sans plus de retard et dans le lieu où j'étais. C'était pourtant une consolation pour moi d'y lire l'assurance que celui qui m'écrivait conservait toujours le désir de m'être utile, car sans lui je n'avais pas la moindre espérance de retrouver les papiers de mon père. Je résolus donc de suivre ses instructions, de me conduire avec précaution devant les étrangers, et de saisir la première occasion favorable pour demander à l'hôtesse comment je pourrais arriver jusqu'à ce mystérieux personnage.

J'appelai alors André à haute voix sans recevoir aucune réponse. Je le cherchai dans tous les coins de l'écurie, la torche à la main, non sans courir le risque d'y mettre le feu, si la quantité de fumier humide n'avait été un préservatif suffisant pour quatre ou cinq bottes de foin que les animaux se disputaient. Enfin, ma patience étant à bout, je l'appelai de nouveau en lui prodiguant toutes les épithètes que la colère put me suggérer. André Fairservice, André, imbécile ! âne ! où êtes-vous ? J'entendis en ce moment une sorte de gémissement lugubre qu'on aurait pu attribuer au brownie lui-même. Guidé par le son, j'avançai vers l'endroit d'où ce bruit m'avait semblé partir, et je trouvai l'intrépide André blotti entre le mur et deux immenses tonneaux remplis de plumes des volailles immolées au bien public et à l'intérêt de l'hôtesse depuis quelques mois. Il fallut joindre la force aux exhortations pour le tirer de sa retraite et le conduire au grand jour.

— Monsieur, monsieur, me dit-il tandis que je l'entraînais, je suis un honnête garçon.

— Qui diable met votre honnêteté en doute? Mais nous allons souper, et il faut que vous veniez nous servir.

— Oui, répéta-t-il sans paraître avoir entendu ce que je venais de lui dire, je suis un honnête garçon, quoi qu'en puisse dire M. Jarvie. Je conviens que le monde et les biens du monde me tiennent au cœur, et bien certainement il y en a plus d'un qui pense comme moi. Mais je suis un honnête garçon ; et, quoique j'aie parlé de vous quitter en chemin, Dieu sait que cela était bien loin de ma pensée, et je le disais comme tout ce qu'on dit dans l'occasion pour tâcher de faire pencher la balance de son côté. Oui, je suis attaché à Votre Honneur, quoique vous soyez bien jeune, et je ne vous quitterais pas pour de légères raisons.

— Où diable en voulez-vous venir? Tout n'a-t-il pas été réglé à votre satisfaction? Avez-vous dessein de me parler de me quitter à chaque instant du jour sans rime ni raison ?

— Oh ! mais jusqu'à présent je ne faisais que semblant, mais en ce moment c'est tout de bon. En un mot, perte ou gain, je n'oserais accompagner Votre Honneur plus avant. Si vous voulez suivre le conseil d'un pauvre homme, contentez-vous d'un rendez-vous manqué sans vous aventurer davantage. J'ai une sincère affection pour vous, et je suis sûr que vos parens m'en sauront gré s'ils vous voient jeter votre gourme et devenir sensé et raisonnable. Mais je ne puis vous suivre plus loin, quand vous devriez périr en chemin faute de guide et de bons avis. C'est tenter la Providence que de vouloir aller dans le pays de Rob-Roy.

— Rob-Roy! m'écriai-je avec surprise; je ne connais personne de ce nom. Que veut dire cette nouvelle invention, André?

— Il est dur, dit André, il est bien dur qu'un honnête homme ne puisse être cru quand il dit la vérité, uniquement parce qu'il ment par-ci par-là quand il y a nécessité de le faire... Vous n'avez pas besoin de me demander qui est Rob-Roy, le voleur qu'il est!... Dieu me préserve! j'espère que personne ne m'entend... puisque vous avez une lettre de lui dans votre poche. J'ai entendu un de ses gens dire à notre grande dégingandée d'hôtesse de vous la remettre. Ils croyaient que je n'entendais pas leur jargon; mais j'en sais plus long qu'on ne pense. Je ne comptais pas vous en parler; c'est la peur... c'est l'intérêt que je vous porte qui me tire les paroles du gosier. Ah! M. Frank, toutes les folies de votre oncle, toutes les frasques de vos cousins ne sont rien en comparaison de ce que vous allez faire! Buvez du vin comme sir Hildebrand; commencez la sainte journée en vidant une bouteille d'eau-de-vie comme Squire Percy; cherchez dispute à tout le monde comme Squire Thorncliff; courez les filles comme Squire John; jouez et pariez comme Squire Richard; gagnez des âmes au pape et au diable comme Rashleigh; jurez, volez, n'observez point le sabbat, enfin soyez papiste autant que tous vos cousins ensemble; mais pour l'amour du ciel, ayez pitié de vous-même, et tenez-vous le plus loin possible de Rob-Roy.

Les alarmes d'André étaient exprimées trop naturellement pour que je pusse les regarder comme une feinte. Je me contentai de lui dire que je comptais passer la nuit dans cette auberge, et qu'il eût bien soin de nos chevaux. Quant au reste, je lui ordonnai de garder le plus profond silence sur ses craintes, en l'assurant qu'il pouvait compter que je ne m'exposerais pas imprudemment à aucun danger.

Il me suivit dans la maison d'un air consterné, murmurant entre ses dents : — Il faut songer aux hommes avant d'avoir soin des bêtes. De toute cette bienheureuse journée je n'ai mis sous ma dent que les deux cuisses de ce vieux coq de bruyère.

L'harmonie de la compagnie paraissait avoir souffert une interruption depuis mon départ, car je trouvai M. Galbraith et mon ami M. Jarvie se querellant et fort échauffés.

— Je ne puis entendre parler ainsi, disait le banquier lorsque j'entrai, ni du duc d'Argyle, ni du nom de Campbell. Le duc est un digne seigneur, plein d'esprit, l'ami et le bienfaiteur du commerce de Glascow.

— Je ne dirai rien contre Mac-Callummore ni contre Slioch-nan-Diarmid [1], dit le moins grand des deux Highlanders. Je ne suis pas de ce côté de Glencroe où l'on peut chercher querelle à Inverrara.

— Jamais notre Loch ne vit les Lymphades [2] des Campbell, dit le plus grand. Je puis lever la tête et parler sans rien craindre. Je ne me soucie pas plus des Cawmil que des Cowan, et vous pouvez dire à Mac-Callummore que c'est Allan Iverach qui l'a dit : il y a loin d'ici à Lochow [3].

M. Galbraith, dont l'eau-de-vie qu'il avait bue coup sur coup avait échauffé la tête, frappa du poing sur la table avec violence, et s'écria : — Cette famille doit un compte de sang, et il faudra qu'elle le rende. Les os du brave, du loyal Grahame s'agitent et crient vengeance au fond du cercueil contre ce duc et tout son clan. Jamais il n'y a eu

---

(1) Les enfans de Diarmid ou le clan de Diarmid, fils de Duina, était un titre du clan Campbell, qui faisait remonter son origine à Diarmid, un des héros Fingaliens. — Éd.

(2) *Limphades*; la galère que la famille d'Argyle et les autres familles du clan Campbell portent dans leurs armes. — Tr.

(3) Lochow et les cantons adjacens formaient l'ancien patrimoine des Campbells. L'expression *far cry to Lochow* était proverbiale : c'était une allusion à un combat qui eut lieu entre le clan Gordon et le clan Campbell dans le comté d'Aberdeen, où il était difficile que les Campbells appelassent les leurs au secours.
Éd.

de trahison en Écosse que quelque Cawmil ne s'en soit mêlé. Et maintenant que les méchans ont le dessus, ce sont encore les Cawmil qui les soutiennent. Mais cela ne durera plus long-temps ; il sera temps d'aiguiser la Pucelle [1] pour raser les têtes sur les épaules. Oui, oui, nous verrons la vieille fille se dérouiller par une moisson sanglante.

— Fi donc, Galbraith ! s'écria le bailli, fi donc, monsieur ! Pouvez-vous parler ainsi devant un magistrat, et risquer de vous attirer de mauvaises affaires ? Comment pouvez-vous soutenir votre famille et satisfaire vos créanciers (moi et les autres), si vous agissez de manière à attirer sur vous la rigueur des lois au grand préjudice de tous ceux qui ont des liaisons avec vous ?

— Au diable mes créanciers, et vous tout le premier si vous êtes du nombre ! Je vous dis que nous aurons bientôt du changement. Les Cawmil ne mettront plus leur chapeau si fièrement sur leur tête ; ils n'enverront plus leurs chiens où ils n'oseraient se montrer eux-mêmes ; ils ne protègeront plus les brigands, les meurtriers, les oppresseurs ; ils ne les exciteront plus à piller et à attaquer des gens qui valent mieux qu'eux, des clans plus loyaux que le leur.

M. Jarvie ne semblait pas vouloir renoncer à la discussion ; mais le fumet d'un plat de venaison, que l'hôtesse mit en ce moment sur la table, opéra une diversion heureuse. S'armant d'un couteau tranchant, il dirigea une nouvelle attaque de ce côté, et laissa aux étrangers le soin de continuer le débat.

— Et cela est vrai, dit le plus grand des deux Highlanders, qui s'appelait Stuart, comme je l'appris ensuite. Nous ne serions pas ici aux aguets pour nous saisir de Rob-Roy, si les Cawmil ne lui avaient donné retraite. J'avais un jour avec moi trente hommes de mon nom, les uns venant de Glenfinlas, les autres d'Appine. Nous chassâmes

---

(1) On appelle ainsi en écossais (*maiden*) un instrument qui a une grande ressemblance avec le couteau de notre guillotine. — Éd.

les Mac-Gregor, comme on chasse un daim, jusqu'à ce que nous arrivâmes dans la contrée de Glenfalloch. Là, les Cawmil nous arrêtèrent par ordre de Mac-Callummore, et nous empêchèrent de les poursuivre plus loin, de sorte que nos pas furent perdus. Mais je donnerais bien quelque chose pour être aussi près de Rob-Roy que je l'étais ce jour-là.

Il semblait par malheur que chaque nouveau discours dût contenir quelque chose d'offensant pour mon ami le bailli. — Vous m'excuserez de vous dire ce que je pense, monsieur, répliqua-t-il; mais vous pourriez bien donner votre meilleure toque pour être toujours aussi loin de Rob-Roy que vous l'êtes en ce moment. — Certes! mon fer rouge n'est rien auprès de sa claymore!

— Elle [1] ferait mieux de ne plus parler de son soc [2], ou, par Dieu, je lui ferais rentrer les paroles dans le gosier avec deux doigts de cet acier, dit le plus grand des deux Highlanders en portant la main à sa dague d'un air sinistre et menaçant.

— Non, non, dit le plus petit, pas de querelles, Allan! Si l'homme de Glascow prend intérêt à Rob-Roy, il pourra bien avoir le plaisir de le voir ce soir lié et garrotté, et demain matin faisant des gambades au bout d'une corde. Ce pays en a été assez tourmenté; sa course est finie..... Mais il est temps d'aller rejoindre nos gens.

— Un moment, un moment, Inverashalloch, s'écria Galbraith, souvenez-vous du vieux proverbe, ami. — C'est une fière lune, dit Bennygask; une autre pinte, dit Lesley; nous ne partirons pas sans une autre chopine [3].

— J'ai eu assez de chopines, répondit Inverashalloch; je ne recule jamais pour boire avec un ami ma pinte d'*us-*

---

(1) Nous avons déjà fait remarquer ce pronom féminin substitué au pronom masculin dans la conversation écossaise. — Éd.

(2) Nous avons vu que c'était d'un vieux soc que le bailli s'était armé. — Tr.

(3) Ce sont des citations locales dont le sens est fort clair, mais difficiles à commenter. — Éd.

quebaugh ou d'eau-de-vie; mais du diable si je bois un coup de trop quand j'ai une affaire pour le lendemain matin. Et à mon avis, major Galbraith, vous feriez mieux de songer à faire entrer de nuit votre troupe dans le clachan, afin d'être tous prêts à partir.

— Et pourquoi diable tant se presser? bons mets et bonne boisson n'ont jamais nui à la besogne. Et si l'on m'avait écouté, du diable si l'on vous eût fait descendre de vos montagnes pour nous aider. La garnison et notre cavalerie auraient bien suffi pour arrêter Rob-Roy. Voilà le bras qui l'étendra par terre, ajouta-t-il en levant la main, et il n'a pas besoin pour cela de l'aide d'un Highlander.

— Il fallait donc nous laisser où nous étions, dit Inverashalloch : je ne suis pas venu de soixante milles sans en avoir reçu l'ordre. Mais, si vous voulez savoir mon opinion, vous devriez moins jaser si vous avez dessein de réussir. Un homme averti en vaut deux, et c'est ce qui peut arriver à l'égard de celui que vous savez. Le moyen d'attraper un oiseau n'est pas de lui jeter votre chapeau. Ces messieurs ont entendu des choses qu'ils n'auraient pas dû entendre si vous n'aviez dans la tête quelques coups d'eau-de-vie de trop. Vous n'avez besoin de mettre votre chapeau sur l'oreille, major Galbraith; il ne faut pas croire que vous me fassiez peur.

— J'ai dit que je ne me querellerais plus d'aujourd'hui, dit le major avec cet air de gravité solennelle que prend quelquefois un ivrogne, et je tiendrai ma parole. Quand je ne serai pas de service, je ne crains ni vous, ni personne dans les Highlands ou les Lowlands; mais je respecte le service. Je voudrais bien voir arriver ces Habits-Rouges. S'il s'agissait de faire quelque chose contre le roi Jacques, ils seraient ici depuis long-temps, mais, quand il n'est question que de maintenir la tranquillité du pays, ils dorment sur les deux oreilles.

Il parlait encore lorsque nous entendîmes la marche mesurée d'une troupe d'infanterie, et un officier suivi de deux ou trois soldats entra dans la chambre où nous étions. Sa voix me fit entendre l'accent anglais, qui me fut agréable après le mélange du jargon des Highlands et des Lowlands, dont je venais d'être fatigué.

— Je présume, monsieur, que vous êtes M. Galbraith, major de la milice du comté de Lennox, et que ces messieurs sont les deux gentilshommes des Highlands que je dois trouver ici?

On lui répondit qu'il ne se trompait pas, et on lui proposa de prendre quelques rafraîchissemens, ce qu'il refusa.

— Je me trouve un peu en retard, messieurs, leur dit-il, et il faut réparer le temps perdu. J'ai ordre de chercher et d'arrêter deux personnes coupables de trahison.

— Je lave mes mains de cela, dit Inverashalloch; je suis venu ici avec mon clan, pour me battre contre Rob-Roy Mac-Gregor, qui a tué, à Invernenty, Duncan Maclaren, mon cousin au septième degré; quant à ce que vous pouvez avoir à faire contre d'honnêtes gentilshommes qui peuvent parcourir le pays pour leurs affaires, je ne m'en mêle point.

— Ni moi non plus, dit Iverach.

Le major Galbraith prit la chose plus sérieusement, et après avoir fait un hoquet pour exorde, il prononça le discours suivant :

— Je ne dirai rien contre le roi Georges, capitaine, parce que, comme le fait est, ma commission est en son nom. Mais si ma commission est bonne, capitaine, ce n'est pas à dire que les autres soient mauvaises; et, au dire de bien des gens, le nom de Jacques est tout aussi bon que celui de Georges. D'un côté, c'est le roi.... le roi qui est roi de fait; de l'autre, c'est celui qui devrait l'être par le droit; et je dis qu'on peut être loyal envers l'un et l'autre, capitaine. Ce n'est pas que je ne sois de votre avis pour le moment, capitaine, comme cela convient à un major de milice. Mais quant à la trahison et tout ce qui s'ensuit, c'est du temps perdu que d'en parler : moins on en dit, mieux cela vaut.

— Je vois avec regret, messieurs, dit le capitaine, la manière dont vous avez employé votre temps. Les raisonnemens du major se ressentent de la liqueur qu'il a bue, et j'aurais désiré que, dans une occasion de cette importance, vous eussiez agi autrement. Vous feriez bien de vous jeter sur un lit pendant une heure. Ces messieurs sont sans doute de votre compagnie? ajouta-t-il en jetant un coup d'œil sur M. Jarvie et sur moi, qui, encore occupés de notre souper, n'avions pas fait grande attention à l'officier.

— Ce sont des voyageurs, capitaine, dit Galbraith, des voyageurs légitimés par mer et par terre, comme dit le livre de prières.

Le capitaine s'approcha de nous avec une lumière pour nous mieux voir. — Je suis chargé, dit-il, par mes instructions d'arrêter un jeune homme et un homme plus âgé ; or, ces deux messieurs me paraissent répondre au signalement donné.

— Prenez garde à ce que vous dites, monsieur, s'écria M. Jarvie : ne croyez pas que votre habit rouge et votre chapeau galonné puissent vous protéger. J'intenterai contre vous une action en diffamation, en détention arbitraire. Je suis bourgeois de Glascow, monsieur... magistrat, monsieur.... mon nom est Nicol Jarvie ; c'était celui de mon père avant moi. Je suis bailli, et mon père, Dieu veuille avoir son âme! était diacre.

— C'était un chien aux oreilles coupées[1], dit le major Galbraith, et il s'est bravement battu contre le roi à Bothwell-Brigg.

— Il payait ce qu'il devait, M. Galbraith, dit M. Jarvie, et il payait ce qu'il achetait : c'était un plus honnête homme que celui qui se trouve sur vos jambes.

(1) Une Tête-Ronde. — Éd.

— Je n'ai pas le temps d'écouter tout cela, dit l'officier. Messieurs, vous êtes mes prisonniers, à moins que vous ne me présentiez des personnes respectables qui me répondent que vous êtes des sujets loyaux.

— Conduisez-moi devant un magistrat civil, répliqua le bailli, devant le shériff ou le juge de ce canton. Je ne suis pas obligé de répondre à chaque Habit-Rouge qui voudra me faire des questions.

— Fort bien! monsieur, je sais comment il faut se conduire avec les gens qui ne veulent point parler. Se tournant alors vers moi : — Et vous, monsieur, me dit-il, vous plaira-t-il de me répondre? quel est votre nom?

— Frank Osbaldistone, monsieur.

— Quoi! fils de sir Hildebrand Osbaldistone, du Northumberland?

— Non, monsieur, interrompit M. Jarvie, fils de William Osbaldistone, chef de la grande maison de commerce Osbaldistone et Tresham de Crane-Alley, à Londres.

— J'en suis fâché, monsieur; mais ce nom augmente les soupçons que j'avais déjà conçus, et me met dans la nécessité de vous prier de me remettre tous les papiers que vous pouvez avoir.

Je remarquai qu'à ces mots les deux Highlanders se regardèrent d'un air d'inquiétude. — Je n'en ai aucun, lui répondis-je.

L'officier ordonna qu'on me désarmât et qu'on me fouillât; la résistance aurait été un acte de folie : je remis donc mes armes, et je me soumis à la recherche, qui fut faite avec autant de politesse qu'on peut en mettre dans une semblable opération. On ne trouva sur moi que le billet que je venais de recevoir.

— Ce n'est pas à cela que je m'attendais, dit l'officier, mais j'y trouve un motif pour vous retenir prisonnier; car je vois que vous entretenez une correspondance par écrit avec ce brigand proscrit, Robert Mac-Gregor Campbell, communément nommé Rob-Roy, qui est depuis si long-temps le fléau de ce district. Qu'avez-vous à dire à cela, monsieur ?

— Des espions de Rob! s'écria Inverashalloch : si l'on veut leur rendre justice, il faut les accrocher au premier arbre.

— Nous sommes partis de Glascow, dit M. Jarvie, pour aller toucher de l'argent qui nous est dû. Je ne connais pas de loi qui défende à un homme de toucher ce qui lui est dû. Quant à ce billet, il est tombé par accident entre les mains de mon ami.

— Comment cette lettre s'est-elle trouvée dans votre poche? me demanda l'officier.

Je ne pouvais me résoudre à trahir la confiance de la bonne femme qui me l'avait remise, de sorte que je gardai le silence.

— Pourriez-vous m'en rendre compte, mon camarade? dit l'officier à André, qui était debout derrière nous, et dont les dents claquaient comme des castagnettes depuis qu'il avait entendu la menace des Highlanders.

— Oh! sans doute, général, sans doute, je puis vous dire tout. C'est un homme des Highlands qui a remis cette lettre à cette rusée de bonne femme. Je puis jurer que mon maître n'en savait rien....

— Moi! dit l'hôtesse : on m'a remis une lettre pour un homme qui était chez moi; il a bien fallu que je la rendisse. Dieu merci, je ne sais ni lire ni écrire, et....

— Personne ne vous accuse, bonne femme, taisez-vous. Continuez, mon ami.

— J'ai tout dit, monsieur l'Habit-Rouge, si ce n'est que, comme je sais que mon maître a envie d'aller voir ce damné de Rob-Roy, vous feriez un acte de charité de l'en empêcher, et de le renvoyer à Glascow, bon gré mal gré. Quant à M. Jarvie, vous pouvez le garder aussi long-temps que vous le voudrez. Il est assez riche pour payer toutes les amendes auxquelles vous le condamnerez, et mon maître aussi. Pour moi, Dieu me préserve! je ne suis qu'un pauvre jardinier, et je ne vaux pas le pain que vous me feriez manger en prison.

— Ce que j'ai de mieux à faire, dit l'officier, c'est d'envoyer ces trois messieurs au quartier-général sous bonne escorte. Ils paraissent en correspondance directe avec l'ennemi, et je me trouverais responsable si je les laissais en liberté. Messieurs, vous voudrez bien vous regarder comme mes prisonniers. Dès que le jour paraîtra, je vous ferai conduire en lieu de sûreté. Si vous êtes réellement ce que vous prétendez être, on en aura bientôt la preuve, et un jour ou deux de détention ne seront pas un grand malheur. Je n'écouterai aucune remontrance, ajouta-t-il en tournant le dos au bailli, dont il voyait la bouche s'ouvrir pour lui répondre ; le service dont je suis chargé ne me permet pas d'entrer dans des discussions inutiles.

— Fort bien, monsieur, fort bien ! dit M. Jarvie : vous pouvez jouer maintenant de votre violon tant qu'il vous plaira, mais je vous réponds que je saurai vous faire danser avant qu'il soit peu.

L'officier et les Highlanders tinrent alors une espèce de conseil privé, mais ils parlèrent si bas qu'il me fut impossible de rien entendre de ce qu'ils disaient. Quelques instans après ils sortirent tous, ayant l'attention de nous laisser à la porte une garde d'honneur.

— Ces montagnards, me dit le bailli quand ils furent partis, sont des clans de l'ouest. Si ce qu'on en dit est vrai, ils ne valent pas mieux que leurs voisins ; s'ils viennent se battre contre Rob, c'est pour satisfaire quelque ancienne animosité, et c'est pour la même raison que Galbraith vient ici avec les Grahame et les Buchanan du comté de Lennox. Je ne les blâme pas trop. Personne n'aime à perdre ses vaches. Et puis voilà une troupe de soldats, pauvres diables ! qui sont obligés de tourner à droite ou à gauche, comme on le leur commande, sans savoir pourquoi. Le pauvre Rob aura joliment du fil à retordre au point du jour. Il ne convient pas à un magistrat de rien désirer contre le cours de la justice, mais il me serait bien difficile d'être fâché d'apprendre qu'il leur ait donné à tous sur les oreilles.

CHAPITRE XXX.

« Écoute, général, et regarde-moi bien ;
« Je ne suis qu'une femme, et tu penses peut-être
« Pouvoir m'intimider. Apprends à me connaître :
« Vois si, dans mon malheur, je tremble devant toi,
« Si je laisse échapper quelque marque d'effroi.
« Crains plutôt la fureur qui déchire mon âme. »
BONDUCA.

Nous nous arrangeâmes pour passer la nuit aussi bien que le permettait la misérable chambre où nous nous trouvions. Le bailli, fatigué de son voyage et des scènes qui venaient de se passer, et moins intéressé au résultat de notre détention, qui ne pouvait avoir pour lui d'autre inconvénient qu'une très courte retraite, d'ailleurs moins difficile sur la bonté ou la propreté de son lit, se jeta sur une des crèches qu'on voyait le long des murs, et m'annonça bientôt par un ronflement sonore qu'il dormait profondément. Pour moi, je restai assis près de la table, et, appuyant la tête sur mes bras, je ne goûtai qu'un sommeil interrompu. Je compris, aux discours du sergent et du piquet en station à la porte, qu'il y avait du doute et de l'hésitation dans les mouvemens des troupes. On faisait partir des détachemens pour obtenir des informations, et ils revenaient sans avoir pu s'en procurer. Le capitaine paraissait inquiet, il faisait partir de nouvelles escouades, et quelques unes ne revenaient pas au clachan ou village.

Dès les premiers rayons du jour, un caporal et deux soldats entrèrent d'un air de triomphe, traînant après eux un montagnard qu'ils avaient arrêté et qu'ils amenaient au capitaine. Je le reconnus sur-le-champ pour Dougal, notre ci-devant porte-clefs. M. Jarvie, que le bruit qu'ils firent en entrant éveilla, se frotta les yeux, le reconnut aussi, et s'écria : — Que Dieu me pardonne, c'est ce pauvre Dougal qu'ils ont arrêté ! Capitaine, je vous donne mon cautionnement, un cautionnement suffisant pour Dougal.

Cette offre généreuse était certainement dictée par la reconnaissance que conservait le bon magistrat du zèle avec lequel Dougal avait embrassé sa querelle dans le combat qu'il avait soutenu contre Inverashalloch. Mais le capitaine ne lui répondit qu'en le priant de ne se mêler que des affaires qui le regardaient, et de songer qu'il était lui-même prisonnier en ce moment.

— M. Osbaldistone, s'écria le bailli qui connaissait mieux les formes des lois civiles que celles de la jurisprudence militaire, je vous prends à témoin qu'il a refusé un cautionnement suffisant. Il est indubitable que Dougal aura contre lui une action en dommages et intérêts pour détention arbitraire, et bien certainement j'aurai soin que justice lui soit rendue.

L'officier, dont j'appris alors que le nom était Thornton, ne prêta aucune attention aux discours et aux menaces de M. Jarvie, et, faisant subir un interrogatoire très sévère à son prisonnier, parvint à en tirer successivement, quoique en apparence malgré lui, l'aveu qu'il connaissait Rob-Roy, qu'il l'avait vu l'année dernière,... il y avait trois mois,... la semaine dernière,... la veille,... enfin qu'il n'y avait qu'une heure qu'il l'avait quitté. Tous ces aveux échappaient l'un après l'autre à Dougal, et ne semblaient arrachés que par la vue d'une corde que le capitaine Thornton jurait de faire servir pour le pendre à une branche d'arbre, s'il ne répondait catégoriquement à toutes ses questions.

— Maintenant, dit l'officier, dites-moi combien d'hommes votre maître a avec lui en ce moment.

Dougal, en promenant ses regards de tous côtés, excepté celui où se trouvait le capitaine, répondit qu'elle ne pouvait être sûre de cela.

— Regardez-moi, chien de Highlander, et souvenez-vous que votre vie dépend de votre réponse. Combien de coquins ce misérable proscrit avait-il avec lui quand vous l'avez quitté?

— Ah! il n'en avait que six sans me compter.

— Et qu'a-t-il fait du reste de ses bandits?

— Ils sont allés avec le lieutenant faire une expédition contre les clans de l'ouest.

— Contre les clans de l'ouest? Hé! cela est assez probable! et que veniez-vous faire dans ces environs?

— Moi, Votre Honneur! ah! je venais en me promenant voir ce que Votre Honneur faisait dans le clachan avec les Habits-Rouges.

— Je crois, me dit M. Jarvie, qui était venu se placer derrière moi, je crois que ce coquin va se montrer faux frère. Je suis bien aise de ne pas m'être mis plus en frais pour lui.

— Maintenant, mon cher ami, dit le capitaine, entendons-nous bien. Vous venez d'avouer que vous êtes venu ici comme espion, et par conséquent vous méritez d'être pendu au premier arbre. Mais si vous voulez me rendre un service, je vous en rendrai un autre. J'ai deux mots à dire à votre Chef pour une affaire sérieuse; conduisez-moi avec ma troupe à l'endroit où vous l'avez laissé, et alors je vous rendrai la liberté, et vous donnerai cinq guinées par-dessus le marché.

— Oh! s'écria Dougal en se tordant les bras d'un air de détresse, je ne puis faire cela. J'aime mieux être pendu.

— Eh bien, vous le serez, mon cher ami. Que votre sang retombe sur votre tête! Caporal Cramp, soyez le grand-prévôt du camp, et expédiez-moi ce coquin.

Le caporal s'était placé depuis quelques instants en face de Dougal, tenant en mains une corde qu'il avait trouvée dans un coin de la chambre, et qu'il lui montrait avec affectation en y formant un nœud coulant. Dès que l'ordre fatal fut donné, il la lui jeta autour du cou, et à l'aide de deux soldats se mit en devoir de l'entraîner hors de la chambre.

Dougal, effrayé de voir la mort de si près, s'écria comme il se trouvait déjà sur le seuil de la porte : — Un moment, messieurs, un moment... Mais arrêtez donc ! elle consent à faire ce que Son Honneur exige.

— Emmenez cette créature, s'écria le bailli, il mérite vingt fois d'être pendu ! Emmenez-le donc, caporal ! pourquoi ne l'emmenez-vous pas?

— Brave homme, répondit le caporal, c'est mon avis et mon opinion que, si j'étais chargé de vous conduire à la potence, du diable si vous seriez si pressé !

Cet *à parte* m'empêcha de faire attention à ce qui se passa entre le capitaine et son prisonnier. Mais j'entendis alors celui-ci dire d'un ton tout-à-fait subjugué : — Et vous me laisserez aller dès que je vous aurai conduit où est Rob-Roy, sur votre conscience?

— Je vous en donne ma parole, vous serez libre à l'instant. Caporal, que la troupe se range en ordre de bataille. Et vous, messieurs, vous nous suivrez ; j'ai besoin de tout mon monde, je ne puis laisser personne pour vous garder.

En un clin d'œil la troupe fut sous les armes et prête à marcher. On nous emmena comme prisonniers avec Dougal. En sortant du cabaret, j'entendis notre nouveau compagnon de captivité rappeler au capitaine la promesse qu'il lui avait faite de lui donner cinq guinées.

— Les voici, répondit l'officier en lui mettant dans la main cinq pièces d'or : mais songez bien, misérable, que, si vous essayez de me tromper, je vous fais sauter le crâne de ma propre main.

— Ce vaurien, me dit M. Jarvie, est cent fois pire que je l'avais jugé. C'est un traître, une perfide créature ! Oh !

cette soif du leurre! cette soif du leurre! que de choses elle fait faire! feu le diacre, mon digne père, avait coutume de dire que l'argent perdait plus d'âmes que le fer ne tuait de corps.

L'hôtesse s'avança alors, et demanda le paiement de l'écot en y comprenant tout ce qu'avaient bu le major Galbraith et les deux montagnards. Le capitaine dit que cela ne le regardait point. Mais mistress Mac-Alpine lui répliqua que, si elle n'avait su qu'ils attendaient Son Honneur, elle ne leur aurait pas fait crédit; qu'elle ne reverrait peut-être jamais M. Galbraith, ou que si elle le revoyait elle n'en serait pas plus riche; qu'elle était une pauvre veuve, et qu'elle n'avait pour vivre que le produit de son auberge.

Le capitaine Thornton coupa court à ses lamentations en lui payant le mémoire, qui ne montait qu'à quelques shillings d'Angleterre, quoiqu'il présentât un total formidable en monnaie du pays. Il voulait même généreusement payer la portion qui était à la charge de M. Jarvie et à la mienne; mais le bailli, sans égard pour l'avis de l'hôtesse, qui lui disait tout bas :

— Laissez-le faire, laissez-le faire, laissez payer les chiens d'Anglais, ils nous tourmentent assez! demanda qu'on fît la distraction de la portion de la dette qui nous concernait, et l'acquitta sur-le-champ. Le capitaine saisit cette occasion pour nous faire avec civilité quelques excuses de notre détention. — Si vous êtes, comme je l'espère, nous dit-il, des sujets du roi, loyaux et paisibles, vous ne regretterez pas un jour perdu quand le bien de son service l'exige : dans le cas contraire, je ne fais que mon devoir.

Il fallut bien nous contenter de cette apologie, et nous le suivîmes, quoique fort à contre-cœur.

Je n'oublierai jamais la sensation délicieuse que j'éprouvai quand, en sortant de l'atmosphère épaisse, étouffante et enfumée, de la hutte des Highlands où nous avions si désagréablement passé la nuit, je pus respirer l'air frais du matin et voir les rayons brillans du soleil levant, qui, sortant d'un tabernacle de nuages d'or et de pourpre, éclairait le paysage le plus pittoresque qui eût jamais ravi mes yeux. A gauche était la vallée dans laquelle le Forth serpentait vers l'orient, et entourait une belle colline de la guirlande formée par les arbres de ses bords. A droite, au milieu d'une profusion de taillis, de monticules et de roches sauvages, s'étendait le lit d'un grand lac que l'haleine de la brise du matin soulevait doucement en petites vagues dont chacune étincelait à son tour par le reflet des rayons du soleil. De hautes montagnes, des rocs escarpés, et des rives sur lesquelles se balançaient les branches mobiles du bouleau et du chêne, servaient de limites à cette ravissante nappe d'eau ; le frémissement harmonieux du feuillage de ces arbres brillant au soleil, donnait aussi à cette solitude une espèce de vie et de mouvement. L'homme seul semblait dans un état d'infériorité au milieu d'une scène où tous les traits de la nature étaient pleins de grandeur et de majesté. Les misérables huttes, appelées *bourochs* par le bailli, au nombre de douze environ, qui composaient le village ou le clachan d'Aberfoil, étaient construites de pierres jointes ensemble avec de la terre au lieu de mortier, et couvertes de gazon jeté sans soin sur des branches d'arbres coupées dans les forêts voisines. Les toits en descendaient presque à terre, de sorte qu'André nous dit qu'il aurait été possible, la nuit précédente, que nous eussions pris ces cabanes pour de petits monticules, et que nous ne nous fussions aperçus que nous étions sur des maisons que lorsque les jambes de nos chevaux auraient passé au travers du toit.

D'après tout ce que nous vîmes, nous pûmes juger que la maison de mistress Mac-Alpine, qui nous avait paru si misérable, était comparativement la plus belle du hameau ; et si ma description, mon cher Tresham, vous donne envie d'en juger par vos yeux, je présume que vous trouverez encore les choses à peu près dans le même état, car les Ecossais sont un peuple qui ne se livre pas facilement aux innovations, même quand elles ont pour but d'améliorer leur sort [1].

Notre départ donna l'éveil aux habitans de ces tristes demeures, et plus d'une vieille femme vint faire une reconnaissance sur sa porte entr'ouverte. En voyant ces sibylles, la tête couverte d'un bonnet de laine d'où s'échappaient quelques mèches de cheveux gris, leur visage ridé, leurs longs bras, en les entendant s'adresser les unes aux autres, en gaélique, des paroles accompagnées de gestes qui ne peignaient pas la bienveillance, mon imagination me représenta les sorcières de Macbeth, et je crus lire dans les traits de ces vieilles toute la malice des fatales sœurs. Les enfans même qui sortaient des maisons, les uns tout-à-fait nus, les autres imparfaitement couverts de quelques lambeaux de tartan, faisaient des grimaces aux soldats anglais avec une expression de haine nationale et de méchanceté qui semblait au-dessus de leur âge. Je remarquai particulièrement que, quoique la population de ce village parût assez considérable en raison du nombre de femmes et d'enfans que nous apercevions, pas un homme, pas un garçon au-dessus de douze ans ne s'offrait à nos regards. J'en conclus qu'il était probable que nous recevrions d'eux dans le cours de notre expédition quelques témoignages

---

(1) J'ignore comment les choses pouvaient être du temps de M. Osbaldistone; mais je puis assurer au lecteur que la curiosité pourrait amener sur le théâtre de ces aventures romanesques, que le clachan d'Aberfoil offre aujourd'hui une petite auberge très confortable. S'il est antiquaire écossais, il apprendra avec d'autant plus de plaisir qu'il s'y trouvera dans le voisinage du révérend docteur Grahame, ministre de l'Évangile à Aberfoil, dont l'obligeance aimable pour communiquer ses recherches sur les antiquités nationales, n'est guère moins inépuisable que ses trésors en ce genre *. (*Note de l'auteur.*)

* Qu'il soit permis à l'éditeur de joindre sa note à celle-ci, pour payer aussi son tribut au révérend docteur Grahame, auteur d'un excellent commentaire descriptif sur *la Dame du Lac*, C'est sous ses auspices que nous avons herborisé sur les bords élyséens du Loch-Ard. — Ed.

d'amitié encore plus expressifs que ceux dont nous avaient assurés toutes les figures que nous avions rencontrées.

Ce ne fut qu'à notre sortie du village que nous pûmes bien juger de toute l'étendue de l'affection qu'on nous portait. A peine l'arrière-garde avait-elle passé les dernières maisons, pour entrer dans un petit sentier qui conduisait dans les bois qu'on voyait de l'autre côté du lac, que nous entendîmes un bruit confus de cris de femmes et d'enfans, et de ces battemens de mains dont les matrones des Highlands accompagnent toujours les exclamations que leur arrachent la haine et la colère.

— Que signifie ce tapage? demandai-je à André qui était pâle comme la mort.

— Je crois que nous ne le saurons que trop tôt. Cela signifie que les femmes des Highlanders vomissent des imprécations et des malédictions contre les Habits-Rouges et contre tout ce qui parle la langue saxonne. J'ai bien entendu des femmes anglaises et écossaises proférer des imprécations; ce n'est une merveille dans aucun pays; mais, Dieu me préserve! jamais de semblables à celles de ces langues montagnardes. Savez-vous ce qu'elles disent? qu'elles voudraient voir tous les Habits-Rouges égorgés comme des moutons; se laver les mains jusqu'au coude dans leur sang; les voir couper en si menus morceaux que le plus gros ne pût suffire pour le dîner d'un chien comme il advint à Walter Cuming de Guiyock, et je ne sais combien d'autres choses semblables qui n'ont pas passé par d'autres gosiers que les leurs. Enfin, à moins que le diable ne vienne lui-même leur donner des leçons, je ne crois pas qu'elles puissent se perfectionner dans la science de jurer et de maudire. Mais le pire de tout, c'est qu'elles nous disent de continuer notre route vers le lac, et de prendre garde où nous aborderons.

Les observations que j'avais faites, et ce qu'André venait de me dire, ne me laissaient guère de doute qu'on n'eût projeté une attaque contre nous. La route semblait de plus en plus faciliter cette interruption désagréable. Elle s'écartait d'abord du lac, pour traverser un terrain marécageux couvert de bois taillis, et dans lequel il se trouvait d'épais buissons ou touffes d'arbres qu'on aurait dit plantés exprès pour favoriser une embuscade. Nous avions quelquefois à traverser des torrens qui descendaient des montagnes, et dont le cours était si rapide que les soldats, dans l'eau jusqu'au-dessus des genoux, ne pouvaient résister à sa violence qu'en se tenant trois ou quatre par le bras. Je n'avais aucune expérience dans l'art militaire; mais il me semblait que des guerriers à demi sauvages, tels qu'on m'avait représenté les Highlanders, pouvaient, dans de telles circonstances, faire avec avantage une attaque contre des troupes régulières. Le bon sens du bailli lui avait fait faire les mêmes remarques, et il en avait tiré les mêmes conséquences. Il demanda à parler à l'officier commandant, ce qu'il fit à peu près en ces termes:

— Capitaine, lui dit-il, ce n'est pas pour vous demander quelques faveurs que je désire vous parler; je les méprise, et je commence même par faire toutes mes protestations et réserves de vous poursuivre pour cause d'oppression et de détention arbitraire; mais, étant sincèrement attaché au roi Georges et à son armée, je prends la liberté de vous demander si vous ne pensez pas que vous pourriez choisir un moment plus favorable, et prendre des forces plus considérables, pour gravir ce glen? Si vous cherchez Rob-Roy, on sait qu'il n'a jamais été à la tête d'une troupe de moins de cinquante hommes déterminés; et, s'il y joint les gens de Glengyle, de Glenfinlas et de Balquiddar, il peut servir à votre détachement un plat qui ne serait pas à son goût. Mon sincère avis, comme ami du roi, serait donc que vous retournassiez au clachan, car ces femmes d'Aberfoil sont comme les cormorans et les goëlands de Cumries, qui ne chantent jamais que pour annoncer une tempête.

— Soyez tranquille, monsieur, répliqua le capitaine

Thornton : je dois exécuter mes ordres. Mais puisque vous dites que vous êtes ami du roi Georges, vous serez charmé d'apprendre qu'il est impossible que le rassemblement de bandits dont les brigandages désolent le pays depuis si long-temps échappe aux mesures qui viennent d'être prises pour les détruire. L'escadron de milice commandé par le major Galbraith, et auquel deux compagnies de cavalerie ont dû se joindre, s'empare en ce moment des défilés inférieurs de cette contrée sauvage, et trois cents Highlanders, sous les ordres des deux chefs que vous avez vus à l'auberge, doivent garder la partie supérieure. Enfin différens détachemens de troupes régulières occupent l'entrée de tous les glens et toutes les montagnes. Les informations que nous avons reçues sur Rob-Roy sont d'accord avec les aveux que ce coquin vient de nous faire, et il paraît certain qu'ayant appris qu'il est cerné de toutes parts, il a congédié la plus grande partie de ses gens dans l'espoir de se cacher plus facilement, ou de s'évader, grâce à sa connaissance des lieux.

— Je crois, reprit M. Jarvie, qu'il y a ce matin plus d'eau-de-vie que de bon sens dans la tête de M. Galbraith; et, quant à vos trois cents montagnards, si j'étais à votre place, je ne m'y fierais point. Les faucons n'arrachent pas les yeux aux faucons. Ils peuvent se quereller entre eux, jurer les uns contre les autres, se battre, se tuer; mais ils se réuniront toujours contre ceux qui portent des culottes et qui ont une bourse dans leur gousset.

Il paraît que cet avis ne fut pas tout-à-fait perdu. Le capitaine ordonna à ses soldats de former leurs rangs, d'armer leurs mousquets, et de mettre la baïonnette au bout du fusil. Il forma une avant-garde et une arrière-garde, chacune sous les ordres d'un sergent, et leur ordonna de se tenir sur le *qui vive*. Dougal subit un interrogatoire, dans lequel il persista dans toutes les déclarations qu'il avait déjà faites. Le capitaine lui ayant reproché de le conduire par un chemin qui paraissait suspect et dangereux, — Ce n'est pas *elle* qui l'avait fait, répondit-il avec une brusquerie qui semblait accompagnée de naïveté : si vous aimez les grandes routes, il fallait prendre celle qui conduit à Glascow !

Cette réponse passa, et nous nous remîmes en marche.

Quoique notre route nous eût conduits vers le lac, il était tellement ombragé que nous n'avions pu jusque là qu'entrevoir cette belle nappe d'eau à travers quelques percées; mais alors le chemin le côtoyait tout-à-coup au sortir du bois, et nous pûmes en contempler toute l'étendue, miroir spacieux qui dans un calme profond réfléchissait avec magnificence les sombres et hautes montagnes parées de bruyères, les vieux rocs à la tête chenue, et la verdure d'une certaine partie de ses rives. Les montagnes étaient en cet endroit si près du lac, si hautes et si escarpées, qu'il était impossible de trouver un autre passage que l'étroit sentier que nous suivions, dominé par des rochers, d'où il aurait suffi de rouler des pierres pour nous écraser sans que nous eussions pu faire la moindre résistance. Ajoutez à cela que la route faisait des coudes à chaque instant, en suivant les baies et les promontoires du lac, de sorte qu'il était rare que la vue pût s'étendre à cent pas devant et derrière nous. Notre position parut causer quelque inquiétude à l'officier commandant. Il donna de nouveau l'ordre à ses soldats d'avoir l'œil au guet et de se tenir sur leurs gardes, et il réitéra à Dougal la menace de le faire périr à l'instant, s'il l'avait conduit dans quelque embuscade.

Celui-ci écouta ses menaces d'un air de stupidité impénétrable, qu'on pouvait attribuer également à une conscience qui n'a rien à se reprocher, ou à une résolution bien ferme de trahir ceux qu'il s'était chargé de guider.

— Si les gentilshommes cherchaient les Gregarach, dit-il, à coup sûr ils ne devaient pas s'attendre à les trouver sans courir quelques petits dangers.

Comme il prononçait ces mots, le sergent qui commandait l'avant-garde, cria : Halte! et envoya un de ses hommes annoncer au capitaine qu'il avait aperçu un parti de Highlanders sur un rocher qui dominait le sentier par où nous allions passer. Presque au même instant un soldat de l'arrière-garde vint l'avertir qu'on entendait dans le bois, sur les derrières, le son d'une cornemuse.

Le capitaine Thornton, qui avait autant de courage que d'habileté, résolut de forcer le passage en avant, sans attendre qu'il fût attaqué par-derrière ; pour rassurer ses soldats, il leur dit que la cornemuse qu'ils avaient entendue appartenait sans doute au corps de montagnards qui s'avançait sous les ordres d'Iverach et d'Inverashalloch, et il leur fit sentir qu'il était important pour eux de tâcher de s'emparer de la personne de Rob-Roy avant l'arrivée de ces auxiliaires, afin de n'avoir à partager avec personne ni l'honneur du succès, ni la récompense promise pour sa tête. Il ordonna à l'arrière-garde de rejoindre le centre, rapprocha son corps d'armée de l'avant-garde, et déploya ses forces de manière à présenter un front aussi étendu que le permettait l'étroit sentier sur lequel nous nous trouvions. Il fit placer Dougal au centre, en lui renouvelant la promesse de le faire pendre s'il arrivait qu'il l'eût trompé. On nous assigna le même poste, comme celui où il y avait le moins de danger ; et le capitaine Thornton, prenant sa demi-pique des mains d'un soldat qui la portait, se mit à la tête de son corps, et donna l'ordre de marcher en avant.

La troupe s'avança avec la bravoure naturelle aux soldats anglais. La frayeur avait presque fait perdre l'esprit à André ; et, s'il faut dire la vérité, ni M. Jarvie ni moi n'étions fort tranquilles. Nous ne pouvions voir avec une indifférence stoïque notre vie hasardée dans une querelle qui nous était étrangère. Mais il fallait faire de nécessité vertu.

Nous avançâmes jusqu'à vingt pas de l'endroit où l'avant-garde avait aperçu des montagnards. C'était un petit promontoire qui s'avançait dans le lac, et autour de la base duquel le sentier tournait, comme je l'ai déjà annoncé. Mais en cet endroit, au lieu de suivre le bord de l'eau, il montait en zigzag sur le rocher, qui, sans cela, aurait été inaccessible. Le sergent nous fit dire qu'il apercevait sur le sommet les toques et les fusils de plusieurs montagnards couchés ventre à terre comme pour nous surprendre, et couverts par des bruyères qui croissaient sur ce rocher. Le capitaine lui ordonna de marcher en avant, de déloger l'ennemi, et lui-même avança avec le reste de sa troupe pour le soutenir.

L'attaque qu'il méditait fut suspendue par l'apparition inattendue d'une femme qui se montra tout-à-coup sur le haut du rocher.

— Arrêtez! s'écria-t-elle d'un ton d'autorité, et dites-moi ce que vous cherchez dans le pays de Mac-Gregor.

J'ai rarement vu une figure plus noble et plus imposante que celle de cette femme. Elle pouvait avoir de quarante à cinquante ans, et sa physionomie devait avoir autrefois offert des traits frappans d'une beauté mâle, quoique ses traits eussent plutôt un air de dureté et d'expression farouche, et qu'on y remarquât déjà des rides formées, soit par suite de la vie errante qu'elle menait depuis plusieurs années, couchant souvent sur la dure et exposée à toutes les intempéries de l'air, soit par l'influence des chagrins qu'elle avait essuyés et des passions qui l'agitaient. Elle ne portait pas son plaid sur la tête et les épaules, comme c'est l'usage des femmes d'Ecosse, mais elle en entourait son corps, suivant la coutume des soldats highlandais. Elle avait sur la tête une toque d'homme surmontée d'une plume, tenait à la main une épée nue, et portait à sa ceinture une paire de pistolets.

— C'est Hélène Campbell, la femme de Rob, me dit très bas M. Jarvie d'un air fort alarmé. Il y aura parmi nous plus d'une côte brisée avant qu'il soit long-temps.

— Que cherchez-vous ici? demanda-t-elle une seconde fois au capitaine Thornton, qui s'avançait.

— Nous cherchons le proscrit Rob-Roy Mac-Gregor Campbell, répondit l'officier. Nous ne faisons pas la guerre aux femmes; ne tentez donc pas de vous opposer au passage des troupes du roi, et vous n'éprouverez de nous que de bons traitemens.

— Oui! répliqua l'amazone, je connais depuis long-temps vos bons traitemens! Vous ne m'avez laissé ni nom ni réputation. Les ossemens de ma mère se soulèveront dans le tombeau, quand les miens iront l'y rejoindre. Vous n'avez laissé à moi et aux miens ni maison, ni lit, ni couvertures, ni bestiaux pour nous nourrir, ni toisons pour nous couvrir. Vous nous avez tout enlevé, tout, jusqu'au nom de nos ancêtres, et maintenant vous venez pour nous enlever la vie.

— Je n'en veux à la vie de personne, dit le capitaine, mais je dois exécuter mes ordres. Si vous êtes seule, vous n'avez rien à craindre: s'il se trouve avec vous des gens assez insensés pour nous opposer une résistance inutile, ils n'auront à accuser qu'eux-mêmes du sort qui les attend. Sergent, en avant!

— En avant, marche! cria le sergent. Houzza! mes enfans! une bourse pleine d'or pour la tête de Rob-Roy!

Il s'avança au pas de charge, suivi de six soldats, et monta l'étroit sentier qui conduisait sur le promontoire; mais à peine étaient-ils arrivés au premier tournant de ce défilé, qu'une décharge d'une douzaine de coups de fusil se fit entendre. Le sergent, atteint d'une balle à la poitrine, chercha à se maintenir quelques instans; il s'accrocha aux aspérités du roc pour monter plus avant; mais ses forces l'abandonnèrent, et après un dernier effort il tomba de rocher en rocher jusque dans le lac, où il disparut. Trois soldats restèrent morts sur la place, et les trois autres, blessés plus ou moins dangereusement, se replièrent sur le corps d'armée.

— Grenadiers, en avant! cria le capitaine. — Il faut vous rappeler qu'à cette époque les grenadiers portaient cette arme destructive d'où ils ont tiré leur nom. Les quatre soldats ainsi armés se mirent donc en tête de la colonne, et Thornton les suivit avec toute sa troupe pour les soutenir. — Messieurs, nous dit-il alors, vous êtes libres, pourvoyez à votre sûreté. Grenadiers, ouvrez la giberne! grenade en main!

Le détachement s'avança en poussant de grands cris; les grenadiers jetèrent leurs grenades dans les buissons où l'ennemi se tenait caché, et la troupe monta au pas de charge pour déloger l'ennemi. Dougal, oublié dans le tumulte, s'enfonça prudemment dans les broussailles qui croissaient sur le roc, et y monta avec la rapidité du chat-pard. J'imitai son exemple, pensant bien que tout ce qui suivrait le sentier tracé se trouverait exposé au feu des montagnards. J'étais hors d'haleine, car un feu roulant répété par mille échos, l'explosion des grenades, les cris des soldats, les hurlemens de leurs ennemis, ne pouvaient qu'exciter de plus en plus mon désir d'atteindre un lieu de sûreté. Il me fut pourtant impossible de rejoindre Dougal, qui sautait d'une pointe de rocher sur une autre aussi lestement qu'un écureuil, et je finis par le perdre de vue.

Me trouvant alors assez éloigné des combattans pour n'avoir rien à craindre, au moins pour le moment, je m'arrêtai pour chercher à découvrir ce qu'étaient devenus mes compagnons, et je les aperçus tous les deux, chacun dans une situation fort désagréable.

M. Jarvie, à qui la peur avait sans doute donné un degré d'agilité qui ne lui était pas ordinaire, était parvenu à monter jusqu'à la hauteur d'environ trente pieds sur le roc; quand il voulut passer d'une pointe sur une autre, le pied lui glissa malheureusement, et de telle manière qu'il aurait été bien certainement rejoindre feu son père, le digne diacre, dont il aimait tant à citer les faits et gestes, si, par hasard, une grosse épine n'eût accroché le pan de sa redingote, et ne l'eût retenu ; nouveau danger qui n'eût pas été moindre s'il n'avait trouvé le moyen de conserver une position à peu près horizontale, en saisissant de la main droite une autre branche voisine, mais plus basse que la première. On aurait pu croire qu'il voltigeait entre le ciel et la terre, et il ne ressemblait pas mal à l'enseigne de la Toison d'or qu'on voit à Londres sur la porte d'une boutique de mercier dans Ludgate-Hill.

André n'avait pas pris le même chemin que Dougal : chemin que M. Jarvie et moi avions suivi, mais non avec le même succès. Il en avait choisi un autre pour une double raison : d'abord parce que la montée en était moins rapide, et ensuite parce qu'il s'en trouvait plus voisin. Il monta effectivement assez rapidement jusqu'à une petite plate-forme qu'il rencontra, et qui était à peu près de niveau avec l'endroit où le bailli était suspendu. Là il se trouva arrêté par des rochers perpendiculaires qu'il était impossible de gravir, et il ne pouvait changer de position que pour redescendre dans le défilé d'où il était parti, ce qui n'était nullement de son goût. Il avait sous ses pieds le détachement du capitaine Thornton, au-dessus de lui les montagnards, de manière que le sifflement des balles qui se croisaient sur sa tête semblait lui annoncer à chaque instant sa dernière heure. Il courait de tous côtés sur son étroite plate-forme, poussant des cris affreux, et implorant la merci des deux partis, en anglais et en écossais, suivant le côté vers lequel la victoire semblait incliner. M. Jarvie seul répondait à ses exclamations par des gémissemens que lui arrachait autant la peur que sa situation précaire.

Ma première idée fut de courir à son secours. Mais, de l'endroit où je me trouvais, il m'était physiquement impossible d'arriver à lui, en étant séparé par le précipice au-dessus duquel il était suspendu. André, qui n'en était éloigné que d'environ cinquante pas, aurait pu facilement lui rendre ce service ; mais ni mes signes, ni mes prières, ni mes ordres, ni mes menaces, ne purent le décider à se rapprocher du lieu du combat ; et, après avoir couru encore quelque temps comme un homme privé de raison, il finit par se jeter le ventre contre terre, et ne se releva que lorsque le feu eut entièrement cessé.

Tout cela fut l'affaire de quelques minutes ; et, n'entendant plus le bruit de la fusillade, j'en conclus que la victoire s'était déclarée pour l'un des partis. Ne pouvant voir le champ de bataille du lieu où j'étais, je gagnai une éminence voisine qui le dominait, afin d'implorer la compassion des vainqueurs, quels qu'ils fussent, en faveur du pauvre bailli, bien convaincu qu'on ne le verrait pas suspendu au milieu des airs, comme le tombeau de Mahomet, sans lui prêter une main secourable.

Dès que je fus sur cette hauteur, je vis que le combat avait fini, comme je le prévoyais, par la défaite totale du capitaine Thornton. Une troupe de Highlanders le désarmaient, lui et une douzaine d'hommes qui lui restaient, et qui presque tous étaient couverts de blessures. La troupe avait été exposée à un feu meurtrier, dont elle ne pouvait se garantir, et qui l'extermina presque entièrement, tandis que les montagnards, protégés par leur position, n'eurent qu'un homme tué et deux blessés par les grenades, comme je l'appris ensuite ; car en ce moment je ne pus connaître que le résultat de l'affaire, en voyant le capitaine et le peu d'hommes qui lui restaient, environnés d'une horde de sauvages trépignant d'une joie féroce et soumettant leurs ennemis vaincus à toutes les conséquences des lois de la guerre.

CHAPITRE XXXI.

« Oui, malheur aux vaincus ! telle fut la menace
» Que répéta jadis d'une terrible voix
« Le belliqueux Brennus dont la bouillante audace
» Fit céder la balance aux glaives des Gaulois,
« Lorsque Rome orgueilleuse et cependant soumise
« Apportait sa rançon à ses fiers ennemis.
« Oui, malheur aux vaincus ! c'est encor la devise
« Que portent nos drapeaux dans les pays conquis. »
La Gauliade.

Mon premier soin fut alors de chercher des yeux Dougal parmi les vainqueurs. Je ne doutais plus que le rôle qu'il avait joué ne fût concerté d'avance pour amener dans ce défilé dangereux l'officier anglais et sa troupe, et je ne pus m'empêcher d'admirer l'adresse avec laquelle ce demi-sauvage, en apparence si naïf, avait caché son dessein, et s'était fait arracher, comme de force et par crainte, les fausses informations que son but était de donner. Je sentais que nous ne pouvions sans danger approcher des vainqueurs dans le premier moment d'une victoire qui était souillée par des actes de cruauté; car je vis les montagnards, ou, pour mieux dire, des enfans qui les avaient suivis, poignarder quelques soldats mourans qui cherchaient encore à se relever. J'en conclus qu'il ne serait pas prudent de nous présenter à eux sans quelque médiateur; et comme je ne voyais pas Campbell, en qui je devais reconnaître alors le fameux Rob-Roy, j'avais résolu de réclamer la protection de son émissaire Dougal.

Après l'avoir inutilement cherché, je retournai à l'endroit que je venais de quitter, pour réfléchir de nouveau sur les moyens d'aller au secours de l'honnête banquier. Mais, à ma grande satisfaction, je vis qu'il avait abandonné son poste aérien, et qu'il était assis au pied du roc au haut duquel il était naguère suspendu. Je me hâtai d'aller le joindre et de lui offrir mes félicitations sur sa délivrance. Il n'était pas d'abord très disposé à les recevoir avec la même cordialité que je les lui offrais, et une forte quinte de toux interrompit à plusieurs reprises les doutes qu'il exprimait sur leur sincérité.

— Hem! hem! hem!... On dit qu'un ami!... hem!... qu'un ami vaut mieux qu'un frère.... hem!... Pourquoi suis-je venu ici, M. Osbaldistone, dans ce pays maudit de Dieu et des hommes?... Hem! hem! hem!... Que Dieu me pardonne de jurer!... Hem!... Ce n'était que pour vous. Pensez-vous donc qu'il soit bien beau,... hem! hem! bien beau de m'avoir laissé suspendu comme un archange entre le ciel et la terre, sans même essayer.... hem!... sans essayer de venir à mon secours?

Je n'épargnai pas les apologies, et je lui fis voir l'endroit où je me trouvais lorsque cet accident lui était arrivé; il se convainquit par ses propres yeux qu'il m'eût été impossible d'aller le joindre; et, comme il avait dans le cœur autant de justice et de bonté que de vivacité dans l'esprit, il me tendit la main et me rendit ses bonnes grâces. Je profitai de ma rentrée en faveur pour lui demander comment il était parvenu à se tirer d'embarras.

— A me tirer d'embarras! Je serais resté suspendu jusqu'au jour du jugement dernier plutôt que de m'en tirer moi-même, ayant la tête pendante d'un côté, et les pieds de l'autre. C'est la créature Dougal qui m'a tiré d'embarras, comme il l'avait fait hier. Il est venu à moi avec un autre Highlander, a bravement coupé d'un coup de dirk les deux pans de ma redingote, et ils m'ont replanté sur mes jambes, aussi sain que s'il ne m'était rien arrivé. Voyez pourtant comme il est utile d'avoir des habits de bon drap! Si ma redingote eût été de vos camelots ou de vos draps légers de France, elle se serait déchirée cent fois sous un poids comme celui de mon corps. Dieu bénisse l'ouvrier qui en a fabriqué le tissu! J'étais là-haut, nageant dans l'air comme le poisson dans l'eau, aussi en sûreté qu'une gabarre attachée au rivage par un triple câble à Broomielaw.

Je lui demandai alors ce qu'était devenu son libérateur.

— La créature, répondit-il en continuant à l'appeler ainsi, la créature m'a dit qu'il ne serait pas trop sage de me montrer à la dame en ce moment, et il m'a conseillé de rester ici jusqu'à ce qu'il revînt, ce que je ne manquerai pas de faire. J'ai dans l'idée qu'il vous cherche. C'est un garçon plein de bon sens. Je crois qu'il ne se trompe pas relativement à la dame. Hélène Campbell étant fille ne brillait point par la douceur, et elle n'a pas changé de caractère en se mariant. Bien des gens disent que Rob-Roy lui-même en a une sorte de crainte respectueuse. Je crois qu'elle ne me reconnaîtrait pas, car il y a bien des années que nous ne nous sommes vus. Bien décidément, j'attendrai Dougal avant de me montrer à elle.

Je lui dis que ce parti me paraissait le plus prudent. Mais le destin avait décidé que pour cette fois la prudence du bailli ne lui serait d'aucune utilité.

Lorsque la fusillade avait cessé, André s'était relevé, et n'osant encore descendre de sa plate-forme, il y restait appuyé contre un roc, position qui le découvrit aux yeux de lynx des montagnards quelques instans après que la victoire se fut déclarée en leur faveur. Aussitôt ils poussèrent un grand cri, et cinq ou six d'entre eux, le couchant en joue, lui signifièrent, par des gestes auxquels il était impossible de se méprendre, qu'il fallait qu'il vînt les trouver sur-le-champ, ou qu'ils prendraient un moyen plus prompt pour le faire descendre.

André n'était pas homme à se refuser à une pareille invitation. La crainte du danger le plus imminent lui ferma les yeux sur celui qui paraissait inévitable. Il descendit donc sur-le-champ à reculons, par la route la plus courte, quoique la moins facile, marchant sur ses genoux, rampant à plat ventre suivant les occasions, s'accrochant aux fentes du rocher, à ses aspérités, et aux arbrisseaux qu'il rencontrait, et n'oubliant jamais, chaque fois qu'il avait une main libre, de la tendre vers ceux qui le menaçaient, comme pour implorer leur merc. Les montagnards semblaient s'amuser de la terreur d'André, et ils tirèrent par-dessus sa tête deux ou trois coups de fusil, plutôt pour se divertir de sa frayeur que dans l'intention de le blesser, et afin de le voir redoubler d'efforts pour arriver au bout d'une course périlleuse que la crainte pouvait seule lui avoir donné le courage d'entreprendre.

Enfin il arriva au pied de la montagne, ou pour mieux dire il y tomba; car, ayant glissé lorsqu'il n'en était plus qu'à huit ou dix pieds, il roula jusqu'au bas, sans se faire aucun mal. Quelques montagnards l'aidèrent à se relever; et, avant qu'il fût bien affermi sur ses jambes, ils l'avaient déjà débarrassé de son chapeau, de son gilet, de sa cravate, de ses bas; enfin, ils mirent une telle célérité à le dépouiller, qu'on pouvait dire qu'il était tombé complètement habillé, et qu'il s'était relevé au même instant, effrayant par sa nudité presque absolue. Dans cet état, ils le traînèrent, sans égards pour ses pieds nus, à travers les broussailles et les pointes aiguës des rochers, jusqu'à l'endroit où s'était livré le combat, et où toute la troupe était encore rassemblée.

Ce fut tandis qu'ils l'emmenaient ainsi, qu'en passant vis-à-vis l'espèce de gorge où nous étions assis, ils nous découvrirent malheureusement. A l'instant cinq à six Highlanders armés accoururent à nous, en nous menaçant de leurs claymores, de leurs poignards et de leurs pistolets. Vouloir opposer quelque résistance eût été folie, d'autant plus que nous étions sans armes. Nous nous soumîmes donc à notre destin; et ce fut avec quelque rudesse que ceux qui s'occupèrent de notre toilette se préparaient à nous réduire à *l'état de nature*[1] (pour me servir de la

---

(1) *Induced to an unsophisticated state*; réduit à l'état le plus dénué d'ornement; car l'épithète un peu affectée de cette phrase motive seule la parenthèse.
ED.

phrase du roi Lear), comme le bipède *déplumé* André Fairservice, qui était à quelques pas de nous transi autant de crainte que de froid. Un heureux hasard nous préserva de cet excès d'outrage; car, au moment où je venais d'être débarrassé de ma cravate, vraie batiste, garnie en dentelles, par parenthèse, et que le bailli venait de céder les restes de sa redingote, Dougal parut, et la scène changea. Il cria, menaça, jura, autant que j'en pus juger par ses gestes et par le ton dont il s'exprimait, et força les pillards non seulement à nous laisser ce qu'ils s'apprêtaient à prendre, mais à nous rendre ce qu'ils nous avaient pris. Il arracha ma cravate au montagnard qui s'en était emparé; et, dans le zèle qu'il mit à m'en faire la restitution, il la serra autour de mon cou avec assez de force pour me faire croire qu'il avait, pendant son séjour à Glascow, non seulement servi de substitut de geôlier de la prison, mais pris quelques leçons de l'exécuteur des hautes-œuvres. Il replaça de même sur les épaules de M. Jarvie les lambeaux de sa redingote écourtée, et, se mettant en marche avec nous, il sembla ordonner aux autres montagnards d'avoir pour nous et pour le bailli surtout respect et attention. André aurait bien désiré que la protection que nous accordait Dougal s'étendît jusqu'à lui, mais ce fut en vain qu'il l'implora; il ne put même obtenir que ses souliers lui fussent rendus.

— Non, non, lui répondit Dougal, vous n'êtes pas un gentilhomme, vous, et il y en a ici plus d'un qui vaut mieux que vous, et qui marche nu-pieds. Et, laissant à André le soin de nous suivre, ou plutôt laissant aux montagnards qui l'entouraient le soin de presser sa marche, il nous fit rentrer dans le défilé où le combat avait eu lieu, pour nous conduire comme prisonniers devant la femme-chef de la bande, grondant, repoussant, frappant même ceux qui semblaient vouloir s'approcher de nous de trop près, comme s'il était plus menacé que nous-mêmes par ceux qui semblaient vouloir prendre à notre capture plus d'intérêt qu'à lui.

Enfin nous parûmes devant l'héroïne du jour, dont les traits farouches, comme ceux des figures martiales et sauvages qui nous environnaient, me frappèrent, je l'avoue, d'une véritable crainte. Je ne sais si Hélène avait pris une part active au combat, mais les taches de sang qu'on voyait sur ses mains, sur ses bras, sur ses vêtemens, sur la lame de son épée qu'elle tenait aussi à la main, son teint enflammé, le désordre de ses cheveux, dont une partie s'était échappée de dessous la toque rouge surmontée d'une plume qui formait sa coiffure, tout semblait prouver qu'elle n'en était pas restée simple spectatrice. Ses yeux noirs et vifs et toute sa physionomie annonçaient l'orgueil de la victoire, et le plaisir de la vengeance satisfaite. Elle n'avait pourtant l'air ni cruel ni sanguinaire, elle me rappelait plutôt quelques portraits des héroïnes de l'Ancien Testament, que j'avais vus dans les églises catholiques de France. Elle n'avait pas la beauté d'une Judith, ni les traits inspirés d'une Débora, ni ceux de la femme d'Héber le Cinéen, aux pieds de laquelle l'oppresseur d'Israel qui demeurait dans l'Haroseth des Gentils baissa la tête, tomba et ne se releva plus [1] ; mais l'enthousiasme peint sur sa figure, une sorte de dignité farouche, auraient pu donner quelques idées aux artistes qui ont traité ces sujets sacrés.

Je ne savais trop en quels termes m'adresser à cette femme extraordinaire ; mais M. Jarvie me tira d'embarras en se chargeant de la harangue. Après avoir toussé plusieurs fois : — Je m'estime fort heureux, — dit-il, mais n'ayant pas réussi à donner au mot *heureux* toute l'emphase qu'il voulait y mettre, — très heureux, reprit-il en appuyant sur ce mot, d'avoir l'occasion de souhaiter le bonjour à l'épouse de mon cousin Rob. Comment vous

---

[1] De peur que quelques uns de nos lecteurs soient moins familiers avec la Bible que les lecteurs écossais, nous ajouterons qu'il est ici question du meurtre de Sisara par Jael, qui lui enfonça un clou dans la tête pendant son sommeil.

Éd.

portez-vous? ajouta-t-il en tâchant de prendre le ton d'importance et de familiarité qui lui était ordinaire ; comment vous êtes-vous portée pendant ce temps? Ce n'est pas hier que nous nous sommes vus. Vous m'avez peut-être oublié, mistress Mac-Gregor Campbell : mais tout au moins vous vous rappellerez feu mon père, le digne diacre, Nicol Jarvie de Salt-Market à Glascow... C'était un honnête homme... un homme solide... un homme qui vous respectait vous et les vôtres. Ainsi donc, comme je vous le disais, mistress Mac-Gregor Campbell, je m'estime heureux de vous voir, et je vous demanderais la permission de vous embrasser comme ma cousine, si vos gens ne me tenaient le bras d'une manière un peu gênante ; et pour vous dire la vérité, comme un magistrat doit le faire, je crois qu'avant de songer à faire bon accueil à vos hôtes, un peu d'eau ne vous serait pas inutile.

Le ton familier de ce discours n'était guère en harmonie avec l'état d'exaltation où se trouvait alors l'esprit d'une femme animée par le combat qui venait d'avoir lieu, échauffée par la victoire, et qui allait prononcer une sentence irrévocable sur la vie et la mort des prisonniers qu'elle avait faits.

— Qui diable êtes-vous, s'écria-t-elle, vous qui osez prétendre à une parenté avec les Mac-Gregor, sans porter leur habit et sans parler leur langage? Qui êtes-vous? parlez, vous qui avec la langue et la forme du limier venez vous reposer parmi les daims.

— Il est possible, cousine, répondit le bailli sans se troubler, que notre parenté ne vous ait jamais été expliquée ; mais c'est une chose sûre, et qu'il est facile de prouver. Ma mère Elspeth Mac-Farlane était épouse de mon père le diacre Nicol Jarvie, que Dieu fasse paix à leurs âmes! Elspeth était fille de Farlane Mac-Farlane, qui demeurait à Loch-Sloy. Or ce Farlane Mac-Farlane avait épousé Jessy Mac-Nab de Struckallachan, qui était cousine au cinquième degré de votre mari, car Duncan...

La virago interrompit cette généalogie pour lui demander avec hauteur si un ruisseau coulant librement reconnaissait quelque parenté avec l'eau qu'on y avait puisée pour l'employer aux vils usages domestiques de ceux qui habitaient sur ses bords.

— Vous avez raison, cousine, répondit M. Jarvie, et cependant, en été, quand le ruisseau montre les pierres blanches de son lit desséché, il ne serait pas fâché qu'on lui rapportât toutes les gouttes d'eau qu'on en a retirées. Je sais bien que dans vos montagnes vous faites peu de cas de la langue qu'on parle à Glascow et des vêtemens qu'on y porte, mais il faut pourtant bien que chacun parle le langage qu'il a appris dans son enfance, et il me semble que mon gros ventre et mes courtes jambes ne figureraient pas trop bien sous l'habillement de vos montagnards. D'ailleurs, cousine, continua-t-il sans faire attention aux signes que lui faisait Dougal, qui voyait que cette harangue impatientait l'amazone, puisque vous honorez votre brave mari... comme toute femme doit le faire, puisque l'Ecriture le commande,... puisque vous l'honorez, comme je le disais, vous devez vous rappeler que, sans parler du collier de perles que je vous ai envoyé le jour de vos noces, j'ai rendu à Rob quelques services dans le temps où il faisait un commerce honnête en bestiaux, quand il ne s'occupait ni à se battre, ni à piller, ni à désarmer les soldats du roi, ce qui est défendu par les lois.

Il touchait là une corde dont le son n'était pas agréable aux oreilles de sa cousine. Elle leva la tête d'un air de fierté, et dit en souriant avec mépris et amertume :

— Oui, sans doute! vous et ceux qui vous ressemblent pouviez prétendre à être nos parens quand nous étions vos misérables esclaves, vos porteurs d'eau et vos fendeurs de bois, les pourvoyeurs de bestiaux pour vos banquets, les victimes de vos lois oppressives et tyranniques; mais à présent que nous sommes libres,... libres par suite de l'acte qui ne nous a laissé ni asile, ni nourriture, ni vêtemens, qui m'a privée de tout... de tout!... je frémis quand je pense que je ne puis m'occuper d'autres idées que de celles de vengeance, et je veux couronner cette glorieuse journée par une action qui rompra tous les nœuds qui peuvent exister entre les Mac-Gregor et les rustres des basses-terres. Allan, Dougal, qu'on lie ensemble ces trois Anglais, et qu'on les précipite dans le lac. Qu'ils aillent y chercher les parens qu'ils peuvent avoir dans nos montagnes.

Le bailli, alarmé de cet ordre, ouvrait la bouche pour adresser à sa cousine une remontrance qui n'aurait probablement servi qu'à l'irriter davantage, quand Dougal, le poussant rudement, se plaça devant lui, et adressa à sa maîtresse, dans sa langue, un discours vif et animé qui faisait un contraste frappant avec la manière lente et presque stupide avec laquelle je l'avais entendu s'exprimer en anglais au clachan d'Aberfoil. Je ne doutai pas un instant qu'il ne plaidât en notre faveur.

La dame lui répliqua, ou plutôt interrompit sa harangue, en s'écriant en anglais, comme si elle eût voulu nous donner un avant-goût du sort qu'elle nous destinait :

— Vil chien et fils de chien! hésitez-vous à exécuter mes ordres? si je vous ordonnais de leur arracher le cœur, afin de voir dans lequel des deux il se trouve plus de trahison contre les Mac-Gregors, ne devriez-vous pas m'obéir? ne le feriez-vous pas? Cela s'est fait du temps de la vengeance de nos pères.

— Certainement, certainement, répondit-il, mon devoir est d'obéir. Cela est raisonnable. Mais si c'était... si c'était la même chose pour vous de faire jeter dans le lac ce capitaine et quelques uns de ces Habits-Rouges, je le ferais avec beaucoup plus de plaisir ; car ceux-ci sont des amis de Gregarach. Ils ne sont venus que sur son invitation, et je puis le certifier, puisque c'est moi qui leur ai porté sa lettre.

Elle allait lui répondre, et probablement décider de notre sort, quand le son d'un pibroch se fit entendre au commencement du défilé. C'étaient sans doute les mêmes cornemuses que l'arrière-garde de Thornton avait entendues dans le bois, et qui l'avaient décidé à forcer le passage en avant, de crainte d'être attaqué par-derrière. Le combat n'ayant duré que quelques instans, les montagnards qui suivaient cette musique militaire ne purent arriver qu'après qu'il fut terminé, quoiqu'ils eussent doublé le pas en entendant la fusillade. La victoire avait été complète sans leur secours, et leurs camarades n'attendaient que leurs félicitations.

Il y avait une différence frappante entre le parti qui arrivait et celui qui avait défait le capitaine Thornton, et elle était entièrement à l'avantage des derniers venus. Parmi les montagnards qui entouraient la chieftainesse [1], si je puis, sans blesser la grammaire, donner ce nom à la femme de Rob-Roy, on voyait des vieillards, des enfans à peine en âge de porter les armes, même des femmes, enfin tous ceux qui ne prennent part à des opérations militaires que dans un cas de nécessité extrême; et cette circonstance avait encore ajouté au chagrin et à la confusion du capitaine, quand il avait reconnu que ses braves vétérans avaient été écrasés par des ennemis si méprisables. Mais les trente à quarante Highlanders que nous apercevions en ce moment étaient tous dans la fleur de l'âge, bien faits, robustes; et le costume qu'ils portaient faisait voir des muscles fortement dessinés. Ils étaient aussi beaucoup mieux armés. La bande qui avait combattu sous les ordres de l'amazone n'avait qu'une quinzaine de fusiliers, les autres étaient armés de haches, de faux, de bâtons noueux, et quelques uns seulement avaient un long couteau ou des pistolets. Mais ceux qui arrivaient avaient tous à la ceinture des pistolets et un poignard, une claymore au

---

(1) *Chieftainess*, la commandante, la femme-chef. — Ed.

côté, un fusil à la main, et un bouclier rond en bois, doublé en cuivre et couvert de peau, et du milieu duquel partait une pointe aiguë en acier. Ils le portaient sur le dos dans leurs marches, quand ils se servaient d'armes à feu, et le tenaient de la main gauche quand ils se battaient à l'arme blanche.

Mais il était facile de voir que ces guerriers d'élite n'avaient pas à s'applaudir d'une victoire pareille à celle que leurs compagnons venaient de remporter. La cornemuse ne faisait entendre que des sons lugubres, séparés par de courts intervalles, et qui ne ressemblaient nullement au chant joyeux du triomphe. Ils arrivèrent en silence devant Hélène, l'air morne et les yeux baissés, la cornemuse continuant à rendre des sons mélancoliques.

Hélène s'avança vers eux. Sa physionomie exprimait un mélange de crainte et de colère. Que veut dire cela, Alaster? dit-elle au joueur de cornemuse. Pourquoi ces accens de tristesse après une victoire...? Robert, Hamish, où est le Mac-Gregor? où est votre père?

Ses deux fils, qui étaient à la tête de cette troupe, s'avancèrent vers elle à pas lents et d'un air irrésolu. Ils lui dirent quelques mots dans leur langue, et à l'instant elle poussa un cri perçant que répétèrent toutes les femmes et tous les enfans en battant des mains et en levant les bras au ciel. Les échos des montagnes, qui avaient gardé le silence depuis la fin du combat, firent entendre cent fois ces hurlemens, et les oiseaux nocturnes s'enfuirent de leurs retraites, effrayés d'entendre en plein jour des cris plus affreux et de plus mauvais augure que ceux qu'ils poussent pendant la nuit.

— Prisonnier! s'écria Hélène un instant après. Prisonnier! et ses fils vivent pour me l'annoncer!... Chiens, lâches que vous êtes, vous ai-je nourris de mon lait pour vous voir être avares de votre sang quand il s'agit de défendre votre père; pour le voir emmener prisonnier, et venir, vous, m'en apporter la nouvelle?

Les fils de Mac-Gregor, à qui s'adressait cette apostrophe, étaient deux jeunes gens, dont l'aîné paraissait à peine avoir vingt ans. Il se nommait Robert, et les Highlanders, pour le distinguer de son père qui portait le même nom, ajoutaient au sien l'épithète de *Og*, ou le moins grand de taille. Il avait les cheveux noirs, le teint brun, mais coloré, et il était plus formé et plus vigoureux qu'on ne l'est ordinairement à cet âge. *Hamish*, ou James, quoique plus jeune de deux ans, était beaucoup plus grand que son frère. Ses yeux bleus et de beaux cheveux blonds donnaient à sa figure un air de douceur qu'on trouve rarement parmi les montagnards.

Tous deux avaient l'air abattu et consterné, et ils écoutèrent avec une soumission respectueuse les reproches que leur mère leur adressait. Enfin, quand le premier feu de sa colère se fut apaisé, l'aîné, lui parlant en anglais, sans doute pour ne pas être compris par ceux qui le suivaient, essaya de se justifier ainsi que son frère. J'étais assez près de lui pour entendre presque tout ce qu'il disait, et j'avais trop d'intérêt à m'instruire de tout ce qui se passait dans l'étrange crise où je me trouvais pour ne pas écouter avec la plus grande attention.

— Le Mac-Gregor, dit-il, était invité à une entrevue par un habitant des Lowlands, qui lui apporta une lettre de la part de.... (je n'entendis pas le nom qu'il prononça à demi-voix, mais qui me parut ressembler au mien); il y consentit, mais il nous ordonna de garder en otage le porteur de la lettre, afin de s'assurer qu'on ne lui manquerait pas de foi. Il se rendit au lieu du rendez-vous, n'emmenant avec lui qu'Angus Breck et le petit Rory, et défendant que personne le suivît. Une demi-heure après, Angus Breck vint nous apprendre la triste nouvelle que mon père avait été surpris, à l'endroit qui lui avait été indiqué, par un détachement de milice du comté de Lennox, commandé par Galbraith de Garschattachin, qui l'avait fait prisonnier. Il ajouta que mon père, ayant dit que l'otage répondrait sur sa tête du traitement qu'il essuierait, Galbraith ne fit que rire de cette menace, et dit : — Eh bien! Rob, que chacun pende son homme : nous pendrons le brigand, et vos caterans pendront le jaugeur [1]. Par ce moyen le pays sera délivré de deux fléaux à la fois, un méchant Highlander et un agent du fisc. Angus Breck, qu'on surveillait moins rigoureusement que son maître, trouva moyen de s'échapper, après avoir été retenu en captivité assez long-temps pour entendre cette discussion.

— Et en apprenant cette nouvelle, lâche, traître que vous êtes, s'écria la femme de Mac-Gregor, vous n'avez pas volé sur-le-champ au secours de votre père pour le sauver, ou périr en le défendant?

Le jeune Mac-Gregor lui répondit d'un air modeste que, les ennemis se trouvant en force supérieure, il s'était hâté de rentrer dans les montagnes pour rassembler tous les hommes disponibles et partir sur-le-champ à leur tête pour tâcher de délivrer Mac-Gregor; qu'il avait appris que le détachement de milice devait passer la nuit avec le prisonnier dans le château de Gartartan ou dans la forteresse de Menteith, et qu'il serait possible de s'en emparer si l'on pouvait réunir assez de monde.

J'appris ensuite que le reste des troupes du maraudeur des Highlands avait été divisé en deux bandes; la première destinée à surveiller les mouvemens de la garnison d'Inversnaid, dont une subdivision venait d'être défaite sous les ordres du capitaine Thornton; et la seconde à faire face aux clans de Highlands qui s'étaient unis aux troupes régulières et aux Lowlanders pour envahir simultanément ce qu'on appelait alors communément le pays de Rob-Roy, c'est-à-dire le territoire montagneux et désert situé entre le Loch-Lomond, le Loch-Katrine et le Loch-Ard. Des

---

(1) Le *jaugeur*, le rat-de-cave. — Éd.

messagers furent dépêchés en grande hâte pour concentrer (comme je le supposai) toutes les forces des Mac-Gregor contre les Lowlanders; et le découragement peint naguère sur tous les visages, y fit place à l'espoir de délivrer leur Chef et à la soif de la vengeance. Ce fut sous la brûlante influence de cette dernière passion qu'Hélène ordonna qu'on lui amenât le malheureux qu'on avait gardé en otage. Je crois que ses enfans l'avaient éloigné de ses yeux par humanité; quoi qu'il en soit, cette précaution ne fit que retarder sa destinée de quelques instans. On conduisit devant elle un homme déjà à demi mort de terreur, et dans les traits pâles et défigurés duquel je reconnus, avec autant d'horreur que de surprise, mon ancienne connaissance Morris.

Il se jeta aux pieds de la femme du Chef, et s'efforça d'embrasser ses genoux; mais elle recula, comme si cet attouchement eût dû la souiller, et il ne put que baiser les pans de son plaid. Jamais peut-être on n'entendit demander la vie avec tant de désespoir. La crainte agissait sur son esprit avec tant de force qu'au lieu de paralyser sa langue, comme cela arrive dans les occasions ordinaires, elle le rendait presque éloquent. Les joues couvertes d'une pâleur mortelle, se tordant les mains dans son angoisse, et roulant de tous côtés des yeux qui semblaient faire leurs derniers adieux aux choses de ce monde, il protesta, par les sermens les plus solennels, qu'il n'était pas complice de la trahison méditée contre Rob-Roy, qu'il aimait et qu'il honorait de toute son âme... Par une inconséquence, suite du désordre de son esprit, il dit qu'il n'était que l'agent d'un autre, et il prononça le nom de Rashleigh.... Il ne demandait que la vie; pour la vie il renoncerait à tout ce qu'il possédait au monde; c'était la vie seule qu'il désirait, dût-elle être prolongée au milieu des tortures, dût-il ne plus respirer d'autre air que celui des cavernes les plus sombres et les plus infectes.

Il est impossible de peindre l'air de mépris et de dégoût avec lequel Hélène écoutait ses humbles supplications.

— Je t'accorderais la vie, lui dit-elle, si elle devait être pour toi un fardeau aussi lourd, aussi insupportable que pour moi, — que pour toute âme noble et généreuse. — Mais toi, misérable, — insensible à tous les malheurs qui désolent le monde, tu te trouverais heureux de ramper sur la terre au milieu des crimes et des chagrins des autres, tandis que l'innocence est trahie et opprimée, tandis que des gens sans naissance et sans courage foulent aux pieds des hommes illustrés par leur bravoure et par une longue suite d'aïeux. Au milieu du carnage général, tu serais aussi heureux que le chien du boucher, qui lèche le sang des bestiaux qu'on égorge.... Non! tu ne jouiras point de ce bonheur! tu mourras, lâche chien! et tu mourras avant que ce nuage ait passé sur le soleil.

Alors elle prononça quelques mots en gaélique ; deux Highlanders saisirent le suppliant, et l'entraînèrent sur le bord d'un rocher suspendu sur le lac. Il poussait les cris les plus aigus, les plus épouvantables qu'on ait jamais entendus.... Je puis dire épouvantables, car pendant plusieurs années je m'éveillai souvent en sursaut, croyant encore les entendre. Tandis que les exécuteurs ou les assassins, nommez-les comme vous voudrez, le traînaient vers le lieu de son supplice, il me reconnut, et s'écria d'un ton lamentable : — Oh! M. Osbaldistone! sauvez-moi! sauvez-moi! Ces mots furent les derniers que je lui entendis prononcer.

Je fus tellement ému par cet affreux spectacle, que, quoique je m'attendisse à chaque instant à partager le même sort, j'essayai de parler en sa faveur ; mais, comme je devais m'y attendre, mon intercession ne produisit aucun effet, et n'obtint pas même une réponse : deux montagnards tenaient la victime, un autre lui attachait au cou une grosse pierre dans un vieux lambeau de plaid, tandis que d'autres se partageaient ses vêtemens. Enfin, après lui avoir lié les pieds et les mains, on le précipita dans le lac, qui avait douze à quinze pieds de profondeur, en poussant un hurlement de triomphe et de vengeance satisfaite, qui ne put cependant complètement couvrir son dernier cri. Le bruit de sa chute dans les eaux du lac arriva jusqu'à nous. Les Highlanders veillèrent quelques instans, pour voir s'il ne parviendrait pas à se dégager de ses liens et à tenter de s'échapper à la nage; mais les nœuds n'avaient été que trop bien assujettis; la victime s'enfonça sans résistance. Les eaux, que le poids de sa chute avait troublées, se refermèrent sur lui en reprenant leur calme accoutumé, et la vie qu'il avait demandée avec tant d'instances s'éteignit dans cet abîme [1].

CHAPITRE XXXII.

« Avant que le soleil se couche à l'occident,
« Laissez-le parmi nous revenir librement ;
« Ou s'il est pour le cœur une juste vengeance,
« Si nos traits de frapper ont encor la puissance,
« Ces pays ravagés attesteront vos torts. »
Ancienne comédie.

Je ne sais comment il se fait qu'un acte isolé de violence et de cruauté produit sur l'âme une impression plus pénible qu'un plus grand nombre d'actes semblables. Je venais

[1] *And the unit of that life for which he had pleaded so strongly, was for ever withdrawn from the sum of human existence.* Le traducteur a compris parfaitement que le goût français se révolterait contre la traduction littérale de cette phrase figurée qui termine un passage si tragique d'ailleurs par son éloquente simplicité. Mais la langue anglaise est plus librement figurée que la nôtre, et le texte n'a point choqué ici les critiques qui ont cité ce chapitre dans les *Revues littéraires*. Voici la phrase traduite littéralement : — « L'unité de cette vie, » qu'il avait demandée avec tant d'instances, fut à jamais soustraite de la *somme* » de l'existence humaine. » Cette phrase revient à celle que nos auteurs emploient fréquemment dans le style le plus familier : être *rayé du livre de vie*, — ou du *nombre* des humains. L'habitude ôte à tous ces tropes leur étrangeté ; la langue latine a une foule de ces figures *romantiques*, qui passent inaperçues, et que nos classiques traducteurs éludent à merveille en prose comme en vers. — Éd.

de voir, quelques instans auparavant, plusieurs de mes braves concitoyens tomber sur le champ de bataille. Il m'avait semblé qu'ils n'avaient fait que payer la dette commune de l'humanité. Mon cœur avait vivement regretté leur perte, mais il n'avait pas été déchiré d'angoisse et d'horreur comme il le fut quand je vis le malheureux Morris mis à mort de sang-froid. Je regardai mon compagnon d'infortune, M. Jarvie, et je reconnus dans ses yeux les mêmes sentimens qui m'animaient. Son émotion l'emporta même sur sa prudence; et il laissa échapper à demi-voix ces mots entrecoupés :

— Je proteste....... je proteste solennellement contre ce crime........ C'est un meurtre....... un meurtre abominable....... Dieu le vengera en temps et lieu.

— Vous ne craignez donc pas de le suivre? lui dit la redoutable virago qui l'avait entendu, et qui lança sur lui un regard tel que celui du faucon au moment où il va saisir sa proie.

— Cousine, répondit-il avec assez de sang-froid, personne ne coupe avec plaisir le fil de sa vie avant que tout ce qui peut en rester sur la bobine ne soit entièrement déroulé [1]. J'ai beaucoup de choses à faire dans ce monde si la vie m'est laissée : des affaires publiques et privées, de magistrature et de commerce. Et puis il y a quelques personnes qui ont besoin de moi, comme la pauvre Mattie, qui est orpheline. Elle est petite-cousine du laird de Limmerfield. Sauf tout cela, au bout du compte, la mort n'est que la fin de la vie, et il faut bien mourir une fois.

— Mais si je vous laissais vivre, quel nom donneriez-vous à la noyade de ce chien saxon?

— Hem! hem! dit le bailli en toussant à plusieurs reprises, hem! hem! je tâcherais d'en parler le moins possible. Moins on parle, moins on a de paroles à regretter.

---

(1) Ici le trope est entièrement dans le caractère et le langage du bailli, véritable industriel de son époque. — Ed.

— Mais si vous étiez interrogé par les cours *de justice*, comme vous les appelez, que répondriez-vous?

Le bailli réfléchit un instant. Il porta les yeux à droite et à gauche, et me donna l'idée d'un homme qui, dans une bataille, cherche à s'enfuir, et qui, ne trouvant aucun moyen de s'échapper, prend la résolution de se battre avec courage.

— Je vois, cousine, que vous voulez me mettre au pied du mur, lui répondit-il; mais je vous dirai que je crois devoir vous parler d'après ma conscience. Quoique votre mari, que je voudrais bien voir ici pour lui et pour moi, puisse vous apprendre, comme la pauvre créature Dougal, que Nicol Jarvie sait, de même que feu le diacre, fermer les yeux sur les fautes d'un ami, je vous dirai pourtant, cousine, que ma langue ne parlera jamais contre ma pensée; et plutôt que de dire que ce pauvre malheureux a été légalement condamné et exécuté, j'aimerais mieux être jeté à côté de lui, quoique je pense que vous êtes peut-être la seule Highlandaise qui voudrait traiter ainsi un si proche parent de son mari.

Il est probable que le ton de fermeté que prit M. Jarvie en parlant ainsi était plus propre à faire impression sur le cœur impitoyable de sa parente que les prières et les supplications, de même que le verre, qui résiste aux efforts de tous les métaux, est facilement coupé avec la pointe d'un diamant. Elle ordonna qu'on nous plaçât tous deux devant elle.

— Votre nom est Osbaldistone, me dit-elle; j'ai entendu le chien de la mort duquel vous venez d'être témoin vous appeler ainsi.

— Oui, lui répondis-je, je me nomme Osbaldistone.

— Et votre nom de baptême est sans doute Rashleigh.

— Mon nom de baptême est Frank.

— Mais vous connaissez Rashleigh Osbaldistone? Il est votre frère, si je ne me trompe. Au moins vous êtes son parent, son ami intime.

— Il est mon parent, mais non mon ami. Je me battais contre lui il y a deux jours, quand votre mari est venu nous séparer. Son épée est peut-être encore teinte de mon sang, et la blessure qu'il m'a faite au côté est encore toute fraîche. C'est le dernier des hommes que je reconnaîtrai pour mon ami.

— Mais si vous êtes étranger à ses intrigues, croyez-vous pouvoir vous rendre près de Galbraith sans craindre d'être arrêté, et lui porter un message de la part de la femme de Mac-Gregor?

— Je ne connais à la milice du comté de Lennox aucun motif raisonnable pour m'arrêter, et je n'ai aucune raison pour craindre d'aller trouver celui qui la commande. Je suis prêt à me charger de votre message, et à partir sur-le-champ, si vous voulez étendre votre protection sur mon ami et mon domestique qui sont vos prisonniers.

Je profitai de cette occasion pour ajouter que je n'étais venu dans son pays que d'après l'invitation de son mari, qui m'avait promis son secours dans une affaire très importante pour moi, et que M. Jarvie m'avait accompagné pour le même objet.

— Et je voudrais, s'écria le bailli, que les bottes de M. Jarvie eussent été pleines d'eau bouillante quand il a voulu les mettre pour ce malheureux voyage.

— Dans ce que vient de dire ce jeune Anglais, dit Hélène en se tournant vers ses enfans, vous pouvez reconnaître votre père. Il n'a de sagesse que lorsqu'il a la toque sur la tête et la claymore à la main. Mais, quand il quitte son plaid pour prendre un habit, il se mêle de toutes les intrigues de Lowlanders, et, après tout ce qu'il a souffert, il devient encore leur agent, leur jouet, leur esclave.

— Vous pouvez ajouter, madame, lui dis-je, leur bienfaiteur.

— Soit, répondit-elle, c'est le titre le plus insignifiant de tous, puisqu'il a toujours semé les bienfaits pour récolter l'ingratitude. Mais en voilà assez sur ce sujet. Je vais vous faire conduire aux avant-postes des ennemis. Vous demanderez leur commandant, et vous lui direz de ma part, de la part de la femme du Mac-Gregor, que, s'ils touchent à un cheveu de sa tête, et qu'ils ne le mettent pas en liberté avant douze heures, d'ici à Noel on ne trouvera pas dans tout le comté de Lennox une femme qui ne pleure son père ou son fils, son frère ou son mari ; pas un fermier qui n'ait vu piller son troupeau et incendier sa grange ; pas un seigneur qui se couche sans avoir à craindre de ne pas revoir le lendemain la lumière du soleil ; que, pour commencer à exécuter mes menaces, si je ne revois pas mon mari dans le délai que je viens de fixer, je lui enverrai ce bailli de Glasgow, ce capitaine anglais, et tous mes autres prisonniers, coupés en autant de morceaux qu'il y a de carreaux dans ce tartan.

Dès qu'elle eut cessé de parler, le capitaine Thornton, qui l'avait entendue et qui avait été présent à toute cette scène, ajouta avec le plus grand sang-froid :

— Présentez à l'officier commandant les complimens du capitaine Thornton, de la garde royale ; dites-lui qu'il fasse son devoir, et qu'il ne s'inquiète pas des prisonniers. Si j'ai été assez fou pour me laisser attirer dans une embuscade par ces sauvages artificieux, je suis assez sage pour savoir mourir sans me déshonorer par une bassesse. Je n'ai de regret que pour mes pauvres camarades ; je les plains d'être tombés entre les mains de bouchers.

— Paix donc, s'écria M. Jarvie, paix donc ! si vous êtes las de vivre, je..... M. Osbaldistone, faites bien mes complimens à l'officier commandant,... les complimens du bailli Nicol Jarvie, magistrat de Glasgow, comme l'était avant lui son digne père le diacre. Dites-lui qu'il se trouve ici avec d'autres honnêtes gens dans un grand embarras qui peut devenir encore plus grand ; que ce qu'il peut faire de mieux pour le bien général, c'est de permettre à Rob de revenir dans ses montagnes. Il y a déjà eu assez de malheurs. Je crois pourtant que vous ferez aussi bien de ne point parler du jaugeur.

Chargé de deux commissions si opposées par les deux personnes les plus intéressées au succès de mon ambassade, et des instructions d'Hélène Mac-Gregor, qui me recommanda de ne pas oublier un seul mot de ce qu'elle m'avait dit, je reçus enfin l'ordre de partir, et l'on permit même à André de m'accompagner, peut-être pour se délivrer de ses lamentations. Mais, soit qu'on craignît que je ne me servisse de mon cheval pour échapper à mes guides, soit qu'on fût bien aise de conserver une prise de quelque valeur, on m'annonça que je ferais le voyage à pied, escorté par Hamish Mac-Gregor et deux autres montagnards, tant pour me montrer le chemin que pour qu'ils pussent reconnaître la force et la position de l'ennemi. Dougal avait été commandé pour ce service, mais il trouva le moyen de s'en faire dispenser. J'appris par la suite que son but en restant avait été de pouvoir veiller à la sûreté de M. Jarvie, parce qu'ayant été son subordonné lorsqu'il était porte-clefs de la prison de Glascow, il croyait par ses principes de fidélité devoir le protéger.

Après environ une heure de marche très rapide, nous arrivâmes à une éminence couverte de broussailles, qui commandait tous les environs, et d'où nous découvrîmes le poste qu'occupait la milice du comté de Lennox. Comme ce détachement était principalement composé de cavalerie, il ne s'était pas engagé dans le défilé où le capitaine Thornton avait été si malheureusement surpris. La position était bien choisie militairement sur le penchant d'une colline, au milieu de la petite vallée d'Aberfoil, où circulait le Forth, encore près de sa source. Cette vallée était formée par deux chaînes de hauteurs qui présentaient pour premières barrières des roches calcaires, entremêlées d'énormes masses de brèches, ou cailloux incrustés dans une terre plus molle, que le temps a durcie peu à peu comme du ciment; plus au loin se montraient les sommets des monts plus élevés. Ces limites cependant laissaient entre elles une vallée assez large pour que la cavalerie n'eût à craindre aucune surprise de la part des montagnards. On avait placé de tous côtés des sentinelles et des avant-postes, de manière qu'à la moindre alarme la troupe aurait eu le temps de prendre les armes et de se former en bataille. Il est vrai qu'on ne croyait pas alors que les Highlanders osassent attaquer la cavalerie en rase campagne, quoiqu'on ait appris depuis ce temps qu'ils pouvaient le faire avec succès. A cette époque, les montagnards avaient encore une crainte presque superstitieuse de la cavalerie, et croyaient que les chevaux étaient dressés à combattre eux-mêmes des pieds et des dents, d'autant plus que les chevaux d'escadron avaient un air plus farouche et plus imposant que celui des petits *shelties* de leurs montagnes.

Les chevaux attachés à des piquets et paissant dans le vallon; les soldats, les uns assis, les autres se promenant sur les bords rians de la rivière en différens groupes, et les rochers nus et pittoresques, bornes latérales du paysage, formaient le premier plan d'un tableau enchanteur, tandis que plus loin, vers l'orient, les yeux apercevaient le lac de Menteith, et moins distinctement le château de Stirling avec les montagnes bleues d'Ochill, qui terminaient la perspective.

Après avoir contemplé un instant cette scène, le jeune Mac-Gregor me dit de descendre jusqu'au poste de la milice pour m'acquitter de ma mission auprès du commandant. Il m'enjoignit avec un geste menaçant de ne dire ni quels avaient été mes guides, ni en quel lieu je les avais quittés. Ayant reçu ces dernières instructions, je m'avançai vers le premier poste militaire, suivi d'André, qui, n'ayant conservé du costume anglais que ses culottes et sa chemise, sans chapeau, les jambes nues, avec des brogues aux pieds, présent que lui avait fait Dougal par compassion, et un vieux plaid en haillons, pour suppléer aux vêtemens qui naguère couvraient ses épaules, semblait être un échappé de Bedlam jouant le rôle d'un montagnard. Une vedette ne tarda pas à nous apercevoir, et nous cria de nous arrêter en nous présentant le bout de sa carabine. J'obéis à l'instant; et, quand le soldat fut près de moi, je le priai de me conduire devant l'officier commandant. Je me trouvai bientôt au milieu d'un cercle d'officiers assis sur le gazon, parmi lesquels il s'en trouvait un qui paraissait être d'un rang supérieur. Il portait une cuirasse d'acier poli, sur laquelle étaient gravés les emblèmes de l'ancien ordre écossais de Saint-André, vulgairement dit *du chardon*. Je reconnus dans ce groupe le major Galbraith, qui semblait recevoir les ordres de ce personnage, de même qu'un grand nombre d'officiers dont il était entouré, les uns en uniforme, les autres en habits bourgeois, mais tous bien armés. A quelques pas étaient plusieurs domestiques portant une riche livrée.

Ayant salué ce seigneur avec le respect que son rang semblait exiger, je l'informai que le hasard m'avait rendu témoin involontaire de la défaite des troupes du roi, commandées par le capitaine Thornton, dans le défilé de Loch-Ard, car j'avais appris que tel était le nom du lieu où le combat avait été livré; que cet officier, plusieurs de ses soldats et le bailli de Glascow, mon compagnon de voyage, étaient restés entre les mains des Highlanders, et que ceux-ci menaçaient de faire périr cruellement leurs prisonniers, et de commettre les plus affreux ravages dans le comté de Lennox, à moins qu'on ne leur rendît sur-le-champ leur Chef sain et sauf.

Le duc, car on désignait par ce titre celui à qui je m'adressais, m'écouta sans m'interrompre, et me répondit qu'il aurait le plus grand regret d'exposer les infortunés prisonniers à la cruauté des barbares entre les mains desquels ils avaient eu le malheur de tomber; mais qu'aucun motif ne pourrait le déterminer à remettre en liberté l'instigateur de tous ces désordres, et à l'encourager ainsi à continuer ses brigandages. — Vous pouvez retourner vers ceux qui vous ont envoyé, et les informer que demain, à la pointe du jour, je ferai pendre bien certainement Rob-Roy Campbell, qu'ils nomment Mac-Gregor, comme un proscrit pris les armes à la main, et qui a mille fois mérité la mort; que je me croirais indigne de la place que j'occupe, si j'agissais autrement; que j'ai les moyens d'empêcher l'exécution de leurs menaces contre le comté de Lennox, et que, s'ils maltraitent en aucune manière les infortunés qui sont en leur pouvoir, j'en tirerai une vengeance si éclatante que même les pierres de leurs rochers en pousseront des gémissemens pendant un siècle.

Je lui représentai humblement le danger imminent auquel m'exposerait l'honorable mission qu'il voulait bien me confier; sur quoi il me répondit que je pouvais en charger mon valet.

Dès qu'André entendit ces mots, sans attendre ma réponse, et sans être arrêté par aucun sentiment de respect, il s'écria :

— J'aimerais mieux qu'on me coupât les jambes, Dieu me préserve! que de les faire servir à me porter encore dans ces maudites montagnes! Croit-on que je trouve dans ma poche un autre cou quand un de ces chiens de montagnards m'aura coupé le mien? ou que je puisse nager comme une grenouille quand ils m'auront jeté dans un lac des Highlands pieds et poings liés? Non, non, chacun pour soi, et Dieu pour tous! Ceux qui ont à se plaindre de Rob-Roy, ou qui ont des affaires avec lui, peuvent faire leurs commissions eux-mêmes. Il n'a jamais approché de la paroisse de Dreep-Daily, et il ne m'a volé ni poire ni pepin.

Ce ne fut pas sans peine que je réduisis mon valet au silence. Alors je représentai vivement au duc le danger certain auquel seraient exposés le capitaine Thornton, ses soldats et M. Jarvie, et le suppliai de me charger d'un message qui pût leur sauver la vie. Je l'assurai qu'aucun danger ne m'effraierait quand il s'agirait de leur rendre service; mais que, d'après tout ce dont j'avais été témoin, il n'y avait pas le moindre doute qu'ils ne fussent tous massacrés à l'instant où les montagnards apprendraient la mort de leur Chef.

Le duc parut douloureusement affecté. Il se leva, réfléchit un instant, et me dit : — C'est une circonstance bien pénible ! J'en suis pénétré de chagrin ; mais je ne puis transiger avec mon devoir, et il faut que Rob-Roy périsse.

Je ne pus entendre sans émotion cette sentence de mort contre Campbell, qui m'avait déjà rendu plusieurs services, et je n'étais pas le seul à en être mécontent ; car plusieurs officiers de milice (du comté de Lennox) parlèrent alors au duc en sa faveur. — Il vaudrait mieux, lui dirent-ils, l'envoyer au château de Stirling, et se contenter de l'y garder comme otage jusqu'à la dispersion de sa troupe. Faut-il exposer le pays au pillage ? Maintenant que les longues nuits approchent, il sera difficile de l'empêcher, car il est impossible de garder tous les points, et les montagnards ne manquent jamais d'attaquer ceux où ils savent qu'ils trouvent moins de résistance. Est-il possible d'ailleurs de laisser les malheureux prisonniers exposés à la cruauté de ces sauvages ? On ne peut douter qu'ils n'exécutent la menace qu'ils font de les massacrer pour satisfaire leur vengeance. Galbraith de Garschattachin alla encore plus loin, se fiant, dit-il, en l'honneur de celui à qui il parlait, quoiqu'il sût fort bien qu'il avait des motifs particuliers de ressentiment contre Rob-Roy.

— Quoique ce soit un mauvais voisin pour les basses-terres, et surtout pour Votre Grâce, et quoiqu'il ait porté le métier de pillage plus loin que personne, cependant Rob-Roy était autrefois un homme sage et industrieux. Il est peut-être encore possible de lui faire entendre raison, au lieu que sa femme et ses enfans sont des diables sans crainte et sans pitié, et, à la tête de leur bande de coquins, ils feront au pays plus de mal que Rob ne lui en aurait jamais fait.

— Bah! bah! dit le duc, c'est précisément le bon sens et l'adresse de cet homme qui ont si long-temps fait sa force. Un brigand montagnard ordinaire aurait été réduit en moins de semaines qu'il n'a fallu d'années pour s'emparer de celui-ci. Privée de son Chef, sa bande ne sera pas long-temps à craindre. C'est une guêpe sans tête; elle a pu avoir le pouvoir de piquer de son aiguillon, mais elle ne tardera pas à être écrasée et anéantie.

Garschattachin ne se laissait pas si facilement réduire au silence.

— Bien certainement, milord, répliqua-t-il, je suis très loin de favoriser Rob : je ne suis pas plus son ami qu'il n'est le mien, car il a deux fois vidé mes étables, sans parler de celles de mes tenanciers; et cependant....

— Et cependant, Galbraith, reprit le duc en souriant avec une expression particulière, vous croyez pouvoir pardonner à l'ami de vos amis la liberté qu'il a prise. Car on prétend que Rob n'est pas l'ennemi des amis que le major Galbraith peut avoir sur le continent.

— Si cela est, milord, répondit Galbraith sur le même ton, ce n'est pas ce qu'on peut dire de pire sur son compte. Mais je voudrais que nous eussions quelques nouvelles des clans que nous avons attendus si long-temps. Fasse le ciel qu'ils nous tiennent parole! Je ne m'y fie pas : les ours n'attaquent pas les ours.

— Je suis sans inquiétude. Iverach et Inverashalloch sont connus pour des hommes d'honneur. Quoiqu'ils soient en retard, je ne puis croire qu'ils manquent au rendez-vous. Envoyez deux cavaliers pour voir s'ils arrivent : nous ne pouvons sans eux risquer l'attaque du défilé qui a été si funeste au capitaine Thornton, et où, à ma connaissance, dix fantassins pourraient tenir contre le meilleur régiment de cavalerie de toute l'Europe. En attendant, faites distribuer des vivres à la troupe.

Je profitai de ce dernier ordre, très nécessaire et très agréable pour moi, car je n'avais rien mangé depuis le souper que nous avions pris la veille à Aberfoil, et le soleil commençait à s'approcher du terme de sa carrière journalière. Les vedettes qu'on avait dépêchées revinrent sans avoir rencontré les auxiliaires attendus; mais presque au même instant arriva un Highlander qui appartenait à un de leurs clans, et qui était porteur d'une lettre qu'il remit au duc d'un air respectueux.

— Je parierais un quartaut de la meilleure eau-de-vie, dit Galbraith, que c'est un message pour nous avertir que ces maudits montagnards, que nous avons eu tant de peine et de tourment à faire venir, nous abandonnent et nous laissent le soin de nous tirer d'affaire comme nous le pourrons.

— C'est cela même, messieurs, s'écria le duc, rougissant d'indignation, après avoir lu la lettre, écrite sur un mauvais chiffon de papier, mais adressée avec tout le cérémonial d'usage à *très haut et très puissant prince le duc de...* Nos alliés nous ont abandonnés, messieurs, continua le duc; ils ont fait une paix séparée avec l'ennemi.

— C'est ce qui arrive dans toutes les alliances, dit Galbraith. Les Hollandais nous auraient joué le même tour, si nous ne les avions prévenus à Utrecht.

— Vous êtes facétieux, monsieur, s'écria le duc d'un ton qui prouvait que la plaisanterie ne lui plaisait point; l'affaire qui nous occupe est pourtant d'un genre très sérieux. Je ne crois pas que personne soit d'avis que nous nous engagions plus avant dans ce pays sans être soutenus par de l'infanterie?

Chacun s'empressa de répondre que ce serait une démence complète.

— Il ne serait guère plus sage, reprit le duc, de rester ici exposés à une attaque nocturne. Il faut donc faire notre retraite sur le château de Duchray et sur celui de Gartartan, et y faire bonne garde toute la nuit. Mais avant de nous retirer, je veux interroger Rob-Roy en votre présence, pour vous convaincre combien il serait impolitique de lui rendre une liberté dont il ne se servirait que pour continuer à être la terreur et le fléau du pays.

Il donna ses ordres pour que le prisonnier fût amené devant lui. Rob-Roy arriva entre deux sergens, escorté de six soldats la baïonnette au bout du fusil. Ses bras étaient liés ensemble jusqu'au coude, et assujettis contre son corps par le moyen d'une sangle de cheval.

Je ne l'avais jamais vu revêtu du costume de son pays. Une forêt de cheveux roux qui couvraient sa tête, et qu'il cachait sous une perruque lorsqu'il sortait de ses montagnes, justifiait le surnom de Roy ou *le Roux* que lui avaient donné les habitans des Lowlands, et qu'ils n'ont sûrement pas encore oublié. On reconnaissait encore mieux la justesse de cette épithète en jetant les yeux sur la partie de ses membres que le kilt des Highlands laissait à nu. Ses jambes, ses cuisses, et surtout ses genoux, étaient entièrement couverts d'un poil roux, court et épais, semblable à celui des bœufs de ce pays. L'effet que produisait ce changement de costume, et la connaissance que j'avais acquise de son véritable caractère, contribuèrent également à le faire paraître à mes yeux plus sauvage et plus farouche qu'il ne m'avait paru l'être auparavant, et je l'aurais à peine reconnu si je n'eusse été prévenu d'avance que c'était lui.

Quoique dans les fers, il avait la tête haute, l'air fier, et un maintien plein de dignité. Il salua le duc, fit un signe de tête à Galbraith et à quelques autres, et montra quelque surprise en me voyant parmi eux.

— Il y a long-temps que nous ne nous sommes vus, M. Campbell, dit le duc.

— Cela est vrai, milord. J'aurais désiré, ajouta-t-il en jetant les yeux sur ses bras liés et sur le fourreau de sa claymore; j'aurais désiré que cette entrevue eût eu lieu dans un moment où j'aurais pu offrir à Votre Grâce les complimens que je lui dois. Mais il faut compter un peu sur l'avenir.

— Il n'y a rien de tel que le présent, M. Campbell, car les heures qui vous restent pour régler vos affaires dans ce monde s'écoulent rapidement. Je ne vous parle pas ainsi pour insulter à votre malheur; mais vous devez sentir vous-même que vous touchez à la fin de votre carrière. Je ne nie pas qu'en certaines occasions vous n'ayez fait moins de mal que certains autres chefs montagnards; que vous n'ayez quelquefois donné des preuves de talent et même de dispositions qui faisaient concevoir de meilleures espérances. Mais vous avez été si long-temps la terreur et le fléau d'un voisinage paisible; vous avez usurpé, maintenu et étendu votre autorité par tant d'actes de violence arbitraire, que vous avez appelé la proscription sur votre tête. En un mot, vous savez que vous avez mérité la mort, et il faut vous y préparer.

— Milord, je pourrais rejeter sur vous une partie des reproches que vous me faites. Cependant je ne dirai jamais que vous ayez été personnellement et volontairement la cause première de mes malheurs. Si j'avais cru que vous l'eussiez été, milord, je ne vous entendrais pas aujourd'hui prononcer une sentence contre moi. Je vous ai vu trois fois à portée de ma carabine, quand vous ne pensiez qu'à chasser le daim; et personne n'ignore que je manque rarement mon but. Quant à ceux qui vous ont trompé, qui ont excité votre ressentiment contre un homme jadis aussi paisible que qui que ce fût dans nos montagnes, qui ont fait de votre nom le signal de ma ruine et de mon désespoir, je leur ai déjà payé une partie de mes dettes; et comme je vous le disais, milord, j'espère que l'avenir me réserve encore les moyens de continuer à m'acquitter envers eux.

— Je sais, s'écria le duc, dont la bile commençait à s'échauffer, que vous êtes un scélérat impudent et déterminé, et qui tiendra son serment s'il jure de faire le mal; mais comptez sur mes soins pour vous en empêcher. Vous n'avez d'autres ennemis que vos crimes.

— Vous m'en parleriez moins, dit Rob-Roy avec audace, si j'avais porté le nom de Grahame au lieu de celui de Campbell [1].

— Vous ferez bien, monsieur, d'avertir votre femme et votre famille de bien prendre garde à la manière dont on traitera les prisonniers qui sont en ce moment en leur pouvoir. Je leur rendrai au centuple, à eux, à leurs parens et à leurs amis, le mal qu'ils se permettront de leur faire.

— Mes ennemis seuls, milord, peuvent dire que j'aie jamais été altéré de sang. Si j'étais à la tête de mes gens, je ferais exécuter mes ordres par cinq cents montagnards armés, plus facilement que vous ne vous faites obéir par ces huit ou dix valets; mais si Votre Grâce est déterminée à couper la souche de la famille, il y aura du désordre parmi les branches. Quoi qu'il en soit, il y a là-bas un brave homme, un de mes parens; je ne veux pas qu'il lui arrive malheur. Y a-t-il ici quelqu'un qui veuille rendre service à Mac-Gregor? Il peut le bien payer, quoiqu'il ait les mains liées.

— Parlez, Mac-Gregor, s'écria le Highlander qui avait apporté la lettre, je suis prêt à aller dans vos montagnes, s'il le faut.

Il s'avança vers lui, et en reçut un message verbal pour sa belliqueuse épouse. Comme Rob-Roy s'expliquait dans sa langue, je n'entendis pas ce qu'il disait, mais je ne doutai pas un instant qu'il ne prît des mesures pour la sûreté de M. Jarvie.

— Entendez-vous l'impudence du coquin! s'écria le duc. Il croit que la lettre qu'il m'a apportée lui donne le caractère d'ambassadeur. Au surplus sa conduite est digne de celle de ses maîtres qui nous invitent à faire cause commune contre ces brigands, et qui nous abandonnent dès

---

(1) Le duc, que l'auteur ne nomme pas, était le duc de Montrose. — Éd.

qu'ils ont arrangé leur querelle particulière avec eux au sujet des terres de Balquiddar.

> Méfiez-vous des plaids et des trews de tartan,
> Comme un caméléon ils changent très souvent.

— C'est ce que n'eût jamais dit votre illustre ancêtre[1], milord, dit le major Galbraith ; sauf votre respect, Votre Grâce n'aurait point à le dire si vous vouliez commencer par être juste envers qui de droit : — rendez à l'honnête homme ce qui lui appartient, — que chaque tête porte le *chapeau* qui lui est propre, et le Lennox recouvrera la tranquillité[2].

— Paix, Galbraith, paix ! vous ne pouvez sans danger tenir un pareil langage à personne, surtout à moi ; mais je présume que vous vous regardez comme un homme privilégié. Conduisez votre troupe à Gartartan ; j'escorterai moi-même le prisonnier à Duchray, et je vous enverrai demain mes ordres. Vous voudrez bien n'accorder de permission d'absence à aucun de vos soldats.

— Allons, des ordres, des contre-ordres, murmura Galbraith entre ses dents. Mais patience, patience, nous pourrons jouer à — changez de place, le roi revient[3].

Les deux troupes de cavalerie se formèrent alors, et se disposèrent à se mettre en marche, afin de profiter d'un reste de jour pour se rendre dans leur cantonnement. Je reçus l'ordre plutôt que l'invitation de suivre celle du duc, et je m'aperçus que, quoiqu'on ne me traitât pas en prisonnier, on me tenait pour suspect et l'on avait l'œil sur moi. Il est vrai qu'on était alors environné de dangers. Les querelles de parti entre les jacobites et les Hanovriens divisaient tous les esprits ; les haines qui régnaient entre les Highlands et les Lowlands, sans compter mainte autre cause inexplicable de discorde héréditaire qui rendaient les familles puissantes d'Ecosse ennemies les unes des au-

---

(1) Le marquis de Montrose. — Ed.
(2) On comprend aisément les allusions jacobites de cette phrase. — Ed
(3) Aux quatre coins. — Ed.

tres : tous ces motifs faisaient qu'un voyageur isolé, inconnu et sans protection, terminait rarement sa course sans être exposé à quelque désagrément. Je me soumis à ma destinée d'aussi bonne grâce que je le pus, et je me consolai par l'espérance que pendant la marche je pourrais obtenir du prisonnier quelques renseignemens sur Rashleigh et ses intrigues. Je serais pourtant injuste envers moi-même si je n'ajoutais que mes vues n'étaient pas tout-à-fait celles d'un égoïste. Je prenais trop d'intérêt au sort du malheureux captif pour ne pas désirer de lui rendre tous les services que sa situation exigeait, et qu'il pouvait m'être permis de lui accorder.

CHAPITRE XXXIII.

> « Arrivé sur le vieux pont,
> « Il se précipite à la nage;
> « Son pied touche le gazon,
> « Il s'enfuit le long du rivage. »
> *Gil Morrice.*

Les échos des rochers et des ravines des deux côtés de la vallée répondirent aux trompettes de la cavalerie, qui, se divisant en deux corps distincts, se mit en marche au petit trot. Celui que commandait le major Galbraith ne tarda pas à tourner à gauche en traversant le Forth, pour prendre, me dit-on, ses quartiers de nuit dans un vieux château situé dans le voisinage. Ce corps, en traversant la route, présentait un tableau animé; mais nous le perdîmes bientôt de vue dans les détours de la rive opposée, qui était couverte de bois.

Le détachement commandé par le duc en personne continua sa marche en très bon ordre. Pour ôter au prisonnier tout moyen de s'échapper, il le fit placer en croupe derrière un soldat nommé Ewan, de Brigglands, l'homme le plus grand et le plus vigoureux de toute sa troupe. Une sangle qui les entourait tous deux, et qui était attachée par une boucle sur la poitrine du soldat, ôtait à Rob-Roy la possibilité de tromper la vigilance de son gardien. On m'avait fourni un cheval, et l'on me donna ordre de marcher à leur côté. Nous formions le centre d'un peloton chargé spécialement de veiller sur le prisonnier, et dont chaque homme avait en main un pistolet. André, à qui l'on avait fourni un poney des Highlands, reçut la permission de se ranger parmi les domestiques, dont un assez grand nombre suivaient le détachement sans se confondre avec la troupe.

Nous marchâmes ainsi pendant plus d'une heure. Enfin nous arrivâmes au gué où nous devions aussi traverser le Forth. Ce fleuve, étant formé par le trop-plein d'un lac, a un lit très profond, même dans les endroits où il a le moins de largeur. On ne pouvait arriver sur ses bords que par une descente aussi rapide qu'étroite, et qui ne permettait pas à deux cavaliers d'y passer de front. Le centre et l'arrière-garde du corps s'arrêtèrent donc, tandis que les premiers rangs effectuaient le passage tour à tour. Il en résulta un délai considérable, et même quelque confusion, car quelques uns de ces cavaliers, qui ne faisaient point partie, à proprement parler, de l'escadron, se pressèrent irrégulièrement vers le gué, et entraînèrent un peu dans leur désordre la cavalerie de milice, quelque bien exercée qu'elle fût à la discipline militaire.

Ce fut en ce moment que j'entendis Rob-Roy dire à voix basse au cavalier auquel il se trouvait trop étroitement lié :
— Votre père, Ewan, n'aurait pas conduit ainsi un ancien ami à la boucherie, comme un veau, pour tous les ducs de la chrétienté.

Ewan ne répondit que par un mouvement d'épaules qui semblait dire que c'était bien malgré lui qu'il agissait ainsi.

— Et quand les Mac-Gregors descendront de leurs montagnes, Ewan, quand vous verrez vos étables pillées, le sang répandu sur votre foyer, et votre maison incendiée, vous penserez alors que, si votre ami Rob-Roy eût été à leur tête, il vous aurait épargné tous ces malheurs.

Ewan de Brigglands ne répondit encore que par le même geste, accompagné d'un profond soupir.

— N'est-ce pas une chose déplorable, continua Rob en ménageant sa voix de manière qu'excepté l'oreille d'Ewan, la mienne était la seule qui pût l'entendre ; n'est-ce pas une chose lamentable que de voir Ewan de Brigglands, que Rob-Roy Mac-Gregor a si souvent secouru de son bras et de sa bourse, faire plus de cas du regard favorable d'un duc que de la vie d'un ami ?

Ewan paraissait fort agité, mais il garda toujours le silence.

En ce moment nous entendîmes le duc s'écrier sur l'autre rive : — Qu'on amène le prisonnier.

Ewan fit avancer son cheval, et j'entendis encore Rob-Roy lui dire : — Ne mettez jamais en balance le sang de Mac-Gregor contre quelques coups de lanière que vous pouvez risquer pour le sauver, car il y aura un compte terrible à en rendre en ce monde et en l'autre.

Ewan avançait toujours ; il entra dans la rivière avec une certaine précipitation. Je le suivais pour la traverser après lui quand plusieurs soldats m'arrêtèrent en criant : — Pas encore, monsieur, pas encore ! et retenant mon cheval par la bride, ils me firent rester sur la rive.

Le soleil avait disparu de l'horizon ; et à la faible lumière du crépuscule je voyais le duc occupé à établir l'ordre parmi les soldats à mesure qu'ils avaient traversé la rivière les uns plus haut, les autres plus bas, suivant que leurs chevaux avaient plus ou moins de force pour résister au courant. Tout-à-coup un bruit semblable à celui d'une masse qui tombe soudain dans l'eau frappa mes oreilles, et j'en conclus sur-le-champ que l'éloquence de Rob-Roy avait déterminé Ewan à lui donner une chance pour échapper à la mort, et qu'il avait cherché son salut dans le sein du Forth. Le duc l'entendit comme moi, et courant sur le bord du rivage :

— Chien ! cria-t-il à Ewan qui venait de prendre terre, où est votre prisonnier ? Et, sans attendre la réponse que celui-ci se préparait à lui faire, il lui tira un coup de pistolet. Mais ils étaient environnés d'un grand nombre de cavaliers, et je ne sus jamais s'il avait été atteint. Messieurs, cria le duc à sa troupe, dispersez-vous. Cent guinées de récompense pour celui qui m'amènera Rob-Roy.

A l'instant tout ne fut plus que confusion sur les deux rives. Rob-Roy, dégagé de ses liens, sans doute parce que Ewan avait débouclé la courroie qui le retenait, s'était précipité dans le Forth, et y nageait entre deux eaux ; mais, comme il fut obligé de reparaître un instant à la surface pour respirer, son plaid attira l'attention des soldats. Plusieurs d'entre eux firent aussitôt entrer leurs chevaux dans la rivière, mais au-delà du gué elle était aussi rapide que profonde, les chevaux perdirent pied, quelques uns se noyèrent, et plusieurs des cavaliers faillirent partager le même sort. D'autres, moins zélés et plus prudens, se contentèrent de rester sur la rive et de guetter l'instant où le fugitif sortirait de l'eau, pour le saisir. Les cris de ceux qui risquaient de se noyer et qui imploraient du secours, la vue d'un grand nombre de cavaliers qui couraient çà et là, les efforts des officiers pour rétablir un peu d'ordre, l'obscurité qui croissait de moment en moment : tout concourait à former le spectacle de confusion le plus extraordinaire que j'eusse jamais vu. J'étais seul occupé à l'observer ; car toute la cavalerie était dispersée, les uns pour chercher le fugitif, les autres pour voir s'il réussirait à se sauver ; quelques uns même pour favoriser sa fuite ; car, comme je l'appris dans la suite, plusieurs de ceux qui semblaient apporter le plus d'ardeur à s'emparer de sa personne ne désiraient rien moins que l'arrêter, et n'avaient d'autre but que d'augmenter la confusion générale, de donner une fausse direction aux poursuites de leurs camarades, et d'augmenter par là les chances de salut qui restaient à Rob-Roy.

Il ne fut pas très difficile à un nageur aussi habile que l'était Mac-Gregor d'échapper à ses ennemis dès qu'il se fut dérobé à leur première poursuite. Il courait pourtant de grands dangers ; car de même que la loutre pressée par les chiens, et qui cherche à les éviter en plongeant, comme je l'avais vu plus d'une fois à Osbaldistone-Hall, est forcée de montrer de temps en temps son museau hors de l'eau pour renouveler sa provision d'air ; ainsi Rob-Roy, qui, forcé par le besoin de respirer, avait déjà reparu une fois à la surface de l'eau, ne pouvait tarder bien long-temps à s'y montrer encore, et tous, les yeux fixés sur la rivière, attendaient ce moment avec impatience. Mais il eut recours à un stratagème que la loutre ne peut employer, et qui lui réussit. Etant parvenu à se débarrasser de son plaid, il l'abandonna au cours de l'eau, et ce vêtement ayant été aperçu attira sur-le-champ l'attention générale, et fut criblé de coups de fusil. On se mit à la nage pour s'en emparer ; et pendant ce temps-là Mac-Gregor était déjà bien loin.

Dès qu'on l'eut perdu de vue, on reconnut l'impossibilité de retrouver le fugitif. La rivière devenait inaccessible en certains endroits par la hauteur de ses rives, qui dans d'autres étaient couvertes de buissons épais qui ne permettaient pas aux chevaux d'en approcher, et qui fournissaient à celui qu'on cherchait toutes les facilités possibles pour se soustraire aux poursuites. Une nuit profonde vint encore ajouter de nouveaux obstacles. Enfin les trompettes, en sonnant la retraite, annoncèrent que l'officier commandant, quoique bien à contre-cœur, renonçait à l'espoir de reprendre le prisonnier qui venait de lui échapper si inopinément. Les cavaliers commencèrent à se rassembler lentement, se querellant les uns les autres, et regrettant la riche prise qu'ils avaient manquée. Je vis ceux qui étaient de l'autre côté de la rivière former leurs rangs, et ceux qui ne l'avaient pas encore passée reprendre le chemin du gué pour la traverser.

Jusque là je n'avais joué que le rôle de spectateur, quoique bien loin d'être indifférent à ce qui se passait. Mais tout-à-coup j'entendis à quelques pas de moi une voix rauque s'écrier :

— Où est donc l'étranger anglais ? C'est lui qui a donné à Rob-Roy un couteau pour couper la courroie.

— Il faut lui fendre le crâne jusqu'à la mâchoire, s'écria une voix.

— Il faut lui envoyer une paire de balles dans la cervelle, reprit une autre.

— Ou lui enfoncer trois pouces d'acier dans le cœur, dit une quatrième.

J'entendais les pas des chevaux qui s'approchaient de plusieurs côtés, et ce bruit me rappela le danger de ma situation. Je ne doutais nullement que des gens armés, dont les passions irritées n'étaient réprimées par aucun frein, n'exécutassent leurs menaces, et ne me punissent d'abord d'un crime imaginaire, sauf à examiner ensuite si je l'avais commis. Frappé de cette idée, je me laissai glisser à bas de mon cheval, et je m'enfonçai dans un taillis, espérant que les ténèbres me déroberaient aux yeux de ceux qui voudraient me suivre. Si j'avais été assez près du duc pour recourir à sa protection, je n'aurais pas pris le parti de me cacher ; mais il était déjà en marche à la tête de son avant-garde de l'autre côté de la rivière, et je ne voyais sur la rive où je me trouvais aucun officier dont j'osasse réclamer l'interposition. En de pareilles circonstances, je ne crus donc pas devoir me faire un point d'honneur d'exposer inutilement ma vie.

Lorsque le tumulte fut apaisé, et que je n'entendis plus le bruit des chevaux que dans le lointain, ma première pensée fut de chercher à gagner le quartier-général du duc, où le rétablissement de la tranquillité et de la discipline ne me laisserait plus rien à craindre de la première fureur du soldat, et de me livrer à lui comme un sujet loyal qui n'avait rien à craindre de la justice, et comme un étranger qui avait droit à sa protection et à l'hospitalité.

Je quittai ma retraite dans ce dessein. L'obscurité était complète; tous les cavaliers avaient passé le Forth, et le son des trompettes, que j'entendais de loin, pouvait guider ma marche du même côté. Je trouvai pourtant de grands obstacles à l'exécution de ce dessein. Je n'avais plus de cheval, et je n'étais pas tenté d'essayer de traverser à pied un gué où les chevaux avaient de l'eau jusqu'à la selle, et où j'en avais vu plusieurs entraînés par la force du courant. Si pourtant je ne prenais pas ce parti, il ne me restait d'autre ressource que de terminer les fatigues de ce jour et de la nuit qui l'avait précédé en rentrant dans le pays des montagnards.

Après un moment de réflexion, je pensai qu'André Fairservice, suivant sa louable coutume de songer à sa sûreté avant toutes choses, aurait traversé le gué avec les autres domestiques, et sans doute un des premiers; qu'il ne manquerait pas d'apprendre au duc, et à quiconque voudrait l'entendre, mon nom, ma situation dans le monde, et tout ce qu'il savait de mon histoire; qu'en conséquence le soin de ma réputation n'exigeait pas que je me montrasse sur-le-champ, au risque de me noyer en voulant traverser le Forth, ou de me faire massacrer par quelque traînard, qui croirait par un tel service se faire pardonner de n'avoir pas plus tôt rejoint les rangs; ou bien, si j'échappais à ces deux dangers, d'errer au hasard toute la nuit, le son des trompettes n'arrivant plus alors jusqu'à moi.

Je résolus donc de retourner à la petite auberge où j'avais passé la nuit précédente. Je n'avais rien à craindre de Rob-Roy. Il était bien certainement en liberté; et si je tombais entre les mains de quelques uns de ses gens, cette nouvelle que je leur apprendrais m'assurerait sans doute leur protection. Je ne pouvais d'ailleurs songer à abandonner M. Jarvie dans la position délicate où il se trouvait, et où il s'était engagé en grande partie pour moi. Enfin ce n'était qu'en revoyant Rob-Roy que je pouvais espérer d'avoir quelques nouvelles de Rashleigh, et de recouvrer les papiers de mon père, motif qui m'avait seul déterminé à une expédition suivie de tant de dangers. J'abandonnai donc toute idée de traverser le Forth, et je repris le chemin du petit village d'Aberfoil.

Un vent très vif, qui se faisait entendre et sentir de temps en temps, écarta l'épais brouillard qui aurait pu autrement dormir immobile sur la vallée jusqu'au matin : quoiqu'il ne pût complètement disperser ces nuages de vapeur, cependant il les divisa en masses confuses, tantôt s'amoncelant autour de la cime des monts, et tantôt remplissant comme des flots de fumée les divers enfoncemens où des masses de brèches détachées des hauteurs se sont précipitées, laissant dans le vallon, profondément déchiré par leur passage, les traces d'une ravine semblable à celle que forment les eaux grossies d'un torrent. La lune, qui était dans son plein, et qui brillait avec tout l'éclat que lui prête une atmosphère glaciale, argentait les détours de la rivière, ainsi que les saillies et les pics des rochers que le brouillard ne cachait pas, tandis que les rayons semblaient comme absorbés par le blanc tissu des vapeurs, là où elles étaient encore épaisses et condensées ; çà et là quelques parties plus légères se laissaient davantage pénétrer par ses molles clartés qui leur donnaient l'apparence d'un voile de gaze transparente.

Malgré l'incertitude de ma situation, un spectacle si romantique, joint à l'active influence du froid de la nuit, releva mes esprits abattus en rendant la vigueur à mes membres ; je me sentis disposé à oublier mes soucis, à mépriser les périls qui pouvaient encore m'attendre, et je me mis à siffler sans y penser, comme pour accompagner la cadence de mes pas, que l'impression du froid me fit accélérer. Je jouissais davantage du sentiment de la vie, à mesure que je reprenais confiance en mon courage et en mes propres forces, et j'étais tellement absorbé dans mes pensées, que deux personnes à cheval arrivèrent derrière moi sans que je m'en aperçusse avant qu'elles fussent à mes côtés.

— Hé! l'ami, me dit l'un d'eux en ralentissant la marche de son cheval, où allez-vous si tard?

— Chercher un gîte et un souper à Aberfoil.

— Les passages sont-ils libres? me demanda-t-il d'un ton d'autorité.

— Je l'ignore. Je le saurai quand j'y serai arrivé. Mais si vous êtes étrangers dans ce pays, je vous conseille d'attendre le jour pour continuer votre route. Ces environs ne sont pas sûrs, ils ont été ce matin le théâtre d'une scène sanglante.

— Les soldats n'ont-ils pas été battus?

— Oui, tout ce qui composait le détachement a été tué ou fait prisonnier.

— En êtes-vous bien sûr?

— Aussi sûr que je le suis de vous parler. J'ai été témoin involontaire du combat.

— Involontaire! N'y avez-vous donc pris aucune part?

— Non. J'étais retenu prisonnier par le capitaine des troupes du roi.

— Et pour quel motif? Qui êtes-vous? Quel est votre nom? Que faites-vous en ce pays?

— Je ne sais, monsieur, pourquoi je répondrais à tant de questions faites par un inconnu. Je vous en ai dit assez pour vous convaincre que vous ne pouvez traverser ce pays sans courir quelques dangers. Si vous jugez devoir continuer votre route, c'est votre affaire; mais, comme je ne vous fais pas de questions sur votre nom et sur les motifs de votre voyage, vous m'obligerez de ne m'en adresser aucune.

— M. Francis Osbaldistone, dit l'autre cavalier d'une voix qui me fit tressaillir jusqu'au fond de l'âme, ne devrait pas siffler ses airs favoris quand il désire ne pas être reconnu.

Et Diana Vernon, car c'était elle, enveloppée d'un grand manteau, qui venait de me parler, se mit à siffler, comme pour m'imiter en riant, la seconde partie de l'air que son approche avait interrompu.

— Juste ciel! m'écriai-je ne pouvant retenir l'expression de ma surprise, est-il possible que ce soit vous, miss Vernon, que je rencontre dans un tel pays, à une telle heure, et sous un tel?...

— Sous ce déguisement masculin, allez-vous dire; mais que voulez-vous? la philosophie du caporal Nym [1] est la meilleure après tout. — Il faut laisser aller les choses, *pauca verba.*

Tandis qu'elle parlait, je cherchai, à la faveur des rayons de la lune, qui malheureusement était alors couverte d'un nuage, à distinguer les traits de son compagnon; car on peut aisément supposer que Diana voyageant dans un pays désert et dangereux, au milieu de la nuit et sous la protection d'un homme seul, c'étaient autant de circonstances faites pour éveiller ma jalousie aussi bien que mon étonnement. Je ne pus prendre pour Rashleigh celui qui l'accompagnait. Il avait la taille plus haute, la voix plus forte, le ton plus impérieux que ce premier objet de ma haine et de mes soupçons. Il ne ressemblait pas davantage à aucun de mes cousins, car on remarquait en lui ce je ne sais quoi d'indéfinissable qui fait reconnaître à la première vue un homme qui a reçu une bonne éducation.

Il s'aperçut de l'examen que je faisais de sa personne, et parut désirer de s'y soustraire.

— Diana, dit-il d'un ton d'autorité tempérée par la douceur, donnez à votre cousin ce qui lui appartient, et continuons notre route.

---

(1) C'est à ce personnage de l'*Henry V* de Shakspeare que Diana emprunte sa citation. — Ed.

Miss Vernon, tirant un portefeuille d'une poche de son porte-manteau, et se penchant sur son cheval pour me le présenter, me dit d'un ton où l'on voyait qu'un sentiment plus grave et plus profond le disputait à son habitude de s'exprimer avec gaieté et bizarrerie :

— Vous voyez, mon cher cousin, que je suis née pour être votre ange gardien. Rashleigh a été obligé de lâcher sa proie, et si nous avions pu arriver la nuit dernière à Aberfoil, comme nous nous le proposions, j'aurais chargé quelque sylphe des Highlands de vous porter ces emblèmes de richesse commerciale. Mais il se trouvait sur la route des géans et des dragons, et quoique les chevaliers errans et les demoiselles ne doivent pas plus manquer de courage aujourd'hui qu'autrefois, il ne leur convient plus comme jadis de se jeter inutilement dans le danger. Soyez aussi prudent, mon cher cousin.

— Diana, lui dit son compagnon, songez que la nuit s'avance, et que nous ne sommes pas au terme de notre voyage.

— Je viens, répondit-elle, je viens. Songez que je fais mes derniers adieux à mon cousin... Oui, Frank, derniers adieux... Un gouffre est ouvert entre nous... un gouffre de perdition absolue... Vous ne devez pas nous suivre où nous allons... vous ne devez pas prendre part à ce que nous faisons... Adieu, puissiez-vous être heureux !

En se courbant sur son cheval, qui était un poney des Highlands, sa joue toucha la mienne, et ce ne fut peut-être pas un hasard : elle me pressa la main, et une larme de ses yeux tomba sur mes joues. C'était un de ces momens qu'il est impossible de jamais oublier, où le cœur partagé entre le plus doux plaisir et la plus cruelle amertume, ne sait s'il doit se livrer à la joie ou à la douleur. Il fut bien court cependant; car, maîtrisant à l'instant le sentiment auquel elle s'était abandonnée, elle dit à son compagnon qu'elle était prête à le suivre ; et, faisant prendre le grand trot à leurs chevaux, ils disparurent bientôt à mes yeux.

J'étais plongé dans une sorte de stupeur qui ne me permit pas de répondre aux adieux de Diana. Les expressions que mon cœur me dictait ne pouvaient arriver jusqu'à mes lèvres. Interdit, désespéré, je restai sans mouvement, tenant en main le portefeuille qu'elle m'avait remis, et les regardant s'éloigner comme si j'eusse voulu compter les étincelles que faisaient jaillir les pieds de leurs chevaux. Je cherchais encore à les voir quand ils étaient invisibles pour moi, et à entendre le bruit de leur marche quand il ne pouvait plus arriver à mon oreille. Enfin je sentis mes yeux devenir humides, comme s'ils se fussent fatigués des efforts que je faisais pour apercevoir des objets que je ne pouvais plus découvrir; ma poitrine était oppressée; j'éprouvai l'angoisse du pauvre roi Lear [1]; et, m'asseyant sur le bord du chemin, je versai les larmes les plus amères qui eussent coulé de mes yeux depuis mon enfance.

CHAPITRE XXXIV.

DANGLE. — « Diable! il me semble que des deux c'est le
« commentateur qui est le plus difficile à com-
« prendre. »

SHERIDAN. *Le Critique.*

A PEINE m'étais-je abandonné à cet accès de sensibilité, que je fus honteux de ma faiblesse. Je me rappelai que depuis quelque temps j'avais tâché de ne considérer Diana Vernon, quand son image se présentait à mon souvenir, que comme une amie au bonheur de laquelle je ne cesserais jamais de prendre le plus vif intérêt, et avec qui je ne devais plus avoir de relations intimes. Mais la tendresse qu'elle venait de me montrer presque sans déguisement,

---

(1) The *historica passio* of poor Lear. Les mots latins sont empruntés à Shakspeare. — ED.

notre rencontre subite et presque romanesque dans un désert où je devais si peu m'attendre à la voir, étaient des circonstances qui m'avaient mis hors de garde. Je revins cependant à moi plus tôt qu'on n'aurait pu le croire, et, sans me donner le temps de descendre dans mon cœur pour en faire l'examen, je continuai à marcher dans le sentier où cette étrange apparition s'était présentée à mes yeux.

Elle m'avait défendu de la suivre. — Mais, pensais-je, ce n'est pas la suivre que de continuer mon voyage par le seul chemin qui me soit ouvert. Quoique les papiers de mon père m'aient été rendus, c'est un devoir pour moi de m'assurer que M. Jarvie est délivré de la situation dangereuse où je l'ai laissé, et où il ne se trouve que par suite de son amitié pour moi. D'ailleurs, où puis-je trouver un asile pour cette nuit, si ce n'est dans le petit cabaret d'Aberfoil? Sans doute ils s'y arrêteront aussi, car il est impossible que leurs chevaux les conduisent plus loin cette nuit. Je la reverrai donc encore, pour la dernière fois peut-être! Mais je la reverrai, je l'entendrai, je saurai quel est cet heureux mortel qui exerce sur elle l'autorité d'un époux. J'apprendrai si elle éprouve dans ses projets quelque difficulté que je puisse vaincre, si je puis faire quelque chose pour lui prouver la reconnaissance que m'inspirent sa générosité et son amitié désintéressée.

En raisonnant ainsi avec moi-même, je cherchais à parer des prétextes les plus plausibles le désir que j'éprouvais de revoir encore une fois ma cousine, quand je me sentis frapper sur l'épaule par un voyageur qui, quoique je marchasse assez bon pas, allait encore plus vite.

— Voilà une belle nuit, M. Osbaldistone! me dit-il; elle était plus obscure, quand nous nous sommes quittés.

Je reconnus sur-le-champ la voix de Mac-Gregor. Il avait échappé à la poursuite de ses ennemis et regagnait ses montagnes. Il avait trouvé le moyen de se procurer des armes, sans doute chez quelqu'un de ses partisans secrets, car il portait un fusil sur l'épaule, et avait, suivant son usage, à la ceinture les autres pièces de l'armure nationale des Highlands. Dans une situation ordinaire, une pareille rencontre ne m'aurait pas été fort agréable; car, quoique je n'eusse jamais eu avec lui que des relations amicales, je ne l'avais jamais entendu parler sans éprouver un frisson involontaire. Les intonations des montagnards donnent à leur voix un son dur et sourd, à cause surtout de l'expression gutturale si commune à leur langue; et d'ailleurs ils parlent ordinairement avec une sorte d'emphase. A cette particularité nationale Rob-Roy joignait un ton d'indifférence dans son accent, qui n'appartenait qu'à lui : c'était l'expression d'une âme que rien ne pouvait étonner ni abattre, et qui n'était affectée par aucun des évènemens de la vie, quelque imprévus, quelque fâcheux, quelque terribles qu'ils pussent être. Habitué aux dangers, plein de confiance en sa force et en son adresse, il était inaccessible à la crainte, et sa vie précaire et désordonnée l'avait exposé à tant de périls, qu'elle avait émoussé, quoique non entièrement détruit, sa sensibilité pour ceux que couraient les autres. On doit se rappeler aussi que j'avais vu le même jour sa troupe faire périr sans pitié un individu suppliant et désarmé.

Tel était pourtant alors l'état de mon esprit, que je m'applaudis que la compagnie de ce Chef proscrit vînt faire diversion à mes pensées. Je n'étais même pas sans espérance qu'il pourrait me fournir un fil pour sortir du labyrinthe d'idées dans lequel je me trouvais engagé. Je lui répondis donc d'un air amical, et le félicitai d'avoir pu échapper à ses ennemis dans un moment où la fuite paraissait impossible.

— Ha! ha! me dit-il, il y a autant de distance entre la potence et le cou qu'entre la coupe et la bouche. Mais je ne courais pas autant de dangers que votre qualité d'étranger vous le faisait croire. Parmi tous ces gens qu'on avait rassemblés pour me prendre, me garder et me reprendre, il y en avait une moitié qui, comme dit le cousin Nicol Jarvie, n'avait envie ni de me prendre, ni de me garder, ni de me reprendre, et un quart qui n'aurait osé me toucher, ni même m'approcher. Je n'avais donc véritablement affaire qu'au quart de toute la troupe.

— Il me semble que c'en était bien assez.

— Je n'en sais rien; mais ce que je sais bien, c'est que, s'ils veulent venir dans la vallée du clachan d'Aberfoil, je me charge de leur parler à tous, l'un après l'autre, le sabre à la main.

Il me demanda alors ce qui m'était arrivé depuis mon entrée dans nos montagnes, et il rit de bon cœur au récit que je lui fis du combat que nous avions soutenu dans l'auberge, et de la manière dont M. Jarvie s'était défendu avec un soc de charrue rougi au feu.

— Vive Glascow! s'écria-t-il : que la malédiction de Cromwell tombe sur moi, si j'aurais désiré un plus grand plaisir au monde que de voir le cousin Jarvie brandissant au bout d'un fer rouge le plaid d'Iverach, et le jetant bravement au feu ! Au surplus, ajouta-t-il d'un ton plus grave, le sang qui coule dans les veines du cousin est un sang noble. Il est bien malheureux qu'il ait été élevé dans de viles occupations qui ne peuvent que dégrader l'âme et l'esprit. A présent, vous devez savoir la raison qui m'a empêché de vous recevoir au clachan d'Aberfoil, comme j'en avais le projet. On m'avait préparé un joli filet pendant les deux ou trois jours que j'ai passés à Glascow pour les affaires du roi. Mais je crois qu'ils sont maintenant bridés par les oreilles, et il se passera du temps avant qu'ils puissent armer les clans des montagnes les uns contre les autres. J'espère que je verrai bientôt le jour où tous les montagnards suivront les mêmes bannières. Mais que vous est-il arrivé ensuite?

Je lui parlai de l'arrivée du capitaine Thornton et de son détachement, et de la manière dont il nous avait détenus sous prétexte que nous lui paraissions suspects.

D'autres questions qu'il me fit me rappelèrent que mon nom lui avait donné de nouveaux soupçons ; enfin, qu'il avait ordre d'arrêter un homme de moyen âge et un jeune homme. Ce détail fit rire de nouveau l'outlaw montagnard.

— Sur mon âme ! s'écria-t-il, les butors ont pris mon ami le bailli pour Son Excellence. Mais vous, ils vous ont donc pris pour Diana Vernon ? Les bons chiens de chasse ! Il faut convenir qu'ils ont le nez fin !

— Diana Vernon ! lui dis-je en hésitant et en tremblant d'entendre sa réponse ; porte-t-elle encore ce nom ? Je viens de la rencontrer avec un homme qui semblait prendre avec elle un ton d'autorité.

— Oui, oui, dit Rob-Roy, autorité légitime. Il en était temps : c'était une dame qui savait faire faire ses volontés ; brave fille d'ailleurs. Son voyage n'est pas bien gai : Son Excellence n'est pas jeune. Un compagnon comme vous, ou comme un de mes fils, Rob ou Hamish, aurait été mieux assorti avec elle du côté de l'âge.

Ici je vis s'écrouler tous les châteaux de cartes que mon imagination, en dépit de ma raison, s'était si souvent amusée à construire. Je devais m'y attendre : je n'avais pu croire que Diana pût voyager à une telle heure, dans un tel pays, accompagnée d'un seul homme, si cet homme n'avait eu un droit légal à être son protecteur. Cependant la confirmation de mes craintes n'en fut pas moins un coup bien cruel pour moi, et la voix de Mac-Gregor, qui m'engageait à continuer le récit de mes aventures, frappait mes oreilles sans arriver jusqu'à mon esprit.

— Vous n'êtes pas bien, me dit-il enfin après m'avoir inutilement adressé la parole deux ou trois fois : la fatigue de cette journée a été trop forte pour vous. Vous n'êtes pas habitué à de pareilles choses.

Le ton d'intérêt avec lequel il prononça ces mots me rendit ma présence d'esprit, et je continuai mon récit comme je pus. Rob-Roy prit un air de triomphe en apprenant le résultat du combat dans le défilé.

— On dit, s'écria-t-il, que la paille du roi vaut mieux que le blé des autres. J'en doute fort, mais je crois qu'on peut en dire autant des soldats du roi, puisqu'ils se laissent battre par des vieillards qui ont passé l'âge de porter les armes, par des enfans qui ne savent pas encore les manier, et par des femmes qui ont quitté un instant leur quenouille. Tout le rebut de nos montagnes ! Et Dougal Gregor donc ? Auriez-vous cru qu'il y eût autant de bon sens dans ce crâne. N'est-ce pas un coup de maître qu'il a fait là ? Mais continuez, quoique je craigne d'apprendre le reste; car mon Hélène est un diable incarné quand elle a le sang échauffé. Au surplus, elle n'en a que trop de raisons!

Je lui racontai, avec le plus de délicatesse possible, la manière dont nous avions été reçus, et il ne me fut pas difficile de voir que ce récit le contrariait vivement.

— J'aurais donné mille marcs pour m'être trouvé là! accueillir ainsi des étrangers, et mon propre cousin surtout, un homme qui m'a rendu tant de services! j'aimerais mieux qu'elle eût fait mettre le feu à la moitié du comté de Lennox. Voilà ce que c'est que de se fier à des femmes et à des enfans! ils ne connaissent ni mesure ni raison! Au surplus, c'est ce chien de jaugeur qui en est cause. C'est lui qui m'a trahi en m'apportant un prétendu message de Rashleigh votre cousin, pour m'engager à l'aller trouver pour les affaires du roi. Il me semblait assez vraisemblable qu'il fût avec Galbraith et d'autres gentilshommes du comté de Lennox qui doivent se déclarer pour le roi Jacques. Je ne me doutai que j'étais trompé que lorsque je me trouvai en présence du duc; et, quand il m'eut fait lier et désarmer, il ne me fut pas difficile de prévoir le sort qu'il me destinait. Je connais votre parent, Dieu merci, je sais ce dont il est capable. Il ne ménage personne. Je souhaite pour lui qu'il n'ait pas trempé dans ce tour. Vous ne sauriez croire comme ce Morris eût l'air sot, quand j'ordonnai qu'on le gardât en otage, jusqu'à ce que je revinsse. Mais me voilà revenu, non pas grâce à lui, ni à ceux qui l'ont employé, et je vous réponds que le collecteur du fisc ne se tirera pas de mes mains sans payer une bonne rançon.

— Il a déjà payé la plus forte et la dernière qu'on puisse exiger d'un homme.

— Quoi! comment! mort! il a donc été tué dans l'escarmouche?

— Non, M. Campbell! Après le combat, de sang-froid.

— De sang-froid, damnation! s'écria-t-il en grinçant les dents; et comment cela est-il arrivé, monsieur? Parlez, monsieur, parlez donc, et ne m'appelez ni Monsieur, ni Campbell. J'ai le pied dans mes bruyères natales, et mon nom est Mac-Gregor.

Ses passions étaient évidemment montées à un haut degré d'irritation. Sans faire attention à la rudesse de son ton, je lui fis clairement, et en peu de mots, le détail de la mort de Morris. Frappant alors avec force un grand coup contre terre de la crosse de son fusil : — Je jure sur mon Dieu, s'écria-t-il, qu'une telle action ferait abandonner femme, enfans, clan et patrie! Et pourtant le misérable a bien mérité son sort : car quelle différence y a-t-il entre être jeté à l'eau avec une pierre au cou, ou être suspendu par le cou à une corde en plein air? L'un vaut l'autre après tout, et il n'a trouvé que ce qu'il m'envoyait chercher. J'aurais pourtant préféré qu'on lui mît une balle dans la tête, ou qu'on l'expédiât d'un bon coup de sabre. La manière dont on l'a fait périr donnera lieu à bien des bavardages. Au surplus chacun a son jour fixé : quand il est arrivé, il faut bien partir, et personne ne niera qu'Hélène Mac-Gregor n'ait à venger bien des outrages.

En parlant ainsi, il parut chercher à écarter de son esprit un sujet de réflexions qui lui étaient désagréables, et il me demanda comment je m'étais séparé de la troupe du duc, qui avait l'air de me retenir prisonnier.

Ce récit ne fut pas long, et je finis en lui disant que les papiers de mon père m'avaient été remis; mais je ne me sentis pas la force de prononcer une seconde fois le nom de Diana Vernon.

— J'étais sûr que vous les auriez. La lettre dont vous étiez chargé pour moi contenait les ordres de Son Excellence à ce sujet, et bien certainement mon intention était de contribuer à vous les faire rendre. C'est pour cela que je vous avais engagé à venir dans nos montagnes. Mais il est probable que Son Excellence les a obtenus de Rashleigh dans l'intervalle.

La première partie de cette réponse fut ce qui me frappa le plus.

— La lettre que je vous ai apportée était donc écrite par la personne que vous appelez Son Excellence.... Quel est son nom?... Quel est son rang?

— Si vous ne connaissez pas déjà tous ces détails, vous n'avez pas grand besoin de les connaître; ainsi je ne vous en dirai rien. Mais il est très vrai que la lettre était écrite de sa propre main; car sans cela, ayant déjà sur les bras assez d'affaires pour mon propre compte, comme vous le voyez, je ne puis dire que je me serais tant occupé des vôtres.

Je me rappelai en ce moment les lumières que j'avais vues dans la bibliothèque, le gant que j'y avais trouvé, le mouvement que j'avais remarqué dans la tapisserie qui couvrait le passage secret conduisant à l'appartement de Rashleigh, enfin toutes les circonstances qui avaient fait naître ma jalousie. Je me souvins surtout que Diana s'était retirée pour écrire, comme je le pensais alors, le billet auquel je devais avoir recours à la dernière nécessité. Ses instans n'étaient donc pas consacrés à la solitude, mais à écouter les protestations d'amour de quelque agent de révolte. On avait vu de jeunes filles se vendre au poids de l'or, sacrifier à la vanité leurs premières inclinations; mais Diana avait pu consentir à partager le sort de quelque misérable aventurier, à errer avec lui dans les ténèbres au milieu des repaires du brigandage, sans autre espoir de rang et de fortune que l'ombre que pouvait en offrir la prétendue cour des Stuarts à Saint-Germain.

Je la verrai, pensai-je, je la verrai encore une fois, s'il est possible. Je lui parlerai du risque qu'elle court, en ami, en parent. Je faciliterai sa retraite en France, où elle pourra plus convenablement, plus en sûreté, attendre le résultat du mouvement que cherche certainement à exciter l'intrigant politique à qui elle a uni sa destinée.

— Je conclus de tout cela, dis-je à Mac-Gregor après un silence gardé de part et d'autre pendant environ cinq minutes, que Son Excellence, puisque je ne le connais que par cette dénomination, résidait en même temps que moi à Osbaldistone-Hall.

— Sans doute, sans doute.... Dans l'appartement de la jeune dame, comme cela devait être! — Cette information gratuite ne faisait que jeter de l'huile sur le feu qui me consumait. — Mais, ajouta Mac-Gregor, peu de personnes, excepté sir Hildebrand et Rashleigh, étaient instruites de ce secret; car il n'était pas besoin de vous mettre dans la confidence, et les autres jeunes gens n'ont pas assez d'esprit pour empêcher le chat de manger la crème.... Au surplus, c'est une belle et bonne maison, bâtie à l'ancienne mode. Ce que j'en admire le plus, c'est une multitude de cachettes, d'escaliers et de passages secrets qui s'y trouvent. On pourrait y cacher vingt ou trente hommes dans un coin, mettre une autre famille dans le château, et je la défierais de les trouver; ce qui peut être utile en certaines occasions. Je voudrais que nous eussions un pareil château dans nos montagnes, mais il faut nous contenter de nos bois et de nos cavernes.

— Je suppose que Son Excellence n'était pas étrangère au premier accident qui arriva....

Je ne pus m'empêcher d'hésiter un moment.

— Vous voulez dire à Morris? dit Rob-Roy du plus grand

sang-froid; car il était trop habitué aux actes de violence pour que l'émotion qu'il avait éprouvée en apprenant la fin déplorable du douanier pût être de longue durée : j'ai ri bien des fois de ce tour; mais je n'en ai plus le courage depuis cette maudite histoire du lac.... Non, non, Son Excellence n'y était pour rien. Tout avait été concerté entre Rashleigh et moi. Mais ce qui s'ensuivit!... Rashleigh, trouvant le moyen de faire tomber les soupçons sur vous, qu'il n'avait jamais aimé dès l'origine; miss Diana, qui nous oblige à détordre les fils dont nous vous avions enveloppé, et à vous tirer des griffes de la justice; ce poltron de Morris, perdant le peu de sens qu'il avait en voyant paraître hardiment devant lui le véritable voleur, au moment même où il en accusait un autre; ce coucou de clerc; cet ivrogne de juge; non, rien ne m'a fait tant rire de ma vie! et à présent tout ce que je puis faire pour le pauvre diable, c'est de faire dire quelques messes pour le repos de son âme.

— Puis-je vous demander comment il se fait que miss Vernon eut assez d'influence sur vous et sur Rashleigh pour vous faire renoncer à l'exécution de votre projet?

— De mon projet? Le projet ne venait pas de moi. Je n'ai jamais cherché à rejeter mon fardeau sur les épaules d'un autre, mais la vérité est que Rashleigh en était le seul auteur..... Quant à miss Vernon, bien certainement elle avait beaucoup d'influence sur lui et sur moi, à cause de l'affection de Son Excellence, et parce qu'elle était instruite de bien des secrets qu'il ne fallait pas mettre au grand jour..... Au diable soit quiconque confie à une femme un secret à garder, ou un pouvoir dont elle peut abuser... Il ne faut pas mettre un bâton ferré entre les mains d'un fou.

Nous n'étions plus qu'à un quart de mille du clachan, quand trois montagnards se montrèrent à nous, et, nous présentant le bout de leurs carabines, nous ordonnèrent de nous arrêter, et nous demandèrent qui nous étions. Le seul mot *Gregarach* prononcé d'une voix qui fut reconnue au même instant leur fit pousser des hurlemens d'allégresse. Celui qui était à la tête, laissant tomber son mousquet, se précipita sur mon compagnon, et le serra si étroitement dans ses bras, que Rob-Roy fut quelque temps avant de s'en dégager. Lorsque le premier torrent des félicitations fut écoulé, deux d'entre eux coururent vers le clachan, où il se trouvait un fort détachement de Higlanders, avec autant de rapidité que les daims de leurs montagnes, pour y répandre l'heureuse nouvelle du retour de leur Chef. Elle fut célébrée par des cris de joie qui firent retentir de nouveau tous les rochers des environs; et tous, hommes, femmes, vieillards, enfans, sans distinction de sexe ni d'âge, accoururent à notre rencontre avec l'impétuosité d'un fleuve retenu par une digue, et qui vient de la briser. Quand j'entendis le tumulte de cette multitude enivrée de joie qui s'approchait de nous, je crus à propos de rappeler à Mac-Gregor que j'étais étranger, et sous sa protection. Aussitôt il me prit par le bras, et tandis que la foule qui arrivait se livrait à des transports qui étaient véritablement attendrissans, et que chacun s'efforçait de venir lui toucher la main, il ne la présenta à personne avant d'avoir expliqué que j'étais son ami, et que je devais être traité avec affection et respect.

On n'aurait pas obéi plus promptement à un mandat du sultan de Delhi. Les attentions dont je fus l'objet me devinrent presque aussi à charge que la rudesse aurait pu l'être. A peine voulait-on souffrir que l'ami du Chef fît usage de ses jambes, tant on s'empressait à m'offrir le bras et à m'aider à marcher! Et enfin, saisissant l'occasion d'un faux pas que me fit faire une pierre que je n'avais pu voir, attendu la foule qui se pressait autour de nous, quelques uns d'entre les Highlanders s'emparèrent de moi, et me portèrent comme en triomphe jusqu'à la porte de mistress Mac-Alpine.

En arrivant devant cette auberge hospitalière, je vis que

le pouvoir et la popularité avaient leurs inconvéniens au milieu des Highlands, comme dans le reste du monde : car, avant que Mac-Gregor pût entrer dans la maison pour y prendre le repos et la nourriture dont il avait besoin, il fut obligé de raconter une douzaine de fois à divers cercles d'auditeurs qui se succédaient les uns aux autres, la manière dont il avait échappé à ses ennemis, ce que j'appris d'un vieillard fort obligeant qui se donnait la peine de m'expliquer tout ce que répondait Rob-Roy à ceux qui l'interrogeaient, et que la politesse m'obligeait à écouter avec une espèce d'attention. L'auditoire étant enfin satisfait, les groupes se dispersèrent pour passer la nuit, les uns à la belle étoile, les autres dans les chaumières du voisinage; quelques uns maudissant le duc et Galbraith, d'autres déplorant le malheur d'Ewan, qui paraissait avoir été mal payé du service qu'il avait rendu à Mac-Gregor; tous convenant que la manière dont Rob-Roy s'était tiré des mains de ses ennemis pouvait être comparée aux exploits les plus glorieux de tous les chefs de leur clan, à commencer par Dougal-Ciar, qui en avait été le fondateur.

Me prenant alors par le bras, l'Outlaw mon ami me fit entrer dans la grande salle du petit cabaret. Mes yeux cherchèrent à percer le nuage de fumée qui la remplissait pour y trouver Diana et son compagnon de voyage; mais je ne les aperçus point, et il me sembla que si je faisais quelques questions, ce serait avouer de secrets motifs qu'il était plus convenable de cacher. La seule figure de ma connaissance que j'y trouvai fut celle du bailli, qui, assis sur une escabelle au coin du feu, recevait d'un air de réserve et de dignité les prévenances de Rob-Roy, les excuses qu'il lui faisait de ne pouvoir mieux le recevoir, et les questions qu'il lui adressait sur l'état de sa santé.

— Elle est bonne, cousin, dit le magistrat, passablement bonne; je vous remercie. Quant à la manière dont on est ici, c'est tout simple : on ne peut apporter sur son dos dans vos montagnes sa maison de Salt-Market, comme un limaçon porte sa coquille. Au surplus je suis charmé que vous ayez échappé à vos ennemis.

— Eh bien ! eh bien ! qu'avez-vous donc qui vous tourmente ? Tout ce qui finit bien est bien. Le monde durera autant que nous. Allons, prenez un verre d'eau-de-vie, c'est ce que votre père le diacre n'a jamais refusé.

— Cela peut être, Rob, surtout quand il était fatigué : et Dieu sait que j'ai eu aujourd'hui des fatigues de plus d'une espèce ! Mais, ajouta-t-il en remplissant une tasse de bois qui pourrait contenir trois verres, le diacre était toujours très sobre dans la boisson, et je tâche de l'imiter. A votre santé, Rob, à celle de ma cousine Hélène et de vos deux enfans, dont je me réserve de vous parler ci-après. A votre bonheur à tous en ce monde et en l'autre.

En achevant ces mots il vida sa coupe d'un air grave et délibéré, tandis que Mac-Gregor jetait sur moi un coup d'œil à la dérobée en souriant, comme pour me faire remarquer l'air d'autorité magistrale du bailli, qui semblait vouloir l'exercer sur Mac-Gregor à la tête de son clan armé, comme lorsqu'il était à sa merci dans la prison de Glascow. Il me parut que Rob-Roy voulait me donner à entendre que, s'il souffrait le ton que prenait M. Jarvie, c'était par égard pour les droits de l'hospitalité, et surtout pour s'en faire un amusement.

Ce ne fut qu'en remettant sa tasse sur la table que le bon négociant me reconnut. Il me témoigna le plaisir qu'il avait de me voir, me serra la main avec amitié, mais ne me fit aucune question sur mon voyage.

— Nous causerons plus tard de vos affaires, me dit-il ; je dois, comme de raison, commencer par celles du cousin. Je présume, Rob, ajouta-t-il, en promenant ses regards sur un assez grand nombre de montagnards qui étaient entrés avec nous, je présume qu'il ne se trouve ici personne capable d'aller reporter au conseil de la ville, à votre préjudice et au mien, rien de ce que j'ai à vous dire.

— Soyez bien tranquille, cousin Nicol. La moitié de ceux qui sont ici n'entendront rien à ce que vous me direz, et les autres ne s'en soucient guère. D'ailleurs tous savent que je couperais la langue à quiconque oserait répéter une seule parole prononcée en ma présence.

— Eh bien! cousin, les choses étant ainsi, et M. Osbaldistone ici présent étant un jeune homme prudent et un ami sûr, je vous dirai franchement que vous élevez votre famille dans une mauvaise route. — Alors, cherchant à rendre sa voix plus claire par un *hem!* préalable, il continua en s'adressant à son parent, et, comme Malvolio[1] se proposait de le faire au jour de sa grandeur, il fit succéder à son sourire familier un air sévère et important. — Vous savez que vous pesez peu de chose aux yeux de la loi; et pour ma cousine Hélène, indépendamment de l'accueil que j'en ai reçu en ce bienheureux jour, et qui était à l'amitié comme un vent du nord à la chaleur, ce que j'excuse à cause de la perturbation d'esprit qu'elle éprouvait en ce moment, j'ai à vous dire, mettant à part ce sujet personnel de plainte, j'ai à vous dire de votre femme que.....

— Cousin, dit Mac-Gregor d'un ton grave et ferme, songez à ne m'adresser sur ma femme que des choses qu'un ami puisse dire et qu'un mari puisse entendre. Quant à ce qui me concerne, parlez tout comme il vous plaira.

— Fort bien, fort bien! dit M. Jarvie un peu déconcerté; laissons ce chapitre de côté. D'ailleurs, je n'aime pas à semer la zizanie dans les familles. J'en viens donc à vos deux fils, Rob et Hamish, ce qui signifie James, à ce que j'ai pu entendre. Je vous dirai en passant que j'espère que vous lui donnerez à l'avenir ce dernier nom, car on ne connaît rien de bon des Hamish, des Eachine et des

---

(1) Personnage de Shakspeare dans *la Soirée des rois.* — Éb.

Angus., si ce n'est que ce sont des noms qu'on retrouve dans toutes les assises de l'Écosse pour des vols de troupeaux et autres délits de même nature. Mais, pour en revenir à vos deux garçons, ils n'ont pas reçu les premiers principes d'une éducation libérale. Ils ne connaissent pas même la table de multiplication, qui est le fondement de toutes les sciences utiles. Ils n'ont fait que rire et se moquer de moi quand je leur ai dit ma façon de penser sur leur ignorance. Je crois vraiment qu'ils ne savent ni lire ni écrire, quoiqu'il soit bien pénible d'avoir à penser ainsi de parens chrétiens.

— S'ils avaient de la science, cousin, dit Mac-Gregor de l'air le plus indifférent, il faudrait qu'elle fût venue les chercher elle-même. Qui diable voulez-vous qui leur en donne? Faut-il que j'affiche sur la porte du collége de Glascow : *On désire un précepteur pour les enfans de* Rob-Roy?

— Non, cousin, mais vous auriez pu mettre ces enfans dans un endroit où ils auraient appris la crainte de Dieu et les usages des hommes civilisés. Ils sont aussi ignorans que les bœufs que vous conduisiez autrefois au marché, ou que les rustres anglais auxquels vous les vendiez, et jamais ils ne pourront faire rien qui vaille.

— Ho! ho! Hamish est en état d'abattre une perdrix au vol d'un coup de fusil chargé d'une seule balle, et Rob perce de son poignard une planche de deux pouces d'épaisseur.

— Tant pis, cousin, tant pis! dit le banquier de Glascow d'un ton tranchant. S'ils ne savent que cela, il vaudrait mieux qu'ils ne sussent rien. Dites-moi, Rob, n'êtes-vous pas en état d'en faire tout autant? Eh bien, qu'est-ce que ces beaux talens vous ont valu? N'étiez-vous pas plus heureux quand vous chassiez devant vous votre bétail, faisant un négoce honnête, qu'à présent que vous êtes à la tête de cinq cents enragés montagnards?

Je remarquai que Mac-Gregor, pendant que son parent,

animé sans doute par de bonnes intentions, lui adressait cette remontrance, se contraignait péniblement comme un homme qui souffre une vive douleur, mais qui est déterminé à ne pas laisser échapper une plainte. Je désirais trouver une occasion d'interrompre un discours qui, quoique raisonnable en lui-même, me paraissait peu convenable aux circonstances, mais la conversation se termina sans que j'eusse besoin d'y intervenir.

— J'ai donc pensé, Rob, continua M. Jarvie, que votre nom est peut-être écrit en lettres trop noires sur le livre de la justice pour qu'on puisse l'en effacer, et que d'ailleurs vous êtes maintenant trop âgé pour changer de vie, mais que ce serait une pitié que de souffrir que deux garçons de belle espérance comme les vôtres continuassent à faire le même métier que leur père; et je me chargerais volontiers de les prendre pour apprentis au métier de tisserand, comme mon digne père feu le diacre a commencé, comme j'ai commencé moi-même, quoique, Dieu merci, je ne fasse plus maintenant que le commerce en gros, et... et...

Le bailli vit s'amasser sur le front de Rob un nuage qui le détermina à ajouter sur-le-champ, comme palliatif d'une proposition qui semblait lui déplaire, une offre qu'il réservait pour couronner sa générosité, si son projet avait été accueilli.

— Mais pourquoi cet air sombre, Rob? Je ferai tous les frais de l'apprentissage, et... et jamais je ne vous parlerai des mille livres en question.

— *Ceade millia diaoul!* cent mille diables! s'écria Rob-Roy en frappant la table d'un grand coup de poing qui nous fit tressaillir : mes enfans devenir des tisserands! *millia molligheart!* mille morts! j'aimerais mieux voir tous les métiers, tout le fil, tout le coton, toutes les navettes de Glascow au milieu du feu des enfers!

Tandis qu'il se promenait à grands pas dans la salle, je parvins, non sans quelque peine, à faire comprendre au bailli, qui préparait une réponse, qu'il ne convenait pas de presser davantage notre hôte sur un sujet qui lui était évidemment désagréable; et au bout d'une minute Mac-Gregor reprit ou du moins eut l'air de reprendre sa sérénité.

— Au surplus, Nicol, vos intentions sont bonnes; elles sont bonnes. Ainsi, donnez-moi la main. Si jamais je mets mes enfans en apprentissage, je vous donnerai la préférence. Mais, comme vous le dites, nous avons à régler l'affaire des mille livres. Holà, Eachine Mac-Analeister, apportez-moi ma bourse.

Un montagnard grand et vigoureux, qui semblait exercer les fonctions de premier lieutenant de Mac-Gregor, lui présenta une espèce de grand sac de peau de loutre marine garni d'ornemens en argent, semblable à ceux que portent les principaux chefs des montagnards quand ils sont en grand costume.

— Je ne conseille à personne d'essayer d'ouvrir cette bourse sans en avoir le secret, dit Rob-Roy : poussant alors et tirant tour à tour quelques boutons et quelques clous, la bourse, dont l'ouverture était garnie d'argent massif, s'ouvrit d'elle-même, et offrit un libre passage à la main. Il me fit remarquer, sans doute pour couper court à la conversation de M. Jarvie, qu'un petit pistolet d'acier était caché dans le travail intérieur de la bourse, et que des ressorts artistement disposés ne pouvaient manquer d'en faire jouer la détente si l'on parvenait à l'ouvrir par tout autre moyen que celui que venait d'employer le propriétaire : de manière que la curiosité, l'indiscrétion ou la friponnerie ne pouvaient manquer de subir à l'instant leur punition.

— Voilà, me dit-il en touchant le pistolet, le trésorier de ma caisse privée.

La simplicité de cette invention, destinée à défendre une bourse qui pouvait facilement être ouverte sans qu'on touchât le ressort, me rappela ce passage de *l'O-*

dyssée, où Ulysse, dans un siècle encore plus grossier, se contente de protéger son trésor par les nœuds compliqués des cordes dont il entoure la cassette où il l'a déposé.

Le bailli mit ses lunettes pour examiner le mécanisme, et quand il eut fini, il le rendit en soupirant et en souriant à la fois.

— Ah! Rob, dit-il à son cousin, si la bourse des autres avait été aussi bien gardée, je doute que celle-ci fût aussi bien garnie qu'elle l'est à en juger par le poids.

— Ne vous inquiétez pas, cousin, répondit Rob-Roy en riant; elle s'ouvrira toujours pour aider un ami dans le besoin, et pour payer une dette légitime. Voici, ajouta-t-il en tirant un rouleau de pièces d'or, voici vos mille livres. Vérifiez-les, et voyez si vous avez votre compte.

M. Jarvie prit le rouleau en silence, le pesa un instant dans sa main, et le plaçant sur la table : — Je ne puis prendre cela, Rob, dit-il, je ne le puis, cela ne me porterait pas bonheur. J'ai trop bien vu aujourd'hui comment l'argent vous arrive. Bien mal acquis ne prospère jamais. Non, Rob, je n'y toucherai pas. Il y a des taches de sang sur ces pièces d'or.

— Bah! dit Rob-Roy d'un air d'indifférence qui n'était peut-être qu'affecté. Regardez-y. C'est de l'or de France, de l'or qui n'est jamais entré dans une autre poche écossaise que la mienne. Ce sont des louis d'or, aussi neufs, aussi brillans que le jour où ils ont été frappés.

— Cela n'en est que pire, Rob, cela n'en est que pire, dit le bailli en détournant les yeux du rouleau, tandis que semblable à César aux Lupercales, les doigts lui démangeaient de l'envie d'y toucher. La rébellion est pire que le vol et la sorcellerie; c'est une loi de l'Évangile.

— Laissez vos lois de côté, répondit le chef des montagnes : cet or ne vous arrive-t-il pas d'une manière honnête? Ne vous est-il pas légitimement dû? s'il sort de la poche d'un roi, vous pouvez le faire entrer, si bon vous semble, dans celle de l'autre; ce sera un renfort contre ses ennemis. Ce pauvre roi Jacques! il ne manque ni de cœur ni d'amis, Dieu le sait; mais je crois bien qu'il manque un peu d'argent.

— Il ne faut donc pas qu'il compte beaucoup sur les montagnards, Rob, dit M. Jarvie en mettant ses lunettes sur son nez: et défaisant le rouleau, il se mit à faire le compte des pièces qu'il contenait.

— Ni sur les habitans des basses-terres, dit Mac-Gregor en fronçant le sourcil; et jetant les yeux sur moi, il me fit signe de regarder le bailli, qui, par suite d'une ancienne habitude et sans songer au ridicule qu'il se donnait en ce moment, examinait scrupuleusement chaque pièce l'une après l'autre; il compta deux fois la somme, et trouvant qu'elle était égale à ce qui lui était dû en principal et intérêts, il remit à Rob-Roy trois pièces, pour acheter, lui dit-il, une robe à sa cousine, et deux autres pour ses enfans, qui en feraient ce qu'ils voudraient. — Pourvu, ajouta-t-il, qu'ils ne les emploient point à acheter de la poudre à fusil.

Le montagnard ouvrit de grands yeux à cette générosité inattendue; mais il accepta poliment son présent, et fit rentrer les cinq pièces dans la place de sûreté d'où elles venaient de sortir.

Le bailli prit alors la reconnaissance qu'il avait de cette somme, et tirant de sa poche une petite écritoire dont il s'était muni à tout hasard, il écrivit la quittance au dos, me pria de la signer comme témoin, et dit à Rob-Roy d'en appeler un autre, les lois d'Écosse en exigeant deux pour la validité d'une quittance.

— Oui-dà! dit Mac-Gregor. Mais vous ne savez donc pas qu'excepté nous trois vous ne trouveriez peut-être pas à trois milles à la ronde un homme qui sache écrire? Mais soyez tranquille, j'arrangerai bien l'affaire sans cela.

En même temps prenant le papier il le jeta au milieu du feu.

M. Jarvie ouvrit de grands yeux à son tour.

— C'est ainsi que nous réglons les comptes dans les montagnes, dit Mac-Gregor. Ne voyez-vous donc pas, cousin, que si je gardais des pièces semblables, il pourrait venir un moment où il serait possible que mes amis fussent inquiétés pour m'avoir obligé ?

Le bailli n'essaya pas de résister à cet argument, et l'on nous servit un souper où il régnait une abondance et même une recherche que nous ne pouvions guère espérer dans cet endroit. La plupart des provisions étaient froides, ce qui semblait prouver qu'elles avaient été préparées à quelque distance. Plusieurs bouteilles d'excellent vin de France accompagnaient les pâtés de venaison et d'autres mets fort bien apprêtés. Mac-Gregor faisait parfaitement les honneurs de sa table, et nous pria de l'excuser si quelques uns des plats qui paraissaient sur la table avaient été entamés avant de nous avoir été servis. — Il faut que vous sachiez, dit-il à M. Jarvie sans me regarder, que vous n'êtes pas les seuls hôtes que j'aie eus à recevoir ce soir, et vous n'en douterez pas, car sans cette raison ma femme et mes enfans seraient à présent ici par honneur pour vous, comme c'est leur devoir.

M. Jarvie ne parut pas trop fâché que quelque circonstance les eût empêchés de remplir ce devoir, et j'aurais été certainement du même avis si les excuses que Rob-Roy venait de faire ne m'avaient fait penser que les hôtes dont il parlait étaient Diana et son compagnon de voyage, que mon imagination me représentait toujours comme son époux.

Tandis que ces idées désagréables faisaient disparaître l'appétit qu'avaient excité mes courses, une excellente chère et un bon accueil, je remarquai que Rob-Roy avait poussé l'attention jusqu'à nous faire préparer de meilleurs lits que ceux que nous avions eus la nuit précédente. On avait rempli de bruyère fraîche, alors en pleine fleur, les deux mauvais grabats qui étaient le long des murs, et qui offraient ainsi un matelas doux et parfumé ; on les avait couverts de draps grossiers mais bien blancs, et des meilleures couvertures qu'on avait pu trouver. M. Jarvie paraissant épuisé de fatigue, je lui dis que je remettrais au lendemain tout ce que j'avais à lui dire; et dès qu'il eut fini de souper, il ne se fit pas prier pour se mettre au lit.

Quoique je fusse moi-même très fatigué, je ne me sentais aucune disposition à dormir. J'étais agité par une espèce de fièvre d'inquiétude, et je restai à table avec Rob-Roy.

CHAPITRE XXXV.

« Je ne la verrai plus; que fais-je sur la terre?
« Pourquoi rester en proie à des soins superflus?
« Heureusement bientôt doit finir ma misère:
« Je dois mourir; je ne la verrai plus. »
MISS JOANNA BAILLIE. *Basile.*

— Je ne sais que faire de vous, M. Osbaldistone, me dit Mac-Gregor en me passant la bouteille : vous ne mangez pas, vous ne paraissez pas avoir envie de dormir, et vous ne buvez point, quoique ce vin de Bordeaux vaille le meilleur qui soit jamais sorti de la cave de sir Hildebrand. Si vous aviez toujours été aussi sobre, vous auriez peut-être évité la haine mortelle de votre cousin Rashleigh.

— Si j'avais toujours été prudent, lui répondis-je en rougissant au souvenir de la scène qu'il me rappelait, j'aurais évité un plus grand malheur encore, les reproches de ma conscience.

Mac-Gregor jeta sur moi un regard fier et pénétrant, comme pour voir si le reproche que je m'adressais ne lui était pas destiné. Il reconnut que je ne pensais qu'à moi en ce moment, et il tourna sa chaise du côté du feu en poussant un profond soupir. J'en fis autant, et nous restâmes tous deux quelques minutes dans une profonde rêverie.

Il rompit le silence le premier, du ton d'un homme qui a pris la résolution d'entamer un sujet d'entretien qui lui est pénible. — Mon cousin Nicol a de bonnes intentions, me dit-il ; mais il ne réfléchit pas assez sur le caractère et la situation d'un homme comme moi, considérant ce que j'ai été, ce qu'on m'a forcé de devenir, et par-dessus tout les causes qui m'ont fait ce que je suis.

Il s'arrêta, et quoique je sentisse que la conversation qui paraissait devoir s'engager était d'une nature délicate, je ne pus m'empêcher de lui répondre que je ne pouvais douter que sa situation actuelle ne dût souvent lui déplaire souverainement, que je serais heureux d'apprendre qu'il lui restât quelque chance honorable pour en sortir.

— Vous parlez comme un enfant, répliqua Mac-Gregor d'un ton de voix sourd qui ressemblait au roulement d'un tonnerre éloigné ; vous parlez comme un enfant qui croit que le vieux chêne peut se plier aussi facilement qu'un jeune arbrisseau. Puis-je oublier qu'on m'a frappé de proscription, qu'on a mis ma tête à prix comme celle d'un loup, qu'on a traité ma famille en mon absence comme la femelle et les petits d'un renard des montagnes, que chacun peut tourmenter, avilir, dégrader, insulter ; que ce nom glorieux de Mac-Gregor, que j'avais reçu d'une longue suite d'ancêtres guerriers, il m'a été défendu à moi et à mon clan de le porter, comme si c'eût été un talisman pour conjurer les malins esprits ?

Tandis qu'il parlait ainsi, il me fut aisé de voir qu'il ne faisait l'énumération de ses griefs que pour se monter l'imagination, enflammer sa colère, et justifier à ses yeux le genre de vie dans lequel il avait été entraîné. Il y réussit parfaitement. Ses yeux gris contractant et dilatant alternativement leurs prunelles semblaient lancer des torrens de flammes. Il ferma le poing, grinça des dents, porta la main sur la poignée de sa claymore, et se leva brusquement.

— Et l'on verra, s'écria-t-il d'une voix à demi étouffée

par la violence de ses passions, on verra que ce nom qu'on a osé proscrire, le nom de Mac-Gregor, est en effet un talisman pour conjurer les enfers. Ceux qui sourient aujourd'hui au récit des injures qui m'ont été faites frémiront de ma vengeance. Le misérable marchand de bœufs montagnard, banqueroutier, marchant pieds nus, dépouillé de tout, déshonoré, poursuivi comme une bête féroce, fondra sur eux dans un moment terrible, comme le faucon sur sa proie. Ceux qui ont méprisé le ver de terre et qui l'ont foulé aux pieds pousseront des hurlemens de désespoir quand ils le verront changé en serpent monstrueux aux yeux étincelans. Mais à quoi bon parler de tout cela? ajouta-t-il en se rasseyant et en prenant un ton plus calme. Vous devez bien penser que la patience d'un homme est à bout quand il se voit chasser comme un loup, un ours ou un sanglier, et cela par des amis et des voisins qui courent sur lui le sabre d'une main et le pistolet de l'autre, comme vous l'avez vu aujourd'hui au gué d'Avondow : la patience d'un saint n'y tiendrait pas, à plus forte raison celle d'un Highlander ; car vous pouvez savoir, M. Osbaldistone, que nous ne passons pas pour posséder à un bien haut degré ce beau présent du ciel. Et cependant il y a du vrai dans ce que Nicol me disait. J'ai du chagrin pour mes enfans. Je ne puis penser sans regret que Rob et Hamish mèneront la même vie que leur père. — Et le sort de ses enfans le plongeant dans une affliction que le sien ne lui faisait pas éprouver, il mit les coudes sur la table, et appuya sa tête sur ses deux mains.

Je ne puis vous dire, Tresham, combien je me sentis attendri en ce moment. Les chagrins auxquels une âme fière, noble et vigoureuse, est forcée de s'abandonner, m'ont toujours plus profondément ému que ceux des esprits plus faibles. Mais je n'en avais jamais été témoin ; et combien n'est-il pas différent d'en lire le récit, ou d'en avoir le tableau sous les yeux ! J'éprouvai le plus vif désir consoler Mac-Gregor, quoique je prévisse que cette tâche serait difficile, et peut-être même impossible.

— Nous avons des liaisons étendues sur le continent, lui dis-je; vos fils ne pourraient-ils pas, avec quelque assistance, et ils ont droit à toute celle de la maison de mon père, trouver une ressource honorable en prenant du service chez l'étranger?

Je crois que mes traits annonçaient la sincère émotion que j'éprouvais, car mon compagnon parut s'en apercevoir. — Je vous remercie, me dit-il en me serrant fortement la main; je n'aurais pas cru que l'œil d'un homme aurait vu la paupière de Mac-Gregor se mouiller d'une larme. Et en parlant ainsi il essuyait du dos de sa main celles qui s'échappaient malgré lui à travers les cils épais de ses paupières. Demain matin, continua-t-il, nous en parlerons, et nous causerons aussi de vos affaires; car nous nous levons de bonne heure dans nos montagnes, même quand par hasard nous trouvons un bon lit. Boirez-vous avec moi le coup des grâces?

Je le priai de m'en dispenser.

— Eh bien! par l'âme de saint Maronoch, je le boirai pour nous deux. Et se versant au moins une demi-pinte de vin, il l'avala tout d'un trait.

Je me jetai sur le lit qui m'était destiné, résolu de remettre les questions que je me proposais de lui faire à un moment où son esprit serait plus tranquille. Cet homme extraordinaire s'était si bien emparé de mon imagination, qu'après m'être couché il me fut impossible de ne pas suivre tous ses mouvemens pendant quelques minutes. Il parcourait toute la chambre à pas lents, faisait de temps en temps le signe de la croix, prononçait à voix basse, en latin, quelques prières de l'église catholique. Enfin, s'enveloppant de son plaid, il se jeta sur un lit, plaça d'un côté sa claymore nue, de l'autre ses pistolets armés, et se disposa à goûter quelque repos, de manière qu'au moindre bruit il pouvait mettre la main sur ses armes. Au bout de quelques minutes, je le vis dormir profondément. Accablé de fatigue, et cherchant à bannir le souvenir de toutes les scènes dont j'avais été le témoin pendant cette journée mémorable, je ne tardai pas à m'abandonner aussi au sommeil; et, quoique j'eusse plus d'un motif pour m'éveiller de bonne heure, il était assez tard lorsque j'ouvris les yeux le lendemain. Mac-Gregor était déjà parti. J'éveillai M. Jarvie, qui, après avoir bâillé, s'être frotté les yeux, et s'être plaint d'avoir encore les os brisés par suite de la fatigue qu'il avait éprouvée la veille, se trouva enfin en état d'entendre l'heureuse nouvelle que les billets enlevés à mon père m'avaient été remis. Il me la fit répéter deux fois pour être certain de m'avoir bien entendu; et, oubliant aussitôt toutes ses souffrances, il s'assit près de la table, et s'empressa de comparer les effets qui m'avaient été rendus avec la note que M. Owen lui avait remise.

— Fort bien, fort bien! dit-il en faisant sa vérification. Mais voyons, voyons! Baillie et Wittington, 700 livres 6 shillings 8 pences. Parfaitement exact. Hum! hum! hum! Grub et Grinder, 800 livres. C'est de l'or en barres. Pollock et Peelman, 500 livres 10 shillings. C'est cela même. Sliperytongue.... Ah! ah! il est en faillite, mais c'est une bagatelle. Il manque bien quelques billets qui étaient aussi pour de petites sommes. Allons, allons, Dieu soit loué! Voilà notre affaire finie, bien finie, et rien n'empêche que nous ne fassions nos adieux à ce maudit pays. Quant à moi, jamais je ne songerai au Loch-Ard sans trembler.

Mac-Gregor entrait en ce moment. — Je suis fâché, cousin, de ne pouvoir vous recevoir aussi bien que je l'aurais désiré. Si cependant vous êtes assez bon pour venir visiter ma pauvre demeure....

— Bien obligé, cousin, s'écria précipitamment M. Jarvie, bien obligé! Mais il faut que nous partions, que nous partions sur-le-champ. M. Osbaldistone et moi nous avons des affaires, des affaires qui ne peuvent se différer.

— Eh bien! cousin, vous connaissez notre maxime :

recevez bien l'hôte qui vous arrive, ouvrez la porte à celui qui veut partir. Mais vous ne pouvez vous en aller par Drymen. Je vous ferai conduire par le lac jusqu'au bac de O'Balloch, et j'aurai soin que vous y trouviez vos chevaux, et c'est une maxime du sage, qu'il ne faut jamais retourner par la même route quand il y en a une autre de libre.

— Oui, oui! c'était une de vos maximes. Quand vous emmeniez des bestiaux, vous aviez pour principe de ne jamais retourner par la même route que vous aviez suivie en venant, et Dieu sait pourquoi. Vous n'aviez pas grande envie de revoir les fermiers dont votre bétail avait mangé les foins chemin faisant. Et j'ai bien peur qu'à présent, Rob, votre route ne soit encore plus mal marquée.

— Raison de plus pour n'y pas repasser trop souvent. Ainsi donc vous trouverez vos chevaux à O'Balloch. Ils seront conduits par Dougal, qui entre pour cela au service du bailli, et qui n'est plus un montagnard, un homme du pays de Rob-Roy. C'est un habitant paisible du comté de Stirling. Et tenez, le voici.

— Jamais je n'aurais reconnu la créature, s'écria M. Jarvie. Et de fait il aurait été difficile de reconnaître le sauvage Highlander en le voyant couvert du chapeau, des bas et de la redingote qui naguère avaient appartenu à André Fairservice. Il était monté sur le cheval du bailli, et conduisait le mien par la bride. Il reçut de son maître ses dernières instructions pour éviter quelques endroits où il aurait pu être suspect, pour prendre diverses informations dans le cours de son voyage, et enfin pour nous attendre au lieu indiqué, près du bac de Balloch.

Mac-Gregor voulut nous accompagner, et comme nous devions faire quelques milles avant de déjeuner, il nous recommanda un verre d'eau-de-vie, comme un excellent préparatif de voyage, et sur ce point M. Jarvie se trouva parfaitement d'accord avec lui.

— Mon père le diacre, dit-il, m'a toujours dit que c'était une mauvaise habitude, une habitude pernicieuse, de boire dès le matin des liqueurs spiritueuses, si ce n'est quand on a un voyage à faire, afin de fortifier l'estomac, qui est une partie délicate, et de le garantir contre l'effet du brouillard; et en pareils cas je l'ai vu toujours joindre l'exemple au précepte.

— Il avait raison, cousin, dit Rob-Roy ; et c'est pour cela que nous autres qui sommes les Enfans du Brouillard [1], nous avons le droit d'en boire tout le long de la journée.

Le bailli, ayant pris cette précaution salutaire, monta sur un poney montagnard qu'on lui avait amené. On m'en offrit un pareillement, mais je préférai marcher à pied avec notre escorte; elle se composait de Mac-Gregor et de six jeunes montagnards d'une taille athlétique, dispos, vigoureux et bien armés, qui étaient en quelque sorte ses gardes du corps ordinaires.

Lorsque nous approchâmes du défilé dans lequel le combat avait eu lieu, et qui avait été témoin d'une action plus horrible encore, Mac-Gregor se hâta de prendre la parole, comme pour répondre, non à ce que je lui disais, puisque je gardais le silence, mais aux réflexions auxquelles il jugeait avec raison que je me livrais.

— Vous devez nous juger un peu sévèrement, M. Osbaldistone ; il n'est pas naturel de penser que cela puisse être autrement. Mais vous ne devez pas oublier que nous avons été provoqués. Nous sommes un peuple ignorant et grossier, peut-être violent et impétueux ; mais nous ne sommes pas cruels. Nous vivrions en paix et soumis aux lois, si l'on ne nous eût privés de la paix et de la protection des lois. Nous avons été un peuple persécuté.....

— Et la persécution, dit le bailli, rend fous les hommes les plus sages.

— Que fallait-il donc que fissent des hommes comme nous, vivant comme vivaient nos pères il y a mille ans, et

---

(1) *The Childner of the Myst.*, que nous retrouverons dans la légende de Montrose. — ED.

n'étant guère plus éclairés qu'ils ne l'étaient? Les édits sanguinaires rendus contre nous, la défense qu'on nous a faite de porter un nom ancien et honorable, les échafauds qu'on a dressés pour nous, la manière dont on nous chasse comme des bêtes féroces : tout cela n'appelait-il pas des représailles? Tel que vous me voyez, j'ai assisté à vingt combats comme celui dont vous avez été témoin hier, mais jamais je n'ai ordonné la mort de personne de sang-froid ; et cependant on me pendrait volontiers comme un chien enragé, à la porte du premier seigneur qui voudrait parer son château de ce trophée.

Je répondis que la proscription de son nom et de sa famille était, dans mes idées anglaises, une mesure tyrannique et arbitraire ; et voyant que ces paroles lui faisaient plaisir, je lui réitérai ma proposition de chercher à obtenir du service pour lui et pour ses fils en pays étranger ; il me serra cordialement la main, et, ralentissant un peu le pas pour que M. Jarvie nous précédât, manœuvre d'autant plus facile que le sentier se rétrécissait en cet endroit, il me dit :

— Vous êtes un bon et honorable jeune homme ; vous comprenez certainement ce qui est dû aux sentimens d'un homme d'honneur ; mais les bruyères que mes pas ont foulées pendant ma vie doivent me couvrir après ma mort. Tout mon courage m'abandonnerait, mon bras se flétrirait comme la fougère pendant la gelée, si je perdais de vue les montagnes qui m'ont vu naître. Le monde entier n'offre rien qui puisse me dédommager de la perte des cairns[1] et des rochers, tout sauvages qu'ils sont, que vous voyez autour de nous. Et Hélène, que deviendrait-elle?

---

(1) On appelle *cairns* ces monumens grossiers qui s'offrent souvent aux regards du voyageur dans les montagnes d'Écosse, et qui consistent en pierres amoncelées sous une forme conique. On croit que ce sont des monumens funèbres formés par les passans, qui, en signe de respect pour le mort, ramassaient une pierre et l'ajoutaient aux autres. Un proverbe gaélique dit : — Malheur à qui passe devant un cairn sans y déposer la pierre du dernier salut. — Éd.

Resterait-elle ici pour être exposée à de nouveaux outrages, à de nouvelles atrocités? Pourrait-elle consentir à s'éloigner d'une scène où le souvenir des insultes qu'elle a reçues est adouci par la vengeance qu'elle en a tirée, qu'elle en tirera encore? J'ai été une fois tellement serré de près par le duc, par mon grand ennemi, comme je puis bien l'appeler, que je fus obligé de céder à l'orage; j'abandonnai ma demeure du pays natal, avec ma race et ma famille, afin de nous réfugier pour un temps dans le pays de Mac-Callum-More. — Hélène fit sur notre départ un chant de lamentation que Mac-Rimmon [1] lui-même n'aurait pu mieux faire. Ce chant était si piteux et si touchant, que nos cœurs étaient brisés en le lui entendant chanter; c'était comme les gémissemens d'un fils qui pleure la mère qui l'a porté dans son sein! Les larmes coulaient sur les traits endurcis de nos Highlanders. Non, je ne voudrais pas être témoin d'une pareille scène, pour toutes les terres que les Mac-Gregors ont autrefois possédées [2].

— Mais vos fils, lui dis-je, ils sont encore dans un âge où vos compatriotes eux-mêmes n'ont pas de répugnance à parcourir le monde.

— Aussi serais-je charmé qu'ils tâchassent de faire leur chemin au service de France ou d'Espagne, comme le font tant de bons gentilshommes écossais. Hier soir votre plan me semblait praticable; mais j'ai vu ce matin Son Excellence avant que vous fussiez levé, et je ne puis plus y penser à présent.

— Il était donc logé bien près de nous? m'écriai-je vivement.

---

(1) Barde du clan de Mac-Leod, dont le chant a été imité par sir Walter Scott dans les ballades. — Ed.

(2) Cette complainte est venue jusqu'à nous, ce qui doit servir à donner une certaine authenticité à ces mémoires.

(*Note de l'éditeur écossais* [*].)

[*] Sir Walter Scott a aussi composé pour l'anthologie écossaise le chant de guerre de Rob-Roy sur un air de tradition dont les paroles étaient perdues. — Ed.

— Plus près que vous ne le pensez ; mais il ne paraissait pas se soucier que vous vissiez la jeune dame, et c'est pour cela que...

— Il n'avait pas besoin d'être inquiet, dis-je avec quelque hauteur : je ne cherche point à voir les gens malgré eux.

— Il ne faut pas vous piquer ainsi, ni prendre l'air d'un chat sauvage dans un vieux if ; car vous devez savoir qu'il vous veut du bien, et il vous en a donné des preuves : c'est même ce qui a mis la feu aux bruyères.

— Le feu aux bruyères? Je ne vous comprends pas.

— Quoi ! ne savez-vous pas que tout ce qui arrive de mal en ce monde est causé par les femmes et par l'argent ? Je me suis toujours méfié de Rashleigh, depuis qu'il a vu qu'il ne pourrait jamais avoir miss Vernon pour femme, et je crois que c'est pour cela qu'il a eu sa première querelle avec Son Excellence. Mais ensuite vint l'affaire de vos papiers ; et, dès qu'il se fut trouvé obligé de les rendre, nous avons maintenant la preuve qu'il se rendit en poste à Stirling, et qu'il déclara au gouvernement tout ce qui se passait à petit bruit dans nos montagnes, et même encore plus ; c'est ce qui fit qu'on prit sur-le-champ des mesures pour arrêter Son Excellence et la jeune dame, et pour me faire aussi prisonnier ; et je ne doute pas que ce soit Rashleigh qui ait déterminé le pauvre diable de Morris, à qui il pouvait faire croire tout ce qu'il voulait, à entrer dans le complot pour m'attirer dans le piége. Mais, quand Rashleigh Osbaldistone serait le dernier et le plus brave de sa race, si jamais nous nous rencontrons, je veux que le diable me combatte lui-même l'épée à la main, si mon dirk ne fait connaissance avec le cœur du traître !

Il prononça cette menace en fronçant le sourcil d'un air sinistre, et en portant la main sur son poignard.

— Je serais tenté de me réjouir de tout ce qui s'est passé, lui dis-je, si je pouvais espérer que la trahison de Rashleigh fût un moyen d'empêcher l'explosion qu'on croit devoir bientôt éclater, et pût mettre un terme aux intrigues politiques dans lesquelles je ne vous cacherai pas que je vous soupçonne de jouer un des premiers rôles.

— Ne croyez pas cela. La langue d'un traître ne peut nuire à la bonne cause. Il est vrai qu'il connaissait nos secrets, et sans cela les châteaux de Stirling et d'Edimbourg seraient déjà en notre pouvoir. Mais notre entreprise est trop juste, et trop de gens y prennent part, pour qu'une trahison puisse la faire avorter, et vous en verrez la suite avant qu'il soit long-temps. Maintenant j'en reviens à vos offres obligeantes pour mes enfans. Je vous en remercie beaucoup; et, comme je vous le disais, j'avais hier soir quelque envie de les accepter. Mais je vois que la perfidie de Rashleigh va obliger tous nos seigneurs à se déclarer sur-le-champ, à moins qu'ils ne veuillent se laisser prendre dans leurs châteaux, enchaîner comme des chiens, et traîner à Londres pour y être justiciés, comme cela est arrivé à tant d'honnêtes nobles et gentilshommes en 1707. La guerre civile est comme le basilic. Nous avions couvé pendant dix ans l'œuf qui la contient; nous pouvions le couver encore aussi long-temps; mais Rashleigh est venu casser la coquille, et a ainsi accéléré la naissance du serpent. Or, dans une telle crise, j'ai besoin de tout mon monde; sans manquer aux rois de France et d'Espagne, auxquels je souhaite toute sorte de bonheur, je crois que le roi Jacques les vaut bien, et qu'il a des droits aux services de Rob et d'Hamish, puisqu'ils sont nés ses sujets.

Il ne me fut pas difficile de prévoir que ces mots annonçaient une convulsion nationale générale et prochaine; et, comme il aurait été inutile et peut-être dangereux de combattre les opinions politiques de mon guide, dans le lieu et les circonstances où je me trouvais, je me contentai de quelques observations générales sur les malheurs qui seraient la suite de tout ce qu'on pourrait tenter en faveur de la famille royale exilée.

— Eh bien! eh bien! répliqua Mac-Gregor, c'est un

moment à passer. Le ciel n'est jamais si beau qu'après un orage : si le monde est tourné sens dessus dessous, les honnêtes gens ont pour eux la chance de n'être plus réduits à mourir de faim.

J'essayai de ramener la conversation sur Diana; mais, quoiqu'il parlât sur d'autres sujets souvent avec plus de liberté que je ne l'aurais désiré, Mac-Gregor gardait toujours une sorte de réserve sur celui que j'avais le plus à cœur d'approfondir. Tout ce qu'il voulut bien me dire, fut qu'il espérait que la jeune dame se trouverait bientôt dans un pays plus tranquille que ne le serait probablement le nôtre pendant un certain temps. Je me trouvai obligé de me contenter de cette réponse, sauf à espérer que quelque hasard heureux pourrait encore me favoriser, et me procurer au moins la triste consolation de faire de derniers adieux à l'objet qui régnait dans mon cœur bien plus souverainement que je ne l'aurais cru avant de m'en séparer pour toujours.

Nous suivîmes les bords du lac pendant environ six milles d'Angleterre, par un étroit sentier qui en dessinait toutes les sinuosités, et qui nous offrait une foule de beaux points de vue. Nous arrivâmes alors à une espèce de hameau, ou plutôt à un assemblage de chaumières près de la source de cette belle pièce d'eau appelée, si je m'en souviens, le Diard, ou quelque nom à peu près semblable. C'est là qu'une troupe de Highlanders, aux ordres de Mac-Gregor, nous attendait.

Le goût de même que l'éloquence des castes sauvages, ou incivilisées, pour parler d'une manière plus correcte, est ordinairement juste, parcequ'il est dégagé de toute affectation et de tout esprit de système. J'en eus une preuve dans le choix que ces montagnards avaient fait du local où ils se proposaient de recevoir leurs hôtes. On a dit qu'un monarque anglais devrait recevoir l'ambassadeur d'une puissance à bord d'un vaisseau de ligne ; de même un Chef des Highlands ne pouvait mieux consulter les convenances qu'en choisissant une situation où les traits de grandeur propres à son pays peuvent produire le plus d'effet sur l'esprit de ceux qui viennent le visiter.

Nous remontâmes à environ deux cents pas des bords du lac, en suivant un petit ruisseau, laissant sur la droite quatre à cinq chaumières entourées de petites pièces de terre labourables qui semblaient avoir été défrichées dans le taillis qui les environnait, et encore couvertes de récoltes d'orge et d'avoine. Plus loin la colline devenait plus escarpée, et nous vîmes briller sur le sommet les armes d'environ cinquante des partisans de Mac-Gregor qui y étaient stationnés, bannières déployées, et dans un si bel ordre que je n'y pense encore qu'avec admiration. Le ruisseau qui descendait de la montagne rencontrait en cet endroit une barrière de rochers, opposant à sa course des obstacles qu'il franchissait en formant deux cataractes distinctes.

La première ne tombait que d'environ douze pieds; un vieux chêne l'ombrageait de ses rameaux obliques, comme pour voiler ses sombres flots reçus dans une espèce de bassin de pierre presque aussi régulier que s'il eût été taillé par le ciseau du sculpteur. Les eaux, se resserrant ensuite dans un lit plus étroit, faisaient une seconde chute d'environ cinquante pieds dans une espèce de gouffre formé par des rochers nus et stériles d'où elles s'échappaient ensuite pour porter tranquillement leur tribut dans le lac.

Avec le goût naturel aux montagnards, et surtout aux Écossais, dont l'imagination est souvent poétique et romanesque, la femme de Rob-Roy avait fait préparer notre déjeuner dans un lieu bien choisi pour produire sur des étrangers une impression d'admiration respectueuse. Les Highlanders sont un peuple aussi réfléchi que fier; et, quoique nous le regardions comme grossier, il porte ses idées de cérémonie et de politesse à un point qui pourrait paraître excessif, s'il n'avait toujours soin de déployer en même temps une grande supériorité de forces. C'est ainsi que le salut militaire, qui paraîtrait ridicule rendu par un paysan ordinaire, a un caractère martial et imposant quand il est offert par un Highlander complètement armé. Notre réception eut donc lieu avec assez de cérémonie.

Les Highlanders qui étaient dispersés sur le haut de la montagne formèrent leurs rangs dès qu'ils nous aperçurent, et se montrèrent à nous en colonnes serrées, à la tête desquelles se trouvaient trois personnes que je reconnus bientôt pour Hélène et ses deux fils. Mac-Gregor fit alors écarter notre escorte en arrière, et ayant engagé M. Jarvie à descendre de cheval parce que la montée devenait trop rapide, il se plaça entre nous deux, et nous continuâmes notre marche à pas lents. A mesure que nous avancions, nous distinguions le son sauvage et discord des cornemuses, auquel le bruit des cascades faisait perdre une partie de sa rudesse.

Quand nous ne fûmes plus qu'à quelques pas, Hélène Mac-Gregor vint à notre rencontre. Ses vêtemens étaient plus soignés que la veille, et lui donnaient un air plus féminin; mais ses traits offraient le même caractère de résolution et de fierté inflexibles. Lorsqu'elle ouvrit les bras pour y serrer M. Jarvie, qui était loin d'espérer et surtout de désirer ce tendre embrassement; je vis à l'agitation convulsive de tous les nerfs de mon ami, qu'il éprouvait la même sensation qu'un homme qui, serré entre les pattes d'un ours, ne saurait si l'animal veut le caresser ou l'étouffer.

— Cousin, lui dit-elle tandis qu'il reculait à deux pas pour rajuster sa perruque, soyez le bienvenu; et vous aussi, jeune étranger, ajouta-t-elle en se retournant vers moi : excusez la rudesse de l'accueil que vous avez reçu hier. N'en accusez pas notre cœur, mais les circonstances. Vous êtes arrivés dans notre malheureux pays dans un moment où le sang teignait nos mains et bouillonnait dans nos veines. Elle prononça ce peu de mots avec l'air et le ton qu'aurait pu prendre une princesse au milieu de sa cour. Elle ne se servait pas d'expressions vulgaires, comme on le reproche aux Ecossais des Lowlands ; elle avait un accent provincial assez marqué ; ayant appris l'anglais comme nous apprenons les langues mortes, elle le parlait avec grâce et aisance, mais avec un ton déclamatoire, parce qu'elle ne s'en était jamais servie pour les usages journaliers de la vie. Son mari, qui dans son temps avait fait plus d'un métier, employait un dialecte moins relevé, moins emphatique ; et cependant, comme vous avez pu le remarquer, si j'ai pu parvenir à rendre fidèlement ses discours, ses expressions devenaient plus pures et plus recherchées, et ne manquaient ni de dignité ni d'une certaine noblesse, quand il parlait d'une affaire importante ou à laquelle il prenait un vif intérêt. Il me parut aussi que, comme d'autres Highlanders que j'ai connus, il se servait du dialecte écossais des Lowlands dans la conversation familière et enjouée ; mais qu'en traitant des sujets graves et sérieux ses idées s'arrangeaient dans sa tête dans sa langue naturelle, et que la traduction qu'il faisait en anglais donnait à son style un caractère d'élévation presque poétique. Dans le fait, le langage de la passion a presque toujours autant de pureté que de force, et il n'est pas extraordinaire d'entendre un Ecossais qui ne trouve rien à répliquer aux reproches amers et piquans d'un de ses concitoyens, lui dire, comme pour s'excuser : — Vous avez eu recours à votre anglais.

Quoi qu'il en soit, l'épouse de Mac-Gregor nous invita à un déjeuner servi sur le gazon, et qui consistait en tout ce que son pays pouvait offrir de plus recherché. Mais l'air sombre et l'imperturbable gravité de notre hôtesse, et le souvenir du rôle que nous lui avions vu jouer la veille, suffisaient pour rembrunir la plus brillante atmosphère. Le Chef fit de vains efforts pour inspirer la gaieté. Il semblait que nous assistions à un repas funèbre ; la contrainte et la gêne y régnaient, et nous nous sentîmes soulagés d'un grand poids quand il fut terminé.

— Adieu, cousin, dit-elle à M. Jarvie quand nous nous levâmes pour partir. Le meilleur souhait qu'Hélène Mac-Gregor puisse faire pour ses amis, c'est de ne plus les revoir.

Le bailli commençait à lui balbutier une réponse qui aurait probablement contenu quelque lieu commun de morale; mais l'air grave, le regard sombre et mélancolique de celle à qui il voulait l'adresser le déconcertèrent au point qu'oubliant son importance magistrale il toussa plusieurs fois, la salua, et garda le silence.

— Quant à vous, jeune homme, me dit-elle, j'ai à vous remettre un gage de souvenir de la part d'une personne que vous...

— Hélène ! s'écria Mac-Gregor en fronçant le sourcil, que veut dire ceci? Avez-vous oublié?...

— Je n'ai rien oublié de ce dont je dois me souvenir, Mac-Gregor. Ce ne sont pas des mains comme les miennes, ajouta-t-elle en étendant ses bras nus, longs et nerveux, qu'il faudrait employer pour présenter un gage d'amour, si ce gage ne devait être accompagné de misère et de désespoir. Jeune homme, continua-t-elle en me présentant une bague que je me souvins d'avoir vue au doigt de miss Vernon, ceci vous est offert par une personne que vous ne verrez plus. Si c'est un gage de malheur, il ne pouvait mieux vous parvenir que par la main d'une femme à qui tout bonheur est désormais étranger. Les derniers mots qu'elle m'adressa furent ceux-ci : — Qu'il m'oublie pour toujours!

— Et peut-elle croire que cela soit possible? m'écriai-je presque sans savoir que je parlais.

— Tout peut s'oublier, reprit cette femme extraordinaire; tout, excepté le sentiment du déshonneur et le désir de la vengeance.

— *Seid suas* [1] ! s'écria Mac-Gregor en frappant du pied la terre avec impatience.

Le son discordant de l'instrument favori des montagnards coupa court à la conférence : nous prîmes congé de notre hôtesse en silence, et nous nous remîmes en route, tandis que je réfléchissais sur cette nouvelle preuve qui venait de m'être acquise qu'aimé de Diana, j'en étais séparé pour toujours.

CHAPITRE XXXVI.

« Adieu, contrée où les nuages
« Comme un vaste linceul s'arrêtent sur les monts;
« Où l'aigle, roi des airs, mêle ses cris sauvages
« A la voix du torrent qui creuse les vallons;
« Adieu, belle contrée où dans un lac limpide
« La lune aime à baigner son front chaste et timide. »

Nous traversions une contrée pittoresque quoique aride; mais absorbé dans mes réflexions je ne pus l'admirer en détail; il me serait donc impossible de la décrire. Le sommet élevé du Ben-Lomond, le monarque de toutes ces montagnes, apparaissait à notre droite, comme une imposante limite. Je ne sortis de mon apathie que lorsque, après une marche longue et fatigante, nous sortîmes d'un défilé des montagnes, et que le lac Lomond se développa devant nous. Je ne chercherai pas à vous peindre ce que vous comprendriez difficilement sans l'avoir vu; mais certainement ce noble lac, semé de tant de charmantes îles dont l'aspect et les formes varient au-delà de tout ce que l'imagination peut se figurer; — son extrémité du côté du nord, se rétrécissant jusqu'à ce qu'il se perde au loin entre de sombres montagnes, — tandis que s'élargissant de plus en plus vers le sud, il se dessine dans sa plus vaste

---

(1) Sonnez, cornemuses ! — Ed.

étendue autour des anses et des promontoires d'un bord fertile. Voilà ce qui forme un des spectacles les plus surprenans, les plus beaux, les plus sublimes de la nature. La rive orientale, particulièrement agreste et sauvage, était celle où le clan de Mac-Gregor faisait alors sa principale résidence. On avait placé une garnison sur un point central entre le lac Lomond et un autre lac, pour défendre le pays limitrophe contre ses incursions; mais les fortifications naturelles du pays avec ses défilés nombreux, ses cavernes, ses rochers et ses marécages, faisaient que la construction du petit fort qu'on y avait établi paraissait un aveu du danger, plutôt qu'une mesure pour le prévenir.

Dans plus d'une rencontre semblable à celle dont j'avais été le témoin, la garnison avait souffert de l'esprit entreprenant de l'Outlaw et de ses gens. Quand Mac-Gregor commandait en personne, la victoire n'était jamais souillée par des actes de férocité. La cruauté ne lui était pas naturelle, et il avait assez de sagacité pour ne pas vouloir exciter contre lui des haines inutiles. J'appris avec plaisir qu'il avait rendu la liberté au capitaine Thornton et aux autres prisonniers faits le jour précédent, et l'on rapporte de cet homme remarquable beaucoup de traits semblables de clémence et même de générosité.

Une barque nous attendait dans une crique abritée par un rocher, et nous y trouvâmes quatre vigoureux rameurs montagnards. Notre hôte prit congé de nous avec tous les signes d'une véritable affection. Il semblait exister entre M. Jarvie et lui une sorte d'attachement réciproque qui formait un contraste frappant avec la différence de leurs caractères et de leur manière de vivre. Après s'être cordialement embrassés, M. Jarvie lui dit, dans la plénitude de son cœur, et d'une voix tremblante d'émotion, que, si un millier de livres lui était jamais utile pour le mettre lui et sa famille dans une bonne voie, il n'avait qu'à écrire un mot dans Salt-Market, et que son messager ne reviendrait pas sans argent; et Rob appuyant une main sur la garde de sa claymore, et serrant de l'autre celle de M. Jarvie, l'assura que si jamais son cousin souffrait une insulte, et voulait l'en faire avertir, il couperait les oreilles à l'insolent, fût-ce l'homme le plus puissant de Glascow.

Après ces assurances de secours mutuels et de bonne intelligence, nous nous rendîmes à l'extrémité sud-ouest du lac, où il donne naissance à la rivière Leven. Rob-Roy resta quelque temps debout sur le rocher où nous l'avions quitté; et, même quand nous ne pouvions déjà plus distinguer ses traits, il était facile de le reconnaître au long fusil qu'il portait, à son tartan agité par le vent, et à la plume qui couronnait sa toque, emblème qui, à cette époque, désignait le gentilhomme et le guerrier des Highlands. Je remarque qu'aujourd'hui cette toque est décorée d'une quantité de plumes noires, ressemblant à ces panaches dont on se sert pour les funérailles. Enfin, lorsque nous étions sur le point de ne plus l'apercevoir dans l'éloignement, nous le vîmes descendre lentement la montagne, suivi de ses gens, c'est-à-dire de ses affidés ou gardes-du-corps.

Nous voyageâmes long-temps sans nous parler. Notre silence n'était rompu que par le chant gaélique d'un de nos rameurs, marqué d'une mesure lente et irrégulière, et qui était coupé de temps en temps par le chœur sauvage de ses compagnons.

Quoique je ne fusse occupé que d'idées tristes, il y avait pour moi comme un charme consolateur dans la magnificence du paysage qui m'environnait. Il me semblait, dans l'enthousiasme du moment, que, si j'avais professé la foi de Rome, j'aurais pu consentir à vivre et à mourir ermite dans une des îles pittoresques au milieu desquelles nous voyagions [1].

(1) Le lecteur a déjà remarqué sans doute comme nous qu'en plaçant ses héros dans la même contrée où sir Walter Scott avait déjà placé la *Dame du Lac*,

M. Jarvie se livrait aussi à ses pensées, mais elles étaient d'un genre tout différent, comme je m'en aperçus lorsque, après avoir passé dans la barque une heure qu'il avait employée à faire de grands calculs, il entreprit de me prouver la possibilité de dessécher ce lac et de rendre à la charrue tant de centaines, tant de milliers d'acres de terre, qui ne produisaient, me dit-il, rien d'utile pour l'homme, si ce n'est de temps en temps un plat de perche ou de brochet.

D'une longue dissertation qu'il — faisait entendre à mes oreilles sans que mon esprit y fût très attentif, — tout ce que je puis me rappeler, c'est qu'il entrait dans son projet de conserver une partie du lac, en largeur et profondeur suffisante pour former une espèce de canal qui rendrait le transport des charbons aussi facile entre Dunbarton et Glenfalloch, qu'il l'est entre Glascow et Greenock.

Enfin nous arrivâmes à l'endroit où nous devions débarquer, près des ruines d'un ancien château, dans l'endroit où le lac décharge le superflu de ses eaux dans le Leven. Nous y trouvâmes Dougal avec nos chevaux. M. Jarvie avait formé un plan relativement à — la créature, — comme pour le dessèchement du lac, et peut-être dans les deux cas il avait donné plus d'attention à l'utilité de ses projets qu'à la possibilité de les exécuter.

— Dougal, lui dit-il, vous êtes une bonne créature. Vous avez le sentiment et la conscience de ce qui est dû à vos supérieurs. Mais j'ai du chagrin pour vous, Dougal; car, avec la vie que vous menez vous finirez mal un jour ou l'autre, un peu plus tôt ou un peu plus tard. Je puis me flatter qu'attendu mes services comme magistrat, et ceux qu'a rendus avant moi feu mon digne père le diacre, j'ai assez de crédit dans le conseil de la ville pour obtenir qu'on ferme les yeux sur des fautes même plus graves

---

l'auteur de *Rob-Roy* reproduit malgré lui dans sa prose la couleur du style et quelquefois les pensées légèrement modifiées du poète. — Ed.

que les vôtres, de manière que j'ai pensé que, si vous voulez nous suivre à Glascow, créature robuste comme vous êtes, je pourrai vous employer dans mon magasin jusqu'à ce que je vous aie trouvé quelque autre occupation.

— Elle est bien obligée à Votre Honneur, répondit Dougal, mais que le diable lui rompe les jambes si elles la conduisent jamais dans une rue pavée, à moins qu'on ne l'y traîne pieds et poings liés, comme cela lui est déjà arrivé.

J'appris en effet que Dougal avait été conduit à Glascow comme accusé de quelques déprédations, et condamné à quelques mois de détention; son air de franchise et de simplicité ayant séduit le concierge, celui-ci avait fini, peut-être un peu légèrement, par lui confier les fonctions importantes de porte-clefs. Cependant Dougal avait quelques notions d'honneur, et il avait rempli sa charge avec fidélité, jusqu'à ce que la voix de Rob-Roy eût fait taire en lui tout autre sentiment que celui de l'attachement pour son ancien chef.

Surpris de voir refuser si rondement une proposition si favorable, M. Jarvie se tourna vers moi en me disant :

— Certainement la créature est naturellement un idiot.

Je témoignai ma reconnaissance à Dougal d'une manière qui lui plut infiniment davantage, en lui glissant dans la main une couple de guinées. Il n'eut pas plus tôt reconnu qu'il tenait de l'or dans sa main, qu'il bondit en l'air avec l'agilité d'un chevreuil, et battant les talons l'un contre l'autre de manière à surprendre un maître de danse français. Il nous fit ses adieux, courut à la barque, et tandis qu'elle prenait le large, je le vis montrer aux rameurs ce qu'il devait à ma libéralité, et une portion qu'il leur en distribua excita en eux les mêmes transports. Alors, pour me servir d'une expression favorite du dramatique John Bunyan [1],

— Il continua son chemin, et je ne le vis plus. —

() L'auteur mystique du *Voyage du pèlerin*. — Ed.

Le bailli et moi nous montâmes sur nos chevaux, et nous reprîmes la route de Glascow. Quand nous eûmes perdu de vue le lac Lomond et son superbe amphithéâtre de montagnes, je ne pus m'empêcher d'exprimer avec enthousiasme les sentimens que ces beautés de la nature m'avaient inspirés, quoique je prévisse bien que le banquier de Glascow n'était pas d'un caractère à les partager.

— Vous êtes jeune, me répondit-il, et vous êtes Anglais. Tout cela peut être fort beau pour vous; mais moi qui suis un homme tout simple, et qui connais un peu la différence des terres, je donnerais toutes les montagnes que nous venons de voir pour une acre de terre à un mille de Glascow. Je ne sais si je le reverrai jamais, mais permettez-moi de vous dire, M. Osbaldistone, que ce ne sera pas sans de grands motifs que je perdrai de vue dorénavant le clocher de Saint-Mungo.

Le brave bailli fut bientôt satisfait; car en voyageant long-temps après le soleil couché, nous arrivâmes chez lui cette même nuit, ou plutôt le lendemain matin. Ayant confié mon compagnon de voyage aux soins de l'officieuse et attentive Mattie, je me rendis à mon auberge chez mistress Fleyter; et quoiqu'il fût bien tard, je vis encore au travers d'une croisée briller de la lumière dans une chambre. Je frappai à la porte, et ce fut André lui-même qui vint m'ouvrir. Il poussa un grand cri de joie en m'apercevant, et sans prononcer un seul mot monta l'escalier précipitamment. Je le suivis, présumant qu'il voulait se hâter d'annoncer mon arrivée à M. Owen. Je trouvai effectivement M. Owen, mais il n'était pas seul; il y avait quelqu'un avec lui dans l'appartement: — C'était mon père.

Son premier mouvement fut de conserver sa dignité et son sang-froid habituels. — Je suis bien aise de vous voir, Francis. Le second fut de m'embrasser tendrement. — Mon cher fils! mon pauvre enfant! Owen prit une de mes mains et la mouilla de ses larmes, en me félicitant de mon retour. C'est là une de ces scènes qu'on peut voir et comprendre, mais non raconter. Après un intervalle de tant d'années, mes yeux sont encore obscurcis de larmes en me rappelant ce moment, et vous vous le représenterez, mon cher Tresham, beaucoup mieux que je ne pourrais vous le décrire.

Quand les transports tumultueux de notre joie furent calmés, j'appris que mon père était revenu de Hollande et arrivé à Londres deux jours après le départ d'Owen pour l'Ecosse. Aussi prompt à former une résolution qu'actif à l'exécuter, il ne resta dans la capitale que le temps nécessaire pour mettre ordre à ses affaires. Ses ressources, son crédit, ses relations étendues, lui procurèrent presque à l'instant même la somme que l'infidélité de Rashleigh lui rendait nécessaire, et que son absence avait peut-être seule fait paraître impossible à réunir. Il partit alors pour l'Écosse, tant pour y faire commencer les poursuites judiciaires contre Rashleigh, que pour régler les affaires considérables qu'il avait dans ce pays; et voulant complètement rétablir le crédit de sa maison, qui pouvait avoir souffert de cette fâcheuse circonstance, il avait apporté les sommes nécessaires pour régler et solder tous ses comptes courans. Son arrivée fut un coup de foudre pour Macvittie, Macfin et compagnie, qui, le voyant paraître dans une situation aussi florissante que jamais, sentirent que son étoile n'était pas éclipsée. Mais mon père était irrité du traitement qu'ils avaient fait essuyer à son premier commis, à l'homme qui avait toute sa confiance; il rejeta leurs basses excuses, solda la balance de leur compte et leur annonça qu'il les avait déjà rayés du nombre de ses correspondans.

Tandis qu'il jouissait de ce petit triomphe sur de faux amis, il n'était pas sans de vives inquiétudes sur mon compte. Owen, qui ne connaissait que les environs de Londres, ne s'était jamais imaginé qu'un voyage de cinquante à soixante milles, qu'on aurait pu faire dans toute l'Angleterre avec aisance et sécurité, pût exposer au moindre danger. Mais l'alarme est un mal contagieux, et Owen même le gagna de mon père, qui connaissait mieux le pays où je m'étais rendu, et le caractère de ses habitans.

Les craintes devinrent encore bien plus vives quelques momens avant mon arrivée. André Fairservice parut à l'auberge, et rendit un compte désastreux et exagéré de la situation où je devais me trouver, ne pouvant même dire ce que j'étais devenu. Le duc, qui nous retenait en quelque sorte prisonniers, l'ayant interrogé, lui avait permis de se retirer, et il n'avait pas perdu un instant pour reprendre le chemin de Glascow.

André était un de ces hommes qui ne sont pas fâchés d'obtenir de l'importance, et d'attirer l'attention qu'on accorde naturellement au porteur d'une mauvaise nouvelle. Il n'avait donc nullement cherché à affaiblir l'impression que pouvaient produire les divers évènemens qui nous étaient arrivés, surtout quand il apprit que le riche marchand de Londres était un de ses auditeurs. Il fit un récit détaillé de tous les périls auxquels j'avais échappé, grâce, eut-il soin d'ajouter, à son expérience, à son adresse et à sa fidélité.

Mais qu'allais-je devenir, maintenant que mon ange gardien, en la personne de M. Fairservice, n'était plus à mes côtés? C'est sur quoi, disait-il, on ne peut former que des conjectures aussi tristes qu'incertaines. Quant au bailli, il ne s'en inquiétait pas. C'était un homme qui cherchait toujours à se donner de l'importance, et André n'aimait pas les importans. Mais bien certainement, au milieu des carabines et des pistolets, des cavaliers de milice qui faisaient pleuvoir les balles comme la grêle, des dirks et des claymores des montagnards, on pouvait bien penser qu'il était difficile de savoir quel pouvait être le sort du pauvre jeune homme, et il pouvait même s'être noyé en voulant passer le gué d'Avondow.

Ce récit aurait jeté le désespoir dans l'âme du bon Owen,

s'il eût été seul. Mais mon père, qui avait une grande connaissance des hommes, apprécia sur-le-champ le caractère d'André à sa juste valeur ; néanmoins, en dépouillant de toute exagération le compte qu'il avait rendu, il restait encore de quoi les alarmer. Il résolut donc sur-le-champ de partir en personne pour prendre des informations plus précises, et si j'étais prisonnier, soit des Highlanders, soit de la milice, de chercher à obtenir ma liberté par négociation ou par rançon. Il avait donné à Owen les instructions dont il avait besoin pour suivre ses affaires à Glascow pendant son absence ; et c'est pour ce motif que je les avais trouvés encore debout à une pareille heure.

Nous ne nous séparâmes que fort tard pour nous mettre au lit ; mais j'étais encore trop agité pour goûter beaucoup de repos, aussi étais-je sur pied de fort bonne heure. André entra dans ma chambre dès qu'il m'entendit marcher, mais je ne reconnus plus l'André dépouillé de tout, la figure d'épouvantail d'Aberfoil. Il était vêtu d'un habit noir complet fort propre, comme s'il avait dû suivre un enterrement dans la matinée ; et ce ne fut qu'après plusieurs questions, qu'il feignit le plus long-temps possible de ne pas comprendre, qu'il voulut bien m'apprendre que, n'osant plus espérer de me revoir vivant, il avait cru convenable de prendre le deuil, et que, comme son ami le chantre M. Hammorgaw tenait aussi une boutique de friperie, il avait acheté cet habit chez lui pour mon compte, ajoutant que c'était justice, puisqu'il avait perdu le sien à mon service ; et que certainement si la Providence ne m'avait pas conservé, mon honorable père n'aurait pas voulu qu'un pauvre diable, un ancien serviteur de sa famille, fît une si grosse perte. Un habillement complet était peu de chose pour un Osbaldistone (Dieu soit loué !), surtout quand il s'agissait d'un ancien et fidèle serviteur.

Il y avait quelque chose de juste dans ce raisonnement d'André ; sa finesse réussit, et il gagna un bon habillement complet, avec un chapeau et les autres accessoires à l'avenant, signes extérieurs du deuil qu'il avait pris pour un maître plein de vie et bien portant.

Le premier soin de mon père en se levant fut d'aller voir M. Jarvie, dont la conduite généreuse et affectionnée lui avait inspiré la plus vive reconnaissance, et il la lui témoigna en peu de mots, mais d'une manière expressive. Il lui expliqua ensuite la situation de ses affaires, et lui offrit de lui confier la suite de celles dont Macvittie et compagnie avaient été chargés jusqu'alors. M. Jarvie félicita mon père d'être sorti si heureusement de l'embarras momentané où son absence avait laissé sa maison, et, sans affecter de rabaisser le mérite de ce qu'il avait entrepris pour le servir, il lui dit qu'il n'avait fait que ce qu'il voudrait qu'on fît pour lui; que, quant aux nouvelles affaires dont il lui proposait de se charger, c'était une offre qu'il acceptait avec plaisir, et qu'il l'en remerciait. Si Macvittie et compagnie se fussent honnêtement conduits, il ne voudrait ni les supplanter, ni aller sur leurs brisées; mais, d'après la manière dont ils avaient agi, ils ne pouvaient que s'accuser eux-mêmes.

Le bailli, me tirant alors par la manche, me dit d'un ton un peu embarrassé : — Je voudrais bien, mon cher M. Francis, qu'on parlât le moins possible de tout ce que nous avons vu là-bas. A quoi bon raconter l'histoire déplorable de ce Morris, à moins que nous ne soyons appelés à en déposer sous serment devant une cour de justice? Et puis les membres du conseil n'apprendraient pas avec plaisir qu'un de leurs confrères s'est battu contre un montagnard, dont il a jeté le plaid dans le feu. Et par-dessus tout, quoique je sois un homme comme un autre quand je me trouve sur mes jambes, certainement le bailli de Glascow faisait une pauvre figure quand il était, sans chapeau et sans perruque, suspendu par le milieu du corps, comme un chat à une corde, ou comme un style de cadran couvert d'un manteau. Le bailli Grahame donnerait beaucoup pour savoir une pareille histoire.

Je ne pus m'empêcher de sourire en me rappelant la situation à laquelle mon digne ami faisait allusion, quoiqu'elle n'eût certainement rien de risible au moment où il s'y était aussi trouvé. Il sourit d'un air un peu confus, et me dit en branlant la tête : — Vous voyez! vous voyez! ainsi donc n'en disons rien, pour ne pas faire rire les autres. Mais surtout tâchez de faire taire cette langue toujours en action que vous avez à votre service, défendez-lui bien de parler. Je ne voudrais pas même que cette petite friponne de Mattie en fût informée, ce serait à n'en plus finir.

Il fut soulagé de la crainte qu'il avait de se trouver exposé au ridicule, quand je l'informai que l'intention de mon père était de quitter Glascow dès le lendemain, et que nous comptions emmener André. Effectivement, maintenant que mon père avait recouvré presque tous les effets que Rashleigh avait soustraits de sa caisse, il n'avait pas de motif pour rester plus long-temps en cette ville. Quant à ceux que mon respectable cousin était parvenu à toucher, il fallait en poursuivre le recouvrement par les voies judiciaires, et mon père laissa des pouvoirs à cet effet à un avocat qui lui promit de lui faire rendre bonne et prompte justice.

Nous passâmes la journée avec notre ami M. Jarvie, qui ne négligea rien pour nous traiter dignement. Nous prîmes ensuite congé de lui, comme je vais le faire en cette narration. Il continua à prospérer, vit les richesses et les honneurs s'accumuler sur sa tête, et parvint au premier grade de la magistrature de Glascow. Environ deux ans après l'époque dont je parle, se trouvant fatigué d'un long célibat, il tira Mattie de sa cuisine pour la faire asseoir au haut bout de sa table, en qualité de mistress Jarvie. Le bailli Grahame, les Macvittie et quelques autres (car il n'est personne qui n'ait ses ennemis, surtout dans le conseil d'une ville de province) tournèrent cette métamorphose en ridicule. Mais, disait M. Jarvie, laissons-les jaser ; je ne m'en fâcherai pas ; je ne perdrai pas le bonheur du reste de mes jours pour une semaine de bavardage. Feu mon père le diacre, honnête homme! avait un dicton :

> Sourcil d'ébène, teint de lis,
> Gaîté, franchise, gentillesse,
> Taille fine, cœur bien épris,
> Valent mieux qu'argent et noblesse.

D'ailleurs, Mattie (conclusion favorite du bailli) n'était pas une servante ordinaire. N'était-elle pas petite-cousine du laird de Limmerfield?

Quelques amis du bailli pensèrent qu'un tel mariage était une expérience un peu hasardeuse ; mais, soit par un effet du noble sang qui coulait dans ses veines, soit par suite de ses bonnes qualités, ce que je n'entreprends pas de décider, il est certain que Mattie se conduisit parfaitement dans le rang auquel M. Jarvie l'avait élevée, et que jamais il n'eut à s'en repentir.

CHAPITRE XXXVII.

> « Approchez tous, mes six enfans :
> « Écoutez-moi ; surtout que chacun soit sincère.
> « Vous êtes braves et vaillans ;
> « Qui de vous veut défendre et le comte et son père?»
>
> « Cinq d'entre eux, d'un commun accord,
> « Tandis que dans leurs yeux brille une ardeur guerrière,
> « Répondent : Oui, jusqu'à la mort,
> « Je jure de défendre et le comte et mon père ! »
> *L'Insurrection du Nord.*

Le lendemain matin, comme nous pensions à partir de Glascow, André se précipita dans ma chambre d'un air effaré, la parcourant à grands pas, gesticulant comme un homme privé de raison, et chantant et criant avec force :

> Le four est en flamme,
> Le four est en flamme!
> Prenez garde, belle dame!
> Le four est en flamme.

Ce ne fut pas sans peine que je lui imposai silence, et que je parvins à me faire expliquer ce dont il s'agissait. Il m'informa alors, comme si c'eût été la plus belle chose du monde, que les Highlanders étaient sortis en masse de leurs montagnes, tous jusqu'au dernier homme, et que Rob-Roy, à la tête de sa bande d'enragés diables, serait à Glascow avant vingt-quatre heures.

— Taisez-vous, imposteur! lui dis-je; il faut que vous soyez toujours ivre ou en démence, ou bien, si vous dites vrai, y a-t-il là de quoi chanter, imbécile?

— Ivre ou fou, répliqua-t-il. Oh! sans doute; car, Dieu me préserve! on est toujours ivre ou fou quand on annonce aux autres des nouvelles qu'ils ne se soucient pas de savoir. Au surplus, ne me croyez pas : vous verrez ce qui en résultera, quand les clans arriveront dans la ville, si nous sommes assez fous ou assez ivres pour les attendre.

Quoiqu'il fût encore de très bonne heure, je me rendis sur-le-champ dans l'appartement de mon père. Il était déjà debout : Owen était avec lui, et tous deux semblaient fort alarmés.

La nouvelle d'André n'était que trop vraie. La grande rébellion qui déchira la Grande-Bretagne en 1715 venait d'éclater. L'infortuné comte de Marr avait déjà levé l'étendard des Stuarts; fatale rébellion qui causa la ruine de tant d'honorables familles d'Angleterre et d'Ecosse! La trahison de quelques agens jacobites, entre autres celle de Rashleigh, et l'arrestation de quelques autres, avaient informé le gouvernement de Georges Ier de l'existence d'une conspiration tramée depuis long-temps, et dont les ramifications étaient bien étendues. Cette découverte accéléra l'explosion, et, quoiqu'elle eût lieu sur un point trop éloigné du centre pour qu'il en pût résulter des suites funestes pour le pays, une partie de l'Ecosse et de l'Angleterre n'en devint pas moins un théâtre de confusion.

Ce grand évènement me donna l'explication de divers propos que m'avait tenus Mac-Gregor. Je vis aussi bien aisément pourquoi les deux clans de l'ouest qui avaient été rassemblés pour marcher contre lui avaient fini par se retirer. Il était clair qu'ils avaient fait céder leurs ressentimens particuliers à la considération qu'ils allaient incessamment combattre sous les mêmes drapeaux, pour le soutien de la même cause. Enfin, je me rappelai diverses expressions de Galbraith qui m'avaient paru obscures quand il parlait au duc, et que je comprenais maintenant à merveille. Mais la plus cruelle de mes réflexions était de songer que Diana Vernon était alors l'épouse d'un de ces hommes occupés à troubler le repos de ma patrie, et qu'elle allait se trouver elle-même exposée à toutes les privations et à tous les dangers qui devaient accompagner la vie hasardeuse de son mari.

Après une courte consultation sur ce que nous devions faire en cette circonstance, nous adoptâmes le plan de mon père, qui consistait à partir sur-le-champ pour Londres. Je lui fis part du désir que j'avais d'offrir mes services au gouvernement pour entrer dans un corps de volontaires dont plusieurs se formaient déjà. Il y consentit, car, quoiqu'il fût par principes ennemi de l'état militaire, personne n'aurait plus volontiers exposé sa vie pour la défense de la liberté civile et religieuse.

Nous traversâmes en grande hâte, et non sans courir quelques dangers, le comté de Dumfries et tous les comtés du midi de l'Ecosse et du nord de l'Angleterre. Tous les seigneurs de ces environs, du parti des Torys, avaient déjà pris les armes et les avaient fait prendre à leurs vassaux, tandis que les Whigs, se rassemblant dans les principales villes, en armaient les habitans, et se préparaient à la guerre civile. Nous manquâmes plusieurs fois d'être arrêtés, et nous fûmes souvent obligés de choisir des routes détournées pour éviter des points de rassemblement.

Quand nous arrivâmes à Londres, mon père s'associa aux banquiers et aux négocians qui étaient convenus de soutenir le gouvernement et d'empêcher la baisse des fonds publics, sur laquelle les conspirateurs avaient compté pour faire réussir leur entreprise, en obligeant le gouvernement à une sorte de banqueroute. Il fut nommé président de ce corps formidable de capitalistes dont tous les membres étaient pleins de confiance en ses talens, en son zèle et en son activité. Il devint aussi l'organe de leurs communications avec le gouvernement, et trouva le moyen d'acheter, tant avec ses propres fonds qu'avec ceux de la société, l'immense quantité d'effets publics qu'à la première nouvelle de la révolte on eut soin de présenter à la bourse afin de parvenir à les déprécier, ce qui pourtant n'arriva point, grâce à l'heureux effet de l'association dont je viens de parler.

Moi-même je ne restai pas dans l'inaction. J'obtins une commission, je levai deux cents hommes aux dépens de mon père, et je joignis l'armée du général Carpenter.

Cependant la rébellion s'était étendue jusqu'en Angleterre. Le comte de Derwentwater avait pris les armes pour les Stuarts avec le général Foster. Mon pauvre oncle, sir Hildebrand, dont le domaine était réduit presqu'à rien par suite de son insouciance, l'inconduite de ses enfans et le désordre habituel qui régnait dans sa maison, s'était laissé persuader de joindre ce malheureux étendard; mais, avant de prendre ce parti, il avait eu une précaution que personne ne lui aurait supposée, celle de faire son testament.

Par ce testament, il léguait son domaine d'Osbaldistone. Hall et tous ses biens à tous ses enfans successivement et à leurs héritiers mâles, en commençant par l'aîné, jusqu'à ce qu'il arrivât à Rashleigh, qu'il détestait de toute son âme à cause du changement qui s'était opéré dans ses sentimens politiques. Il lui léguait un shilling à titre de légitime, et me nommait pour son héritier en cas de mort de ses cinq autres enfans sans postérité mâle, directe et légitime. Le bon vieillard avait toujours eu de l'amitié pour moi ; il est d'ailleurs probable qu'en voyant autour de lui cinq enfans robustes et bien constitués, il ne croyait pas que ce legs pût jamais avoir d'effet, et qu'il lui avait été principalement inspiré par le désir de laisser une preuve authentique de son mécontentement contre Rashleigh. Par un dernier article il léguait à la nièce de sa défunte femme, Diana Vernon, qu'il nommait lady Diana Vernon Beauchamp, quelques diamans qui avaient appartenu à sa tante, et un grand vase en argent sur lequel étaient gravées les armes des familles Vernon et Osbaldistone.

Mais il était entré dans les décrets du ciel que sa race s'éteindrait plus tôt qu'il ne le présumait. Dès la première revue que les conspirateurs passèrent dans un endroit nommé Green-Rigg, Thorncliff eut une querelle sur la préséance avec un gentilhomme des frontières du Northumberland, aussi farouche et aussi intraitable qu'il l'était lui-même. En dépit de toutes les remontrances, ils donnèrent à leur commandant une preuve de la bonne discipline qui régnait dans son corps, en se battant en duel, et Thorncliff fut tué sur la place. Sa mort fut une grande perte pour sir Hildebrand, car, malgré son caractère querelleur, il avait un grain ou deux de bon sens de plus que ses autres frères, en exceptant toujours Rashleigh.

Percy l'ivrogne eut une fin digne de son caractère : il fit un défi à un de ses frères d'armes, fameux par ses exploits en ce genre, et surnommé Brandy-Swaleweel, à qui boirait le plus d'eau-de-vie quand le roi Jacques serait proclamé par les insurgens à Morpeth. J'ai oublié la quantité exacte de cette liqueur pernicieuse que Percy avala, mais elle lui occasiona une fièvre inflammatoire dont il mourut le troisième jour, en criant à chaque instant : — De l'eau! de l'eau!

Dick se cassa le cou près de Warrington-Bridge. Désirant vendre très cher uue mauvaise jument à un de ses camarades, il voulut lui prouver qu'elle était en état de faire des prouesses. Il essaya de la faire sauter par-dessus une barrière; l'animal trébucha et renversa son écuyer, qui se brisa la tête contre un arbre voisin.

L'imbécile Wilfred eut, comme cela arrive souvent, la meilleure fortune de toute la famille. Il fut tué à Proud-Preston, dans le Lancashire, le jour où le général Carpenter attaqua les barricades. Il avait combattu avec un grand courage, quoiqu'on m'ait assuré qu'il n'avait jamais pu bien comprendre la cause de la querelle, et qu'il ne se souvenait pas toujours duquel des deux rois il avait embrassé le parti. Son frère John se trouvait à la même affaire; il s'y conduisit avec bravoure, et y reçut plusieurs blessures dangereuses dont il n'eut pas le bonheur de mourir sur le champ de bataille.

L'armée des insurgés se rendit à discrétion le lendemain, et le vieux sir Hildebrand, déjà accablé des malheurs arrivés à sa famille en si peu de temps, fut conduit prisonnier à Newgate avec son fils John.

Dès que je me trouvai déchargé de mes devoirs militaires, je ne perdis pas un instant pour tâcher de porter du secours à ces deux infortunés parens. Le crédit de mon père auprès du gouvernement, et la compassion qu'inspirait généralement un vieillard qui avait perdu successivement quatre fils, auraient sauvé mon oncle et mon cousin du danger d'être mis en jugement comme coupables de haute trahison; mais leur arrêt était porté par un tribunal suprême et sans appel. John mourut de ses blessures à Newgate, me recommandant à son dernier soupir une paire de faucons de chasse qu'il avait dressés lui-même, et qu'il avait laissés à Osbaldistone-Hall, et une chienne épagneule nommée Lucy.

Mon pauvre oncle semblait tout-à-fait abattu sous le poids de ses malheurs domestiques et des circonstances qui les avaient amenés. Il parlait peu, mais il paraissait sensible aux attentions que je me faisais un devoir d'avoir pour lui. Je ne fus pas témoin de sa première entrevue avec mon père, qu'il n'avait pas vu depuis bien des années. Elle dut être pénible pour tous deux, à en juger par l'état où je trouvai mon père après qu'elle eut eu lieu. Sir Hildebrand ne parlait jamais de Rashleigh, le seul fils qui lui restât, qu'avec un sentiment d'amertume. Il l'accusait de la ruine de sa maison et de la mort de ses frères, déclarant que ni lui ni ses enfans n'auraient pris part à toutes ces intrigues politiques, si ce n'eût été à l'instigation de ce misérable, qui avait été le premier à les trahir. Il parlait quelquefois de Diana, et toujours avec beaucoup d'affection : il me dit, un jour que j'étais assis près de son lit : Mon neveu, depuis la mort de Thorncliff et de tous les autres, je suis fâché que vous ne puissiez l'épouser.

Cette expression de *tous les autres* m'affecta vivement, car c'était une phrase dont se servait ordinairement le pauvre baronnet quand il se disposait à partir joyeusement pour la chasse avec ses enfans; il distinguait Thorncliff en l'appelant par son nom, parce qu'il était son favori, et il désignait toujours ses frères d'une manière générale.— Holà! hé! criait-il avec une gaieté bruyante, appelez Thorncliff, appelez tous les autres! Quelle différence avec le ton morne et lugubre dont il venait de prononcer les mêmes mots! Ce fut alors qu'il me parla de son testament. Il m'en communiqua le contenu, m'en remit une copie, et m'apprit que l'original était déposé entre les mains de mon ancienne connaissance le juge Inglewood. Ce magistrat, n'étant craint de personne, était regardé comme une espèce de puissance neutre; les deux partis avaient en lui une égale confiance, et je crois qu'il était à cette époque dépositaire de la moitié des testamens du Northumberland.

Mon oncle employa ses derniers momens à s'acquitter des devoirs prescrits par la religion qu'il professait, et nous obtînmes du gouvernement, non sans quelque peine, la permission que le chapelain de l'ambassadeur de Sardaigne lui en apportât les consolations. Ni mes propres observations, ni les réponses que les médecins firent à mes questions ne purent m'apprendre le nom de la maladie qui termina ses jours. Son tempérament, usé par ses excès de boisson et par les fatigues de la chasse, à laquelle il se livrait sans ménagement, avait reçu un dernier choc par les chagrins qu'il venait d'éprouver ; il s'éteignit plutôt qu'il ne mourut, de même qu'un vaisseau, après avoir été long-temps le jouet des vents et de la tempête, livre passage à l'eau par mille fentes imperceptibles, et coule à fond sans cause apparente de destruction.

Il est assez remarquable que mon père, après avoir rendu les derniers devoirs à son frère, parut désirer vivement que je ne perdisse pas un instant pour me mettre en possession d'Osbaldistone-Hall et devenir le représentant de la maison de son père, ce qui jusqu'à ce moment avait été la chose du monde qui semblait avoir le moins d'attrait pour lui ; mais il avait été comme le renard de la fable qui affectait de mépriser ce qui était hors de sa portée : je ne doute pas d'ailleurs que son ressentiment contre Rashleigh (maintenant sir Rashleigh Osbaldistone), qui jetait les hauts cris et menaçait d'attaquer le testament de son père, ne contribuât à augmenter son désir d'en maintenir la validité.

— J'ai été injustement déshérité par mon père, me dit-il, parce que j'avais pris le parti du commerce. Mon frère a réparé cette injustice en vous laissant les restes de sa fortune délabrée. Vous en étiez l'héritier naturel, et je dépenserai dix fois la valeur du legs plutôt que de vous y voir renoncer.

Rashleigh en ce moment n'était pourtant pas un personnage sans conséquence et dont on pût mépriser les menaces. Les révélations qu'il avait faites au gouvernement dans un moment critique, l'étendue des informations qu'il avait données, l'adresse avec laquelle il avait su se faire un mérite des moindres détails et des plus légers services, lui avaient procuré des protecteurs assez puissans dans le ministère. Nous étions déjà en procès avec lui pour l'affaire des billets qu'il avait soustraits de notre caisse, et, à en juger d'après le peu de progrès que faisait une poursuite si simple en apparence, on aurait pu craindre que la seconde difficulté ne se prolongeât au-delà du terme naturel de notre vie.

Pour abréger ces délais le plus possible, mon père, par l'avis de son avocat, acheta en mon nom toutes les créances qui étaient hypothéquées sur le domaine d'Osbaldistone. Peut-être aussi voulut-il profiter de cette occasion pour réaliser une partie des profits considérables qu'il avait retirés de la hausse qui avait eu lieu dans les fonds, lors de la dispersion des rebelles. Quoi qu'il en soit, il en résulta que, lorsque j'eus déposé l'épée et quitté le ceinturon, au lieu de m'ordonner de prendre place dans son bureau, comme je m'y attendais, car je lui avais déclaré que je me soumettrais à toutes ses volontés, il me fit partir pour Osbaldistone-Hall, afin d'en prendre possession, comme le représentant actuel de cette famille. Il me chargea de voir le juge Inglewood, de réclamer de lui la remise du testament de mon oncle, et de prendre toutes les mesures nécessaires pour le faire mettre à exécution.

Ce changement de destination ne me fit pas tout le plaisir qu'on pouvait croire. Osbaldistone-Hall ne se présentait à mon esprit qu'accompagné de souvenirs pénibles. Je pensai pourtant que ce n'était que dans ses environs que j'avais quelque probabilité d'obtenir des renseignemens sur le destin de Diana Vernon. J'avais toutes sortes de raisons pour craindre qu'il ne fût bien différent de celui que je lui aurais souhaité, et je n'avais pu jusque là réussir à m'en procurer aucun. Ce fut en vain que, lors des fréquentes visites que je faisais à mon oncle à Newgate, j'avais cherché à gagner la confiance de divers prisonniers, en leur rendant tous les petits services qui étaient en mon pouvoir; le soupçon qui s'attachait naturellement à un homme qui avait porté les armes contre eux, à un cousin du traître Rashleigh, fermait tous les cœurs et toutes les bouches, et je ne recevais pour tous mes bons offices que de froids remerciemens qu'on semblait même m'adresser à regret. Le bras de la loi s'était déjà appesanti sur plusieurs d'entre les détenus, et les autres qui leur avaient survécu n'en concevaient que plus d'éloignement pour tous ceux qu'ils regardaient comme ayant des liaisons avec le gouvernement existant. Comme on les conduisait successivement au supplice, les derniers finissaient par ne plus prendre aucun intérêt au genre humain, et perdaient même le désir d'avoir avec les hommes aucune communication. Je me souviendrai long-temps qu'ayant demandé à l'un d'eux, nommé Edouard Shafton, s'il désirait quelque chose que je pusse lui procurer pour varier la nourriture grossière de la prison :

— M. Frank Osbaldistone, me répondit-il, je dois supposer que votre demande part d'un bon cœur, et je vous en remercie; mais, de par Dieu! croyez-vous qu'on engraisse les hommes comme de la volaille? et quand nous voyons emmener tous les jours quelques uns de nos compagnons, ne devons-nous pas prévoir que notre tour ne peut tarder?

Tout bien considéré, je ne fus pas fâché de quitter Londres et d'aller respirer l'air plus pur du Northumberland. André était resté à mon service, un peu grâce à la protection de mon père qui avait paru désirer que je le conservasse. Les connaissances locales qu'il avait à Osbaldistone-Hall et dans les environs pouvaient m'être utiles en ce moment; je le prévins donc qu'il m'y suivrait, et ce ne fut pas sans jouir d'avance du plaisir de pouvoir m'en débarrasser en le rétablissant dans les fonctions de jardinier qu'il y remplissait autrefois. Je ne puis concevoir comment il avait réussi à intéresser mon père en sa faveur, si ce n'est par l'art, qu'il possédait à un degré supérieur, d'affecter le plus grand attachement pour son maître. Cet attachement n'existait pourtant qu'en théorie, et ne l'empêchait nullement de chercher tous les moyens de remplir sa bourse aux dépens de la mienne ; mais il faut convenir aussi que c'était un privilége dont il voulait jouir seul, et qu'il défendait mes intérêts avec zèle toutes les fois qu'ils n'étaient pas en opposition avec les siens.

Nous fîmes notre voyage vers le nord sans aucune aventure remarquable, et nous trouvâmes ce pays, naguère tellement agité par les fureurs de la rébellion, jouissant d'une tranquillité parfaite. Plus nous approchions d'Osbaldistone-Hall, plus mon cœur se glaçait à l'idée de revoir ce château jadis si bruyant et aujourd'hui si désert. Enfin, pour y retarder mon arrivée de vingt-quatre heures, je résolus d'aller d'abord rendre ma visite au juge Inglewood.

Ce personnage vénérable, pendant les troubles qui venaient d'éclater, avait eu beaucoup à réfléchir sur ce qu'il avait été autrefois, et sur ce qu'il était alors. Ses retours sur le passé n'avaient pas eu peu d'influence pour ralentir l'activité qu'il aurait été de son devoir de déployer en de pareilles circonstances. Il en était pourtant résulté une bonne fortune pour lui. Son clerc Jobson, fatigué de son indolence, l'avait quitté pour travailler chez un certain seigneur Standish, nouvellement nommé juge de paix, et qui donnait les preuves les moins équivoques d'un zèle ardent pour le roi Georges et pour la succession protestante. Il le portait à un tel degré que Jobson, bien loin d'avoir à le stimuler comme son ancien patron, était quelquefois obligé de chercher à le retenir dans de justes bornes.

Le vieux juge Inglewood me reçut avec beaucoup de

politesse, et me remit sans difficulté le testament de mon oncle, qui paraissait parfaitement en règle. Il eut d'abord l'air embarrassé, parce qu'il ignorait dans quel sens il devait parler en ma présence. Mais quand il vit que, quoique partisan décidé, par principes, du gouvernement actuel, je n'étais pas dénué de compassion pour ceux qu'un sentiment mal dirigé de devoir et de loyauté avait entraînés dans un parti opposé, il me fit une narration très divertissante de ce qu'il avait fait et de ce qu'il n'avait pas fait, me nommant ceux qu'il avait déterminés par ses avis à ne pas joindre les rebelles, et ceux sur la fuite desquels il avait fermé les yeux quand la révolte dans laquelle il avait eu le malheur de jouer un rôle actif avait été comprimée.

Nous étions tête à tête, et, d'après l'exprès commandement du juge, plusieurs santés avaient été bues, quand tout-à-coup il m'invita à remplir mon verre jusqu'au bord, *bonâ fide*, afin de porter un toast à la pauvre miss Diana Vernon, la rose du désert, la bruyère de Cheviot, cette fleur qui allait être transplantée dans un maudit cloître.

— Est-ce que miss Vernon n'est pas mariée? m'écriai-je. Je croyais que son excellence.....

— Bah! bah! son excellence, sa seigneurie! pures billevesées, titres de la cour de Saint-Germain! C'est le comte de Beauchamp, sir Frédéric Vernon, que le duc d'Orléans, le régent, avait nommé son ministre plénipotentiaire, sans peut-être savoir qu'il existât. Mais vous avez dû le voir au château, quand il y jouait le rôle du P. Vaughan.

— Du P. Vaughan! est-il possible? Mais sir Frédéric Vernon était-il donc le père de miss Diana?

— Sans doute. Il n'y a pas de nécessité d'en faire un mystère à présent, car il a quitté le pays, sans quoi ce serait mon devoir de le faire arrêter. Allons, votre verre est-il plein? La santé maintenant, la santé de cette chère miss Diana qui est perdue pour nous. Vous savez la chanson :

> A sa santé buvons tous avec joie,
> A sa santé.
> Et vainement vous portez bas de soie.
> A genoux donc pour porter la santé
> De la beauté.

Le lecteur [1] croira sans peine que je n'étais pas disposé à partager la gaieté du juge. J'étais étourdi de la nouvelle que je venais d'apprendre. — J'ignorais, lui dis-je, que le père de miss Vernon vécût encore.

— Ce n'est pas notre gouvernement qu'il en faut accuser, dit Inglewood, car du diable s'il existe un homme pour la tête duquel il donnerait plus d'argent. Il fut jadis condamné à mort pour la conspiration de Fenwick, ce qui ne l'empêcha pas de diriger le complot de Knight-Bridge du temps du roi Guillaume, et comme il avait épousé une parente de la maison de Breadalbane, il avait en Écosse une influence considérable. Le bruit courut même qu'on avait voulu faire de son extradition une des conditions de la paix de Ryswick; mais il eut la précaution à cette époque de feindre une maladie, et de faire annoncer sa mort dans la Gazette de France.

Enfin il revint ici, et nous autres vieux Cavaliers [2] n'eûmes pas de peine à le reconnaître; c'est-à-dire que je le reconnus bien, sans être Cavalier moi-même; mais comme on ne m'adressa point de dénonciation contre lui, et que de fréquentes attaques de goutte m'avaient rendu la mémoire fort courte, je n'aurais pu affirmer son identité sous serment. Vous entendez ?

— Mais il n'était donc pas connu à Osbaldistone-Hall ?

— Il ne l'était que de sa fille, du vieux gentilhomme, et de Rashleigh, qui avait découvert ce secret, comme il en découvrait tant d'autres, et qui s'en servait comme d'une corde passée autour du cou de cette pauvre Diana. Cent fois je l'ai vue prête à lui rompre en visière si elle

---

(1) L'auteur oublie ici par distraction que Francis Osbaldistone est censé ne s'adresser qu'à Tresham. — Ed.

(2) Nom donné aux Torys. — Tr.

n'avait été retenue par crainte pour son père, dont la vie n'aurait pas été cinq minutes en sûreté s'il avait été découvert par le gouvernement. Mais comprenez-moi bien, M. Osbaldistone; quand je parle du gouvernement, je ne veux pas dire qu'il ne soit pas bon, juste et clément. Il a fait pendre bien des rebelles sans doute, pauvres diables! mais tout le monde conviendra qu'il n'en aurait pas touché un seul s'ils étaient restés tranquilles chez eux.

Peu curieux d'entrer dans une discussion politique, je fis retomber la conversation sur un sujet plus intéressant pour moi, et je trouvai que Diana ayant positivement déclaré qu'elle n'épouserait aucun des frères Osbaldistone, et ayant témoigné particulièrement son aversion pour Rashleigh, celui-ci montra quelque refroidissement pour la cause du Prétendant, cause qu'il avait embrassée parce que étant le plus jeune de six frères, hardi, rusé, capable de tout, il espérait s'ouvrir par là un chemin à la fortune. Quand il avait cru trouver le moyen d'arriver au même but par une autre route, il n'avait point hésité, et avait trahi ses anciens associés pour obtenir les faveurs du gouvernement anglais. Probablement il s'y était déterminé aussi par esprit de vengeance, parce que sir Frédéric Vernon et les chefs montagnards l'avaient obligé à restituer les billets qu'il avait soustraits de la caisse de mon père. Il avait voulu faire passer ce vol pour une mesure politique, comme mon ami M. Jarvie me l'avait fort bien expliqué. Mais ce qui prouvait qu'il avait eu d'autres vues, c'est qu'il avait touché les billets à vue, qu'il s'en était approprié le montant, et qu'il avait même cherché à négocier les autres à Glascow. Comme il était doué d'une grande pénétration, surtout quand il s'agissait de ses intérêts, il est encore possible qu'il eût enfin reconnu que les conspirateurs n'avaient ni les moyens ni les talens nécessaires pour renverser un gouvernement bien établi, et il était dans ses principes de se ranger du côté qui lui offrait les chances les plus avantageuses. Ce n'était pas sans peine que sir Frédéric

Vernon, ou, comme le nommaient les jacobites, son excellence le comte de Beauchamp, s'était soustrait avec sa fille aux suites de la dénonciation de Rashleigh.

Là se bornaient les informations de M. Inglewood, mais il ne doutait pas que sir Frédéric et sa fille ne fussent alors en sûreté sur le continent, puisqu'on n'avait pas appris qu'ils fussent tombés entre les mains du gouvernement, qui n'aurait pas fait un secret d'une capture de cette importance. Diana, ayant refusé d'épouser un des fils de sir Hildebrand, devait entrer dans un couvent, aux termes d'un arrangement cruel fait entre lui et sir Frédéric Vernon. M. Inglewood ne put m'expliquer parfaitement la cause de ce traité singulier, mais il prétendait que c'était une espèce de pacte de famille dont le but avait été de conserver à sir Frédéric une partie de ses biens, qui, par suite de quelque manœuvre légale, étaient passés dans la famille Osbaldistone lors de leur confiscation; traité, comme on en vit plusieurs à cette époque, dans lequel on n'avait pas eu plus d'égard aux sentimens des principales parties intéressées, que si elles avaient fait partie des bestiaux attachés à une ferme à titre de cheptel.

Le cœur humain est si difficile à analyser que je ne saurais dire si cette nouvelle me fit peine ou plaisir. Il me parut pourtant que la certitude que Diana était séparée de moi, non par les liens du mariage, mais par les grilles du cloître, augmentait mes regrets de l'avoir perdue, au lieu de les adoucir. Je devins distrait, rêveur, et je me trouvai incapable de soutenir plus long-temps la tâche d'une conversation avec le juge Inglewood. Je le vis bâiller à son tour, et je lui demandai la permission de me retirer de bonne heure. Je lui fis mes adieux le soir même, mon intention étant de partir le lendemain à la pointe du jour pour Osbaldistone-Hall.

— Vous ferez bien, me dit-il, de vous y montrer avant que le bruit de votre arrivée ici se soit répandu. Je sais que sir Rashleigh Osbaldistone est dans le pays. Il loge chez

Jobson, et il s'y couve sans doute quelque complot. Ils sont bien faits l'un pour l'autre, car quel homme d'honneur voudrait se trouver en leur compagnie? Mais il est impossible que deux têtes pareilles se rassemblent sans tramer un complot contre quelqu'un.

Il conclut en me recommandant de ne pas partir le lendemain sans avoir mis mon estomac en état de braver l'air froid du matin, en faisant une attaque sur le pâté de venaison, et en vidant une bouteille de vin qu'il laissa à cet effet sur la table où nous venions de souper.

CHAPITRE XXXVIII.

« Oui, son maître n'est plus! sous ce toit solitaire,
« Hommes, chiens et chevaux, aujourd'hui tout est mort!
« Lui seul survit, achevant sa carrière
« Dans le château d'Ivor. »
WORDSWORTH.

Il existe peu de sensations plus tristes que celles que nous éprouvons quand nous revoyons déserts et abandonnés des lieux qui nous avaient offert autrefois des scènes de plaisir [1]. En me rendant à Osbaldistone-Hall, je rencontrai les mêmes objets que j'avais vus ce jour mémorable où j'étais revenu avec miss Vernon d'Inglewood-Place. Son souvenir me tint compagnie pendant tout le chemin. Quand je passai près de l'endroit où je l'avais vue la première fois, je croyais presque encore entendre les cris des chiens, le bruit des chevaux, le son des cors, et je portais involontairement les yeux sur la colline d'où je l'avais vue descendre, comme si je devais m'attendre à une nouvelle apparition. Mais quand j'arrivai au château, le profond

---

(1) C'est l'idée des deux vers du Dante:
Nessun maggior dolore che ricordarsi
Del tempo felice nella miseria.
INFERNO. — ED.

silence qui y régnait, toutes les fenêtres fermées, l'herbe qui avait crû dans les cours, tout m'offrait un contraste mélancolique avec la gaieté bruyante dont j'avais tant de fois été témoin lors du départ pour la chasse. Un silence éternel semblait avoir succédé aux aboiemens des chiens impatiens, au hennissement des chevaux, aux cris des piqueurs et au gros rire du bon sir Hildebrand à la tête d'une suite nombreuse.

En promenant mes regards sur cette scène déserte et muette, je ne pus songer sans regret même à ceux à qui à cette époque il ne m'avait pas été possible d'accorder mon attention. Il y avait quelque chose de déchirant dans la pensée que toute cette famille composée de fils robustes et bien constitués avait été en si peu de temps précipitée dans le tombeau par différens genres de mort violente et inattendue. C'était une bien faible consolation pour moi que de me dire que je rentrais comme propriétaire dans un lieu que j'avais quitté presque en fugitif. N'étant pas habitué à me regarder comme le maître de tout ce qui m'entourait, je me considérais presque comme un usurpateur, au moins comme un étranger indiscret, et je pouvais à peine me défendre de l'idée que l'ombre de quelqu'un de mes cousins allait apparaître, comme un spectre gigantesque des romans, pour me disputer l'entrée du château.

Tandis que ces pensées m'occupaient, André s'évertuait à frapper à coups redoublés à toutes les portes, appelant en même temps d'un ton assez haut pour faire sentir l'importance qu'il croyait avoir en se présentant comme premier écuyer du nouveau seigneur du domaine. Enfin Antoine Syddall, vieux sommelier et majordome de mon oncle, se montra à une fenêtre basse garnie de barreaux de fer, et nous demanda ce que nous désirions.

— Nous venons vous relever de garde, dit André. Vous pouvez me remettre vos clefs, mon vieil ami, chaque chien a son jour. Je vous débarrasserai du soin de l'argenterie et de la cave. Il n'y a point de fève qui n'ait son point noir, et l'on trouve une ortie dans chaque sentier : ainsi vous pourrez prendre au bas bout de la table la place qu'André avait autrefois.

Étant parvenu à imposer silence au bavard, j'expliquai à Syddall la nature de mes droits, et lui dis de m'ouvrir le château, qui était maintenant ma propriété. Le vieillard parut fort agité, et, quoique d'une manière humble et soumise, montra beaucoup de répugnance à m'obéir. J'en attribuai la cause à son attachement pour ses anciens maîtres ; ce sentiment l'excusait, et lui faisait honneur à mes yeux. J'insistai cependant pour qu'il m'ouvrît, et je lui dis que son refus m'obligerait à recourir au warrant du juge Inglewood, et à demander l'assistance d'un constable.

— Nous étions ce matin chez M. Inglewood, dit André pour appuyer sur ma menace, et nous avons rencontré en chemin Archie Rudledge le constable. Le pays est maintenant soumis aux lois, M. Syddall ; les papistes et les rebelles n'y sont plus les maîtres comme autrefois.

La menace de recourir à une autorité légale parut formidable à un vieillard qui sentait que la religion qu'il professait et son attachement à sir Hildebrand et à ses enfans pouvaient le rendre suspect lui-même. Il ouvrit donc avec une sorte de tremblement une porte garnie de verrous et de barres de fer, et me dit qu'il espérait que je ne lui saurais pas mauvais gré de la fidélité avec laquelle il cherchait à s'acquitter de ses devoirs. Je le rassurai, et lui répondis qu'il n'en était que plus estimable à mes yeux.

— Je ne pense pas de même, dit André ; Syddall est un vieux routier. Il ne serait point pâle comme un linceul, Dieu me préserve ! et les dents qui lui restent ne claqueraient pas les unes contre les autres, s'il n'y en avait pas plus qu'il ne veut nous en dire.

— Que Dieu vous pardonne, M. Fairservice, reprit le vieux sommelier, de parler ainsi d'un ancien camarade ! Où voulez-vous que j'allume du feu pour Votre Honneur ? me dit-il du ton le plus humble. Je crains que vous ne trouviez le château bien triste, bien sombre. Mais peut-être retournerez-vous dîner à Inglewood-Place?

— Allumez-moi du feu dans la bibliothèque.

— Dans la bibliothèque! Il y a bien long-temps que personne n'y est entré... La cheminée fume... Les pigeons y ont fait leur nid le printemps dernier; et je n'avais ici personne pour la faire nettoyer.

— Notre fumée vaut mieux que le feu des autres, dit André. Son Honneur aime la bibliothèque. Ce n'est pas un de vos papistes qui se complaisent dans l'aveugle ignorance, M. Syddall.

Le sommelier me conduisit à la bibliothèque d'un air qui annonçait clairement qu'il agissait contre son gré. Il m'en ouvrit la porte, et, contre mon attente, je trouvai cet appartement plus propre et mieux en ordre que je ne l'avais jamais vu. Un excellent feu brûlait dans la cheminée, sans la moindre apparence de fumée. Syddall prit les pincettes pour arranger les tisons, ou plutôt pour cacher sa confusion.

— C'est singulier, dit-il, il brûle bien maintenant, et il a fumé toute la matinée.

Désirant être seul jusqu'à ce que j'eusse pu maîtriser les diverses émotions que faisait naître en moi la vue de tout ce qui m'entourait, je dis au vieux sommelier d'avertir la personne chargée de recevoir le revenu des terres de venir me parler. Sa demeure était à environ un demi-mille de distance, et je remarquai encore qu'il ne se disposait à m'obéir qu'avec une sorte de regret. J'ordonnai ensuite à André de chercher dans le voisinage une couple de jeunes gens vigoureux sur qui il pût compter, sachant à quelles extrémités était capable de se porter Rashleigh, qui était dans les environs. André se chargea de cette mission avec empressement, et me dit qu'il me trouverait à Trinlay-Knowe deux bons presbytériens comme lui, en état de faire face au pape, au diable et au Prétendant. Je ne serai point fâché moi-même, ajouta-t-il, d'avoir ici de la compagnie : car vous souvenez-vous que je vous ai dit, le jour que nous sommes partis, que j'avais été tourmenté par un esprit la nuit précédente? C'était dans le jardin, au clair de lune. Vous n'avez pas voulu me croire : eh bien, que le tonnerre tombe sur toutes les fleurs du jardin si cet esprit ne ressemblait pas à ce portrait. — Et il me montrait un tableau qui représentait, à ce qu'on m'avait dit, l'aïeul de miss Vernon. — J'avais toujours pensé, continua-t-il, qu'il y avait de la sorcellerie et de la diablerie parmi les papistes; mais jusqu'alors je n'avais jamais vu d'esprit.

— Allons, partez! amenez-moi les gens dont vous parlez, tâchez qu'ils aient plus de bon sens que vous, et qu'ils n'aient point peur de leur ombre.

— Ah! dit André d'un air d'importance, tous les voisins savent que je suis aussi brave qu'un autre; mais, Dieu me préserve! je ne prétends pas me battre contre des esprits.

Il sortait à peine, que M. Wardlaw, qui remplissait les fonctions d'agent du domaine, entra dans la bibliothèque.

C'était un homme plein d'honneur et de probité, et sans son intégrité il aurait été difficile à mon oncle de se maintenir si long-temps dans la possession d'Osbaldistone-Hall. Je lui montrai le testament de sir Hildebrand, et il en reconnut la validité. Pour tout autre que moi, cette succession aurait été peu profitable, attendu le grand nombre de dettes et d'hypothèques dont elle était grevée. Mais il ne faut pas oublier que mon père avait déjà remboursé en mon nom une partie des créances, et qu'il s'occupait d'en acheter le surplus.

Je causai d'affaires assez long-temps avec M. Wardlaw, et je le retins à dîner. Je me fis servir dans la bibliothèque, malgré les instances que me fit Syddall pour que je descendisse dans la salle à manger, qu'il avait, me dit-il, préparée pour me recevoir. Pendant que nous dînions,

André arriva avec sa recrue de deux vrais bleus [1]. Il m'en fit l'éloge dans les termes les plus chauds, me les annonçant comme des hommes sobres, honnêtes, d'une saine doctrine, et, par-dessus tout, braves comme des lions. Je donnai ordre qu'on les fît dîner, et ils se retirèrent tous trois. Le vieux Syddall branlait la tête en s'apprêtant à les suivre ; je lui dis de rester et de m'expliquer ce que signifiait le geste qu'il venait de faire.

— Je ne puis m'attendre, dit-il, que Votre Honneur ajoute foi à ce que je vais lui dire, et cependant c'est la vérité de Dieu. Antoine Wingfield est un honnête garçon, aussi honnête que personne au monde ; mais s'il y a un mauvais coquin dans les environs, c'est son frère Lancy. Tout le pays sait qu'il sert d'espion au clerc Jobson. Il lui a dénoncé bien des braves gens qui se sont mis dans l'embarras dans ces derniers temps. Mais il n'est pas catholique, et il n'en faut pas plus aujourd'hui.

Je fis peu d'attention à ce propos, que j'attribuai à l'esprit de parti et aux différences d'opinions religieuses, et le vieillard, ayant mis le vin sur la table, se retira d'un air peu satisfait.

M. Wardlaw resta avec moi jusqu'à ce que le jour commençât à baisser. Alors, ramassant ses papiers, il prit congé de moi, et me laissa dans cet état d'esprit où l'on ne sait trop si l'on voudrait avoir de la compagnie ou rester dans la solitude. Au surplus, je n'avais pas la liberté du choix, et je me trouvais dans l'appartement du château le plus propre à m'inspirer des réflexions mélancoliques. C'était là que j'avais passé tant de momens heureux près de Diana, et je pensais avec amertume que je ne la verrais plus.

Comme le jour commençait à disparaître, je vis la tête d'André se montrer à la porte de la chambre, non pour me demander si je voulais de la lumière, mais pour me

---

(1) *True-bleue*, deux vrais ennemis des jacobites. — Ed.

conseiller d'en prendre par mesure de précaution pour écarter les esprits. Je lui dis avec assez d'humeur de se retirer, et, m'asseyant dans un fauteuil en face de la grande cheminée gothique, je me mis machinalement à tisonner le feu ; et, suivant des yeux le bois qui se changeait en charbons, et les charbons qui se réduisaient en cendres :

— Voilà bien, m'écriai-je, voilà bien l'image et le résultat des désirs de l'homme ! un rien les allume, l'espoir les nourrit, et bientôt l'homme, avec ses passions et ses espérances, n'est plus qu'un vil amas de cendres.

Comme j'achevais de parler, j'entendis à l'autre bout de la bibliothèque un soupir qui semblait répondre à mes réflexions. Je me retournai précipitamment.... Diana Vernon était devant mes yeux. Elle s'appuyait sur le bras d'un homme si ressemblant au portrait dont André m'avait parlé le matin, que je jetai les yeux sur le cadre, comme s'il avait dû être vide. Ma première idée fut que l'agitation de mon esprit causait cette illusion, ou que je voyais deux ombres sorties de la nuit du tombeau. Un second coup d'œil me convainquit pourtant que je n'étais pas hors de mes sens, et que j'avais devant moi deux substances corporelles. C'était bien Diana elle-même, quoique plus pâle et plus maigre que je ne l'avais encore vue, et son compagnon n'était autre que le P. Vaughan, ou, pour mieux dire, sir Frédéric Vernon, qui, par hasard, portait un habit de même couleur et presque de même forme que celui du personnage peint dans le portrait en question. Il fut le premier qui rompit le silence : Diana avait les yeux baissés, et j'étais muet d'étonnement.

— Vous voyez devant vous, M. Osbaldistone, me dit-il, des supplians qui vous demandent asile et protection, jusqu'à ce qu'ils puissent continuer un voyage où je risque de trouver à chaque pas des cachots et la mort.

— Bien certainement, lui répondis-je en faisant un effort pour recouvrer la parole, miss Vernon ne peut croire...... vous ne pouvez supposer, monsieur, que j'aie oublié les services que vous m'avez rendus, ou que je sois capable de trahir qui que ce soit, et vous moins que personne.

— Je le sais, dit sir Frédéric, et cependant c'est avec une répugnance inexprimable que je vous demande un service peut-être désagréable, mais à coup sûr dangereux. Je voudrais pouvoir le réclamer de tout autre. Mais le destin qui m'a conduit à travers une vie agitée et pleine de dangers me presse tellement en cet instant que je n'ai pas d'autre alternative.

En ce moment j'entendis du bruit sur l'escalier, et l'officieux André, en ouvrant la porte, s'écria : — Je vous apporte des chandelles; vous les allumerez quand vous voudrez.

Je me précipitai vers la porte, espérant arriver à temps pour l'empêcher de voir que je n'étais pas seul. Je le repoussai avec violence, fermai la porte et poussai le verrou. Mais, me rappelant aussitôt son bavardage habituel, et les deux compagnons qu'il avait dans la cuisine; me souvenant aussi de l'observation faite par Syddall que l'un d'eux passait pour un espion de Jobson, je descendis sur-le-champ, et les trouvai tous trois réunis. André parlait très haut quand j'arrivai; mais il se tut dès qu'il m'aperçut.

— Qu'avez-vous donc, imbécile? lui dis-je; vous avez l'air effaré comme si vous aviez vu un esprit.

— Non, non, répondit-il : non, il n'y a pas d'esprit là-dedans. Mais vous m'avez poussé bien rudement, Dieu me préserve !

— Parce que vous m'avez dérangé d'un profond sommeil, idiot. Syddall vient de me dire qu'il n'a pas de lits préparés pour ces braves gens, et M. Wardlaw pense qu'il est inutile de les déranger de leurs affaires. Tenez, mes amis, voici une demi-guinée pour boire à ma santé. Je vous remercie de votre complaisance, et vous pouvez vous retirer.

Ils me firent leurs remerciemens, prirent l'argent, et s'en allèrent sans montrer ni soupçons ni mécontentement; je restai jusqu'à ce qu'ils fussent partis, afin d'être bien sûr qu'ils ne pourraient avoir aucune autre communication avec l'honnête André. Je l'avais suivi de si près que je croyais qu'il n'avait pas eu le temps de leur dire deux mots avant mon arrivée; mais il ne faut souvent que deux mots pour causer bien des malheurs, et l'on verra qu'en cette occasion ils coûtèrent la vie à deux personnes.

Ayant fait cette expédition, je ne songeai plus qu'à prendre les mesures nécessaires pour la sûreté de mes hôtes. Présumant bien, d'après ce qui s'était passé, que Syddall n'était pas étranger à leur séjour au château, je le chargeai de monter lui-même à la bibliothèque chaque fois que je sonnerais, et j'y retournai ensuite pour rendre compte aux deux fugitifs de tout ce que je venais de faire.

Les yeux de Diana me remercièrent des précautions que j'avais prises.

— Maintenant, me dit-elle, vous connaissez tous mes mystères. Vous savez sans doute par quels liens étroits le sang et la tendresse m'unissent à l'infortuné qui trouva ici une retraite, et vous ne serez plus surpris que Rashleigh, ayant pénétré ce secret, osât me gouverner avec une verge de fer.

Son père ajouta que leur intention était de m'être à charge le moins long-temps possible.

Je les suppliai de ne songer qu'à ce qui pouvait contribuer le plus à leur sûreté, et je les assurai que tous mes efforts seraient dirigés vers le même but; ce qui conduisit sir Frédéric à m'expliquer les circonstances où il se trouvait.

— J'avais toujours eu des soupçons contre Rashleigh, me dit-il; mais sa conduite à l'égard de ma fille, conduite dont elle ne me fit l'aveu que par obéissance, et l'abus de confiance dont il se rendit coupable à l'égard de votre père, m'inspirèrent pour lui de l'aversion et du mépris. Dans notre dernière entrevue, je ne lui cachai pas mes sentimens, quoique la prudence eût dû m'engager à le faire. Il ajouta alors la trahison et l'apostasie à la somme de ses crimes; mais j'espérais que sa défection n'aurait aucune suite fâcheuse pour notre cause. Le comte de Marr était en Ecosse à la tête d'une armée pleine d'enthousiasme ; lord Derwentwater, Kenmore, Forster, Winterton et autres, avaient pris les armes dans le Northumberland : et je devais accompagner les Highlanders qui, sous les ordres du brigadier-général Mac-Intosh de Borlum, passèrent le Forth, traversèrent les Lowlands, et se réunirent aux insurgés anglais. Ma fille partagea les dangers et les fatigues de ce voyage....

— Et jamais elle ne quittera un père tendrement aimé, s'écria miss Vernon en s'appuyant sur son bras.

— J'avais à peine rejoint mes amis que je désespérai du succès de notre entreprise. Nos forces n'augmentaient point, notre parti n'était composé que de ceux qui partageaient nos opinions religieuses, et les Torys protestans restaient dans l'indécision, attendant pour se déclarer le résultat des premiers évènemens. Enfin nous nous trouvâmes investis par une force supérieure dans la petite ville de Preston. Nous nous défendîmes avec courage le premier jour, mais dès le second les chefs regardèrent toute résistance comme inutile, et résolurent de se rendre à discrétion. Consentir à de pareilles conditions c'eût été porter ma tête sur l'échafaud. Une trentaine de braves gens pensèrent comme moi, qu'il valait mieux mourir que de se rendre. Mac-Gregor, que vous connaissez, était de ce nombre. Nous montâmes à cheval, nous plaçâmes au milieu de nous ma fille, qui ne voulut pas consentir à me quitter, et mes compagnons, frappés d'admiration pour son courage et pour sa piété filiale, jurèrent de périr plutôt que de l'abandonner. Nous sortîmes en corps au grand galop, par une rue nommée Fishergate; elle conduisait dans un marais que l'ennemi n'avait pas occupé parce qu'il le jugeait impraticable, et qu'il était bordé par la rivière de Ribble sur laquelle il n'existait aucun pont. Nous ne rencontrâmes donc qu'un faible détachement des dragons d'Honeywood, qui soutint à peine notre premier choc ; et Mac-Gregor, qui connaissait un gué de la rivière, nous y guida, et nous la fit traverser sans danger. Tournant alors du côté de Liverpool, nous nous séparâmes ; et chacun de nous chercha une retraite. J'ignore ce que devinrent mes compagnons. Quant à moi, je me rendis avec ma fille dans le pays de Galles, où je connaissais beaucoup de personnes qui partageaient mes opinions politiques et religieuses. J'espérais y trouver les moyens de passer sur le continent, mais je fus trompé dans mon attente, et les recherches que le gouvernement anglais faisait faire dans le pays de Galles, où il soupçonnait plusieurs chefs de l'insurrection de s'être retirés, me forcèrent à fuir de nouveau vers le nord. Comme je savais qu'Osbaldistone-Hall était inhabité en ce moment, et qu'il ne s'y trouvait que le vieux Syddall, de qui j'étais connu, et sur qui je pouvais compter, je résolus de m'y rendre, et d'y rester jusqu'à ce qu'un ami sûr m'eût fait équiper, dans un petit port du Solway, une chaloupe qui doit me conduire en France pour toujours. Syddall n'hésita point à nous recevoir, et nous attendions qu'on nous fît avertir que les dispositions pour notre départ étaient terminées, quand votre arrivée imprévue en ce château, et le choix que vous avez fait de cet appartement, nous a mis dans la nécessité de recourir à votre générosité.

Ce fut ainsi que sir Frédéric termina un récit que j'avais écouté comme celui d'un rêve. J'avais peine à me figurer que c'était bien sa fille que j'avais devant les yeux ; le chagrin et les fatigues lui avaient fait perdre quelques uns de ses attraits. L'air d'enjouement et de vivacité que je lui avais vu autrefois avait fait place à un caractère de soumission mélancolique et de résignation mêlée de fermeté.

Quoique son père craignît l'effet que pourraient produire sur mon esprit les louanges qu'il donnerait à sa fille, il ne put résister à la tendresse paternelle qui le portait à faire son éloge.

— Elle a subi, me dit-il, des épreuves qui feraient honneur à la constance d'un martyr. Elle a bravé tous les dangers, elle a vu de près la mort sous tous les aspects. Elle a enduré des fatigues et des privations qui auraient épuisé le courage des hommes les plus déterminés. Elle a passé les journées dans les ténèbres, et les nuits dans les veilles, et n'a jamais fait entendre un murmure de faiblesse. En un mot, M. Osbaldistone, ma fille est une offrande digne du dieu auquel je vais la consacrer, comme tout ce qui reste de plus cher et de plus précieux à Frédéric Vernon.

Il s'arrêta à ces mots, en jetant sur moi un regard que je ne compris que trop bien : son but était de détruire toutes les espérances que j'aurais pu concevoir, et il voulait, comme en Écosse, prévenir toute nouvelle liaison entre sa fille et moi.

— Maintenant, dit-il à sa fille, nous n'abuserons pas plus long-temps des momens de M. Osbaldistone, puisque le voilà instruit de la situation des infortunés qui réclament sa protection.

Je les suppliai de rester, et leur offris de changer moi-même d'appartement.

— N'en faites rien, me dit-il, vous éveilleriez peut-être des soupçons; d'ailleurs rien ne nous manque dans l'appartement secret que nous occupons, et dont on ne peut soupçonner l'existence que lorsqu'on en est instruit : nous aurions probablement pu y rester sans que vous vous en doutassiez, si je n'avais regardé comme un devoir de vous prouver ma confiance en votre honneur.

— Vous m'avez rendu justice, sir Frédéric. Vous me connaissez bien, mais je suis sûr que miss Vernon vous dira...

— Je n'ai pas besoin du témoignage de ma fille, me dit-il d'un air poli, mais de manière à m'empêcher de m'adresser directement à elle ; je suis très disposé à concevoir la meilleure opinion de M. Frank Osbaldistone. Mais permettez-nous de nous retirer, le repos nous est nécessaire, nous en jouissons rarement, et d'un moment à l'autre nous pouvons être obligés de continuer un dangereux voyage.

En parlant ainsi, il prit le bras de sa fille, et, m'ayant salué, sortit avec elle par la porte que cachait la tapisserie.

CHAPITRE XXXIX.

« Mais la main du destin soulève le rideau,
« Et sur la scène il porte le flambeau. »
DRYDEN. *Don Sébastien.*

Je me sentis comme étourdi et glacé en les voyant se retirer. Quand l'imagination nous représente un objet chéri dont nous regrettons l'absence, elle le peint non seulement sous le jour qui lui est le plus avantageux, mais avec les traits sous lesquels nous désirons le voir. Avant l'apparition si surprenante de Diana, j'étais plein de l'idée que les larmes qu'elle avait versées en me faisant ses adieux en Écosse, et la bague qu'elle m'avait fait remettre par Hélène Mac-Gregor, étaient une preuve qu'elle emporterait mon souvenir dans son exil et jusque dans la solitude du cloître : je venais de la voir, et son air froid et contraint, ses yeux où je n'avais remarqué qu'une mélancolie tranquille, m'avaient trompé dans mes espérances, m'avaient presque offensé. J'osai l'accuser d'indifférence et d'insensibilité ; je reprochai à son père son orgueil, son fanatisme, sa cruauté ; j'oubliai qu'ils sacrifiaient tous deux leurs intérêts, et Diana son inclination à un devoir.

Sir Frédéric Vernon était un catholique rigide, qui

croyait le sentier du salut trop étroit pour qu'on pût y admettre un hérétique. Et Diana, pour qui la sûreté de son père avait été depuis quelques années l'unique mobile de toutes ses actions, le seul but de ses pensées et de ses espérances, regardait comme un devoir pour elle de se soumettre en tout à sa volonté, et de lui faire le sacrifice de ses plus chères affections. J'aurais pu dès lors faire ces réflexions si j'avais été de sang-froid ; mais dans l'agitation que j'éprouvais, et au milieu du tumulte de mes passions, il m'était impossible d'apprécier en ce moment ces sentimens honorables.

— Je suis donc méprisé! m'écriai-je ; méprisé et jugé indigne même d'avoir un court entretien avec elle! Soit, je n'en veillerai pas moins à leur sûreté. Je me tiendrai dans cette chambre comme à un poste avancé ; et du moins, tant qu'ils resteront chez moi, nul danger ne pourra les atteindre, si le bras d'un homme déterminé peut le détourner.

Je fis venir Syddall dans la bibliothèque ; il y arriva suivi de l'éternel André, qui, faisant des rêves brillans pour lui-même d'après ma prise de possession du château et des terres qui en dépendaient, semblait avoir juré de ne pas laisser échapper une occasion de se mettre en évidence et de se rappeler à mon souvenir. Aussi, comme cela arrive souvent à ceux qui n'agissent que par égoïsme, André allait-il au-delà du but qu'il se proposait sans l'atteindre, et ne m'inspirait que le dégoût et l'ennui par ses importunités.

Sa présence m'empêcha de parler librement à Syddall, comme je me le proposais, et je n'osai le renvoyer, de peur d'augmenter les soupçons qu'il pouvait déjà avoir conçus, d'après la manière brusque dont je l'avais poussé hors de la bibliothèque une heure auparavant. — Syddall, lui dis-je, je passerai la nuit ici ; j'ai beaucoup à travailler, et je me reposerai quelques heures sur ce canapé.

A la manière dont je le regardais, il parut comprendre

que j'étais instruit. Il m'offrit de me préparer un lit de camp dans la bibliothèque, et il s'en occupa avec André. Les renvoyant ensuite, je donnai ordre qu'on ne me troublât plus jusqu'au lendemain à sept heures.

Lorsqu'ils se furent retirés, je me trouvai libre de me livrer à mes réflexions, sans craindre que le cours en pût être interrompu, jusqu'à ce que la nature fatiguée exigeât quelque repos.

Je travaillai pourtant à écarter de mon esprit le sujet pénible qui m'occupait uniquement, mais tous mes efforts furent inutiles. Les sentimens que j'avais combattus avec courage quand l'objet qui les inspirait était éloigné de moi, renaissaient avec plus de force que jamais, maintenant que je n'en étais séparé que par quelques pas, et que j'étais à la veille d'en être privé pour toujours. Si je prenais un livre, le nom de Diana me semblait écrit à chaque ligne; et, sur quelque sujet que je cherchasse à fixer mes pensées, elles ne me présentaient jamais que son image. Elles étaient comme cette esclave empressée du Salomon de Prior :

>Ma bouche à peine a prononcé son nom
>Qu'Abra survient, toujours pleine de zèle :
>C'est vainement une autre que j'appelle,
>Abra toujours accourt et me répond.

Tour à tour je m'abandonnais à ces pensées, et je cherchais à m'en défendre, tantôt cédant à une émotion et à une tristesse qui ne m'étaient guère naturelles, tantôt appelant à mon secours ma fierté blessée par un injuste outrage que je croyais avoir reçu. Enfin, après avoir long-temps parcouru la bibliothèque à grands pas, je me jetai tout habillé sur mon lit dans une sorte de délire fiévreux. Mais ce fut en vain que je cherchai tous les moyens de me livrer au sommeil, que je ne me permis pas plus de mouvement que n'en aurait un corps privé de vie, que j'essayai de donner un autre cours à mes idées, tantôt en récitant des vers de mémoire, tantôt en m'occupant de la solution d'un problème d'algèbre; mes artères battaient avec une force et une rapidité qui m'étonnaient, et je croyais sentir un feu liquide circuler dans mes veines au lieu de sang, et y produire des pulsations dont le son retentissait à mon oreille comme le bruit régulier d'un moulin à foulon que j'aurais entendu de loin.

Je me levai, j'ouvris la fenêtre, j'y restai quelques instans; l'air de la nuit me rafraîchit un peu et calma en partie le désordre de mes sens. Je me remis sur mon lit, et peu de temps après le sommeil s'empara de moi; mais ce sommeil était loin d'être paisible, et il fut troublé par des rêves épouvantables.

Il en est un entre autres que je me rappelle encore en ce moment. Il me semblait que Diana et moi nous étions au pouvoir d'Hélène Mac-Gregor, et qu'elle avait donné ordre de nous précipiter du haut d'un rocher dans le lac. Le signal de notre supplice devait être un coup de canon tiré par sir Frédéric Vernon qui présidait à la cérémonie, revêtu du costume de cardinal. Je ne saurais peindre l'impression que me fit éprouver cette scène imaginaire. Je pourrais encore aujourd'hui retracer l'expression de courage et de résignation que je voyais sur les traits de Diana; les figures sauvages et hideuses qui nous environnaient, et semblaient jouir d'avance de notre supplice; enfin, le fanatisme rigide et inflexible gravé sur la physionomie de sir Frédéric. Je le vis la mèche allumée, j'entendis le signal de notre mort que les échos répétèrent d'une manière effrayante. Je m'éveillai en sursaut, et, me soulevant sur mon lit, l'esprit encore plein de ce rêve, il me sembla entendre de nouveau la répétition de ce funeste signal.

Une minute me suffit pour me rappeler à moi-même, et j'entendis distinctement frapper à grands coups à la porte. Saisi de crainte pour mes hôtes, je me levai précipitamment, je pris mon épée sous mon bras, et je me hâtai de descendre pour donner ordre de ne pas ouvrir la porte. Malheureusement j'étais obligé de faire un circuit, parce que la bibliothèque donnait sur un escalier dérobé qu'il fallait parcourir pour regagner celui qui servait à l'usage général de toute la maison. J'entendais cependant tout ce qui se passait. Le vieux Syddall répondait d'une voix faible et timide aux cris tumultueux des gens qui demandaient à entrer de par le roi, d'après les ordres du juge Stradish, et qui faisaient au vieux domestique les plus horribles menaces s'il n'obéissait à l'instant même.

A mon grand déplaisir, j'entendis alors la voix aigre d'André crier à Syddall de se retirer et de lui laisser ouvrir la porte.

— S'ils viennent par ordre du roi George, disait-il, nous n'avons rien à craindre. Nous avons versé notre sang et dépensé notre argent pour lui. Nous n'avons pas besoin de nous cacher comme certaines gens, M. Syddall. Nous ne sommes, Dieu me préserve! ni papistes, ni jacobites, que je sache.

J'entendis l'officieux coquin tirer verrou sur verrou, tout en proclamant son affection et celle de son maître pour le roi George, et je calculai qu'il m'était impossible d'arriver à temps pour m'opposer à l'entrée des gens qui arrivaient. Dévouant au bâton le dos de M. Fairservice, et me promettant de ne pas le manquer dès que j'aurais le temps de lui payer mes dettes, je courus me barricader dans la bibliothèque ; je fermai la porte à la clef et au verrou, et, frappant vite à la porte secrète qui conduisait à l'appartement de mes hôtes, je demandai à entrer sur-le-champ. Diana m'ouvrit elle-même : elle était tout habillée, et son visage n'annonçait ni crainte ni émotion.

— Le danger nous est si familier, me dit-elle, que nous y sommes toujours préparés. Nous avons entendu tout ce bruit, et nous nous sommes disposés à fuir. Nous allons descendre dans le jardin, nous sortirons par la porte de derrière, dont Syddall nous a donné la clef, à tout évènement, et de là nous gagnerons le bois qui n'en est qu'à deux pas. J'en connais tous les détours mieux que qui que ce soit, et j'espère que nous pourrons leur échapper. Tâchez seulement de les arrêter quelques instans. Adieu, cher Frank, adieu encore une fois.

Elle disparut comme un météore, et elle avait à peine pu rejoindre son père, quand j'entendis frapper à grands coups à la porte de la bibliothèque.

— Vous êtes des voleurs, m'écriai-je, feignant de me méprendre sur le motif de cette visite, et, si vous ne vous retirez à l'instant, je n'ouvrirai que pour faire feu sur vous de ma carabine.

— Pas de folie! s'écria André : pas de folie! ce ne sont pas des voleurs, Dieu me préserve! c'est M. le clerc Jobson qui vient avec un mandat.

— Pour chercher, saisir et appréhender, dit une voix que je reconnus pour celle de ce détestable praticien, différentes personnes dénommées au mandat dont je suis porteur, et accusées de haute trahison, aux termes du chapitre 3 de la loi rendue dans la treizième année du règne de Guillaume.

En même temps les coups à la porte redoublèrent avec une telle violence que je vis qu'elle n'y résisterait pas long-temps.

— Un instant, messieurs, un instant, leur dis-je pour tâcher de gagner quelques minutes. Point de voies de fait. Laissez-moi le temps de me lever, je vais vous ouvrir, et, si vous êtes porteurs d'un mandat légal, vous n'éprouverez aucune résistance.

— Dieu conserve le grand George, notre digne roi! s'écria André : je vous ai bien dit que vous ne trouveriez ici ni papistes ni jacobites.

Quelques minutes s'écoulèrent en silence. Enfin, on recommença à battre la porte, et je fus obligé de l'ouvrir de peur qu'elle ne fût enfoncée.

M. Jobson entra suivi de plusieurs aides, parmi lesquels je reconnus Lancy Wingfield, porteur sans doute de l'avis charitable qui l'avait mis en mouvement. Il exhiba le mandat qu'il était chargé d'exécuter contre Frédéric Vernon et Diana Vernon sa fille, et m'en montra un second dirigé contre Frank Osbaldistone, comme leur fauteur et complice. C'eût été une folie que de vouloir résister. Je feignis de discuter encore quelques instans pour gagner du temps, et me rendis ensuite prisonnier.

J'eus alors la mortification de voir Jobson marcher directement et sans hésiter vers l'endroit qui conduisait à l'appartement secret, lever la tapisserie, ouvrir la porte et y entrer. Il n'y resta qu'un instant. Le gîte est encore chaud, dit-il en rentrant, mais les lièvres sont partis. Au surplus, s'ils ont échappé aux chasseurs, ils seront pris par les lévriers.

Des cris que j'entendis en ce moment dans le jardin me firent penser que sa prophétie ne s'était que trop réalisée. Au bout de quelques minutes, Rashleigh entra dans la bibliothèque, accompagné de quelques satellites, et amenant sir Frédéric Vernon et sa fille.

— Le vieux renard connaissait son terrier, dit-il, mais il ne pensait pas qu'un bon chasseur en gardait l'entrée. Je n'avais pas oublié la porte du jardin, sir Frédéric Vernon, ou noble lord Beauchamp.

— Rashleigh, s'écria sir Frédéric, vous êtes un abominable scélérat!

— Je méritais ce nom, monsieur... ou milord, quand, sous la direction d'un maître habile, je cherchais à déchirer par la guerre civile le sein d'un pays paisible. Mais j'ai fait tous mes efforts, ajouta-t-il en levant les yeux au ciel, pour réparer mes erreurs et mériter mon pardon.

Je ne pus garder le silence plus long-temps, malgré la résolution que j'en avais formée. Il fallait parler ou étouffer. — Les traits les plus hideux que l'enfer puisse produire, m'écriai-je, ce sont ceux de l'hypocrisie couvrant la scélératesse.

— Ah! c'est vous, mon aimable cousin, dit Rashleigh

en approchant de moi une lumière, et me regardant de la tête aux pieds. Soyez le bienvenu à Osbaldistone-Hall. Je vous pardonne votre humeur. Il est dur de perdre en une nuit une maîtresse et un beau domaine ; car nous allons prendre possession de ce château au nom de l'héritier légitime, sir Rashleigh Osbaldistone.

Tandis qu'il me parlait de ce ton ironique, je voyais l'effort qu'il faisait pour cacher la honte et la colère qui l'agitaient tour à tour. Mais il y réussit moins bien quand Diana lui adressa la parole.

— Rashleigh, lui dit-elle, j'ai pitié de vous, car malgré tout le mal que vous avez voulu me faire et que vous m'avez fait, je ne puis encore vous haïr autant que je vous méprise. Ce que vous venez de faire est peut-être l'ouvrage d'une heure, mais vous y trouverez de quoi réfléchir pendant toute votre vie. — De quelle nature seront ces réflexions ? C'est ce que votre conscience vous dira. Vous entendrez sans doute son cri quelque jour.

Rashleigh ne lui répondit point ; il fit deux ou trois tours dans la chambre, s'approcha d'une table sur laquelle il était resté la veille un flacon de vin, s'en versa un grand verre bord à bord, d'une main tremblante, et quand il vit que son tremblement ne nous avait pas échappé, il fixa les yeux sur nous d'un air calme, et faisant un violent effort sur lui-même, il vida le verre sans en répandre une seule goutte.

— C'est, ma foi, du vieux bourgogne de mon père ! s'écria-t-il. Je suis charmé qu'il en reste encore. Lancy, restez dans le château pour en prendre soin en mon nom, tandis que Jobson et moi nous allons conduire tous ces braves gens en lieu de sûreté. Quant à ce vieux fou, et à cette espèce d'imbécile, ajouta-t-il en montrant Syddall et André, il ne s'agit que de les mettre à la porte. Maintenant, partons, dit-il en se tournant vers nous. J'ai fait préparer le vieux carrosse de famille pour vous conduire, quoique je n'ignore pas que cette jeune dame pourrait braver le serein de la nuit à pied et à cheval, si le voyage était de son goût.

André se tordait les mains de désespoir. — J'ai seulement dit, s'écriait-il, que mon maître parlait sûrement à quelque esprit dans la bibliothèque. Ce misérable Lancy! trahir un ancien ami qui, pendant vingt ans, a chanté avec lui les mêmes psaumes dans le même livre!

On le chassa de la maison ainsi que Syddall, sans lui laisser le temps de finir ses lamentations. Son expulsion eut pourtant des suites assez extraordinaires, comme je l'appris ensuite, mais je dois en parler ici pour ne pas interrompre l'ordre et l'enchaînement des faits.

Ayant résolu d'aller passer le reste de la nuit chez une ancienne connaissance qui demeurait à environ un mille, il venait de sortir de l'avenue du château, et se trouvait dans un endroit qu'on nommait encore le vieux bois, quoiqu'il servît de pâturage et qu'il ne s'y trouvât plus que quelques arbres. Il y rencontra un troupeau très nombreux de bœufs d'Ecosse qui y étaient couchés et qui paraissaient y avoir passé la nuit. Il n'en fut nullement surpris. Il savait que la coutume de ses compatriotes, en conduisant des bestiaux, était de choisir à la fin de chaque journée quelque bon pâturage où leurs bœufs pussent faire un bon souper à peu de frais, et d'en partir avant le lever du soleil pour éviter toute querelle avec le propriétaire de la prairie. Il passait tranquillement au milieu du troupeau; mais il fut saisi d'une peur soudaine lorsqu'un Highlander se levant, l'accusa de troubler ses bêtes, et refusa de le laisser passer avant de l'avoir amené à son maître. Le montagnard conduisit André vers un buisson, derrière lequel il trouva quatre ou cinq autres de ses compatriotes. Je m'aperçus bien vite, me dit André en me racontant cette aventure, qu'ils étaient en plus grand nombre qu'il n'est nécessaire pour conduire un troupeau de bétail, et je me doutai bien qu'ils avaient d'autre chanvre à leur quenouille.

Ils le questionnèrent sur tout ce qui s'était passé à Osbaldistone-Hall, et parurent écouter ses réponses avec surprise et intérêt.

— Vous jugez bien, me dit André, que je leur dis tout ce que je savais: car il n'est point de réponse au monde que je refuse de faire à des dirks et à des pistolets.

Ils conférèrent ensemble à voix basse, et enfin réunirent leurs bœufs qu'ils firent marcher vers le bout de l'avenue, qui avait environ un demi-mille de longueur. Là ils se mirent à traîner quelques troncs d'arbres coupés dans le voisinage, qu'ils disposèrent de façon à former une sorte de barricade en travers de la route, à quinze toises environ plus loin que l'avenue. Le jour commençait à poindre, et aux dernières clartés de la lune se mêlait un pâle rayon de l'aube matinale qui permettait de distinguer assez bien les objets. On entendit le bruit sourd d'une voiture à quatre chevaux qui roulait dans l'avenue, escortée par six hommes à cheval. Les Highlanders écoutèrent attentivement. La voiture contenait M. Jobson et ses malheureux prisonniers. L'escorte se composait de Rashleigh, des officiers de paix, et des agens de police à cheval.

A peine eûmes-nous franchi la porte qu'elle fut fermée derrière la cavalcade par un Highlander posté là à dessein. Au même instant la voiture fut arrêtée par les bœufs à droite et à gauche, et par la barricade. Deux hommes de l'escorte mirent pied à terre pour pousser de côté les troncs d'arbres qu'ils pouvaient croire laissés là par hasard ou négligence. Les autres commencèrent à fouetter les bœufs pour les éloigner de la route.

— Qui ose frapper nos bêtes? s'écria une voix forte. Feu sur lui, Angus!

Rashleigh s'écria à l'instant :—Au secours! au secours! et il blessa d'un coup de pistolet celui qui avait parlé.

— *Claymore!* cria le chef des Highlanders; et un combat s'engagea. Les officiers de justice, surpris de cette soudaine attaque, et qui ne sont pas ordinairement doués d'une grande bravoure, ne firent qu'une faible défense eu égard à la supériorité de leur nombre; quelques uns voulurent retourner au château; mais un coup de pistolet tiré de derrière la porte leur fit croire qu'ils étaient entourés, et ils finirent par s'enfuir de différens côtés. Rashleigh cependant était descendu de cheval et soutenait à pied, corps à corps, un combat désespéré contre le chef des assaillans, que je pouvais voir de la portière de la voiture. Enfin Rashleigh tomba.

— Demandez-vous pardon, pour l'amour de Dieu, du roi Jacques et de notre ancienne liaison? lui cria une voix que je reconnus bien.

— Non, jamais! répondit Rashleigh avec fermeté.

— Eh bien, meurs donc, traître! s'écria Mac-Gregor: et il lui passa son épée au travers du corps.

Au même instant il ouvrit la portière de la voiture, offrit la main à miss Vernon, nous aida, sir Frédéric Vernon et moi, à en descendre, et en arrachant Jobson qui y restait blotti dans un coin, il le précipita sous les roues.

— M. Osbaldistone, me dit-il tout bas, vous pouvez rester, vous n'avez rien à craindre; mais il faut que je songe à ceux qui ne seraient pas en sûreté ici. Soyez tranquille pour vos amis. Adieu. N'oubliez pas Mac-Gregor.

Il fit entendre un coup de sifflet, toute sa troupe se rassembla à l'instant autour de lui. Il fit placer au centre sir Frédéric et sa fille, et je les vis s'enfoncer dans la forêt. Le cocher et le postillon avaient abandonné leurs chevaux au premier feu; mais ces animaux, arrêtés par les barricades, étaient restés immobiles, fort heureusement pour Jobson, qui aurait été écrasé sous les roues de la voiture si elle avait fait le moindre mouvement. Mon premier soin fut de le tirer de cette situation dangereuse, et c'était un service important, car le coquin était tellement anéanti par la frayeur, qu'il serait mort plutôt que de se relever sans aide. Je lui recommandai de faire attention que je n'avais eu aucune part à ce qui venait de se passer, que je n'en profitais pas pour m'échapper, et j'ajoutai que je me regardais toujours comme son prisonnier. Je lui conseillai de retourner au château, et de faire venir Lancy et quelques uns de ses gens qui étaient restés avec lui, et qui nous étaient nécessaires pour donner du secours aux blessés. Mais il était paralysé par la terreur, il ne pouvait se soutenir sur ses jambes, et à peine eut-il la force de me conjurer d'y aller moi-même. Je me déterminai à m'y rendre, mais à quelques pas je trébuchai contre un corps que je pris pour un cadavre. Le prétendu mort se leva pourtant sur ses jambes en parfaite santé, et je reconnus André Fairservice, qui avait pris cette posture pour mieux se garantir des coups de claymores et des balles qui, pendant un moment, avaient sifflé de toutes parts. Je fus si charmé de le trouver en ce moment que je ne m'arrêtai pas à lui demander par quel hasard il y était, et je lui ordonnai de me suivre.

Je m'occupai d'abord de Rashleigh. Il poussa, lorsque je m'approchai de lui, une espèce de gémissement qui semblait autant un cri de rage qu'une exclamation de douleur, et il ferma les yeux, comme si, semblable à Iago[1], il était résolu à ne plus dire une parole. Il se laissa porter dans la voiture, et nous rendîmes le même service à deux autres blessés étendus sur le champ de bataille ; je fis comprendre à Jobson, non sans peine, qu'il fallait qu'il y montât aussi pour soutenir sir Rashleigh pendant la route. Il m'obéit de l'air d'un homme qui ne conçoit qu'à moitié ce qu'on lui dit. André ouvrit la porte de l'avenue, fit tourner les chevaux, et les conduisit au pas par la bride jusqu'à Osbaldistone-Hall.

Quelques uns des fuyards y étaient déjà arrivés par différens détours et y avaient répandu l'alarme, en disant

---

(1) *Othello*, acte v. — Ed.

que sir Rashleigh, le greffier Jobson et toute l'escorte, excepté eux qui en apportaient la nouvelle, avaient été attaqués et taillés en pièces par un régiment de féroces Highlanders. Aussi, lorsque nous y arrivâmes, entendîmes-nous un bruit semblable au bourdonnement d'une ruche quand elle se prépare au combat. M. Jobson, qui commençait à reprendre ses sens, trouva pourtant assez de force dans ses poumons pour appeler de façon à se faire reconnaître. Il était d'autant plus empressé de sortir de la voiture, qu'il était écrasé sous le poids d'un de ses compagnons de voyage qui avait rendu le dernier soupir pendant ce court trajet, et que le voisinage d'un cadavre ajoutait encore à sa terreur.

Sir Rashleigh Osbaldistone vivait encore, mais il avait reçu une blessure si terrible que le fond de la voiture était littéralement rempli de son sang, et qu'on en pouvait suivre la trace depuis le péristyle jusqu'à la salle où on le plaça dans un grand fauteuil, tandis que les uns s'efforçaient d'arrêter l'hémorragie par des bandages, que les autres criaient qu'il fallait faire venir un chirurgien, et que personne ne bougeait pour l'aller chercher.

— Qu'on ne me tourmente point! dit le blessé. Je sens qu'aucun secours ne peut me sauver. Je suis un homme mort.

Il se releva dans le fauteuil, se tourna vers moi, et quoique la pâleur du trépas fût déjà répandue sur son visage, il me dit avec une fermeté qui semblait au-dessus des forces qui devaient lui rester : — Cousin Francis, approchez-vous.

Je m'approchai.

— Je ne veux que vous dire que les approches de la mort ne changent rien à mes sentimens pour vous. Je vous hais maintenant que je meurs devant vous, je vous hais autant que je le ferais si vous étiez à ma place, et que j'eusse le pied sur votre poitrine.

Tandis qu'il parlait ainsi, on voyait encore la rage étinceler dans ses yeux qui bientôt allaient se fermer pour toujours.

— Je ne vous ai jamais donné aucun sujet de me haïr, monsieur, et je désirerais pour vous qu'en un pareil moment.....

— Vous ne m'en avez donné que trop de sujets. En amour, en intérêt, en ambition, partout je vous ai trouvé sur mon chemin. J'étais né pour être l'honneur de la maison de mon père. J'en ai été l'opprobre, et vous seul en êtes cause. Mon patrimoine est devenu le vôtre. Jouissez-en. Puisse la malédiction d'un homme mourant s'y attacher !

Un moment après avoir proféré cette terrible imprécation, il retomba dans le fauteuil, ses yeux devinrent ternes et vitreux, ses membres se raidirent, mais la sinistre expression de la haine survécut encore dans ses traits à son dernier soupir [1].

Je ne m'appesantirai pas plus long-temps sur ce tableau hideux. Il me suffira de dire que la mort de Rashleigh me laissa en possession paisible de la succession de mon oncle. Jobson lui-même se vit forcé de convenir que le ridicule mandat décerné contre moi comme coupable de haute trahison, n'avait été tracé que pour favoriser Rashleigh dans ses vues et m'écarter d'Osbaldistone-Hall. Le nom du coquin fut effacé du tableau des procureurs, et il mourut réduit à l'indigence et au mépris.

Après avoir mis en ordre mes affaires à Osbaldistone-Hall, où je rétablis le vieux Syddall dans sa place, et M. Fairservice dans son jardin, je repartis pour Londres, heureux de quitter un séjour qui ne m'offrait que des souve-

---

(1) Le Giaour, parlant de son ennemi mort :
Each feature of the sullen corse
Betray'd his rage, but no remorse.

« Chaque trait de ce sombre cadavre exprimait sa rage, mais aucun remords. »

Il est plusieurs autres passages de *Rob-Roy* qui semblent inspirés par l'énergique pensée de lord Byron. Voyez la Notice. — Éd.

nirs pénibles. Je désirais vivement avoir des nouvelles de Diana et de son père. Environ deux mois après, un Français, qui était venu en Angleterre pour affaires de commerce, m'apporta une lettre de miss Vernon qui mit fin à mes inquiétudes en m'apprenant qu'ils étaient tous deux en sûreté.

Elle m'expliquait dans cette lettre que ce n'était pas le hasard qui avait fait paraître si à propos Mac-Gregor et sa troupe. La noblesse d'Ecosse qui avait pris une part plus ou moins directe à la dernière insurrection désirait vivement favoriser la fuite de sir Frédéric Vernon, parce qu'en sa qualité d'agent confidentiel de la maison de Stuart il pouvait être nanti de pièces capables de compromettre la sûreté de la moitié des grandes familles d'Ecosse ; et pour favoriser son évasion on avait jeté les yeux sur Rob-Roy, dont on connaissait le courage et l'adresse. Le rendez-vous était fixé à Osbaldistone-Hall. Vous avez vu comme son plan avait failli être déconcerté par le malheureux Rashleigh : il réussit cependant ; car, lorsque sir Frédéric et sa fille furent délivrés, ils trouvèrent des chevaux préparés pour eux, et Rob-Roy, à qui tous les chemins du nord de l'Angleterre étaient familiers, les conduisit à la côte occidentale, où ils parvinrent à s'embarquer pour la France.

Le même Français m'apprit que sir Frédéric ne pouvait survivre long-temps à une maladie de langueur, suite des privations et des fatigues multipliées qu'il avait subies dernièrement encore ; sa fille était dans un couvent, et c'était toujours l'intention de son père qu'elle prît le voile.

Je me décidai aussitôt à faire connaître franchement à mon père les secrets sentimens de mon cœur. Il parut d'abord un peu effrayé de l'idée de me voir épouser une catholique romaine ; mais il désirait me voir établi dans le monde comme il le disait. Il sentait qu'en m'occupant uniquement de ses affaires de commerce, comme je l'avais fait depuis près d'un an, je lui avais sacrifié mes inclinations et mes goûts. Après avoir hésité, après m'avoir fait quelques questions auxquelles mes réponses lui parurent satisfaisantes, il finit par me dire : — Je n'aurais guère pensé que mon fils pût jamais devenir le seigneur du domaine d'Osbaldistone; encore moins qu'il allât chercher une épouse dans un couvent de France : mais celle qui a été fille si soumise doit être bonne épouse. Vous avez *consulté* mes goûts, en travaillant au comptoir, Frank; il est juste que vous consultiez le vôtre pour vous marier.

Je n'ai pas besoin de vous dire, Will Tresham, comme j'allai vite en affaire d'amour. Vous savez aussi combien j'ai long-temps vécu heureux avec Diana; vous savez combien je l'ai pleurée; — mais vous ne savez pas, — vous ne pouvez pas savoir combien elle était digne des regrets de son époux.

Il ne me reste plus d'aventures romanesques à vous raconter; je n'ai même plus rien à vous apprendre, vous connaissez mieux que personne le peu d'incidens qui ont marqué ma vie : comme celle des autres hommes, elle a été semée de plaisirs et de chagrins, et vous les avez tous partagés avec moi. J'ai fait plusieurs voyages en Ecosse; mais je n'ai jamais revu l'intrépide Highlander qui a eu tant d'influence sur les évènemens de la partie de mes aventures dont je viens de vous tracer le récit. J'ai appris de temps en temps qu'il continuait à se maintenir dans les montagnes voisines du lac Lomond, en dépit de tous ses ennemis; que même le gouvernement avait fini par fermer les yeux sur l'audace avec laquelle il s'était érigé en protecteur du comté de Lennox, et qu'en conséquence il y levait toujours son *black-mail*, avec autant de régularité qu'un propriétaire exige le paiement de ses fermages. On aurait cru impossible qu'il ne terminât pas ses jours d'une manière violente; il mourut pourtant paisiblement vers l'an 1736, mais son souvenir vit encore dans tous les environs de ses montagnes, comme celui de Robin-Hood en Angleterre, surnommé la terreur du riche et l'ami du pauvre. Il est certain qu'il possédait des qualités de cœur et d'esprit qui auraient fait honneur à une profession moins équivoque que celle à laquelle son destin semblait l'avoir condamné.

Le vieux André Fairservice, que vous devez vous rappeler avoir vu comme jardinier à Osbaldistone-Hall, disait souvent : — qu'il y avait maintes choses extrêmes dans le bien et extrêmes dans le mal, telles que ROB-ROY.

(Ici finit brusquement le manuscrit. J'ai quelque raison de penser que ce qui suivait avait rapport à des affaires particulières [1].)

---

[1] Rob-Roy Mac-Gregor est un des héros dont le nom est le plus souvent cité par le peuple d'Ecosse. La tradition conserve fidèlement les détails de la guerre de partisan qu'il fit si long-temps et avec tant d'audace, au duc de Montrose. Chaque habitant des environs du Loch-Lomond a sa petite anecdote à vous raconter sur les exploits et les ruses de ce redoutable proscrit. Nous nous contenterons d'indiquer au lecteur les pages que le colonel Hewart lui a consacrées dans son ouvrage un peu diffus sur les Highlanders, et principalement sur les régimens réguliers d'Ecosse.

Le Rob-Roy de Walter Scott est fidèle au portrait qu'en ont laissé tous ceux qui l'avaient connu ; mais on admire surtout en Ecosse cet ouvrage comme un second point de vue du tableau des Highlands, si admirable dans *Waverley*. La *Légende de Montrose* achève de nous familiariser avec ces contrées, également pittoresques sous le rapport du paysage comme sous celui des mœurs et des coutumes locales.

Il y a aussi une opposition très heureuse entre le caractère sauvage, mais poétique, de Rob-Roy, et l'*industrialisme* tout positif, mais singulièrement original, de son prosaïque cousin le bailli Nicol Jarvie. Ce personnage constamment comique, qui est tout d'invention, a reçu une sorte d'existence réalisée par le talent d'un acteur d'Edimbourg, nommé Mackray. On a vu plus d'une fois sir Walter Scott, à couvert sous son incognito, rire aux larmes des lazzis du FILS *de mon père le diacre*. — ED.

www.ingramcontent.com/pod-product-compliance
Lightning Source LLC
Chambersburg PA
CBHW071704230426
43670CB00008B/901